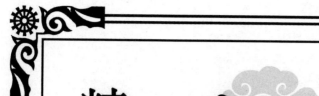

传世名著典藏丛书

中华传统经典解读

主编 ◎ 恭瑶

精华

中华蒙学

【宋】王应麟等 著

陈才俊 译注

辽宁人民出版社

人之初惜奉吾惜相也习相远
苟不教惜乃迁教之道贵以
专昔孟妙择邻郢子不学断机
将窦燕山有义方教五子名俱
扬姜不敬父之过教不严师之
惰子不学非所宜幼不学老何为
我苗金不琢不成器人不学
不知义

© 陈才俊 2018

图书在版编目（CIP）数据

中华蒙学精华 /（宋）王应麟等著；陈才俊译注 .

-- 沈阳：辽宁人民出版社，2018.7

（传世名著典藏丛书 / 蔡瑶主编）

ISBN 978-7-205-09266-5

Ⅰ . ①中… Ⅱ . ①王… ②陈… Ⅲ . ①古汉语—启蒙

读物 Ⅳ . ① H194.1

中国版本图书馆 CIP 数据核字 (2018) 第 064269 号

中华蒙学精华　　　　　　　　　　　　　版权所有 侵权必究

出版发行：辽宁人民出版社

　　　　（地址：沈阳市和平区十一纬路 25 号　邮编：110003）

联系电话：024-23284324/010-88019650

传　　真：010-88019377

E - mail：fushichuanmei@mail.lnpgc.com.cn

印 刷 者：天津宇达印务有限公司

经 销 者：各地新华书店

幅面尺寸：170 mm × 230 mm

字　　数：511 千字　　　　　　　　　　印　　张：25.75

出版时间：2018 年 7 月第 1 版　　　　　印刷时间：2018 年 7 月第 1 次印刷

责任编辑：尹　岩　　　　　　　　　　　责任校对：鲍鹏紫

装帧设计：格林文化　　　　　　　　　　责任印制：雷星星

如有质量问题，请速与印务部联系　　　　联系电话：010-68855113

ISBN　978-7-205-09266-5

定　　价：60.00 元

序　言

　　上下五千年悠久而灿烂的历史，积淀了中华民族独具魅力且博大精深的文化。中华文化是中华民族无数古圣先贤、风流人物、仁人志士对自然、人生、社会的思索、探求与总结，而且一路下来，薪火相传，因时损益。它不仅是中华民族智慧的凝结，更是我们道德规范、价值取向、行为准则的集中再现。千百年来，中华文化已经融入每一位中华儿女的血液，铸成了我们民族的品格，书写了辉煌灿烂的历史。中华文化与西方世界的文明并峙鼎立，成为人类文明的一个不可或缺的组成部分。凡此，我们称之曰"国学"，其目的在于与非中华文化相区分。中华民族之所以历经磨难而不衰，其重要一点是，源于由国学而产生的民族向心力和人文精神。可以说，中华民族之所以是中华民族，主要原因之一乃是其有异于其他民族的传统文化！

　　概而言之，国学包括经史子集、十家九流。它以先秦经典及诸子之学为根基，涵盖两汉经学、魏晋玄学、隋唐佛学、宋明理学和同时期的汉赋、六朝骈文、唐宋诗词、元曲与明清小说并历代史学等一套特有而完整的文化、学术体系。观其构成，足见国学之广博与深厚。可以这么说，国学是华夏文明之根，中华儿女之魂。

　　从大的方面来讲，一个没有自己文化的国家，可能会成为一个大国甚至富国，但绝对不会成为一个强国；也许它会强盛一时，但绝不能永远屹立于世界强国之林！而一个国家若想健康持续发展，则必然有其凝聚民众的国民精神，且这种国民精神也必然是在自身漫长的历史发展中由本国人民创造形成的。中华民族的伟大复兴，中华巨龙的跃起腾飞，离不开国学的滋养。从小处而言，继承与发扬国学对每一个中华儿女来说同样举足轻重，迫在眉睫。国学之用，在于"无用"之"大用"。一个人的成功很大程度上取决于他的思维方式，而一个人思维能力的成熟亦决非先天注定，它是在一定的文化氛围中形成的。国学作为涵盖经、史、子、集的庞大知识思想体系，恰好能为我们提供一种氛围、一个平台。潜心于国学的学习，人们就会发现其蕴含的无法穷尽的智慧，并从中领略到恒久的治世之道与管理之智，也可以体悟到超脱的人生哲学与立身之术。在现今社会，崇尚国学，学习国学，更是提高个人道德水准和建构正确价值观念的重要途径。

近年来，国学热正在我们身边悄然兴起，令人欣慰。更可喜的是，很多家长开始对孩子进行国学启蒙教育，希望孩子奠定扎实的国学根基，以此帮助他们树立正确的道德观和价值观。欣喜之余，我们也对中国现今的文化断层现象充满了担忧。从"国学热"这个词汇本身也能看出，正是因为一定时期国学教育的缺失，才会有国学热潮的再现。我们注意到，现今的青少年对好莱坞大片趋之若鹜时却不知道屈原、司马迁为何许人；新世纪的大学生能考出令人咋舌的托福高分，但却看不懂简单的文言文。这些现象一再折射出一个社会问题：我们社会人群的国学知识十分匮乏。在西方大搞强势文化和学术壁垒的同时，国人却离自己的民族文化越来越远。弘扬经典国学教育，重拾中华传统文化，已迫在眉睫。

本套"传世名著典藏"丛书的问世，正是为弘扬国学传统文化而添砖加瓦并略尽绵薄之力。本人作为一名大学教师，从事中国文化史籍的教学与研究工作多年，对国学文化及国学教育亦可谓体悟深刻。为了完成此丛书，我们从搜集整理到评点注译，历时数载，花费了很多的心血。这套丛书集传统文化于一体，涵盖了读者应知必知的国学经典。更重要的是，丛书尽量把晦涩的传统文化知识予以通俗化、现实化的演绎，并以大量精彩案例解析深刻的文化内核，力图使国学的现实意义更易彰显，使读者阅读起来能轻松愉悦、饶有趣味。虽然整套书尚存瑕疵，但仍可以负责任地说，我们是怀着对祖国传统文化的深厚感情和治学者应有的严谨态度来完成该丛书的。希望读者能感受到我们的良苦用心。

王琪

2017年7月

前　言

中华文化,源远流长,博大精深。中国的蒙学读物亦由来已久。早在2000多年前的秦代,丞相李斯就撰写了《仓颉篇》,作为初学者的启蒙识字用书,这就是最初的启蒙读物,秦以后的汉、唐诸代,都有颇多蒙学书籍问世。蒙学之书的兴盛不是偶然的,它是社会进步的表现。因为随着社会政治、经济、文化的不断发展,读书不再被封建统治阶级所垄断,正如宋代文学家欧阳修在所撰的《新五代史》中所称,像《兔园册》这类蒙书,"乡校俚儒教田夫牧子之所诵也",可见当时蒙书的读者是十分广泛的。

所谓蒙学,也就是中国传统文化启蒙教育。蒙学对中国道德教育史、思想史、文化史的发展,甚至对整个中华民族的发展都起到了十分重要的作用,也颇受日本、朝鲜、俄国及其他一些西方国家重视。蒙学读物大都内容通俗易懂,言简意赅;形式整齐多样,生动活泼;读起来朗朗上口,便于记诵。

这本《中华蒙学精华》是从大量的传统蒙书中精心选编而成的,精选了《三字经》《百家姓》《弟子规》《千字文》《千家诗》《笠翁对韵》《声律启蒙》《小儿语》《幼学琼林》《龙文鞭影》等10种被广泛认为最有代表意义、最优秀的蒙学读物,并予以文化背景介绍、词句典故注解与解析。这些书都属于中国古代启蒙教育的精品教材,在历史上曾对普及文化知识、加强道德教育发挥过积极的作用。书中介绍了古代有关文史哲经、典章制度、天文地理、名物典故、风俗人情、礼仪道德、勤勉故事、优秀诗歌等多方面的丰富知识。

本书具有如下特点:

一、注意选材的严谨性。所选10种蒙学读物均为中国传统蒙学教材之精华,蕴含着丰富的历史文化知识,富于韵律,便于青少年读者熟记背诵,且其内容的主要方面于健康有益。

二、力求评析的科学性。每种读物前均写有一篇简短扼要、客观公允的导读性说明，便于读者正确学习、理解，以便明其精华，弃其糟粕。

三、强调译文和注解的精确性。全书的重点在于对疑难词句与大量典故的注释与解析，加注的词句大都选得较准确，注释文字亦确切、简明而得其要。

四、注重版本的权威性。由于每种古代的蒙学读物均存在不同的版本，而本书在选编时注重了版本的权威性，且对照不同版本做了大量的校勘工作。

进入 21 世纪，一个全新的中国展示在世界面前。但随着社会发展日益现代化、信息化与国际化，一种与时代发展不协调的趋向也逐渐显现，那就是提供给青少年的有益的精神食粮越来越少，系统的启蒙读物很少，且大都水平一般，影响不大。我们注译本书，是希望能凭自己的微薄之力，发掘并推广一些优秀的文化遗产，以期对社会发展有所贡献，对青少年的健康成才有所帮助。

本书版式新颖，设计精美，再加上大量古朴生动图片的插配打破了古典著作的沉闷风格，全面经典的原文译文及解析，使读者能感受到蒙学广博丰富的历史知识和健康深刻的人生哲理。

我们在注译《中华蒙学精华》时，广泛参考、借鉴了国内新近出版的一些蒙学读物，目的是为了站在他人的肩膀上，吸取众家之长，使自己的注本少出瑕疵。当然，限于笔者水平，书中注译亦难免有许多疏漏，敬请专家、读者批评指正。

目录

目

录

三字经

说 明

　　《三字经》是宋代出现的启蒙课本。关于其作者说法不一，一般认为是南宋名儒王应麟，但明朝黄佐的《广州人物传》卷十、屈大均《广东新语》卷十一、清朝恽敬《大云山房杂记》卷二都说是宋末元初的区适所撰，清代的邵晋涵则说是明人黎贞所撰。该书明清以来续有增补。民国初年，国学大师章太炎就其中若干不准确的、不全面的地方作了补充修订，名为《重订三字经》。

　　《三字经》全书由三字一句的韵文写成，读起来朗朗上口。宋代以后700多年，它一直是较为流行的启蒙课本。明代的人记载该书"文殊驯雅，童子多习诵之"，章太炎曾谈到："若所以诏小子者，则今之教科书，固弗如《三字经》远甚也。"意思是说，当时的教科书，没一本赶得上《三字经》。

　　清代中叶，俄国人在北京建俄罗斯馆，开始研究中国的历史和文化。中国的许多书籍被运到俄国译成俄文。当时在彼得堡出现了许多著名的汉学家。沙皇俄国进行教育体制大讨论中的一个论题就是由《三字经》引起的。《三字经》中有"昔孟母，择邻处，子不学，断机杼"，说的是战国著名思想家孟子小的时候，住在坟墓旁边，每天玩埋死人游戏，其母认为这种环境对孟子不适宜，于是搬家。新的邻居是一个屠夫，孟子每天又玩杀猪的游戏。其母再把家搬到一所学校附近。此后，孟子每天玩着读书的游戏，母亲认为这样才能促进他的学习。孟子的母亲三易住址，以选择一个合适的环境让孩子念书。俄国的教育改革者便以此为据，认为教育和环境具有一定的关系。

　　那么，短短千把言的《三字经》何以在长达700多年的时间里成为中国流行的启蒙课本，又何以受到俄国汉学界的重视，并对俄国教育改革有所启示？读者如果细细品味这千把言，就可体会到其内涵是何等的丰富而博大。它简直是一部微缩的百科全书，涉及到文史哲经、典章制度、天文地理、文物典故、风俗人情、礼义道德、古人勤勉故事、优秀诗歌等。这短短的千把言，真可让青少年大开眼界。以历史为例，该书只用了324字就把上古至清的历史简明扼要地勾勒出来了。想想今天的大学生,对中国的朝代先后次序背不出来的,又何止一两个?至于章太炎所谓"大学生有不知周公者",就更不足为怪了。

除了知识方面的启蒙外,该书还重视方法论上的启蒙,它在浅显易懂的文字中揭示了一条治学的捷径,简直如同国学大师开的书单:"若广学,惧其繁。但略说,能知原";"为学者,必有初,小学终,至《四书》";"《四书》通,《孝经》熟,如《六经》,始可读";"经既明,方读子,撮其要,记其事";"史虽繁,读有次";"先四史,兼证经,参《通鉴》,约而精"。

至于《三字经》开篇和结尾反复强调的读书的重要性,在今天仍有其现实意义。"犬守夜,鸡司晨,苟不学,曷为人"。"蚕吐丝,蜂酿蜜,人不学,不如物。""子不学,非所宜,幼不学,老何为?""玉不琢,不成器,人不学,不知义。"

当然,《三字经》也宣扬封建的伦理道德,我们必须用合乎新时代思想的价值观念,吸其精华,去其糟粕,古为今用,为提高整个民族的思想文化素质作出贡献。

人之初,性本善。
性相近,习相远。

【译文】 人生下来的时候都是善良的，只是由于后天的学习环境不一样,性情也就有了好与坏的差别。

【注释】 初:开始。性:人的本性。善:善良。近:接近。习:习惯。远:差别大。

苟不教,性乃迁。
教之道,贵以专。

【译文】 如果从小不好好教育,善良的本性就会变坏。为了使人不变坏,最重要的方法就是要专心一致地去教育孩子。

【注释】 苟:如果。迁:变化。道:方法。专:专一。

昔孟母,择邻处,
子不学,断机杼。

【译文】 战国时，孟子的母亲曾三次搬家,是为了使孟子有个好的学习环境。一次孟子逃学,孟母就停止织布来教育他。

【注释】 昔:以前。孟母:孟子的母亲。孟子（约公元前372—公元前289 年),战国时思想家、政治家、教育家。孟子的母亲认为邻居对孩子的成长有很大影响,为了选择良好的学习环

境,曾三次迁移住处。杼(zhù):织布机上的梭子。孟子厌学时,孟母停下织布的工作来教育孩子。

苟季和,有义方,
教八子,俱名扬。

【译文】 东汉时期,苟季和教育儿子很有方法,他教育的八个儿子都很有成就,同时科举成名。

【注释】 荀季和:东汉时期一博学之人。有义方:有教育孩子的正确方法。义:正义,道义。荀季和的八个儿子都成了大器,有"荀门八龙"之美称。

养不教,父之过。
教不严,师之惰。

【译文】 仅仅是供养儿女吃穿,而不好好教育,是父亲的过错。只是教育,但不严格要求就是做老师的懒惰了。

【注释】 养不教:抚养子女而不教育他们。过:过错。

子不学,非所宜。
幼不学,老何为?

【译文】 小孩子不好好学习,是很不应该的。一个人倘若小时候不好好学习,到老的时候既不懂做人的道理,又没有知识,能有什么用呢?

【注释】 非所宜：不应该。宜：应该，适当。

玉不琢，不成器；人不学，不知义。
为人子，方少时，亲师友，习礼仪。
香九龄，能温席，孝于亲，所当执。
融四岁，能让梨，弟于长，宜先知。

【译文】 玉不打磨雕刻，不会成为精美的器物；人如果不学习，就不懂得礼仪，不能成才。做儿女的，从小时候起就要亲近老师和朋友，以便从他们那里学习到为人处世的礼节和知识。东汉人黄香，九岁时就知道孝敬父亲，替父亲暖被窝。这是每个孝顺父母的人都应该实行和效仿的。汉代人孔融四岁时，就知道把大的梨让给哥哥吃，这种尊敬和友爱兄长的道理，是每个人从小就应该知道的。

【注释】 玉琢(zhuó)：雕刻。礼仪：礼节仪式。香九龄，能温席：香，黄香，东汉人，字子强，9岁丧母。典型的孝子。夏天为父亲扇凉枕席，冬天以身子为父亲温暖棉被。博通经典，和帝时任尚书令。执：遵守，保持。融：孔融(公元153—208年)。汉末文学家。能诗文，"建安七子"之一。孔融4岁时与诸兄食梨，他挑小梨，把大梨让给兄长们。为幼能识礼之典范。

首孝弟，次见闻，知某数，识某文。
一而十，十而百，百而千，千而万。

【译文】 一个人首先要学的是孝敬父母和兄弟友爱的道理，接下来是学习看到和听到的知识。并且要知道基本的算术和高深的数学，以及认识文字，阅读文字。我国采用十进位算术方法：一到十是基本的数字，然后十个十是一百，十个一百是一千，十个一千是一万……一直变化下去。

【注释】 首：首先。孝：孝敬父母。弟(tì)：同"悌"，尊敬兄长。

三才者，天地人。三光者，日月星。
三纲者，君臣义，父子亲，夫妇顺。

【译文】 应该知道一些日常生活常识，如什么叫"三才"？"三才"指的是天、地、人三个方面。什么叫"三光"呢？"三光"就是太阳、月亮、星星。什么是"三纲"呢？"三纲"是人与人的关系应该遵守的三个行为准则，就是君王与臣子的言行要合乎义，父母子女之间要相亲相爱，夫妻之间要和顺相处。

【注释】 三才："才"亦作"材"，古指天、地、人。《易·系辞下》："有天道焉，有人道焉，有地道焉，兼三才而两之。"三光：指日、月、星。《白虎通·封公侯》："天有三光，日、月、星。"三纲：封建社会中三种主要的道德关系。《白虎通·三纲六纪》："三纲者，何谓也？君臣、父子、夫妇也。"

曰春夏，曰秋冬，此四时，运不穷。
曰南北，曰西东，此四方，应乎中。

【译文】 春、夏、秋、冬叫做四季，这四时季节不断变化，春去夏来，秋去冬来，如此循环往复，永不停止。东、南、西、北，叫作"四方"，是指各个方向的位置。这四个方位，必须有个中央位置对应，才能把各个方位定出来。

【注释】 曰：句首语气词。运：运动。穷：尽。应：相应，对照。乎：于。

稻粱菽，麦黍稷，此六谷，人所食，
马牛羊，鸡犬豕，此六畜，人所饲。

【译文】 人类生活中的主食有的来自植物，像稻子、小麦、豆类、糜子和高粱，这些是我们日常生活的重要食品。马、牛、羊、鸡、狗和猪，叫作六畜。这些动物和六谷一样本来都是野生的。后来被人们渐渐驯化后，才成为人类所饲养的动物。

【注释】 菽(shū)：豆类的总称。黍(shǔ)：去皮后叫黄米，重要粮食作物。稷(jì)：古代的一种粮食作物，有的书说是黍的一类，有的书说是谷子，即粟。豕(shǐ)：猪。

曰喜怒，曰哀惧，爱恶欲，七情具，
曰仁义，礼智信，此五常，不容紊。

【译文】 高兴叫作喜，生气叫作怒，悲伤叫作哀，害怕叫作惧，心里喜欢叫爱，讨厌叫恶，内心很贪婪叫作欲，合起来叫七情。这是人生下来就有的七种感情。如果所有的人都能以仁、义、礼、智、信这五种不变的法则作为处世做人的标准，社会就会永葆祥和，所以每个人都应遵守，不可怠慢疏忽。

【注释】 七情：儒家所说的喜、怒、哀、惧、爱、恶、欲七种感情。具：具备。五常：即仁、义、礼、智、信。儒家用心配合"三纲"，作为维护封建等级制度的道德教条。紊(wěn)：紊乱。

有《连山》，有《归藏》，
有《周易》，三《易》详。
有典谟，有训诰，
有誓命，《书》之奥。
有《国风》，有《雅》、《颂》，
号四诗，当讽诵。

【译文】 《连山》《归藏》《周易》，是我国古代的三部书，这三部书合称"三易"，"三易"是用"卦"的形式来说明宇宙间万事万物循环变化的道理的书籍。《书经》的内容分六个部分：一典，是

立国的基本原则；二谟，即治国计划；三训，即大臣的态度；四诰，即国君的通告；五誓，起兵文告；六命，国君的命令。《国风》《大雅》《小雅》《颂》合称为四诗，它是一种内容丰富、感情深切的诗歌，实在是值得我们去朗诵的。

【注释】《连山》《归藏》：相传为《周易》之前的古《易》，加上《周易》，合称"三易"。典、谟(mó)、训、诰(gào)、誓、命，均为《尚书》中的篇名。《书》，即《尚书》，儒家经典之一，书中保存商周特别是西周初的一些重要史料。奥：深奥。《诗》，即《诗经》，中国最早的一部诗歌总集。分为风、雅、颂三部分，雅又分大雅、小雅，所以称为"四诗"。

夏有禹，商有汤，周文武，称三王。
夏传子，家天下，四百载，迁夏社。
汤伐夏，国号商，六百载，至纣亡。
周武王，始诛纣，八百载，最长久。

【译文】 夏朝的开国君主是禹，商朝的开国君主是汤，周朝的开国君主是文王和武王。这几个德才兼备的君王被后人称为三王。

禹把帝位传给自己的儿子，从此天下就成为一个家族所有的了。经过四百多年，夏被汤灭掉，从而结束了它的统治。成汤伐灭夏桀，建立商朝。到殷纣王被周武王伐灭，大约经过了六百年。周武王起兵灭掉商朝，杀死纣王，建立周朝，周朝的历史最长，前后延续了八百多年。

【注释】 夏：夏朝，中国第一个奴隶制国家。禹：原为夏氏族部落领袖，后为舜的继承人，其子启建立了夏朝。商：商朝。汤：汤王。姓子，名履，推翻夏桀王的暴政而自称皇帝，史称商汤。周：西周。文武：周文王和周武王。文王，姓姬，名昌。武王是文王的儿子。三王：夏商周三朝，历史上称为三代，其开国皇帝夏禹、商汤、周文王、周武王，史称三王。夏传子：禹的儿子启破坏禅让制，继承禹的帝位。从此王位世袭制代替了禅让制。家天下：把王位传给自己的儿子，天下为一个家族所有。社：社稷，国家。汤：成汤王，商朝的开国君主。夏：夏桀(jié)王，夏朝的最后一位君主。纣(zhòu)：殷纣王，商朝的最后一位君主。

嬴秦氏，始兼并。传二世，楚汉争。
高祖兴，汉业建。至孝平，王莽篡。
光武兴，为东汉，四百年，终于献。
魏蜀吴，争汉鼎，号三国，迄两晋。

【译文】 战国末年嬴政为秦王时，秦国的势力日渐强大，把其他诸侯国都灭掉了，建立了统一的秦朝。秦传到二世胡亥，天下又开始大乱，最后，形成了楚汉相争的局面。汉高祖打败了项羽，建立汉朝。汉朝的帝位传了两百多年，到了孝平帝时，就被王莽篡夺了。汉光武帝刘秀复兴，建国号东汉。东汉延续四百年，到汉献帝的时候灭亡。东汉末年，魏国、蜀国、吴国争夺天下，形成三国相争的局面。后来魏灭了蜀国和吴国，但被司马懿篡夺帝位，建立了晋朝，晋又分为东晋和西晋两个时期。

【注释】 嬴秦氏：秦始皇，姓嬴名政。二世：秦二世，胡亥，秦始皇的儿子。楚：楚霸王，姓项，名籍，字羽，自号为西楚霸王。汉：汉高祖刘邦，历史上第一位由平民当了皇帝的人。高祖：汉高祖刘邦。孝平：汉孝平帝，又称汉平帝，西汉王朝最后一个皇帝。王莽：西汉外戚，官至大司马，杀害了汉平帝，改国号为新，史称新莽。光武：光武帝刘秀。献：东汉王朝最后一个皇帝汉献帝。魏：曹操的国号。蜀：刘备的国号。吴：孙权的国号。鼎：传国的实物，象征着皇帝。三国：魏、吴、蜀三国鼎立。两晋：东晋和西晋两朝代。

宋齐继，梁陈承，为南朝，都金陵。
北元魏，分东西，宇文周，与高齐。
迨至隋，一土宇，不再传，失统绪。

【译文】 晋朝王室南迁以后，不久就衰亡了，继之而起的是南北朝时期。南朝包括宋齐梁陈，国都建在金陵。北朝则指的是元魏。元魏后来也分裂成东魏和西魏，西魏被宇文觉篡了位，建立了北周；东魏被高洋篡了位，建立了北齐。杨坚重新统一了中国，建立了隋朝，历史上称为隋文帝。他的儿子隋炀帝杨广即位后，荒淫无道，隋朝很快就灭亡了。

【注释】 宋：宋武帝刘裕。齐：齐高祖萧道成。梁：梁武帝萧衍。陈：陈武帝陈霸先。南朝：宋、齐、梁、陈都建都金

陵，历史上称为南朝。金陵：南京。北元魏：北魏是鲜卑族。姓拓跋。至孝文帝，因仰慕汉文化，改姓为元，故称北元魏。北元魏后分为东魏和西魏。宇文周：北周闵帝宇文觉，宇文为复姓。高齐：北齐文宣帝高洋。北魏、北齐、北周，史称北朝。迨(dài)：等到。隋：隋朝。一土宇：南北结合，一统天下。统绪：世系。

唐高祖，起义师，除隋乱，创国基。
二十传，三百载，梁灭之，国乃改。
梁唐晋，及汉周，称五代，皆有由。

【译文】 唐高祖李渊起兵反隋，最后隋朝灭亡。他战胜了各路的反隋义军，取得了天下，建立起唐朝。唐朝的统治有近三百年，总共传了二十位皇帝。到唐哀帝被朱全忠篡位，建立了梁朝，唐朝从此灭亡。为和南北朝时期的梁相区别，历史上称为后梁。后梁、后唐、后晋、后汉和后周五个朝代的更替时期，历史上称作五代，这五个朝代的更替都有着一定的原因。

【注释】 唐高祖：太原留守李渊。义师：正义的军队。创：开创，开始。创国基：建国家的基础。梁：后梁。五代：五个朝代，即后梁、后唐、后晋、后汉、后周五代。

莹八岁，能咏诗；泌七岁，能赋棋。
彼颖悟，人称奇，尔幼学，当效之。

【译文】 北齐有个叫祖莹的人，

八岁就能吟诗，后来当了秘书监著作郎。另外唐朝有个叫李泌的人，七岁时就能以下棋为题而作出诗赋。他们两个人的聪明和才智，在当时很受人们的赞赏和称奇，现在我们正是求学的开始，应该效法他们，努力用功读书。

【注释】 莹：指北齐人祖莹。泌：唐人李泌，七岁时就在唐玄宗面前以下棋为题作诗。颖：聪明。悟：颖悟。

蔡文姬，能辨琴；谢道韫，能咏吟。
彼女子，且聪明，尔男子，当自警。

【译文】 在古代有许多出色的女能人，像东汉末年的蔡文姬能分辨琴声好坏，晋朝的才女谢道韫则能出口成诗。像这样的两个女孩子，一个懂音乐，一个会作诗，天资如此聪慧；身为一个男子汉，更要时时警惕，充实自己才对。

【注释】 蔡文姬：汉末女诗人，博学有才辩，通音律，善于作诗、弹琴。谢道韫：韫(yùn)，晋代才女，从小就以作诗而闻名。

唐刘晏，方七岁，举神童，作正字。
彼虽幼，身已仕，尔幼学，勉而致。

【译文】 唐玄宗时，有一个名叫刘晏的小孩子，才只有七岁，就被推举为神童，并且做了负责刊正文字的官。刘晏虽然年纪这么小，但却已经做官了，担当国

家给他的重任，我们应该像他一样在幼小时就发奋学习，直至成功。

【注释】 刘晏：唐代政治家，后官至户部尚书。作正字：被授予秘书省正字的官职。仕：做官。勉：努力，尽力。

扬名声，显父母，光于前，裕于后。
人遗子，金满籝；我教子，惟一经。
勤有功，戏无益。戒之哉！宜勉力。

【译文】 如果你为人民做出应有的贡献，人民就会赞扬你，而且父母也可以得到你的荣耀，为祖先都增添了光彩，也给后代留下了好的榜样。有的人遗留给子孙后代的是金银钱财，而我并不这样，我只希望他们能精于读书学习，长大后做个有所作为的人。反复讲了许多道理，只是告诉孩子们，凡是勤奋上进的人，都会有好的收获，而只顾贪玩，浪费了大好时光是一定要后悔的。

【注释】 裕于后：给后代留下丰富的遗产。籝(yíng)：箱笼一类的器具。经：儒家经典。戏：贪玩，荒废光阴。

百家姓

说　明

　　《百家姓》与《三字经》《千字文》一样,是中国传统的蒙学读物,问世以来一直被广为传诵。

　　在历代蒙书中,《百家姓》是比较优秀的一种,它的出现也是姓氏之学发展的必然结果。中国姓氏之学产生的时间很早,先秦的《世本》可谓第一本著作。随着秦朝统一帝国的建立、汉代世家大族的形成、魏晋门阀士族的专政及家族谱牒的发展,中国姓氏之学渐趋发达,故宋代出现《百家姓》也就很自然了。

　　南宋诗人陆游有《秋日郊居》诗,其三云:"儿童冬学闹比邻,据案愚儒却自珍。"诗人自注说:"农家十月乃遣子弟入学,谓之冬字。所读《杂字》《百家姓》之类,谓之村书。"由此可知,宋时《百家姓》就是一种相当流行的蒙书。

　　《百家姓》未署明作者姓氏。根据宋代王明清的考证,社会上通行本《百家姓》是宋初钱塘江地区某老儒所作,历代学者一般都赞同这个看法。《百家姓》开头便是"赵钱孙李",其中赵姓为宋代国姓,因为宋朝是由赵匡胤建立的;钱姓则是被宋朝消灭

的钱塘江地区的吴越国国王的姓；孙则是吴越国国王宠爱的俊妃之姓；李姓则是两浙地区的另一割据政权南唐国国王的姓。据此，把《百家姓》的写作年代定为宋初是有根据的。

《百家姓》共472字，每四字为一组，除结尾的四字"百家姓终"为押韵对仗而写，不是姓氏之外，其余468字都是姓氏。其中像"赵钱孙李，周吴郑王"等单姓有408个，像"闻人""东方"等二字复姓有30个，共438个，仅占中国姓氏的一部分（如中国常见的复姓就有近200个）。但总的来说，《百家姓》收录了中国人常见姓氏的大多数，所以，它也就被宋代以来的绝大多数人所接受。另外，本书虽然是姓氏的罗列，但每两句都能押韵，读起来朗朗上口，对那些长于机械记忆而尚不能理解记忆的启蒙儿童是十分合适的；而且，在古代社会中，学者文人都提倡读书应以识字为先，这都促使了《百家姓》的广泛流行。

《百家姓》从宋代产生后，历代传诵之声不绝于耳，成为经受了时间考验的少数优秀蒙书之一。这以后，以《百家姓》为滥觞而衍化出来的蒙书很多，如明代的《皇明千家姓》、清代的《御制百家姓》等。而且，《百家姓》也在少数民族地区流行，如《女真字母百家姓》、《蒙古字母百家姓》等，这表明《百家姓》亦被少数民族所接受。

历代学者对《百家姓》均较为重视。譬如明代哲学家吕坤认为，八岁以下刚开始识字的小孩子，就应先读《百家姓》这类书。清初，山东琅琊学者王相撰写《百家姓考略》，对《百家姓》所列的400多个姓氏的由来、代表人物作了一番简要的考证及介绍，便于读者了解姓氏的由来及发展过程。但王相的考略也不是十全十美的。本书注释《百家姓》时，采取了王相的考略，并兼顾其他一些姓氏学古籍，力争减少谬误，通俗易懂。

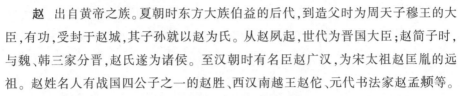

赵钱孙李,周吴郑王。冯陈褚卫,蒋沈韩杨。

赵 出自黄帝之族。夏朝时东方大族伯益的后代,到造父时为周天子穆王的大臣,有功,受封于赵城,其子孙就以赵为氏。从赵凤起,世代为晋国大臣;赵简子时,与魏、韩三家分晋,赵氏遂为诸侯。至汉朝时有名臣赵广汉,为宋太祖赵匡胤的远祖。赵姓名人有战国四公子之一的赵胜、西汉南越王赵佗、元代书法家赵孟頫等。

钱 黄帝之后。远古时有篯铿,即著名寿星彭祖,其后代支子改为钱氏,于是沿用下来,五代时,钱镠建立吴越国。钱姓名人还有明末诗人钱谦益、清代大学者钱大昕等。

孙 黄帝之后。春秋时卫武公有子惠孙,惠孙之孙时,以祖父之字为氏,称为孙氏,世代为卫国大臣;楚国也有孙氏,著名者有楚令尹孙叔敖;齐国也有孙氏,著名者有军事家孙武、孙膑,孙武的后代有孙权,汉末建守东吴,孙姓名人还有善相马的孙阳(即伯乐)、唐代医学家孙思邈、近代资产阶级革命领袖孙中山。

李 先秦皋陶之后。世代为理官,子孙本来以"理"为氏。商朝末年,理利贞避纣王而居李树下,于是改"理"为"李",系老子的祖先,战国时有赵国名将李牧,汉代有飞将军李广,唐高祖李渊就是李广之后,李氏大唐王朝是中国历史上最强盛的朝代之一。李姓名人还有秦蜀守李冰、唐代诗人李白、宋代女词人李清照、明代医学家李时珍、哲学家李贽及明末农民起义领袖李自成。

周 黄帝之后。周平王少子姬烈的后代,以国号为氏,因称周氏。周朝时有周任、战国时有周霄。周姓名人还有两汉名将周勃周亚夫父子、三国吴名将周瑜、北宋哲学家周敦颐、元代音韵学家周德清。

吴 黄帝之后。出自姬姓。周朝初年,武王封太伯弟姬仲雍的曾孙于吴,其子孙即以地名为氏,称吴氏。战国时有著名军事家吴起,汉有长沙王吴芮,唐有大画家吴道子,宋有名将吴璘,明清时期有文学家吴承恩、吴敬梓、吴趼人。

郑 出自黄帝之族,姓姬姓,周厉王少子姬友受封于郑,其子孙就以郑为氏。孔子的弟子有郑国,秦国有将军郑安平。汉朝郑子真的后代为避晋乱,迁徙到福建,设立学校,有很大影响。郑姓名人还有汉代经学家郑玄、宋代史学家郑樵、明代航海家郑和、清代收复台湾的郑成功和清代扬州八怪之一的郑板桥。

王 出自黄帝之族。周灵王的太子姬晋,姬晋的子孙改为王氏。周代时有王诩,秦时有名将王氏多人,如王翦、王贲、王离;王离的两个儿子分居山西太原、山东琅琊，成为王氏中最有名望的两个分支。王姓名人还有汉代思想家王充、晋代书法家王羲之、唐代诗人王维、宋代政治家王安石、元代戏剧家王实甫、清代思想家王夫之。

冯　出自姬姓。周文王有子毕公，毕公之孙被封于邥，其子孙改称为冯，作为姓氏。战国时有冯亭，东汉时有名将冯异，明代有文学家冯梦龙，清代有抗击法军的名将冯子材。

陈　舜的后代。胡公满之时，受封于陈，子孙以为氏。孔子弟子中有陈亢。汉代有世家大族陈寔，陈寔的后代有陈霸先，其建立了南朝历史上最后一个王国，陈姓名人还有汉代政治家陈平、晋代史学家陈寿、唐代诗人陈子昂、清代太平天国名将陈玉成。

褚　出于子姓。春秋时，宋共公子段的封邑在宋，其子孙即以褚为氏。西汉时有褚少孙，补写过司马迁的《史记》，唐代有书法家褚遂良。

卫　出于姬姓。周文王子康叔受封于卫，其子孙即以为氏，西汉时有抗击匈奴的名将卫青、丞相卫绾，晋时有太保卫瓘。

蒋　出于姬姓。周公姬昌之子伯龄受封于蒋，子孙即以为氏。汉有蒋诩，东吴有将军蒋钦，蜀汉有政治家蒋琬，唐代有文学家蒋防，清代有文学家蒋士铨。

沈　出于姬姓。周文王子聃季受封于沈，其后即以邑为氏，入春秋，楚有令尹沈诸梁。沈姓名人还有南朝文学家沈约、唐诗人沈佺期、宋科学家沈括、明画家沈周等。

韩　出于姬姓。周武王少子受封于韩，晋国灭之，封桓叔子万于韩原，于是世代为韩氏。韩虔时，与赵、魏三家分晋，建立韩国，战国时有法家韩非子。韩姓名人还有西汉军事家韩信、隋名将韩擒虎、唐画家韩干与文学家韩愈、宋抗金名将韩世忠等。

杨　出于姬姓。周宣王子尚父，被封于杨，晋灭之，晋武公子伯侨，食采邑于羊舌，其后代即以羊舌为氏，至叔向时被改封于杨，子孙改为杨氏。战国有哲学家杨朱，汉有丞相杨敞，敞之后代发展为世家大族，还是隋文帝杨坚的祖先。杨姓名人还有宋名将杨业、诗人杨万里、数学家杨辉及清太平天国领袖杨秀清等。

朱秦尤许，何吕施张。孔曹严华，金魏陶姜。

朱　五帝之一的颛顼之后。周武王封曹挟于邾，其后子孙去邑旁，改称朱，以为姓氏。战国有力士朱亥、汉代有朱买臣。朱姓名人还有宋哲学家朱熹、明开国皇帝朱元璋、清代文学家朱彝尊等。

秦 出自嬴姓。是夏朝时东方大族伯益之后。嬴非子时，为周孝王大臣，有功受封于秦，非子之孙秦仲时，成为诸侯，子孙即以秦为氏，秦朝，是中国第一个中央集权的封建王朝。秦灭后，王族子孙以国名为姓氏，称为秦氏。孔子弟子中有秦祖、秦非，周有名医秦越人。秦姓名人还有唐初将领秦琼、宋词人秦观、明女将秦良玉等。

尤 出自沈氏。五代时，王审知称闽王，国中百姓避审音，改沈姓为尤姓，宋有尚书尤袤。尤姓名人还有清医学家尤怡、文学家尤侗。

许 出自姜姓，神农氏之后。阁武王封文叔于许，以主管祭祀，其子孙即以为氏。许姓名人有楚国农家许行、东汉水利家许杨与经学家许慎、宋画家许道宁。

何 出自韩姓。韩王安为秦国所灭，其子孙为避难，把韩变音为何，称何氏。汉代有何休、何进。何姓名人还有三国玄学家何晏、明文学家何景明、清校勘家何焯。

吕 出自姜姓。神农后代伯夷为尧的掌礼官，又辅佐大禹治水，因此受封于吕，世代主管祭祀太岳。周初有名臣吕尚（即姜太公），秦有吕不韦。吕姓名人还有三国吴将吕蒙、宋学者吕大临、明清之际思想家吕留良。

施 出自姬姓。春秋鲁惠公子施父之后。五代孙施伯，以高祖之字为氏，改称施，孔子有弟子施子常。施姓名人有唐道士施肩吾、元戏剧家施惠、明初小说家施耐庵、清名将施琅。

张 黄帝之后，黄帝第五子青阳生挥，观察天上弧星，制作弓矢，成为这方面的主管，并主持祭祀弧星，于是改称张氏，周朝时有张仲，汉有名相张良。张姓名人还有西汉名将张骞、东汉科学家张衡与道教创始人张道陵、宋画家张择端、清洋务派领袖张之洞。

孔 出自子姓。周武王封商贵族微子于宋，宋闵公生弗父何，何的玄孙嘉字孔父，孔父之孙睪夷父以祖父之字为氏，称孔氏。夷父子防叔在鲁国做官，防叔之孙叔梁纥生下了大思想家、教育家孔子。又有卫国大夫孔文。孔氏名人还有汉经学家孔安国、清戏剧家孔尚任。

曹 颛顼五世孙陆终的第五子安，被大禹赐为曹姓，春秋的邾国、黎、郳都是这一支的后代；还有出自姬姓的曹姓，文王之子曹叔振铎封国于曹，其后以国为氏。汉朝有曹参，后裔曹腾为中常侍，孙即曹操。曹姓名人还有唐画家曹霸、清文学家曹雪芹。

严 楚庄王的后代。本姓庄，以庄王谥号为氏。东汉初期，为避汉明帝刘庄讳，改姓严。《汉书》记载的严青翟、严助、严遵、严光，在世时都姓庄，死后史官将其姓改为严。严姓名人又有清文字学家严可均等。

华 出自子姓。宋戴公孙督的采邑在华,于是以邑为氏。华氏世代为宋国卿大夫,齐有华周,汉末有华佗、华歆。华姓名人又有清数学家华衡芳等。

金 少昊金天氏的后代,因以称金氏。西汉武帝时,灭匈奴休屠国,以其王子日碑入侍皇宫,后来,日碑因功封侯,赐姓金氏。金姓名人又有清初文学批判家金圣叹、清书画家金农(扬州八怪之一)。

魏 出于毕公高。后代有毕万,晋国作大夫,因而有食采于魏,这以后,世代为晋国的卿大夫;后与赵、韩三家分晋,成为诸侯,建立魏国,以国为氏。秦有魏冉,汉有魏相,北齐有史学家魏收。名人还有唐政治家魏征、清思想家魏源。

陶 出于陶唐氏。尧时,受封于陶,其子孙就有以陶为氏的,周朝时有陶答子,汉有陶青。名人还有晋诗人陶渊明、南朝医学家陶弘景、元末明初文学家陶宗仪。

姜 出于神农氏。神农生于姜水,以地名为氏,称姜氏。黄帝时,神农氏子孙,世代主管祭祀太岳。周武王封吕尚于齐,以主管太岳事,并赐姓姜。汉有孝子姜诗、名将姜维。名人还有宋词人姜夔、清经学家姜兆锡。

戚谢邹喻,柏水窦章。云苏潘葛,奚范彭郎。

戚 卫大夫孙林父有采邑在戚,他的子孙就有以邑为氏的。汉代戚鳃,系高祖刘邦戚夫人之父。戚姓名人还有宋藏书家戚同文、元学者戚崇僧、明民族英雄戚继光。

谢 出自姬姓。周宣王封母舅申伯于谢,他的儿子有的即以谢为氏,晋朝时有谢安,其侄名将谢玄。谢姓名人还有南朝诗人谢灵运与谢朓、宋学者谢良佐、明画家谢时臣。

邹 周朝时,曹挟被封于邾,以为国号;战国时期,其子孙改为邹,不久即以邹为氏,当时就有学者邹衍,齐名臣邹忌,西汉有文学家邹阳。邹姓名人还有明学者邹亮、清代画家邹喆、近代民主革命家邹容。

喻 郑国的公族。本姓谕,传至汉代苍梧太守谕猛时,改姓喻氏。喻姓名人有宋建筑家喻皓、清代医学家喻昌、学者喻国人。

柏 出自远古的柏皇氏。远古之时,有柏招,为炎帝之师;柏同,为帝喾之师,柏同受封,建国于柏。汉朝有大鸿胪柏英。柏姓名人还有唐平原王柏良器、元画家柏子庭、清学者柏谦。

水 出自姒姓,系黄帝之族。明代浙江鄞县有水苏民,其祖先就是大禹的庶孙,世代以来,留居会稽,以水为氏,该族以科举考试而做官的人很多，另外又有水丘氏,系复姓,与水姓不同。

窦　出自姒姓,系黄帝之族。夏帝相的妻子为缗,遭寒浞之难,缗从墙洞(窦)逃出得免,而生少康。少康次子龙留,居有仍,以窦为氏,汉代有大臣窦婴。窦姓名人还有汉朝名将窦固、隋末农民起义领袖窦建德、宋初史官窦俨、元代医学家窦默。

章　出于姜氏。齐太公有个儿子,封在鄣,其后代易鄣为章,以为姓氏。战国时,齐有章子,秦有章邯。章姓名人还有南宋陶瓷家章生一、明代经学家章潢、清代医学家章楠与史学家章学诚、近代民主革命家章太炎等。

云　出于远古的云阳氏。其后代就以云为氏,隋朝时有云定兴,清代山东琅琊地区聚居尤多。

苏　五帝之一的颛顼裔孙陆终,陆终有子名樊,樊被封于昆吾,世代为夏朝的地方性大诸侯,樊有儿子被封到苏,苏公忿时,为周朝司寇。战国时有苏秦,汉代有苏武。苏姓名人还有十六国前秦女诗人苏惠、唐初名将苏定方,宋文学家苏洵、苏轼、苏辙(即三苏),南宋画家苏汉臣,近代文学家苏曼殊。

潘　周毕公高,有儿子食邑于潘,于是以潘为氏。先秦有潘崇、吴国有潘璋。潘姓名人还有晋代文学家潘岳、明代水利家潘季驯、清学者潘江、诗人潘德舆、清末上海小刀会领袖潘起亮等。

葛　出自嬴姓,系颛顼的后裔。不久颛顼后代有人被封于葛,其子孙就以国为氏。秦国有葛婴。葛姓名人还有晋道士葛洪、宋画家葛守昌、元末名医葛乾孙、鸦片战争中的抗英将领葛云飞。

奚　出自黄帝之族。黄帝之子番阳封于任,其后裔仲为夏朝的车辆总管,并在奚地有采邑,所以被称为奚仲。奚仲的儿子就以邑为氏。孔子弟子有奚容箴,汉朝有功臣奚涓。奚姓名人还有奚鼐、奚延珪祖孙,为唐五代著名制墨家,清代有画家奚冈。

范 尧之后有刘累,刘累有后代杜隰,在晋国为士师之官,杜隰之子 就以官姓为氏,称士氏,后来又有封邑在范,并世代担任晋国卿大夫,其子孙即以邑为氏,这就是范氏。战国时,秦有名相范雎,晋代有史学家范晔。范氏名人还有南朝哲学家范缜。宋代画家范宽、政治家范仲淹、诗人范成大等。

彭 出于篯氏。颛顼的后代陆终氏,其第三子篯铿,被封于彭,又称彭祖,历经尧、舜、禹及商代,活了 800 岁,他的子孙世代为诸侯,是商王朝的重要支柱之一。孟子有弟子彭更,就是彭祖的后代,汉代又有梁王彭越。彭姓名人还有元代学者彭丝、清代学者彭端淑、近代革命烈士彭楚藩。

郎 周王室的后代,鲁懿公有孙费伯,在郎地筑城以居,他的子孙就以郎为氏,称郎氏。汉代有郎颛,唐代有诗人郎士元,明有文学家郎瑛,清代有书法家郎葆辰。

鲁韦昌马,苗凤花方。俞任袁柳,酆鲍史唐。

鲁 出自姬姓。周公的长子伯禽被封于鲁,是为鲁仙,鲁伯的儿子就以国号为氏。战国时期有高士鲁仲连。东汉时有名儒鲁丕。鲁氏名人还有三国吴将军鲁肃、晋代隐士鲁褒、北宋忠臣鲁宗道、明代清官鲁穆。

韦 出自夏代的诸侯豕韦氏,世代为夏、商的诸侯。子孙于是以国号为氏。韦姓名人有西汉学者韦贤、韦玄成,三国吴名臣韦昭,北周名将韦叔裕,唐代藩王韦皋、诗人韦应物,前蜀名相韦庄。

昌 出于远古有熊氏。黄帝有儿子名昌意,昌意之子为颛顼高阳氏,颛顼的儿子中,有人就以祖父昌意之昌为氏,汉时有昌豨。

马 出自赵姓。战国时赵奢为赵王之子,被封为马服君,他的子孙就以马为氏。东汉时期名将马援、经学家马融,三国蜀名将马超、魏科学家马钧、金代道士马钰、宋画家马远、元代戏曲家马致远、清代史学家马啸与语言学家马建忠,都是马姓名人。

苗 楚国令尹斗椒,有子贲皇在晋国做官,食邑在苗地,于是就以苗为氏。汉代时有苗诉,唐穆宗时宰相为苗晋卿。苗姓名人有以天文历算著名的元代苗守信、金代名将苗道润、明代忠直之臣苗浡然、清代肃宁人苗夔。

凤 出自蒙氏,是唐朝云南地区南诏王阁罗凤的后代(彝族)。清代时期,云南、贵州的凤姓人家很多。

花 出自华氏。古代没有"花"这个字,一律以华代花,后来,花成为花草之花的专用词。所以,华姓也有改为花者,唐有花敬定,为平叛军的干将,明初有名将花云，清代有满族名将花连布。

方 出自远古的方雷氏。周朝时，其后代以方为氏。名人有方叔，系周宣王的大臣，立有赫赫战功。方姓名人还有南宋政治家方崧聊、元代医学家方炯与方从义、明忠直之臣方孝孺与明末四公子之一的方以智、清代文学家方苞。

俞 黄帝大臣有俞伯，名跗。曾注《素问》一书。周朝有俞伯牙，通琴理。俞姓名人还有元朝的思想家、文学家俞琰，明代清官俞士吉、抗倭名将俞大猷，清代著名学者俞樾、俞正燮。

任 出自远古的有熊氏。黄帝之子禺阳被封于有任，于是以任为氏。周文王有妃名太任，就是任国的女子。战国有任座，秦朝有南海尉任嚣，东汉有名将任光，南朝有文学家任昉，宋有礼部尚书任希夷，明有水利家任仁发，清有著名学者任人椿、画家任熊。

袁 出自妫姓。陈国大夫庄伯辕的孙子涛涂，以祖父的字为氏，是为辕姓。后代义改辕为袁，也写作爰，二者有着同一祖先。袁姓名人很多，有西汉大臣袁盎，东汉三公之官袁宏、晋吴郡太守袁山松、东晋史学家袁宏、宋史学家袁枢、明诗人袁宗道三兄弟、明末著名军事家袁崇焕。

柳 出自展氏。鲁公子夷伯，有孙无骇，无骇之子为展获，字禽，因食邑在柳下，人称柳下惠，后代就以柳为氏，战国有柳庄，为卫国股肱之臣，汉代有齐王相柳隗。柳姓名人还有北周上大将军柳敏，唐代文学家柳宗元、书法家柳公权，宋散文家柳开、词人柳永，清代学者柳兴恩。

酆 出自姬姓。周文王少子被封于酆，其后代有酆舒，系潞国丞相。鲁国有酆点，宋朝有酆稷。

鲍 出自姒姓，是大禹的后代。敬叔在齐国为官，其食邑在鲍，于是以鲍为氏，其后代有春秋齐大夫鲍叔牙、东汉光武帝刘秀有部将鲍永。鲍姓名人还有南朝文学家鲍照、明代监察御史鲍忠、清代藏书家鲍廷博。

史 出自史皇氏。《路史》记载说是仓颉后代。仓颉是传说中古文字的创造者。仓颉的后代有史佚，为周之太史，掌管国家历史的记录、著述。春秋国有卫国大人史鱼酋，被孔子称为刚直之士。史姓名人还有后晋著名儒将史匡翰，南宋词人史达祖，元代名相史天泽，抗清名将史可法，清代诗人、画家史翁。

唐 出自陶唐氏。舜封尧之子丹朱于唐，丹朱的子孙就以国号为氏。汉初有商山四皓之一的东园公唐宣明。明代有书画家唐寅、文学家唐顺之，清代有思想家唐甄、轮船招商局总办唐廷枢、坚持抗击日本入侵台湾的台湾巡抚唐景崧、力倡变法图强的唐才常。

费廉岑薛，雷贺倪汤。滕殷罗毕，郝邬安常。

费 出自嬴姓。伯益因辅佐大禹治水，有功而受封于大费。伯益的后代昌，在商朝做官，于是以国为氏，称费氏。商纣王时有大臣费仲，鲁国有费伯，汉代有大学者费直，三国有费祎深受诸葛亮的器重，明代有航海家费信。

廉 黄帝的后代。黄帝之孙为帝颛顼，颛顼的曾孙为大廉，大廉的后代，即以祖先大廉为氏，称廉氏。战国时有赵名将廉颇，东汉时有以侠义显名的廉范，宋代有画家廉布，元有大臣廉希宪。

岑 出自姬姓。周武王封叔耀之子渠于岑，渠的子孙就以国号为氏。东汉初有名将岑彭，唐贞观年间有中书令岑文本，唐还有著名边塞诗人岑参。又，东汉应劭《风俗通义》认为岑为古岑子国的后代，为了不忘故国，以国为氏。

薛 出自任姓。黄帝后代奚仲受封于薛，成为诸侯，历经夏、商、周三代，仍然世代为诸侯，其子孙即以国为氏。先秦时，宋有薛居州，赵有薛公。薛姓名人还有隋诗人薛道衡、唐书画家薛稷、著名将领薛仁贵、女诗人薛涛，宋书法家薛绍彭，明医学家薛立斋，清医学家薛雪。

雷 出自黄帝之族。黄帝之子雷公，雷公的后代就以祖先之字为氏，称雷氏。汉有雷义，晋有雷焕。雷姓名人还有南朝药学家雷敩、唐宫廷乐师雷海青、宋制琴专家雷威、元学者雷光霆、清医学家雷大升。

贺 出自庆氏。齐公子庆父的后代，本为庆氏，其子孙有西汉庆纯等人，庆纯为汉侍中，为避安帝父清河王刘庆之讳，改为贺氏。隋有大将贺若弼，贺姓名人还有唐诗人贺知章、明学者贺荣。

倪 周初大分封，就有小国郳国，郳国诸侯之后代改郳为兒，汉有兒宽，后加"人"旁为倪，或云足为丁避仇而改。倪姓名人有元画家倪瓒、清康熙举人倪灿。

汤 出自子姓。宋公子荡意诸，其子孙即改荡为汤字，以为姓氏。晋有汤休，宋有精通古学的汤干，明代有名将汤和，随从朱元璋屡立战功，还有明代文学家汤显祖。

滕 出自姬姓。周武王封弟叔绣于滕，叔绣的子孙即以国为氏。战国有滕更，汉有滕婴。滕姓名人还有三国吴名臣滕胤、唐侍御史滕遂与画家滕昌佑、宋哲宗时政治家滕元发。

殷 出自子姓。商王盘庚迁国都于殷（今河南省安阳），商王室的后代即以殷为氏,晋有以收复中原为己任的殷浩、文学家殷仲文,南朝有文学家殷芸,唐代有书画家殷仲容,明有画家殷善。

罗 祝融氏的后代。春秋时有罗国,子孙就以国号为氏。晋有州主簿罗含,深受桓温器重。后魏政治家罗结、宋治平进士罗适、朱熹之师罗从彦、元明之际著名文学家罗贯中等,皆为罗氏名人。

毕 黄帝之后,出于姬姓。周文王有子名毕公高,毕公高的子孙就以国为氏,称毕氏。春秋时晋有大夫毕万,为毕公高的后裔。毕姓名人还有晋毕卓、唐画家毕宏、发明活字印刷的宋代毕昇、宋代吏部郎中毕仲游、清湖广总督大学者毕沅。

郝 出自太昊氏。太昊有弟名省封于郝。汉有郝贤,三国有魏将郝昭,晋有参军郝隆,唐有吏部侍郎郝处俊,宋有医学家郝允,明末农民起义将领亦有姓郝者,清代有训诂学家郝懿行。

邬 晋大夫邬藏之后。《路史》说本姓妘,以城邑为氏。孔子弟子有邬单,为邬藏之后。邬姓名人还有唐书法家邬彤、宋宁宗时大臣邬克诚。

安 出自有熊氏。黄帝之子昌意,昌意子为安,居于西戎,称为安息国。后魏时,世子入侍,魏主赐姓安同。也有的说,汉代就有安期生,东汉时有太守安成,至唐有太常工籍的安金藏,宋有名将安俊,这表明安姓有两个分支。

常 黄帝有相,名常先,常先后代即以常为氏。相传帝喾妃有常仪。常姓名人还有东晋史学家常璩、唐诗人常建、学者常伯熊、教育家常衮,明初名将常遇春。

乐于时傅,皮卞齐康。伍余元卜,顾孟平黄。

乐 出自子姓。宋戴公有子衎,字乐父,乐父的子孙即以乐为氏。战国时有好黄老之道的乐臣公、燕国名将乐毅。乐姓名人还有南朝江夏太守乐法才、宋地理学家乐史、明兵部尚书乐韶凤。

于 出自姬姓。周武王有子被封于邗,其子孙就改邗为于。作为姓氏,西汉宣帝时有丞相于定国。于姓名人又有三国魏将于禁、宋水利家于浤、明兵部尚书于谦、清初两江总督于成龙。

时 先秦时,宋国大夫公子来,其封邑在时,子孙遂以时为氏,齐国有时子,汉代有时苗。时姓名人还有宋经学家时少章、明宜兴陶工时大彬、清学者时铭。

傅 出自黄帝之族。黄帝后代大由,受封于傅邑,于是以傅为氏。商代时,有名相傅说,辅佐商王武丁;汉晋时期,以北地灵州傅姓最盛;汉代有出使西域的傅介子;晋有哲学家、文学家傅玄。傅姓名人还有唐太史令傅奕,宋代音韵学家傅霖,明医学家傅仁宇,明清之际思想家傅山、太平天国女状元傅善祥。

皮 周朝有大臣樊仲皮,其子孙即以先祖之字为氏,称皮氏,北朝有名将皮豹子,多次打败南朝军队,唐代有大诗人皮日休。

卞 西周曹叔振铎的后代,为鲁国卞邑大夫。子孙就以地名为氏,也有的古书记载称,曹叔振铎的儿子有被封到卞的,于是后代以国号为氏。后代有以勇力驰名的春秋力士卞庄子、慧眼识宝的春秋楚人卞和、西晋名臣卞粹、东晋名臣卞壶。

齐 出自姜姓。周初大分封,太公姜尚被封于齐,建立齐同,太公的子孙就以国号为氏,称齐氏,其后代有唐代的齐映、齐抗二位族兄弟,同时为丞相。齐姓名人还有宋饱学之士齐天觉,元齐德之,清学者齐召南、农民起义的领袖齐林。

康 周初大分封,有卫国,国君有康叔,其后代即以祖先之谥号为氏。康氏后代有汉代康衡、康穆;另外,汉代西域康居国,派遣王子入侍,走到河西时留下来,他的后代也以康为氏。康姓名人还有三国吴旅行家康泰、康居,高僧康僧会,明文学家康海。清诗人康乃心及维新运动领袖康有为、康广仁。

伍 出自芈姓。春秋时,楚公族有伍氏。世代为楚国卿大夫,如伍举、伍奢父子,伍奢之子有伍尚、伍员,伍员就是伍子胥。伍姓名人还有明著作家伍福、孝子伍钝,明末清初伊斯兰教学者伍遵契,清末外交官、民国外交总长伍廷芳。

余 春秋时期秦穆公大臣由余的后代。秦穆公攻打西戎,获其臣由余,深为赏识,由余建议秦穆公向西方发展,秦版图大增。由余的后代就以余为氏,其后代还有余靖、余玠。余姓名人还有明文学家余象斗,清初名士余正元、经学家余萧客、诗画家余集、天文学家兼数学家余煌。

元 春秋时期卫大夫元喧的后代。北魏孝文帝大力推行汉制,并改姓元氏,当北魏一朝,就有名将元英、著作家元延明。元姓名人还有隋初将领元景山,唐经学家元澹、文学家元结、诗人元稹,金代文学家元好问。

卜 周代设有太卜、卜人等官职,掌管占卜等事。这些官员的后代就以卜为氏。卜氏名人有春秋时期晋国卜偃、孔子弟子卜商、西汉御史大夫卜式、南朝将军卜天与、元代政治家卜天璋。

顾 夏朝时有顾国,顾国人之后代就以顾为氏。三国吴有顾姓大族,如顾雍,曾作吴宰相,东晋还有顾恺之。顾姓名人还有南朝训诂学家顾野王,明文学家顾璘,思想家顾炎武,明末清初历史地理学家顾祖禹。

孟 出自姬姓。鲁桓公有子庆公,世代为卿大夫,号孟孙氏,著名思想家孟子就是孟孙氏的后代。汉代有经学家孟喜。孟姓名人还有唐诗人孟浩然、孟郊,元经学家孟梦恂,清初戏曲作家孟称舜。

平 韩哀侯少子婼,婼有食于平,他的后代就以邑为氏。汉朝时有宰相平当,北朝有政治家平鉴。平姓名人还有明将领平安、清忠臣平瑞。

黄 颛顼帝之后。颛顼有曾孙陆终,陆终的子孙受封于黄,建立黄国,其后代就以国号为氏,是为黄氏。战国时有楚国春申君黄歇(战国四公子之一),汉有丞相黄霸、孝子黄香。黄姓名人还有三国吴名将黄盖,唐末农民起义领袖黄巢,五代画家黄荃,宋末元初音韵学家黄公绍,宋文学家黄庭坚,元代纺织技术家黄道婆,明末清初思想家黄宗羲,清画家黄慎、藏书家黄丕烈。

和穆萧尹,姚邵湛汪。祁毛禹狄,米贝明臧。

和 尧的大臣羲和的后代。羲和曾为尧的天文官员。羲和的后代就以和为氏;有的古籍记载说,和是楚人卞和的后代。和姓名人有西晋太子太傅和峤、五代词人和凝、明孝子和承芳。

穆 出自子姓。宋穆公的后代,以祖先之谥为氏。楚国也有穆氏,出自姬姓,系周穆王的后代,如楚之子重、子辛,汉代有穆生。穆姓名人还有穆修,其为宋代古文派的支持者,又有明哲学家穆孔晖,清名将穆廷栻、画家穆僖。

萧 出自子姓,商代王室的后代。商末,有微子。周朝时,微子的后代被封于萧,建立萧国,成为宋国的附庸国,其子孙就以国号为氏。汉代有名相萧何。萧何的后代萧道成为南齐高帝,萧道成的族孙衍为梁武帝,都是南朝的著名君王。萧姓名人还有隋太常萧吉,元戏剧家萧德祥,清诗人萧云从、太平天国领袖萧胡贵。

尹 出自远古少昊氏,少昊有子般,为工尹,掌管手工业,被封于尹城,他的后代就以尹为氏,少昊的后代中有尹寿,为帝尧之师。有的古籍说,卿、尹都是三公类的大官,尹的后代就以官职为姓。周宣王时,有政治家兼思想家尹吉甫,老子的弟子有尹喜,汉代有谏议大夫尹敏,唐有学者尹思贞,宋有画家尹质,明有礼部尚书、理学家尹台。

姚 出自舜帝之族。有虞瞽瞍生舜于姚墟,于是以地名为舜之氏,称姚氏。尧器重舜,以二女嫁之,赐姓妫氏。周武王分封虞舜的后代胡公满于陈,建立陈国,于是以陈为氏,胡公满的子孙也有仍以胡为氏的;陈敬仲后来到了齐国,他的子孙改姓田氏,田氏失去齐国政权后,田氏子孙们聚居元城,改姓王氏。上述的姚、虞、妫、

陈、胡、田、王共七姓，都是舜的后代。姚姓名人有三国蜀广汉太守姚伷，十六国中后秦建立者姚苌、唐诗人姚合、宋名将姚麟、元初政治家姚枢、明诗人兼书画家姚绶、清桐城派领袖姚鼐。

邵 出自姬姓。周初大分封，康公被封于燕，康公的次子及后代，世代在周都王畿内做诸侯，成为周天子的重要大臣，号称召公。召公的后代于是称为召氏，召氏的子孙改召为邵，作为姓氏。秦有邵平，汉有邵信臣，皆出于同一祖先。邵姓名人还有宋抗金名将邵兴，明学者邵宝，清学者邵晋涵、邵懿辰、书画家邵弥。

湛 出自姒姓，为夏王室的同姓。夏诸侯有斟灌氏，斟灌氏的子孙合并斟灌二字为湛，以为姓氏。汉朝时有湛重，宋朝时有曾任屯田郎中的湛俞，明朝有曾任礼、吏、兵三部尚书的理学家湛若水。

汪 汪茫氏之后。也有的说鲁成公的后代有封邑于汪，于是以汪为氏。鲁有汪锜，唐朝时有汪华，其被封为国公，歙州一带，汪姓很盛。汪姓名人还有宋太常博士汪义和、诗人汪藻，元学者汪汉卿、旅行家汪大渊、清曾国藩幕僚汪士铎、医学家汪昂、学者汪中、文学家汪琬。

祁 尧帝的后代。尧姓伊祁，其后代以尧字为氏，称祁氏。春秋时晋国祁氏很盛，如以"外举不避仇，内举不避亲"而闻名的晋大夫、中军尉祁奚及力士祁弥明。祁姓名人又有宋孝子祁昞、宋末名医祁宰，清文学家祁寯藻、政治家祁埳。

毛 出自姬姓。周文王有子，被封于毛，建立毛国，称为毛伯，世代为周天子大臣，故以国号为氏。赵有毛公，汉有毛苌，以治《诗经》而闻名。毛姓名人还有三国魏司空丞相毛玠，宋诗人毛滂，明刑部尚书毛伯温、藏书家兼刻书家毛晋，清学者毛奇龄。

禹 出自妘姓。云、梦之间有鄅国，是楚国的附庸国，其后改鄅为禹，作为姓氏。宋有抗元将领禹显，明有清官禹祥，清有画家禹之鼎，清末有同盟会会员、革命者禹之谟。

狄 出自姬姓。周康王封弟孝伯于狄城，孝伯的后代就以狄为氏。狄姓名人有唐名臣狄仁杰，宋名将狄青，右谏议大夫狄棐，明独山知州狄冲。

米 出自西域米国。米国人来到中原，改姓米氏。汉有米楷，唐有米嘉荣。米姓名人还有唐文学家米放，宋画家米芾、米友仁父子，明江西按察史、画家米万钟，米万钟之孙为清代画家米汉雯。

贝 出自姬氏。西周有召国，召康公时，有儿子受封于巨野之沇水，后来建立郥国，其子孙改郥为贝，作为姓氏，汉有贝瑗。贝姓名人还有南朝书法家贝义渊，明清官贝恒、学者贝琼，清爱国诗人贝青乔。

明 出自谯明氏。谯明氏有子孙明由，为燧人氏之相。其后代于是以明为氏。晋有明预。北朝有清官明亮，隋有博学多识的王侯明克让，宋有参知政事明镐，元末有农民起义领袖明玉珍，清有史官明珠、数学家明安图。

臧 出自姬姓。鲁孝公有子驱。有食邑于臧，其后即以臧为氏，臧氏子弟有僖伯、哀伯、文仲、武仲，世代为鲁国大臣，汉代有臧宫、臧洪。臧姓名人还有南朝临海太守臧熹，明戏剧家臧懋循，清学者臧琳、臧庸。

计伏成戴，谈宋茅庞。熊纪舒屈，项祝董梁。

计 出自姒姓，为大禹的后代。有的古籍说，周武王封少昊的后代于莒，建立莒国，莒国起初以计斤为都城，其子孙即以地为氏。春秋时，越国有公族计氏，其后代计倪、计然为越大夫，东汉有计子勋。计姓名人还有宋清官计衡、诗人兼史学家计有功，明画家计礼，清画家计楠、计芬父子。

伏 出自风姓，系伏羲的后代。以伏羲之号为氏，汉代有学者伏胜，伏胜的玄孙无忌为阳都侯，参与校定诸子百家及五经，著有《伏侯古今注》。南朝时，有学者伏曼齐。

成 出自姬姓，系周王室之后。周文王有子，受封于郕，称郕叔武，郕叔武的后代，改郕为成，以为成氏。春秋时楚有贤臣成得臣。成姓名人还有西汉名士成公、宋抗金名将成闵、金国名医成无己、明崇祯帝的股肱之臣成基命、清学者成蓉镜。

戴 出自子姓。宋戴公的后代，以祖之谥号为氏，称戴氏，宋国有戴盈之、戴不胜。汉有大学者戴德、戴圣叔侄，世称"大小戴"。戴姓名人又有东晋学者戴逵，唐画家戴嵩，宋诗人戴复古，元文学家戴表元，明画家戴进，清思想家、学者戴震及爱国将领戴宗骞。

谈 出自籍氏，系周大夫籍谈之后。秦朝末年，避西楚霸王项籍讳，改称谈氏。有的古籍记载说宋微子的后代，有谈君，以国为氏，汉有征东将军谈巴。谈姓名人又有宋史学家谈钥、明学者谈修、清学者谈泰。

宋 出自子姓，为商王室后代。周武王封商纣王的庶兄微子启于宋，微子启的子孙就以国号为氏，称宋氏。战国有宋玉、宋义、宋国思想家宋钘。宋姓名人又有唐诗人宋之问、名相宋璟，宋学者兼文学家宋庠、宋末农民起义军领袖宋江、宋法医专家宋慈，明初文学家宋濂、明末科学家宋应星。

茅 出自姬姓，为周王室后代。周初，周公姬旦有儿子被封于茅，其后代就以国为氏，秦有上卿茅焦。

庞 出自高阳氏。有古籍则记载说庞氏出自姬姓，系周王室之后，周文王有子毕公高，毕公高的后代被封于庞，其子孙即以庞为氏。战国时魏有将军庞涓。庞姓名人又有东汉末隐士庞德公，三国蜀军师庞统、魏猛将庞德，宋承相庞籍、名医庞安时，明名臣庞尚鹏。

熊 出自高阳氏。帝颛顼有孙陆终，陆终的第六子季连为芈姓，季连之子附叙被封于熊，其后代又有鬻熊，系周文王之师。周武王大分封时，封鬻熊的曾孙熊绎于南方的楚，传至熊绎的后代熊渠时，僭号称王，更姓为熊氏。《左传》记录有贤者熊官僚，汉有熊乔、熊尚。熊姓名人又有宋代著名小说家熊大木、清代武英殿大学士兼刑部尚书熊赐履。

纪 出于姜姓，系周诸侯的后代。因封于纪，建立纪国，其后代就以国号为纪，楚有纪昌，秦末有刘邦的部将纪信。纪姓名人又有金医学博士、著名医学家纪天赐，清礼部尚书、协办大学士纪昀，研究《周易》的著名学者纪磊。

舒 黄帝的后代，出于姬姓。黄帝有孙颛顼，颛顼的后代被封于舒，建立舒国，春秋时期，楚国消灭了舒国，舒国君的子孙就以故国之号为氏，是为舒氏。舒姓名人有东汉末年的舒伯膺、舒仲膺兄弟，俱为义士，还有北宋学者舒津，元代学者舒天民，明代廉吏、曾任广西和四川布政使的舒清。

屈 出自芈氏，系楚王族之后。楚武王有子瑕，受封于屈，因而以屈为氏，其后代有战国时期楚爱国诗人屈原、将军屈匄。北魏时，北方少数民族屈突氏也改姓为屈氏，与复姓的屈突氏并存。屈姓名人又有明末清初文学家屈大均、清文学评论家屈复。

项 出自姬姓，为周王室之后。春秋时，齐桓公灭项国，国君的后代以故国号为氏；又一支出自芈姓，为楚王室之后，楚公子燕，被封于项城，于是以项为氏。春秋时有神童项橐，7岁即与孔子辩难。项姓名人又有战国时楚名将项燕、项梁父子，及秦末项梁之侄、著名的西楚霸王项羽，宋代有医学家项昕，明有书法家项穆。

祝　出自有熊氏，系黄帝之族。周初武王分封时，把黄帝之后封于祝，其后代即以国号为氏，周朝时卫国有祝鮀、郑国有祝聃。祝姓名人又有东汉九真太守祝良、晋上虞女子祝英台、明文学家祝允明。

董　出自有熊氏，系黄帝之族。黄帝有孙飂叔安，飂叔安有子董父，董父很喜欢龙，龙于是多归从之，舜于是赐姓为董。春秋时有晋国的直笔史官董狐。董姓名人又有汉代儒学大师董仲舒，三国蜀名臣董允，北朝外交家董琬，唐代音乐家董庭兰，金戏曲家董解元，明书法家董其昌、明末江南名妓董小宛。

梁　黄帝的后代。黄帝孙颛顼的后代，被封于梁，其后代即以国号为氏，汉有隐士梁鸿和外戚梁商、梁冀父子。梁姓名人又有唐代天文学家梁令瓒、抗金名将韩世忠之妻梁红玉、元末明初学者梁寅、明学者梁潜、清维新派领袖梁启超。

杜阮蓝闵，席季麻强。贾路娄危，江童颜郭。

杜　帝尧之后。帝尧后代有被封于唐，建唐国者，被周消灭，把其王族迁到唐、杜二地，其中聚居于杜地的故唐国王族，就以地名为氏，当时有杜伯，晋国有杜原款。杜姓名人又有东汉发明家、南阳太守杜诗，经学家杜林，书法家杜度，晋名将、学者杜预，唐诗人杜甫、杜牧与史学家杜佑，明画家杜琼。

阮　商朝时，泾水、渭水之间有阮国，其子孙就以国为氏，称阮氏，也有的古籍说阮氏为皋陶的后代。三国魏有诗人阮瑀(建安七子之一)，瑀子阮籍也是魏国著名文学家、思想家(竹林七贤之一)，籍之侄阮咸是西晋名士、音乐家。阮姓名人又有宋音乐家阮逸、清著名学者阮元。

蓝　出自芊姓，系楚王室之后。楚公子亹受封于蓝，被称为蓝尹，他的后代就以蓝为氏。唐朝时有蓝采和(八仙之一)，明有耿直之臣蓝玉甫，明末有画家蓝瑛。

闵　出自姬姓，鲁国公闵马父，受封于闵乡，其子孙就以闵为姓，其后代有闵子骞。闵姓名人又有明名臣闵珪，清刻书家闵齐及著名画家、篆刻名家闵贞等人。

席　出自籍姓，为晋公室的后代。晋大夫籍谈之子孙，在秦末为避项羽(字籍)之讳，改称席氏或改姓谈氏。清代有席佩兰，为诗人袁枚之女弟子，善于画兰，为著名女诗人。

季　出自姬姓，为周王室的后代，春秋时鲁桓公有子季友，季友之后即以祖字为氏，当时吴有大臣季札，后又有随国大夫季梁。季姓名人又有秦末楚地游侠季布、明经学家季本。

麻 出自熊氏,为楚公族之后。先秦时,楚公族熊婴因事离国。到了齐国,于是改姓麻氏。隋朝时有主持开挖汴河的麻叔谋,金有学者、医学家麻九畴,明有抗倭、鞑靼(蒙古游牧部落)的名将麻贵。

强 出自姜姓,为吕尚(姜太公)之后。春秋时有齐大夫公孙疆,因为古代疆与强的写法很相近,于是公孙疆的后代改疆为强,作为姓氏。郑国有大夫强钮,其后代又有东汉强华,唐代强循。

贾 出自姬姓。唐叔虞的小儿子被封贾,后来晋国灭贾国,贾国贵族的后代就以故国号贾为氏。当时晋国有贾华。贾姓名人又有西汉政论家、文学家贾谊,东汉经学家贾逵,北魏农学家贾思勰,唐代诗人贾岛、学者贾公彦,宋数学家贾宪,元水利家贾鲁,明戏曲家贾仲明。

路 出自高辛氏,为帝喾的后代。尧时,有功而受封于路,于是,其子孙以路为氏。汉代有大夫路温舒、名将路博德,唐有学者路敬惇、兵部尚书路嗣恭,宋有学者路振。

娄 出自姒姓,为杞国王公的后代。杞国有东楼公,其后代改楼为娄,作为姓氏,汉有谋臣娄敬。娄姓名人又有唐监察御史、将领娄师德,南宋政治家娄机,明诗人娄坚、学者娄谅。

危 出自三苗部落,三危氏的后代。唐有危仔昌,宋有学者、文学家危稹,元代有名医危亦林,明初有文史学家危素。

江 出自嬴姓,为大禹助手伯益的后代。伯益的后代,有被封于江、汉之间的,其后代就以国号为氏,汉朝时有江革。江姓名人又有南朝文学家江淹,北宋诗人江休复,南宋画家江参,明医学家江瓘,清经学家江永、江昱、江藩及音韵学家江有诰。

童 出自胥氏。春秋晋国大夫胥童,其子孙以祖字为氏,称童氏,汉代有童恢。童姓名人又有宋学者童伯羽,明学者童承叙、吏部尚书童轩,清诗人、画家童钰及清学者童叶庚。

颜 出自姬姓,周王室的后代。姜太公长子伯禽,受封于鲁,建立鲁国,伯禽有小儿子颜,颜的后代就以祖字为氏,姓颜氏,春秋时有颜路及孔子的得意门生颜渊。颜姓名人又有汉代著名经学家颜安乐,南朝大诗人颜延人,北朝文学家颜之推,唐代史学家、训诂学家颜师古与名臣、书法家颜真卿,宋政治家颜师鲁,元初画家颜辉。

郭 出自姬姓,为周王室的后代。周武王封王季次子虢仲于东虢,虢叔为西虢,东虢、西虢合称二虢。后来,西虢改称为郭,作为国号,而王室中有人就以郭为氏。

汉有郭解、郭泰。郭姓名人又有晋哲学家郭象、文学家郭璞,唐汾阳郡王、名将郭子仪,宋画家郭熙、古琴演奏家郭沔,元天文学家郭守敬,明末反抗荷兰入侵台湾的民族英雄郭怀一。

梅盛林刁,钟徐丘骆。高夏蔡田,樊胡凌霍。

梅 出自子氏,商王室的后代。商王太丁封弟于梅,称为梅伯,梅伯的后代就以国号为氏。汉初有名将梅铟,宋有诗人梅尧臣。梅姓名人又有清初画家梅清、天文学家兼数学家梅文鼎、散文家梅曾亮。

盛 出自姬姓,为周王室后代。周穆王时,封大臣召公奭的孙子于盛,建立盛国,为东方燕国的附庸国,本姓奭氏。东汉时,为避元帝刘奭之讳,奭姓改为盛氏,如当时盛苞就如此,改为盛氏,实际上是恢复了他们祖先的国号,以为姓氏。东汉有司徒盛允。盛姓名人又有元画家盛懋、明书画家盛时泰、清初围棋国手及书画家盛年。

林 出自子姓,为商代末期贵族比干的后代。比干有子坚,避世乱而隐居于长林山,其子孙就以地名为氏,称林氏。鲁国有林放,为孔子的弟子。林姓名人又有宋画家林椿、明画家林良,清末政治家林则徐、维新派领袖林旭、义和团首领林黑儿,近代文学家林纾。

刁 出自姬姓。为周初大分封时所立的同姓之国,原称雕国,后来改称刁氏,齐国姓刁者最多,有大夫刁竖等,晋国也有刁协。刁姓名人还有五代花鸟画家刁光胤、宋学者刁衍。

钟 出自芈氏,为楚公族之后。楚钟建受封于钟吾,或为钟氏,又楚钟仪的祖先在楚国为官,受封于钟,以食邑为氏,战国有齐宣王后钟离春,三国有魏大臣兼书法家钟繇、名将钟会。钟姓名人又有南朝文学批判家钟嵘、唐代书法家钟绍京、五代画家钟隐、元戏曲家钟嗣成、明文学家钟惺。

徐 出自嬴姓。禹时,伯益有子若木,若木生调,调被封于徐,在夏、商、周三代都是诸侯国,其子孙就以国号为氏。汉有徐迟,三国初有文学家徐干(建安七子之一),吴有名将徐盛,南朝有文学家徐陵,五代末宋初有文学家徐铉、徐锴兄弟,明初有名将徐达、科学家徐光启、地理学家兼大旅行家徐霞客,清有学者徐松。

丘 出自姜姓,为姜太公的后代。姜太公封于营丘,他的儿子中有的就以地为氏,晋国有丘迟,明朝有"理学名臣"丘濬。

骆 出自嬴氏。嬴姓有大骆,大骆有长子成,世代居住于太丘,国号为大骆;西周厉王时,西戎入侵,灭骆国,骆国君之子就以国为氏,称为骆氏。唐代有著名文学家骆宾王。

高 出自姜姓,太公之后。周初有东方大国齐国,齐文公时,有子子高,子高的后代以祖字为氏,称高氏。如高傒,世代为齐国公卿,孔子的弟子中有高柴,战国末有义士高渐离,汉初有今文经学传播者高堂生。高姓名人又有唐边塞诗人高适,明诗人高棅、戏曲家高濂,清代有文学家高鹗、画家高翔。

夏 出自姒姓,为夏后氏之后。夏后氏的子孙以国号为氏。先秦有陈公子夏征舒,秦有御医夏无且。夏姓名人又有南宋著名画家夏圭("南宋四家"之一),明忠直之臣夏言、明末抗清将领夏完淳,清代小说家夏敬渠。

蔡 出自姬姓,为周王室之后。周文王有子叔度,受封于蔡,叔度有个儿子叫胡,在叔度死后续任国君,于是胡又称蔡仲,蔡仲的后代于是以国号为氏。春秋时期,有晋国史官蔡墨,秦有蔡泽,汉朝有丞相蔡义。蔡姓名人又有东汉尚方令、中国造纸术的发明者蔡伦,东汉末年文学家蔡邕、蔡琰(即蔡文姬)父女,宋代书法家蔡襄、理学家蔡元定,近代教育家蔡元培。

田 出于陈氏。陈桓公时,其子完在齐国为大臣,于是改称陈氏。到陈桓时,更姓田氏。陈桓之孙田和,取代齐君而自立。其后代有齐威王田齐、齐国贵族田文(即著名的战国四公子之一)。齐国又有名将田单,秦末有义士田横,西汉有经学家田何。

樊 出自仲氏。虞仲有孙,名仲山甫,因被封为樊侯,于是就以樊为氏,这就是樊氏,战国末年有秦将樊於期,汉初有名将樊哙。樊姓名人有三国名医樊阿、北朝北齐有哲学家樊逊。

胡 出自妫姓,系舜之后代。舜的后代有胡公满,胡公满有儿子以父之谥号为氏,齐有胡龁,汉有丞相胡广。胡姓名人又有宋学者胡瑗,宋元之际史学家胡三省,明文学家胡应麟、胡震亨,明末印刷术改革家胡正言,清经学家、地理学家胡渭。

凌 出自姬姓,系周王室之后。卫康叔时,有儿子在周朝为官,职为凌人,为王室主造冰块及部分祭祀品,其后代就以官为氏,称凌氏。凌姓名人有三国吴名将凌统、明小说家凌濛初、清经学家凌廷堪。

霍 出自姬姓,系周王室之后。周文王有子霍叔,系霍国建立者,霍叔的后代就以国号为氏,称霍氏。汉代有名臣霍光、名将霍去病等。

虞万支柯，昝管卢莫。经房裘缪，干解应宗。

虞 出自姚姓，系舜之后代。舜的后代，被封于虞，于是以国号为氏；虞姓又有来自姬姓的，为太伯弟虞仲雍的后代。虞姓名人有战国时期虞卿、汉文学家虞初、三国吴经学家虞翻、唐初书法家虞世南、宋抗金名臣虞允文、元学者虞集。

万 西周时期晋国毕万的后代，也有古籍记载说，万氏为芮国百万的后代，以祖字为氏。战国时，孟子有弟子万章。东汉初又有名将万修，明有儒将万表，清有史学家万斯大、万斯同兄弟。

支 西汉宣帝时，南匈奴郅支单于与汉和亲，派遣王子到长安为侍卫，这支王子之族留居长安，于是称为支氏。汉代有支雄，三国吴有佛经翻译家支谦，明代有忠直之臣支可大。

柯 出自姬姓，为周王室之后，周初大分封，东南有吴国，吴国曾有吴王柯卢，其子孙就以柯为氏。元有书画家柯九思，清有医学家柯琴。

昝 出自咎氏。商朝时，有丞相咎单，由于咎在古代读为高，意义上又与灾咎之咎一致，所以咎单的后代把咎改为昝，作为姓氏。昝氏，在巴蜀之地较多，如唐代蜀人昝殷，撰《产宝》一书，是现存最早的妇产科专著，昝殷也成为一位有相当影响的医学家。

管 出自姬姓，为周王室之后。周文王第三子被封为管国国君，称为管叔鲜，管叔鲜的后代就以管为氏。春秋时，齐国有大政治家管仲，汉末有名士管宁，三国魏有术士管辂。管姓名人又有元书画家管道升（书画家赵孟頫之妻），清桐城派散文家管同。

卢 出自姜姓，为周王室之后。齐文公有子名子高，子高之孙为高傒，高傒有食邑于卢，其后代即以卢为氏，西汉初有诸侯王卢绾。卢姓名人又有东汉末文武全才卢植，初唐诗人卢照邻，中唐诗人卢纶、卢仝、绢绣高手卢眉娘，明抗倭名将卢镗，清校勘家卢文弨。

莫 出自高阳氏。高阳氏的后代被封于鄚，其子孙改鄚为莫，以为姓氏。汉有富豪莫氏，如莫藏用，唐代有融州刺史莫休符，宋有嘉祐进士、深受王安石器重的莫君陈，清有学者莫友芝。

经 出自京氏，京氏为郑武公后代。春秋时郑武公有子段，受封于京，段的后孙就以京为氏。西汉时，又有李姓改姓京氏的，如学者京房就是这样。京房的子孙为避仇家，又改京为经。宋代有京镗，清代有以募款赈济而闻名的知府经元善。

房 出自陶唐氏，为尧帝的后代。舜帝之时，封尧帝之子丹朱于房陵，建立唐国；又封尧的另一个儿子于房竹，这以后，其子孙以地为氏，称房氏。汉有房植，房姓名人又有唐初政治家房玄龄、翻译家房融、宰相房琯，元画家房大年。

裘 卫国有大夫在裘有封邑，其后孙就以裘为氏。周朝时，也设有裘氏之官职。汉有裘仲友。裘姓名人又有宋代进士、孝子裘万顷，清代文学家、戏曲作家裘琏。

缪 出自嬴氏，为秦王室之后。秦缪公的后代，以祖先之谥号为氏，称缪氏，汉有缪彤。缪姓名人又有三国魏文学家缪袭、宋儒士缪主人、清女画家缪嘉惠。

干 出自子姓，为宋国大夫干犨的后代。晋国也有干氏，此外，段干氏的儿子中，有以父字为氏的，也称干氏。春秋时有吴国铸剑名家干将，东晋时有史学家、文学家干宝。

解 尧的后代。尧子丹朱受封于房陵，建立唐国，传国至唐叔虞时，有子良，良在解地有食封，于是以解为氏，始称解氏，其后代有解扬。解姓名人又有唐文武全才解琬，元学者解观，明学者解缙、忠直之士解一贯。

应 出自姬姓，为周王室之后。周武王第四个儿子被封于应，建立应国，其后代就以国号为氏，称应氏。汉代有泰山太守、学者应劭，三国魏有文学家应玚（建安七子之一）、应璩兄弟，宋有忠直之臣应孟明，明有进士应鹭。

宗 周大夫宗伯的后代，以祖先之官职为氏，称宗氏，汉有名士宗慈、西河太守宗育、天文学家宗绀、汉末名士宗世林、将军宗预。宗姓名人又有南朝名画家学者宗炳，炳侄宗悫为武威将军、洮阳侯，宋代抗金派领袖宗泽。

丁宣贲邓，郁单杭洪。包诸左石，崔吉钮龚。

丁 出自姜姓，为姜太公的后代。齐国太公有子丁公，丁公的后代以祖谥为氏，称丁氏，汉代有丁公、丁固及经学家丁恭，三国吴有将领丁奉。丁姓名人又有宋代音韵训诂学家丁度，一度曾担任重要职务，清代篆刻家丁敬（系"西泠八家"之首），晚清藏书家丁丙，清末海军将领丁汝昌。

宣 出自姬姓，为鲁大夫宣伯之后，以谥号为氏；也有的古籍说宣系周宣王的子孙，或者为商王室的后代。东汉初年有关中人宣秉，廉洁奉公，深受光武帝的信赖，位至三公，秉子彪，为玄菟太守。

贲 出自苗氏，为晋国大夫苗贲皇的后代，以祖字为氏。西汉初年有中大夫贲赫，东汉初年有董宪部将贲休。贲字古音也有读为肥者，今读为奔。

邓　商王室的后代。商代中期，商王武丁在位时，封叔父曼季于邓（今河北省），建立邓国，曼季的子孙就以国号为氏。西汉有文帝幸臣邓通，又有邓彭祖，东汉有光武帝刘秀起兵时的重要将领邓禹，三国魏有名将邓艾，清代有篆刻、书法家邓石如，鸦片战争时有力主禁烟的福建总兵邓廷桢，清末有抗击日本侵略军的邓世昌。

郁　出自鲁国丞相郁黄的后代，郁黄的子孙，以祖字为氏，称郁姓，又古代的鬱氏，并改为郁姓，今西南地区有此姓。

单　出自姬姓，周王室之后。周成王时，封少子臻于单，建立单国，为京畿内的诸侯，称为单伯，世代为周天子之宰相，故子孙以国号为氏；有的古籍说，单氏系可单氏改姓的。周朝时有单穆公。

杭　出白姒姓。大禹治水后，剩下许多可航行的船只，任命自己的一个儿子管理，于是封其国为余航，其后代改航为杭，是为杭氏。汉代有长沙太守杭徐，清有史学家杭世骏。

洪　共工氏的后代。共工氏为远古著名的治水部落，其后代避仇而改共为洪，作为姓氏；也有的古籍说，卫大夫弘演的后代，至唐高宗时，为避高宗王子李弘之讳改为洪氏。三国时有洪矩，宋代有钱币学家洪遵、文学家洪迈，清代有戏曲作家洪升、太平天国领袖洪秀全。

包　春秋时期楚国大夫申包胥的后代。申包胥为楚爱国大臣，吴国军队将灭楚，申包胥到秦都城，大哭七天七夜，秦王深受感动而出兵，终于拯救了楚国。申包胥的后代就以祖字为氏。汉代时有主管少数民族事务及外交等的官员包咸。

诸　出自姒姓，为越王后代。汉朝初年，东南有越王后裔建立的闽越国，国王为无诸，无诸的后代就以祖字为氏；也有的说诸出自鲁大夫食采邑于诸邑者。汉代有洛阳令诸於，南唐有农民起义领袖诸祐等。

左　出自熊氏，为楚王室之后代。楚王鬻熊有后代倚相，为楚左史（即史官），受楚威王信赖，其后代就以左为氏，如左丘明，为著名史学家。左姓名人又有东汉书法家、造纸术改

革家左伯,西晋文学家左思,明末将领左良玉。

石 出自姬姓。系卫国公族大夫石碏的后代。春秋时期石碏为忠义大臣,大义灭亲,深受时人推崇。战国中期有天文学家石申,汉有石建,清有太平天国领袖、翼王石达开。

崔 出自姜姓,为姜太公的后代。齐有丁公,丁公之子居于崔,于是以崔为氏,其后代有战国史学家崔杼、汉太尉崔寔。崔姓名人又有南北朝时北方大族清河、博陵崔氏。崔浩为其子孙,曾在北朝为相。崔姓名人还有唐诗人崔颢、崔护。

吉 西周大夫尹吉甫的后孙。尹吉甫的后代以父字为氏,称吉氏,汉朝时有汉中太守吉恪,唐有文学家吉中孚(为大历十才子之一),现代有著名爱国将领吉鸿昌。

钮 世系今尚不详。晋朝时有吴兴人钮滔,北周时有钮因、钮士雄,父子二人都是有名的孝子。

龚 出自共工氏。黄帝时,共工氏为治水官员,共工氏之子句龙继续父职,子孙就以共为氏,后来避难加龙头为龚,晋国有大夫龚坚。龚姓名人又有西汉名臣龚遂,为封建社会中循吏的代表人物,又有西汉龚胜、龚舍,二人以清苦立节著名,刘秀称为楚国二龚,宋朝有画家龚开,清有思想家、文学家龚自珍。

程嵇邢滑,裴陆荣翁。荀羊於惠,甄麹家封。

程 出自高阳氏。颛顼帝之孙重黎为尧帝的南正,系司火官,世代受封为程伯。西周宣王时,有程伯名休父,入京都为大司马,封于程,其后代于是以程为氏,和司马氏相同。程姓名人甚多,有秦末狱吏程邈(隶书发明者),西汉太中大夫程不识,三国吴名将程普,唐初名将程知节,宋代理学家程颢、程颐兄弟,清代文学家程伟元。

嵇 夏代王室的后代。夏代中期,夏王少康封子于会稽,于是以稽为氏,称稽氏。汉朝初年,稽氏迁于谯,改称嵇氏。三国魏有文学家、音乐家嵇康(竹林七贤之一)、西晋有忠臣嵇绍(为嵇康子)。

邢 出自姬姓,为周王室的后代,周公姬旦的第四个儿子,在周初大分封时被封于邢,建立邢国,于是以国号为氏,齐有邢子才。邢姓名人又有宋经学家邢昺、名僧邢沚,明末书法家邢侗,清史学家邢澍。

滑 出自姬姓,为周王室之族的后代。春秋时有滑国,秦穆公时,消灭了滑国,滑国公族的子孙四散,以故国号滑为氏。汉朝时有滑兴,明朝初有以擅长针灸学而

著名的医学家滑寿。

裴　出自嬴姓，为秦国王室之族。大禹时有伯益，伯益之后有商末蜚廉，蜚廉的后代被封于蓓邑，后来又改为裴陵，于是以裴为氏，汉有裴潜，晋有地图学家裴秀，南朝有史学家裴松之、裴子野，唐初有吏部尚书裴矩、宪宗时宰相裴度，唐末有文学家裴铏。

陆　出自姜姓，为姜太公的后代。齐宣王封季逵于平陆，平地之地是远古陆终氏之墟，季逵的后代就以陆为氏。汉有大臣陆贾，晋有文学家陆机、陆云兄弟，南朝宋道士陆静修，隋音韵学家陆法言，唐大臣陆贽，宋诗人陆游、哲学家陆九渊都是陆姓名人。

荣　出自周大臣之后。周文王时，有大臣荣公，荣公的后代就以父字为氏。孔子弟子中有荣旂，鲁国有荣启期，宋代又有诗人荣斐谭。

翁　出自姬姓，为周王室之后。周昭王有庶子，封邑在翁山，于是以地为氏。汉有翁君、翁伯。翁姓名人又有宋诗人翁卷，清书法家、金石学家翁方纲及维新派领袖、光绪皇帝之师翁同和。

荀　出自姬姓，为周王室之后。周文王有子，被封于郇地，称为郇伯，郇伯的后代改郇为荀，称荀氏。晋国有荀寅。世代为晋王室大臣，战国有思想家荀子。荀姓名人又有东汉经学家荀爽，政论家、史学家荀悦，三国魏谋士、尚书令荀攸、荀彧，晋代律学家、尚书令荀勖。

羊　出自祁姓，为晋大夫之后。春秋时，晋有大夫祁盈，其后代受封于羊舌，人称羊舌大夫，是为羊舌氏，羊舌氏的后代去舌留羊，作为姓氏。西汉有齐人羊胜，东汉有大臣羊续、尚书令羊陟、晋名将羊祜、南朝书法家羊欣也是羊姓名人。

於　出自有熊氏，为黄帝的后代。黄帝的一个孙子被封于商於，其后就以地为氏，称於氏。於姓名人有汉代涉安侯於单、宋画家於清言、明右通政於伦。

惠　出自姬姓，为周王室之后。西周有惠王，惠王的后代中有以先王谥号为氏的，称惠氏。战国时有名家代表人物惠施，宋代有画僧惠崇，元有学者惠希孟，清有经学家惠周惕、惠士奇、惠栋祖孙三代，为吴派经学世代之家。

甄　出自庭坚氏。先秦有皋陶，皋陶有少子仲甄，仲甄在夏王朝做官，被封于甄。仲甄的后孙就以祖字为氏，西汉有甄邯，东汉有甄宇。甄姓名人又有北朝数学家甄鸾，唐名医甄权、甄立言兄弟。

麴　出自周朝官职，周朝设有麴氏一官，担任此官职者以麴为氏，称麴氏，汉有麴义、麴演，三国末公孙述有将麴氏，晋有史学家麴崇。

家 出自姬姓,为周王室之后。周孝王有子家父,家父的后代,世代为周朝卿士,于是以祖字为氏。汉有剧县令家羡,北宋有学者家勤国,为苏轼兄弟的学友,南宋有学者家铉翁。

封 出自姜姓,为炎帝后代。炎帝后代有封巨,为黄帝之师,受封于封地,因而以国号为氏。汉有封芨,十六国前燕有开国功臣封奕,中唐有吏部郎中、史学家封演。

芮羿储靳,汲邴糜松。井段富巫,乌焦巴弓。

芮 出自姬姓,为周王朝司徒芮伯的后代。芮伯之后代,以国号为氏。齐景公有妾名芮姬,芮氏之后又有周代芮良夫。清有学者芮城。

羿 出自东方大族。夏王朝时,东方夷族诸部中有势力较为强大的有穷部落。曾一度攻入夏朝都城,赶走夏王。其著名首领为有穷后羿,以善射而闻名。后羿的后代就以祖字为氏,称羿氏。

储 齐国储子的后代。以祖字为氏,是为储子,汉有储大白。储姓名人又有唐诗人储光羲,明官员储罐,清初散文家储欣、清学者储大文、诗人储国钧。

靳 出自芈姓。楚公族大夫靳尚的后代,战国时,靳尚的后代食采于靳,以为姓氏。靳姓在汉代有靳歙,宋代有画家靳东发,元代有精于星历学的昭文馆大学士靳德进,清有治水专家靳辅。

汲 出自姬姓。周初大分封时有卫国。卫宣公时太子名汲,汲的儿子有被封于汲地者,以地为氏。汲姓在汉代有武帝时名臣汲黯,其推崇黄老学说;西晋时有农牧民起义领袖汲桑。

邴 晋国大夫有食邑在邴者,被称为邴豫,以地为氏,《左传》记录其后人有邴师、邴泄,汉代有邴吉、邴原。邴姓名人又有十六国后赵建筑家邴辅,唐应同公、大将军邴粲。

糜 夏王室同姓贵族的后代,夏朝时,有同姓诸侯有糜氏,后代就以祖字为氏,汉代糜氏很盛,有糜竺等人,蜀汉政权中糜氏为官者也有一些,魏国则有乐平太守、学者糜信。

松 姓氏来源尚不详,隋代有松赟,清代东莞郡松氏也较多。

井 虞大夫井伯的后代,井伯的子孙,以祖字为氏。井氏传至井奚时,被秦穆公灭掉了虞国,秦穆公赏识井奚之才,任命井奚为大夫,封邑于百里,称为百里奚,百里奚的儿子中仍有人以井为氏。东汉时,有精通五经的隐士井丹。明代有贤能之臣

井田,井田之子井源任驸马都尉,亦以贤能著称。

段 出自李氏。战国思想家老子的孙子李宗在晋国做官,食邑在段于之地,子孙即以地为名,魏国有隐士段干木,子孙中有以段为氏者,也有以干为氏者。段姓名人又有汉西域都护段会宗,唐代骁勇之将段志宏,忠烈之臣段秀实,太常少卿、学者段成式。元代大理第九代总管段功,清代文字学家段玉裁、学者段谔廷。

富 出自姬姓,周王室同姓人大富父的后代。富父的后代有富辰,世代为周王大臣,其后以祖字为氏。富氏名人有唐代散文家富嘉谟,宋代名相、韩国公富弼,元代书画家富恕。

巫 出自高辛氏。高辛有儿子被封于巫,称为巫人,其后代就以地名为氏,商代有宰相巫咸、巫贤父子二人。巫姓名人又有明代著名边将巫凯、智勇双全之士巫子秀。

乌 出自金天氏。少昊氏以鸟名官,为乌鸟氏,主持山陵之事。其后代以乌为氏,周代有乌获,春秋时有莒国大夫乌存。唐勇将乌承玼、乌重胤父子二人,元学者乌冲、文学家乌斯道也是乌姓名人。

焦 出自神农氏。周武王大分封时,封神农氏的后代于焦,其后代就以国为氏。汉代有焦先、学者焦延寿。焦姓名人又有唐右神武大将军焦守节,宋镇江太守焦炳焦,明学者焦竑,康熙帝时宫廷画家焦秉贞、大学者焦循。

巴 出自姬姓,巴国的后代。春秋时期,巴国为楚国的附庸国,后来巴国被灭,其后代以国号为氏,称巴氏。巴姓楚人有战国时期巴国将军巴蔓子,东汉忠直之士巴肃,清代收藏家巴慰祖。

弓 春秋鲁国大夫叔弓的后代。叔弓的后代以王父之字为氏,称弓氏。汉代有主管宫殿宿卫及郊祀之事的光禄勋弓耻。

牧隗山谷,车侯宓蓬。全郗班仰,秋仲伊宫。

牧 出自黄帝之相力牧。力牧的子孙,以祖字为氏,是为牧氏,周代有牧仲、牧皮,汉代有越隽太守牧稂。

隗 出自夏侯氏。商朝时,封夏的末王桀的后代于隗,建立隗国,后以为氏,其后白翟、赤狄皆是隗姓,春秋时,翟国有隗氏。隗姓名人又有东汉初年占据陇西的隗嚣,三国魏学者隗禧、孝子隗相。

山 出自列山氏。周朝设有山师之官职,为掌山林之官、命令邦国进贡珍异品之官,山师之官的后代,以祖先担任的官职为氏,称山氏。山姓名人有晋吏部尚书山涛(竹林七贤之一)、以猛严闻名的车阳太守山遐,唐代名僧山康,明初将军山青、山亡父子。

谷 出自夹谷氏。齐国公子尾孙,被封于夹谷,其后代即以谷为氏。西汉有精通易学的谷永,三国有吴忠自之臣谷利,十六国有勇士谷衮,衮子谷浑为廉直的后燕大臣,清代有以擅长经史而著名的谷应泰。

车 出自子车氏,秦公族的后代。秦公族有子为车仲行,车仲行的后代以车为氏。另外,西汉武帝时,承相田千秋年老,上朝时被武帝特许乘车,人称车丞相,他的儿子就以车为姓。车姓名人又有吏部尚书车胤,其为西晋名臣,明代有治边大臣车宁,清代有学者车鼎晋、哲学家车无咎。

侯 出自史皇氏。远古有仓帝史皇,姓侯,名冈,字颉,其后代就是侯氏。战国时有谋士侯嬴,东汉初有大司徒侯霸,南朝有陈朝的功臣侯安都。侯姓名人又有唐文武全才侯昌集、宋施州巡检使侯廷赏、元学者侯均、明末四公子之一的侯方域、清代史学家侯康。

宓 出自太昊氏。伏羲之字,古又作伏宓,羲与宓相通,春秋时有宓不齐,为孔子弟子中的杰出者,曾被孔子誉为君子,后世追封他为单父侯。

蓬 出自姬姓,为周王室之后。周朝时,曾封王子于蓬州,其后代就以地为氏。汉代有北海人蓬球。

全 出自泉氏,周朝时设有泉氏之官以主管泉府(即国库),其后代改为全氏。三国吴有大族全氏,如全琮等人,清代有文史学家全祖望,近代有书画家全尔珍。

郗 先秦少昊氏的后代。少昊氏的后代因被封于郗地,于是以地名为氏。郗姓名人又有汉朝御史大夫郗虑,晋朝郗诜,权臣桓温的心腹、中书侍郎郗超。

班 出自斗氏。楚国公族斗谷于菟的后代。斗谷于菟就是楚国的令尹子文。子文生下来不久,就被弃于野,有老虎用虎乳来喂他。楚国方言把虎称为于菟,把乳汁称为谷,所以命名为谷于菟,字子文。文,就是老虎身上的斑纹之意。所以子文的后代改姓斑氏,也有姓班氏的。班姓名人有西汉文学家班婕好,东汉史学家班固,班固之弟班超为东汉名将,班固之妹班昭为东汉史学家。

仰 出自嬴姓,为秦王室的后代。战国时期,秦惠文王有子,为公子卬,在古代卬与仰字通用,所以公子卬的子孙就以仰为氏,称仰氏。唐代有仰仁诠,先秦鲁国大夫有仲孙湫,仲孙湫的后代有名胡的,在陈国做官,于是就以祖字湫,改为秋而作为氏。近代有著名民主革命义士秋瑾。

仲　出自任氏。商朝开国之君商汤的左相仲虺的后代,以祖字为姓,西周宣王时有大臣仲山父。此外,鲁国执政大臣仲氏的子孙也姓仲氏,如孔子的弟子仲由。仲姓名人又有东汉末政论家仲长统、宋画家仲仁。

伊　出自陶唐氏。帝尧生于伊水,所以姓伊祁氏。尧的后代就以伊为氏。商代有名臣伊尹等,汉末有名士伊籍。

宫　出自姬姓,鲁国孟僖子的后代。孟僖子有后代子韬,封邑在南宫,于是以南宫为氏,孔子弟子有南宫适,子韬的后代有宫氏。另外,虞仲有子被封于上宫,其后代也以宫为姓。宫姓名人有春秋时虞国大夫宫之奇、元代戏曲作家宫天挺。

宁仇栾暴,甘钭厉戎。祖武符刘,景詹束龙。

宁　出自姬姓,为卫国国君的后代。卫武公有子季亹,食邑在宁地,世代为卫国的大臣,所以,季亹的后代就以地为氏,其后代有宁俞。宁姓名人又有战国时期周威公之师宁越,明清之际学士、顺治帝的议政大臣宁完我。

仇　出自先秦仇吾氏。仇吾氏为夏代诸侯,进入商朝后,仇吾氏之国分为九国,至商朝末年时,纣王杀九国之君,九国王侯的后代于是以仇为氏,汉代时有仇香。仇姓名人又有元文学家仇远、明画家仇英、清学者仇兆鳌。

栾　出自姬姓,为周王室后代。晋靖侯有孙名宾的,被封于栾,世代为晋国大臣,宾的后代就以地名为氏。春秋时,有晋国大夫、中军元帅栾书。栾姓名人又有西汉义士栾布,东汉豫章太守栾巴。

暴　出自姬姓,为周公族的后代。周公族有暴公,世代为周王的大臣,暴公的后代于是就以暴为氏。汉朝时有暴胜之,南北朝时有暴显。

甘　夏代有甘国,其后代就以国号为氏,称甘氏,其后代甘盘为商朝中期商王武丁的老师。此外,周惠王有弟叔带,被封于甘,其后代也以甘为氏。甘姓名人又有甘罗、战国天文学家甘德、西汉齐国方士甘忠可、东汉甘英、明末郑成功部将甘辉。

钭　出自姜姓,为齐王室的后代。春秋末期,齐国权臣田和篡齐而自立,把齐国国君康公迁于海上,康公迁到海上这一荒凉之地后,住在洞穴中,以野菜为食,以钭(一种金属容器)为锅,康公的儿子中有的就以钭为氏。宋时有处州刺史钭滔,为钭姓的后代。

厉　出自姜姓,为齐厉公的后代。先秦有厉国,其后也以国号为氏,称厉氏。汉代有魏郡太守厉温,清代有文学家厉鹗。

戎　周朝时有姜姓戎国,及允姓的山戎国,其后代都改称戎氏。春秋时有戎律,汉有戎赐。戎姓名人又有唐诗人戎昱。

祖　出自任姓,为黄帝的后代。黄帝之后有奚仲,为夏车正,奚仲的后代,又以祖为氏。商王有祖乙,商代名相有祖己、祖伊,祖姓名人又有东晋名将祖逖,南朝著名数学家祖冲之、祖暅之父子,唐诗人祖咏(为王维的友人)。

武　出自姬姓,为周王室的后代,周平王有个儿子被平王赐姓武氏,武氏世代为周王朝的大臣。武姓名人有唐高祖李渊部将武士彠,其女武则天为中国历史上唯一的女皇帝,曾一度废唐建周。宋代时有画家武宗元,清代有以办义学而著名的武训。

符　出自姬姓,为鲁公室的后代。鲁顷公有孙,在秦国是符玺之官,执掌符玺,于是以官为氏。汉代时有符融。此外,前秦时期(十六国),氐族的国王姓苻,与符的写法、读音均不同。符姓的名人有清代诗人符曾。

刘　出自陶唐氏。尧帝的后代有刘累,在周代有唐杜氏,唐杜氏的后代杜隰到晋国为士师之官,于是改以官号为氏,称士氏,士氏的后代,又恢复祖姓,改为刘氏。此外,周定王的舅舅刘康公,他的后代也以刘为氏,汉朝开国之君刘邦的刘氏是士氏的后代。刘姓名人甚多,有汉代经学家刘向、刘歆,汉末训诂学家刘熙、天文学家刘洪,三国魏哲学家刘劭,蜀创建者刘备,南朝文学家刘义庆、文学理论批评家刘勰,清散文家刘大櫆、文学家刘鄂,上海小刀会领袖刘丽川。

景　出自芈姓,楚国公族景氏为芈姓的后代,战国时,景氏后代的景翠、景鲤、景阳、景舍,都是楚国的重臣,又有战国楚文学家景差。汉朝初年,刘邦考虑到景姓等楚国公族的势力很大,为了便于就近控制,下令将景姓迁到关中平原一带。景姓名人又有景延宾。

詹　出自姬姓,周王室的后代。周宣王封其一子于詹,其后代即以地为氏,称詹氏,世代为周天子的大夫。春秋时,晋有詹嘉,郑有詹伯;战国时,楚有詹尹,詹姓名人又有明初著名书法家詹希原,明代经学家詹凤翔,近代主持修建中国第一条铁路的铁路工程专家詹天佑。

束　出自田姓,为齐王室之族。齐王室有疏族,自称为疏氏,其后代有汉代疏广。疏广的后代改疏为束,作为姓氏,晋有文字学家、文学家束皙。

龙　黄帝的后代。黄帝有孙名飂叔安,飂叔安有子名董父,据历史记载,董父是位驯兽专家,他喜欢饲养龙,所以人称为豢龙氏,他的后代就以龙为氏,称龙氏。秦朝末年,项羽有猛将龙且,威震一时,清代有举博学鸿词科的戏曲作家龙燮。

叶幸司韶，郜黎蓟薄。印宿白怀，蒲邰从鄂。

叶 出自沈氏。楚国沈诸梁被封于叶，号称叶公，其子孙就以叶为氏。清朝时河南南阳多此姓。叶姓名人有南宋史学家叶适，清文学家叶燮、戏曲家叶堂、医学家叶天士、清末资本家叶澄衷。

幸 出自先秦大臣。大臣为其君所宠幸，于是以幸为氏，称幸氏，晋有幸灵。

司 先秦郑国司臣的后代，司臣的后代有人就以祖字为氏，是为司氏，宋朝有司超，明朝有司韬。

韶 出自先秦的有虞氏。舜帝时有掌管音乐之官，名韶，其后代就以祖字为氏，称为韶氏。晋朝时有中牟令韶石。

郜 出自姬姓，为周王室的后代。周文王有子，被封于郜，其后代就以国为氏。

黎 出自高阳氏，为黄帝的后代。黄帝有孙颛顼，颛顼有孙北正黎，北正黎的后代，被封于黎阳，建立了侯国——黎国，其子孙就以黎为氏。黎姓名人有明代河南布政使、学者、书画家黎民表，清代文学家黎恂、清末知名人士黎庶昌。

蓟 出自有熊氏，为黄帝的后代。周初大分封时，封黄帝的后代于蓟，建立蓟国，其后代就以蓟为氏。《神仙传》记载有齐人蓟子训。

薄 出自远古的薄姑氏。宋国大夫有食邑在薄者，其子孙也以薄为氏。汉代有车骑将军薄昭、皇后薄氏，南朝有书法家薄绍之。

印 出自姬姓。春秋时郑穆公有子印段，为郑国大夫，其后代就以祖字为氏，称印姓。

宿 出自风姓。宿国的后代，以国号为氏，称为宿氏。宿姓名人有汉代雁门太守宿祥、明代中期蜀人宿进。

白 出自嬴姓，秦国公室的后代。秦文公子白的后代有秦名将白乙丙，于是以白为氏；另外，楚平王有孙名胜，受封为白公，人称白公胜，其后代亦以白为氏。白姓名人有战国时期秦国名将白起，唐代文学家白居易、白行简兄弟，元代戏曲家白朴（元曲四大家之一）。

怀 先秦无怀氏的后代。又系出自姬姓，唐叔虞初有食邑于怀地，后来封为侯，建立晋国，但其子孙仍以故地名为氏，称怀氏。三国吴有尚书郎怀叙。

蒲 出自有虞氏。夏王朝封舜的后代于州蒲，其后代以地为氏。晋国有蒲洪。蒲姓名人又有三国蜀铸刀名家蒲元、五代时后蜀画家蒲思训、南宋末大商人蒲寿庚、清代文学家蒲松龄。

邰　炎帝的后代,出自姜姓。帝喾的元妃,为邰氏女子,尧帝时,封邰氏女所生的后稷于邰,其后代居于邰却以周为号,但仍有以故国号邰为氏者,这就是邰氏。

从　出自姬姓,为周王室的后代。周平王封其子精英为枞侯,精英的后代就以枞为姓,称枞姓。汉朝时有枞公,枞公的子孙改枞为从,是为从氏,其后代有出自东莞郡的将军从公。

鄂　出自姬姓,为晋公室的后代。晋侯光居于鄂,称为鄂侯,其子孙就以鄂为氏;此外,楚国诸侯熊江僭号称鄂王,其后代也称为鄂氏。汉代有安平侯鄂千秋。

索咸籍赖,卓蔺屠蒙。池乔阴郁,胥能苍双。

索　出自子姓,殷商王室的后代。殷末,有殷人七族,索氏为其一,世代居住于鲁国,晋代时有名人索靖,隋唐时,敦煌地区索氏很盛。

咸　出自高阳氏。帝高辛有大臣咸丘黑,咸丘黑的后代,以咸为氏;商代有名相巫咸,其后代以祖字为氏,也称咸氏,清代河南地区聚居的咸氏较多。

籍　出自伯氏。晋国大夫荀林父掌管晋国的典籍档案,其后代也世代掌管晋典籍,于是以官职为氏,称籍氏,其后代有籍谈,汉朝有籍福。

赖　出自姜姓。周朝时有赖国,春秋时仍存在,其后代就以国号为氏。汉代有交趾太守赖先、校尉赖丹,清代有太平天国将军赖汉英。

卓　出自芈姓,楚王的后代。楚威王有子卓,卓的后代有楚大夫卓华;战国有赵国大商人卓氏,秦汉间被迁至蜀地;西汉初有卓王孙,为蜀地巨富,其女卓文君,为文学家司马相如的夫人;明代有书画家卓迪。

蔺　春秋时期,晋国韩厥的孙子康,康在赵国做官,被封于蔺地,于是以地为氏。战国时期有赵国著名大臣蔺相如。

屠　出自子姓,为商王室的后代。商朝有郿国,其后代改郿为屠,以为姓氏。春秋时,晋国有屠蒯。屠姓名人又有明代戏曲作家屠隆、清代小说家屠绅、近代史学家屠奇。

蒙　出自东蒙氏。东蒙氏有后代,被封于蒙双,其后代以蒙为氏。秦国有名将蒙氏家族,杰出的有蒙武、蒙骜、蒙恬等人,太平天国有将领、郊王蒙得思。

池　出自嬴姓,秦国司马公子池的后代。其后代有秦相池子华,汉代有池仲鱼、中牟令池瑗。

乔　出自有熊氏，黄帝的后代。黄帝死后，被葬于桥山，黄帝有儿子守陵，该支黄帝之族就以桥为氏，称桥氏，汉代有桥元；后来，桥姓后代改桥为乔，西晋有乔智明，唐有乔知之，元有散曲家、戏曲作家乔吉，清初有诗人乔世埕。

阴　出自陶唐氏。帝尧之时，有阴国，其后代就以国号为氏，姓阴氏。阴姓名人有东汉光武帝的皇后阴丽华、南朝文学家阴铿。

郁　出自先秦郁林氏。楚国进攻郁林，占领之，把居住于郁林的人迁至郓，其后代以郁为氏。鲁国有大夫郁贡。

胥　出自华胥氏。晋国有大夫胥仁、大臣胥童，都是胥姓的后代。

能　出自熊姓。与楚国王族是同族。熊渠有子挚，被封于夔，挚的儿子中有的就以能为氏。唐代有能延寿、能元皓，宋代有能迪。

苍　出自史阜氏，为仓帝之后，故姓苍氏，其后代有传说中造字的苍颉、远古八凯之一的苍舒。

双　出自颛顼之族，为黄帝的后代。颛顼有后代，被封于双蒙城，于是以地名氏，为双氏。汉代时，渤海、河南、湖北等地均有此姓，晋朝有双渐，南北朝有孝子双泰，唐朝有少数民族也改称双姓。

闻莘党翟，谭贡劳逢。姬申扶堵，冉宰郦雍。

闻　出自闻人氏。闻人氏后代改姓闻。宋代有咸平年间的进士闻见，明代有尚书闻渊，清代有金石收藏家闻琏。清代至今，浙江一带闻姓仍多。

莘　出自高辛氏。夏王朝建立时，夏王启封帝挚的后代于莘，建立莘国，其后代就以国为姓。莘姓后代有宋名人莘融。

党　夏后氏的后代。夏后氏的后代聚居于党项，于是以党为氏。十六国时期后秦将领党耐虎，唐代党芬，宋代党进，金代文学家、书法家党怀英等，都是党姓名人。

翟　出自黄帝的后代。黄帝之后，居住于翟，以地为氏。西汉有丞相翟方进、东郡太守翟义，唐朝有陕州刺史翟璋，隋末有瓦岗军首领翟让，唐有画家翟琰，北宋有金石学家翟敦仁，清有学者翟灏。

谭　出自嬴姓，为黄帝的后代。黄帝孙颛顼有后代聚居于谭，周朝时，封谭国。春秋时，齐桓公灭谭国，谭国统治者奔至莒国，其后代以故国号为姓，称谭氏。谭姓名人有东汉逸民谭贤，明军事家谭纶、文学家谭元春，太平天国名将、慕王谭绍光，清末著名京剧艺术表演家谭鑫培、近代维新派领袖谭嗣同。

贡 出自端木氏，孔子弟子有子贡，即端木赐。子贡的后代为了避乱，废端木之姓，而以祖字为氏，是为贡氏。贡姓名人有西汉御史大夫、贤臣贡禹，元代著作家贡奎。

劳 东海劳山地区的居民，到了汉朝才与中原相互联系，于是以劳为姓，其后代有东汉山东琅琊的劳丙，名人有近代音韵学家、拼音文字提倡者劳乃宣。

逢 出自姜姓，为炎帝的后代。炎帝有孙逢伯陵，初被封于齐地，建立逢国。周朝初年，武王灭逢国，以其地(齐)封姜太公，建立齐国。逢伯的后代，仍以故国号为氏，汉代有逢萌，以及响应樊崇而起义反抗王莽统治的逢安。

姬 出自有熊氏。黄帝的祖先姓公孙，因生黄帝于姬水，故以地为氏，姓姬氏。高辛氏时，以长子后稷继承黄帝的后嗣，赐姓姬姓，所以后稷就是周朝的始祖，其后代有汉朝姬嘉等人。姬姓名人又有明代西安知府姬敏、清官姬珏。

申 出自姜姓，系太岳之后。太岳之后，被封于申，建立申国，其后代以国号为氏，周代有申伯，春秋有楚国贵族申包胥，战国有法家申不害。申姓名人又有西汉时学者申公，南朝清官申恬，明代易学家申锡、医学家申相(尤精于伤寒的治疗)。

扶 出自巫氏。西汉初年，有占卜家巫嘉，在汉高祖刘邦手下做事，善于祈祷、祭祀，每次占卜都十分灵验有效。刘邦认为巫嘉能够祷求于天地之神，扶翊汉王朝，于是赐姓扶氏。扶姓名人又有西汉学者扶卿，北朝文武全才扶猛。

堵 郑国大夫堵叔师的后代为堵氏，此外，楚国堵敖的后代，也称堵氏。春秋时有郑国堵叔。堵姓名人又有元末江浙行省检校官堵简；清文学家、画家堵霞，为著名女才子。

冉 出自姬姓，为周王室的后代。周文王封其子郏季载于郏地，郏季载的后代改郏为冉，作为姓氏。孔子弟子有冉姓多人，如冉雍、冉耕、冉求，冉求曾做过鲁国权臣季氏的家臣，很有才干，为孔子所称赞。冉姓名人又有宋代军事谋略家冉琎、冉璞兄弟，清代哲学家冉觐祖。

宰 出自姬姓，为周大夫的后代。周朝有大夫宰孔，宰孔的后代以祖字为氏，称宰氏；又有周代太宰之官，其后代以祖先的官职为氏，也称宰氏。孔子的弟子有宰

予,曾任齐临淄大夫。汉朝有宰直。

郦　出自姜姓。夏禹时,有封国郦国,其后代以国号为氏,是为郦氏。西汉初期,有汉高祖刘邦的谋士郦食其(读作"历异基"),北朝时,有地理学家、文学家郦道元,清代有学者郦滋德。

雍　出自姞姓。春秋时,雍纠在郑国做官,被封于雍,于是以地名为氏,称雍氏,齐国有雍巫。雍姓名人又有西汉初期什邡侯雍齿,唐代诗人雍陶,宋朝忠直之臣雍钧,明代户部尚书雍泰。

郤璩桑桂,濮牛寿通。边扈燕冀,郏浦尚农。

郤　出自姬氏。春秋时期晋国有郤献子,本来被封于郤,于是以地为氏,称郤氏,世代为晋国大臣,当时,楚国又有郤宛。晋国郤氏后代又有晋国下军大夫郤缺、将军郤縠等。

璩　璩姓的来历及世系不详。根据历史记载,唐有璩瑗,宋有璩重,明有学者璩光岳、政绩显昭的璩伯昆。

桑　春秋时期秦国大夫公孙枝的后代。公孙枝,字子桑,其孙以祖字为氏,称桑氏,汉代有桑弘羊,宋代有榆次知县桑安世,明代有御史桑乔。

桂　出自炅氏。汉代未年,阳城炅横有四个儿子,避难而四逃,其中一个到了幽州,改称桂氏。桂姓名人有宋代政治家桂万荣;明初江南大儒桂彦良,深受明太祖的重视,桂彦良子桂宗儒,为明学者;清代有文字训诂学家桂馥。

濮　出自陆终氏。陆终氏的后代,有居于濮地者,于是以地为氏,是为濮氏。濮姓名人有明初勇将濮英、清雕刻家濮仲谦。

牛　西周宋国公室的后代。宋国公室有微子,微子的后代有司寇牛父,牛父的子孙以祖字为氏,称牛氏。汉代有牛崇,晋有牛金。牛姓名人又有隋初政治家、"大雅君子"牛弘,唐代名臣牛僧孺、文学家牛峤,牛峤之侄牛希济也是一位文学家,宋代有名将牛皋,明代有抗元将领牛富。

寿　出自姬姓。春秋时期有吴国,吴王有寿梦,其后代以祖字为氏。西晋初有学者寿良,清代光绪年间有学者寿富。

通　通氏来自姬姓。战国时期,位于今四川东部巴国的后代聚居于通江,于是以地名为氏,称通氏。又有彻氏,西汉中期时为了避汉武帝刘彻的讳(读音相同),也改称通氏。

边　出自子姓，为商王族之后。商代时，有边国，其后代有周朝大夫边伯，都是以故国号为氏。边姓名人较多，有东汉后期尚书郎边韶，唐代画家边鸾，南宋大臣边知白，明代前期画家边文进、文学家边贡（为明代"前七子"之一）。

扈　出自有扈氏。夏代有扈国，其后代以国号为氏，吴国有扈稽即其后代。扈姓名人有北宋学者扈蒙、县令扈周卿、抗金名将扈再兴。

燕　出自姬姓。周朝时有名臣召公，受封于燕，建立燕国。召公的儿子中有人就以国号为氏，隋朝有燕荣。燕姓名人又有宋画家燕文贵、官员燕肃、文武全才燕达等人。

冀　出自郤氏。先秦晋国郤芮有子名缺，受封于冀地，缺的儿子中有的就以地为氏。冀姓名人又有北周书法家、骠骑大将军冀俊，金代官员冀禹锡，明代官员冀绮，清代工部尚书冀如锡。

郏　出自姬姓，为周王室的后代。周初文王定鼎于郏鄏之地，文王的儿子中有人就以地名为氏，以作为纪念。郏姓名人有北宋水利家郏亶、郏侨父子，清代画家郏抡逵。

浦　晋国大夫浦跞的后代，以祖字为氏，晋代有浦选。浦姓名人有明初诗人浦源、监察御史浦铉、学者浦南金，清代学者浦起龙。

尚　出自姜姓，为姜太公的后代。姜太公原名为姜尚，所以太公后代有以祖字为氏的，称尚氏，秦国有尚平，楚国有尚靳，汉代有尚衡。尚姓名人有唐朝神策大将尚可孤、唐末农民起义领袖尚让，元代有官员尚文、文学家尚野、戏曲作家尚仲贤。

农　神农氏的后代。以祖字为氏，称农氏，清代雁门多此姓。

温别庄晏，柴瞿阎充。慕连茹习，宦艾鱼容。

温　出自姬姓，周王朝京畿内有温国，其后代以温为姓。温姓名人有唐初大臣温大雅、温彦博兄弟，皆封为公；诗人温庭筠；明代学者温良，名臣温纯；清代文学家温睿临、温汝能、温纯等人。

别　世系不详，古代社会，实行封建宗法制。诸侯卿大夫的长子，世代为宗子；宗子的次子，世代为小宗；小宗的次子，为别子，意为不能姓祖父之姓，而别为一族的祖先，以祖父的官职、爵位、字号、谥号中的某一项为氏，另建姓氏，这就是别氏意义，但尚不明白别氏的来源如何。别姓名人有宋兵部尚书之杰。

庄　出自芈姓。楚庄王为春秋时期楚国国君，庄王的后代，就以祖谥为氏，其后

代有庄跷、哲学家庄周。庄姓名人又有西汉辞赋家庄忌，南宋学者庄季裕，明代忠直之臣庄起元，清代书法家庄有恭、经学家庄存与、医学家庄一夔、学者庄棫。

晏 出自陆终氏。陆终氏有几个儿子，其中第五子为晏安，为晏氏始祖，世代为齐国大臣，其后代有名相晏婴。晏姓名人有宋词人晏殊、晏几道父子、晏几道的儿子晏溥为宋抗金派。明代有官员晏璧、景泰年间又有诗人晏铎。

柴 出自姜姓。齐国文公有子名高，高的后代有高柴。高柴居住在鲁国，以祖字为姓。孔子的弟子有柴高。柴姓名人有唐大臣柴绍，五代后周皇帝柴荣，南宋学者柴元裕，元代学者柴潜道，明代官员柴伸，清代学者、文学家柴绍柄。

瞿 出自子姓。商代大夫瞿父的后代，以祖字为氏，其后代有汉代汉南太守瞿茂。瞿姓名人又有明代文学家瞿佑、学者瞿景淳；清代画家、篆刻家瞿应绍，学者瞿颉，藏书家瞿绍基、瞿镛父子。

阎 出自姬姓。太伯有曾孙仲奕，被封于阎乡，于是以地为氏，春秋时期有阎敖，为楚国大夫。阎姓名人有唐画家阎立本，金代学者阎咏，元代官员阎复，明代官员阎促宇，清代诗人阎尔梅、经学家阎若璩。

充 出自姜姓。齐国公族有充闾，为大夫，其后代以祖字为氏，齐国有充虞，为孟子弟子，汉代有充向、充申。

慕 出自慕容氏，系改慕容为慕，作为姓氏。慕姓名人有元代大臣慕完、清代江苏巡抚慕天颜。

连 出自姜姓，齐国公族有连称，为齐大夫。连称的后代以祖字为姓，此外，十六国后魏的定连氏也改姓为连氏。连姓名人有唐代文学家连总，宋代清官连庶，连庶弟连庠也是良吏。

茹 出自如氏。魏国有如姬(盗虎符者)，汉朝有史学家如淳。如氏的后代改为茹氏，晋代有骠骑将军茹千秋，南朝有茹法珍。茹姓名人有唐代官员茹汝升；明初户部尚书、寿星茹文中，书画家茹洪。

习 出自西梁氏。西梁州有鬃习等巴蜀之民，其后代改为习氏。另外，西汉大臣息大躬的后代，也改为习姓。习姓名人有东晋史学家习凿齿、明代洪武年间兵部郎中习韶。

宦 世系尚不详，宦姓来源可能与官吏家庭有关。清代东阳郡多此姓。

艾 出自夏后氏。夏王少康有大臣女艾，女艾为中国历史上第一位间谍。女艾之后，便以祖字为氏。此外，田氏齐国时期有艾子，被封于艾山，也以地为氏，称艾氏。艾姓名人有宋代画家艾宣、官员艾晟，明代学者艾自新、艾自修兄弟。

鱼　出自子姓,为宋国司马子鱼的后代。子鱼的后代,以祖字为氏,称为鱼氏,春秋时有鱼石。鱼氏名人有三国魏历史学家鱼豢,唐水利家鱼思贤、监军鱼朝恩、水利家鱼孟威、女诗人鱼玄机,明朝永乐进士、被开封人称为"包老"(包公)的鱼侃。

容　出自大容氏。黄帝时,有两位容氏大臣:容援发明了钟(一种乐器),容成则制作了乐曲。周代时有大夫容居,明朝时有大孝子容悌与。

向古易慎,戈廖庾终。暨居衡步,都耿满弘。

向　出自子姓,为宋桓公的后代。宋桓公的后代,有食邑于向,于是以地名为氏,称向氏。向氏世代为宋国卿大夫,春秋时,向魋又称为桓氏,其弟向犁字牛,又别姓司马氏,为孔子弟子。向氏后代有宋国大夫、春秋著名政治家向戌。向姓名人较多,有三国蜀良将向宠,西晋初期哲学家、文学家向秀(竹林七贤之一),宋代广州知府向敏中,宋末抗金派向子韶,其为向敏中玄孙,还有南宋末年的抗元名将向士璧。

古　出自古皇氏,古皇氏的后代为纪念先祖而氏。汉有古初,三国蜀有广汉功曹古牧,北朝有古弼,宋朝有进士古革,明朝初年有监察御史古彦辉,明末有忠直之士古其品。

易　出自雍氏。齐国有嬖臣雍巫,字牙,有封邑于易,所以又称易牙,其后代改称易氏,春秋时,晋国有易雄。易姓名人又有宋代画家易元吉,明初抗倭勇将易绍宗,清学者易贞言、易宗涒父子。

慎　出自芈姓,为楚国贵族白公胜(叶公)的后代。白公胜的后代中,有被封于慎者,以地为氏,是为慎氏。鲁国有慎子,战国时有著名法家慎到,明代有监察御史慎蒙。

戈　出自古寒国。古寒国伯明有子寒浞,篡夺夏朝天下,自立为王,寒浞封儿子豷于戈,其后代就以地为氏。宋有戈彦。明朝时,景州的戈姓显达者多。明代又有天文学家戈永龄,工部侍郎、清官戈允礼及书画家戈汕等人。

廖 出自有熊氏,黄帝之后。黄帝有孙飂叔安,飂与廖,古字相通,故飂叔安的后代以廖为氏。东汉有方士廖扶,三国蜀有将军廖化。廖姓名人有南唐忠臣廖居素、宋名臣廖刚、明名臣廖升、清文学家廖燕。

庾 周代主管仓、库、庾、廪的官员的后代。由于这些官职被官员们世代担任,于是以官为姓,相应产生了仓氏、库氏、廪氏及庾氏。春秋时,卫国有庾公之斯。庾姓名人很多,有东汉末名士庾乘,西晋初名士庾峻,东晋外戚、名臣庾亮与庾翼兄弟,南朝文学家庾肩吾,北朝文学家庾信。

终 出自陆终氏。陆终有后代,以祖字为氏,是为终氏。西汉有学者终军,唐朝有清官终郁,明代有翻译家终其功。

暨 春秋时期越国大夫之后。越国大夫有诸暨,其后代以祖字为氏,故称暨氏。东汉末年有暨艳。

居 晋国公族先且居的后代,也以祖字为氏,称居氏,清朝江苏的高邮、江阴、句容多此姓。清末有擅长以指头作画的画家居廉。

衡 商朝名相伊尹的后代。商朝开国之君汤有重要谋士伊尹,后来担任商朝的阿衡,即相当于宰相的官职,其后代,有的就以祖先的官职为氏,称衡氏。西汉有儒士衡胡。

步 出自郤氏,晋国公族有郤步,为晋大夫,食邑在步地,故称步氏。孔子弟子有步权乘,三国吴有丞相步骘。

都 出自公都氏,齐国公族大夫公都子有后代,以祖字为氏,是为都氏;此外,郑公子阏,字子都,其后代也以都为氏。汉代有临亚侯郤稽,明代有都胜。

耿 出自姬姓。周朝时有耿国,春秋时,赵氏在晋国执政,出兵灭耿国,其后代以国为氏。耿姓名人有西汉历算家耿寿昌,东汉初期名将耿弇、耿恭、耿秉,唐代诗人耿讳(唐大历十才子之一),南宋抗金义军首领耿京。

满 春秋时期周天子大臣王孙满之后,以祖字为氏,是为满氏;又春秋时期,南方荆蛮部落中有瞒氏者,也改为满氏。汉代有满昌,三国蜀名将满宠,晋朝时有名人满奋。

弘 卫国公族的后代。卫国公族有弘演,为卫大夫,其后代即以祖字为氏,汉代有弘恭。

百家姓

47

匡国文寇，广禄阙东。欧殳沃利，蔚越夔隆。

匡 出自子姓。宋国有大夫被封于匡，于是以邑为氏。战国时齐国有名将匡章，西汉中期元帝时有丞相匡衡，皆匡姓名人。

国 出自姬姓，为郑国公室的后代。郑穆公姬发，字子国，生子名辄，辄又生侨，姬侨就以祖父之字为氏，称国氏。此外，齐国有大臣，世代为官，也以国为氏。

文 出自姜姓。周初大分封时，有许国，国君许文叔的后代，就以祖字为氏，称文氏。春秋末年越国大夫文种，西汉蜀郡太守文翁，东汉末年名将文丑都是文氏的后代。此外，宋朝初年，为避敬字之讳，有敬氏者都改为文氏，如政治家文彦博、抗元名臣文天祥等宋朝名人都是敬氏的后代。文姓名人很多，有北宋名画家文同，明代书画家文征明、篆刻家文彭。

寇 出自己姓，为夏代地区大国昆吾国公族的后代。昆吾国的后代，被封于苏，建立苏国。到苏忿生时，为周天子的司寇，他的儿子中就有的以父亲官职为氏，是为寇氏。汉朝有寇恂，北宋有名相寇准；此外，三国时期北方地区少数民族也有此姓，如乌丸族单于(首领)就有寇晏敦。

广 系丹阳广成子的后代。广成子的后代，以祖号为氏，称广氏，宋朝有广汉。

禄 出自子姓，为商王室的后代。商末纣王有子武庚，字禄父，周初受封于殷，统率商朝的遗民，武禄父的后代就以祖字为氏，是为禄氏。

阙 出自阙里氏。春秋时东方的鲁国有城市名叫阙党，有受封于此地者，以城名为氏，称阙氏，汉朝时有荆州刺史阙羽三。

东 出自东户氏。帝舜时，有东不訾，为帝舜的密友，其后代即以祖字为氏。元朝时有东良元，为关中地区的大族。

欧 出自欧治氏。欧治与欧阳一样，都是复姓。其中，欧治氏的后代有春秋时期越国铸剑家欧治子，欧治氏的后代改为欧氏。

殳 出自有虞氏。虞舜时，有大臣殳斨，其后代以祖字为氏，称殳氏。

沃 出自子姓，为商王的后代。商代前期有商王沃丁，其后代即以沃为姓，三国时吴有沃焦。

利 出自理姓，为理利贞的后代。理利贞的后代，有以理为氏者，也有以祖字为氏的，称利氏。汉代时，利姓很多，如中山国的宰相利乾，长沙国的宰相利苍，都是利姓的名人。

蔚 出自姬姓，为郑国公族的后代。郑国国君有子翩，被封于蔚城，其后代就以邑为氏，称蔚氏。宋朝时有蔚昭敏。

越 出自姒姓,夏王室的后代。夏代有著名的夏王少康,使夏朝一度中兴,其子有季余,季余后代,被封于越,建立越国,其后代就以国号为氏。西汉有越石父。

夔 出自熊氏,楚王室之族。楚熊挚的后代,被封于夔,建立了夔国,其子孙就以夔为氏。

隆 史书记载不多,世系尚不清楚。

师巩库聂,晁勾敖融。冷訾辛阚,那简饶空。

师 出自姬姓,周代师尹的后代。此外,晋国公族大夫有师服,其后代以祖字为氏,也称师氏。春秋时有晋国名臣师旷。西汉末年有名臣师丹。

巩 出自姬姓,为周代公族的后代。周代公族有巩伯,为周大夫,其后代以祖字为氏,称巩氏。春秋时期宋国巩丰,晋国巩朔都是其后代。

库 出自库狄氏。北朝时期北周有库狄部酋长,以库狄为姓,其后代就以库为氏。

聂 出自姜姓,为齐国丁公的后代。齐国有丁公,丁公封其子于聂城,建立聂国,为齐国的附庸国。聂国的后代,就以聂为姓。战国时韩国有侠义刺客聂政姐弟,以后历代聂姓很多。

晁 出自姬姓。晁字,在古代又写为"鼂",也就是朝朝暮暮的"朝"。周代景王有子,名朝,朝的后代以祖字为姓,称朝氏,也就是晁氏。西汉有著名政论家晁错,宋代有晁盖、晁公武等名人。

勾 出自勾芒氏,为勾芒金天的后代。勾芒主管青阳,世代为勾芒氏,其后改为单姓勾氏,古代勾与句相通,故又称句氏,又改为鉤氏、绚氏、苟氏,以后一度又增字改为复姓句龙氏。过了几代以后,又改为勾氏,并不再改动。春秋末年有越国国君勾践。

敖 远古敖氏的后代。黄帝之孙为颛顼帝,颛顼帝有子大敖,大敖的后代,以祖字为氏,称敖氏。此外,敖氏又出自芈姓,为楚王室的后代,凡是被废掉或被臣下杀害的楚王,皆追称敖,如若敖、堵敖等即为一例,其后代即以敖为氏。

融 出自远古祝融氏。帝喾时,有大臣重黎,其职火正,掌火之官,由于重黎忠于职守,被帝喾赐以了"祝融"的封号,以后成为了火神。祝融氏的后代,以祖字为氏,是为融氏。

冷 黄帝时大臣伶伦氏的后代。伶伦氏之后,改为冷氏。周朝有冷州鸠,汉有冷苞,十六国时有冷义安,宋朝有冷应征。

訾 出自远古訾陬氏。帝喾之妃家,即訾陬氏,其后代以訾为氏。汉代时有楼虚侯訾顺,宋朝时有訾虎。

辛 出自姒姓。夏开国之君启封其子于莘,莘辛声近,故相通,于是以辛为氏。夏大夫有辛甲,周大夫有辛有,西汉有将军辛武贤、辛庆忌,东汉有诗人辛延年,南宋有大词人辛弃疾。

阚 出自姞姓。南燕伯的后代,被封于阚,其后代即以邑为氏。此外,齐国有大臣阚止,其后代亦姓阚。三国吴有阚泽,北凉有学者阚骃。

那 出自子姓,为周初封国权国的后代。楚武王消灭了权国,把其族迁徙于那,其后代就以地名为氏,西魏(北朝)有那椿。

简 出自狐氏,为晋国大夫的后代。晋国大夫有续简伯,名狐鞠居,其后代就以祖谥为氏,称简氏。周大夫有简师父,鲁大夫有简叔,三国蜀有谋士简雍。

饶 出自妫姓。商均有儿子,被封于饶,其后代就以国为氏,称饶氏,汉代有饶威。

空 出自古空侯氏,古空侯的后代。以国为姓,称空氏,唐朝时有日本留学僧人空海,系法号。

曾毋沙乜,养鞠须丰。巢关蒯相,查后荆红。

曾 出自姒姓。夏代有中兴夏室的夏王少康,少康封其少子成烈(有的古书作"曲列")于鄫,建立鄫国。宋国消灭了鄫国,鄫国太子巫逃至鲁国,并担任了官职,于是改鄫为曾,作为姓氏。孔子弟子有曾参(被称为"宗圣"),宋代文学家曾巩(唐宋八大家之一),清末文学家曾朴,都是曾姓名人。

毋 出自田氏。齐宣王封其弟于毋丘,作为胡公的后代,故赐姓胡毋氏,胡毋氏的后代分化为三支,各有一姓:一支仍用原姓,为胡毋氏;一支改为毋氏;一支以地名为氏,称毋丘氏。西汉末年,王莽军队中有身材高大的力士毋无霸。

沙 出自沙随氏。古代有沙随国,后来被其他强国消灭,其后代改为公沙氏,如汉代有公沙穆,公沙穆的后代改为沙氏,宋代有勇将沙世坚。此外,元朝以后,回族也多用沙姓。

乜 出自北朝后周时期的宇文部。后周时,赐部族费乜头为乜氏,是为乜氏之始。

养 出自姬姓。周初分封,有邓国,邓国大夫有养甥,其后代以祖字为氏。如春秋有楚国大夫、神箭手养由基,汉代有孝子养奋。

鞠 出自姬姓,为楚国公族鞠武的后代。楚国公族鞠武,担任楚国大夫之职,其子孙以鞠为氏。汉初,关中鞠姓人家很多。

须 出自密须氏。密须氏为燕国的附庸国,其后代以国号为氏,如魏有须贾。

丰 出自姬姓,为周王室的后代。周初大分封时,封周文王之子于酆,其后代改酆为丰,鲁国有丰点,郑穆王之子也名丰,宋朝有丰稷。

巢 出自有巢氏。先秦时,有巢氏的后代建立了巢国,楚国消灭了巢国,其后代以巢为氏。

关 出自龙氏。夏朝有大臣龙逢,被封于关地,因而人称关龙逢,其后代就以关为氏。三国蜀有名将关羽,五代后梁有名画家关全,元代有著名戏曲家关汉卿。

蒯 出自姬姓,为卫国公族的后代。卫庄公名蒯聩,其后代以祖字为氏,是为蒯氏。此外,古代有蒯国,其后代也以国为氏。蒯姓名人有晋国大夫蒯得,汉代有蒯彻,三国吴有蒯越。

相 出自子姓。夏朝先王相的都城为相里。其宗族于是以地为氏。梁有相里金,北朝后秦有相云,北齐有相里、相愿。

查 出自姜姓,为姜太公的后代。齐国为周初大分封时建,齐顷公时,封子于楂(楂为古查字),其后代就以地为氏。五代时有查文微,明清时查氏为避灾,又有改查为香,作为姓氏的。

后 出自太史氏。齐国有太史敫,其女为齐襄王的王后,故太史敫之族成为王后之族,被齐王赐姓后氏,其后代有齐国后胜。后姓名人又有孔子弟子后处、汉代儒生后仓。

荆 出自芈姓,为楚国公族的后代。楚公族以国号为姓,称楚氏,为避秦庄襄王之讳,改称荆氏,荆为楚国的旧号。此外,又有庆姓改为荆氏的。荆姓名人有战国末年燕国刺客荆轲、五代后梁画家荆浩。

红 出自熊氏,与楚王室同族。楚君熊渠,有长子熊挚红,被封为鄂王,熊挚红后代中有人就以祖字为氏,唐朝有侠女红线。

游竺权逯,盖益桓公。万俟司马,上官欧阳。

游 出自姬姓,为郑公室的后代。郑穆公有子名游吉(即姬游吉),游吉的后代,以祖字为谥,人称游氏。此外,晋国的桓庄一族,也改为游氏。

竺 出自印度人姓氏。汉时,天竺国人(印度人)进入中国,称为竺氏;此外,中国的竹姓也有改为竺的,如竹晏就改为竺晏,为汉朝名人;东汉时,有酒泉都尉竺曾。

权 出自姬姓,为黄帝之后。颛顼的后代,被封于权,建立权国,春秋时楚武王灭权国,其子孙以故国号为氏。此外,楚王若敖的孙子尹权,其后代以祖字为氏,也称权氏。唐朝有名相、礼部尚书权德舆。

逯 出自嬴姓,为秦公族的后代。秦国公族有担任大夫官职的,被封于逯地,其后代就以地为氏。逯姓名人有西汉蒙乡侯逯普,王莽执政时的大司马逯普,十六国时期有逯明。

盖 齐国盖邑大夫的后代。以地为氏,称盖氏,后分为两姓,分别读为 gài 和 gě。汉代有盖宽饶。

益 出自庭坚氏。皋陶有子名伯益,伯益儿子中就有的以父字为氏,称益氏。汉代有益强、益寿,宋代有绍兴年间的进士益畅。

桓 出自子姓。宋国桓公的后代,以祖谥为氏,其后代有桓魋,东汉又有哲学家、经学家桓谭,东晋有权臣桓温、桓玄。

公 为古代公族的后代。各种公族,如公西、公子、公孙、公叔之类,其后代都以公字为氏,现在不能考证出其世系。汉代有公俭。

万俟 出自北朝王族拓跋氏,读为莫其。后魏献帝时,赐其兄的后代为万俟氏。北宋末年有万俟姓大臣。

司马 西周宣王时,程伯休父为周天子的司马,后有功,被赐以官职为氏,是为司马氏。战国时期秦国有著名军事家司马错,西汉初有项羽部将司马卬,又有著名史学家司马谈、司马迁父子,宋代有著名史学家司马光。

上官 出自芈姓,楚公族的后代。楚公族有上官大夫子兰,为楚庄公的少子,子兰的后代就以祖先的官职为氏。战国末年,秦灭楚国,把上官氏迁徙到陇西郡上邽。汉代有上官桀,其孙女为明帝的皇后。唐初期有大臣上官仪,其女为著名女官上官婉儿。

欧阳　出自姒姓。春秋时越王无疆之孙，被封于欧余山的南部（即向阳的一面），其后代以地为氏，称欧阳氏。欧阳姓的名人有汉代以通《尚书》而闻名的欧阳生、唐代书法家欧阳询、宋代文学家欧阳修（唐宋八大家之一）。

夏侯诸葛，闻人东方。赫连皇甫，尉迟公羊。

夏侯　出自姒姓，为夏禹的后代。周时，有封国杞国，被楚国消灭，杞国国君简公之弟佗，逃至鲁国，鲁悼公根据佗为夏禹后代的事实，再封佗为侯，称为夏侯，其后代就以夏侯为姓。汉朝夏侯姓尤为活跃，西汉初年有刘邦名将夏侯婴，曹操之祖父也是夏侯氏，三国魏又有名将夏侯渊、夏侯玄，蜀有名将夏侯霸。

诸葛　为夏、商二朝葛国国君之后，汉初居于山东琅琊诸县，后来迁徙于阳都，但人仍称为诸葛（来自诸县的葛氏），遂以诸葛为氏。西汉有诸葛丰，其后代有三国时著名政治家诸葛瑾、诸葛亮兄弟，以及诸葛亮之子诸葛瞻，他们皆为当时国之栋梁。

闻人　出自左氏。春秋时，著名史学家左丘明撰写《春秋左氏传》成为古代的"闻人"（大名人），其子孙就以闻人为姓；此外，汉朝时有人认为春秋时期鲁国的少正卯，为鲁国的"闻人"，其后代也以闻人为姓。汉代有闻人姓的太尉。

东方　出自太昊氏。太昊氏的后代有义仲，世代主管东方青阳之令，其后代就以东方为氏。西汉武帝时有大臣东方朔。

赫连　为匈奴族人之姓。东汉时，匈奴分裂为南、北二部，南匈奴右贤王刘豹子的后代，有刘勃勃，传至统万时，自称夏帝，自己制定姓氏为赫连氏，他认为"王者辉赫，与天相连"，于是产生了赫连氏。

皇甫　宋国公族的后代。宋戴公有子名充若，字皇父，其子孙就以祖字为氏，古代父与甫相通，故称皇甫氏；此外，周代卿士皇父被封于向，其后代也称为皇甫氏。皇甫氏的名人有东汉忠直之臣皇甫规，东汉末年名将皇甫嵩等人。

尉迟　为少数民族的姓氏。北朝时北魏孝文帝赐尉迟部的后代以尉迟氏；如北周功臣尉迟俟兜，其后代有尉迟迥。唐初有勇将尉迟恭。

公羊　出自姬姓。鲁国公孙羊孺的后代，简称祖字为公羊，作为姓氏。子夏为孔子弟子，子夏的弟子有鲁国公羊高，作《春秋》之传。至西汉，发展为《春秋》经的公羊派，影响不小。

澹台公冶,宗政濮阳。淳于单于,太叔申屠。

澹台 孔子弟子有灭明,为鲁国武城人,居住澹台,故被称为澹台灭明,其后代就以澹台为氏。

公冶 出自姬姓。鲁国大夫季公冶的后代,以祖字为氏,称公冶氏。其后代有公冶长,字子长,为齐国人,系孔子弟子。

宗政 出自刘姓。西汉楚元王刘德之后代,为汉朝宗正官(中央九卿之一,管刘氏宗室事务),其子孙就以官职为氏,称为宗正氏,后来又改为宗政氏。

濮阳 出自姬姓,为郑国公族的后代。郑国公族有人为郑大夫,居于濮水的阳面(即能受太阳光照射的阳面),于是以河流名为氏,是有濮阳氏。吴有濮阳兴。

淳于 出自姜姓。州国公实失其国,另居于淳于,人称淳于公,其后代就以淳于为氏。齐国有淳于髡,汉代有淳于意、淳于长。

单于 单于为匈奴君长的称号,意为广大宽阔。匈奴左贤王去卑单于投降汉朝,称单于氏。

太叔 出自姬姓,为郑国公族。郑穆公有孙,为太叔仪;太叔仪之后代,以祖字为姓,称太叔氏。汉代有尚书太叔雄。

申屠 出自姜姓。四岳的后代,起初被封于申;夏代时,申国国君封其弟于屠原,号申屠,后代以为姓氏。汉武帝时,有名相申屠嘉。

公孙仲孙,轩辕令狐。钟离宇文,长孙慕容。

公孙 东周公族的后代。春秋时期,诸侯的儿子称为公子(因为诸侯属公族),公子之子为公孙,公孙的儿子中没有封邑爵号的,都以公孙为氏,例如周、吴国、越国、楚国以及战国时期诸王的子孙。以王子、王孙为氏姓的名人有晋国大夫公孙杵臼、秦国公孙枝、公孙鞅(即著名法家代表人物商鞅)、哲学家公孙龙。汉代辽东有大族公孙氏,如公孙康、公孙渊等,统治辽东几十年。

仲孙 出自姬姓。鲁桓公有子庆父,庆父的后代,就称仲孙氏,又称孟孙氏,以后与其他两家平分了鲁国。

轩辕 出自有熊氏。轩辕黄帝姓姬,其子孙就以轩辕为氏,唐代有轩辕弥明。

令狐 出自姬姓,为周文王的后代。周文王有子毕公高,毕公高的后代毕万在

晋国做官，毕万的曾孙毕颙，受封于令狐，其孙于是以令狐为氏。汉代有令狐迈，唐代有叛将令狐楚。

钟离 出自伯氏，宋国伯宗在晋国做官，有子名州黎，到了楚国，其后代伯宛被封于钟离，钟离的后代就以地为氏。汉有钟离意、钟离权。

宇文 出自少数民族。鲜卑族单于葛乌菟，在狩猎时从河中得到了玉玺，以为是上天所授，鲜卑族称天为宇，谓上天所赐的文玺，于是号宇文国，其后代以为姓氏。宇文泰为其后，泰之子孙，建立了北周政权。隋、唐之世，宇文姓尤多，如隋炀帝部将宇文化及。

长孙 出自拓跋氏。后魏太武帝赐什翼犍的长兄沙漠雄之子嵩姓长孙氏。这就是长孙氏。唐朝太宗李世民的皇后为长孙皇后，长孙皇后的兄弟长孙无忌，为唐朝初年的名将。

慕容 出自鲜卑氏。沙归单于自称慕容氏，认为仰慕二仪之德，继三光之容，故自制姓氏慕容。其子慕容廆，自称燕王，此后又有慕容垂等，先后建立了四个以燕为国号的政权。后汉有慕容延钊。

鲜于闾丘，司徒司空，百家姓终。

鲜于 出自子姓，以国名和邑名合起来为姓。周武王封商纣王时的大臣箕子于朝鲜，箕子后代仲封于于，于是他把国名鲜和邑名于合起来，姓复姓鲜于，其后代就以鲜于为姓。鲜于姓名人有唐代节度使鲜于仲通，宋代天文学家、地理学家鲜于天。

闾丘 主要以地名为姓，源出春秋。春秋时，齐桓公时的一个老人，因住在闾丘，人称闾丘先生，对齐桓公治国很有功劳，其子孙就以地名闾丘为姓，奉闾丘先生为始祖。唐代有闾丘晓、宋代有闾丘孝终。

司徒 契为古司徒之官，其子孙以官为氏，卫国有司徒瞒成，宋国有司徒边印，其子孙也都以官为氏，称司徒氏。

司空 夏朝开国之君大禹，曾经为帝尧的司空，其职就是平治水土，治理山川，禹的子孙中有人就以司空为氏。唐代有文学家司空曙、司空图。

百家姓终

此四字不是姓氏，为《百家姓》结束之意，用"终"字是为了押韵。

弟 子 规

说 明

　　《弟子规》,清代康熙时山西绛州人李毓秀所作。它是学童们的生活规范,是依据至圣先师孔子的教诲编成的。

　　李毓秀,字子潜,平生只考中秀才,主要活动是教书。根据传统对童蒙的要求,也结合他自己的教书实践,写成了《训蒙文》,后来经过贾有仁修订,改名《弟子规》。

　　全书以《论语·学而》中的"弟子入则孝,出则弟,谨而信,泛爱众,而亲仁。行有余力,则以学文"开篇,以三字韵语的文字形式,对儿童言语行动提出要求,教以应该怎样待人处世,通常的核心思想是孝悌仁爱。

　　《弟子规》共分五个部分,在开篇"总叙"之外,又分成四大部分,即:一、"入则孝出则弟(悌)",讲孝敬父母兄长的基本要求。尊敬家庭成员,即使在今天也是理所当然的,但文中一些形式上的繁琐规则现在已失去其基本意义,仅可帮助我们了解旧时家庭礼制而已。二、"谨而信",教导人们为人谨严而忠信,并从作息、服装、饮食、言语等方面的具体要求来讲一个人的修养,其要求现已过时,但其解决问题的方法,在今天对我们却极有启发意义。三、"泛爱众而亲仁",教导学生以爱心、诚心待人,其中有些内容诸如"己所不欲,毋施于人""以理服人"等,今天仍值得我们借鉴。四、"行有余力则以学文",倡导学习,并具体指导,教育学生勿慕浮华、勿自暴自弃、勿自坏心志。

　　《弟子规》浅显易懂,押韵顺口,内容又符合封建伦理,是以极有影响,清代后期成为广为流传的儿童读本和童蒙读物,几乎与《三字经》《百家姓》《千字文》有同等影响。一篇《弟子规》,可以帮助人们了解旧时教育的基本思想及对学生道德、修养方面的要求,这也正是它今日的价值所在。

总　叙

《弟子规》，圣人训：首孝悌，次谨信。泛爱众，而亲仁。有余力，则学文。

【译文】　《弟子规》所阐述的，是圣人对学生的训导：首先要孝敬父母，尊敬兄长，然后要谨慎约束自己，对人诚实可信。博爱民众，并亲近有德行的人。做好了这些若是还有余力，就可以去学习文化知识。

【注释】　圣人：孔子等古圣人。训：教导。悌：敬爱、顺从兄长。

父母呼，应勿缓；父母命，行勿懒；父母教，须敬听；父母责，须顺承。

【译文】　当父母呼唤你的时候，应该马上回应，不可以迟缓，在完成父母交代的事情的时候，应该马上行动，不可以拖延偷懒。父母的教诲，应该恭恭敬敬地听从；对于父母的批评和指责，应当顺从和承担。

【注释】　应：答应。命：指派。承：接受。

冬则温，夏则清，晨则省，昏则定。出必告，反必面，居有常，业无变。

【译文】　在冬天寒冷的时候必须照顾好父母，让他们感到暖和，而在夏天炎热的时候，则要让父母享受清爽凉快。早晨要向父母请安，晚上要做到侍候父母睡下。在外出办事时，一定告知父母，回来后也必须要面告父母，以免父母牵挂。要在固定的地方居住，职业要稳定，不可以经常变化。

【注释】　温：温暖。清：凉快。反：通"返"，回来。

事虽小，勿擅为，苟擅为，子道亏。物虽小，勿私藏，苟私藏，亲心伤。

【译文】　不要因为事情小就擅自去做，倘若自作主张地去做事，就不符合做儿子的礼仪，要向父母道歉。就算是一些微不足道的东西，也不可以私自把它们藏起来。如果你把东西藏起来，一旦被父母发现，他们一定会很伤心。

【注释】　擅：擅自。为：作。亏：欠缺。亲：父母。

亲所好，力为具；亲所恶，谨为去。身有伤，贻亲忧；德有伤，贻亲羞。

【译文】 一切父母所喜欢的东西,必须努力准备齐全。凡是父母所厌恶的东西,一定小心谨慎地处理掉。假如身体有了伤,就会给父母带来忧愁;如果品德上有什么不足,就会使父母蒙受羞耻。

【注释】 好:喜好。力:尽力。具:备齐。恶:厌恶。去:除去。贻:让。羞:感到羞辱。

亲爱我,孝何难?亲恶我,孝方贤。亲有过,谏使更,怡吾色,柔吾声。

【译文】 父母爱我并且关心我,我孝敬父母又有什么困难呢?父母讨厌我,我还能克尽孝道,像这样的孝才算是真正的孝道。父母假如有过错,做子女的应该多次规劝使其改正,规劝时必须和颜悦色,说话时声音必须要轻柔。

【注释】 方:才。过:过错。谏:规劝。更:改变。怡:使快乐,愉悦。柔:使柔和。

谏不入,悦复谏,号泣随,挞无怨。亲有疾,药先尝,昼夜侍,不离床。

【译文】 倘若父母不听子女规劝,子女要等父母情绪好时再劝,若还是不听,需要哭泣恳求,假如父母生气打了子女,子女也情愿接受毫无怨言。

在父母生病的时候,煎好汤药,做子女的都要先尝一尝,药温适度再给父母吃。照料生病的父母必须日夜服侍在床前,不离开半步。

【注释】 入:采纳。复:再次。挞:鞭挞。疾:病。

丧三年,常悲咽,居处变,酒肉绝。丧尽礼,祭尽诚,事死者,如事生。

【译文】 父母去世后必须守丧三年,不时伤心痛哭。在守丧期间,要夫妻分居,还一定要不吃肉不饮酒。为父母操办丧事要严格按照礼的规定去办,举行祭礼时必须要表现出极大的诚意。对待已经去世的父母,要像父母在世时那样遵守孝道。

【注释】 尽礼:竭力符合礼仪。事:对待。如:如同,好像。

兄道友,弟道恭,兄弟睦,孝在中。财物轻,怨何生?言语忍,忿自泯。

【译文】 作兄长的要善待弟弟,作为弟弟更必须尊敬兄长。兄弟和睦,这也是对父母的一种孝顺。互相把财物看得很轻,兄弟之间的怨恨又从哪里而生呢?说话时要彼此忍让,忿恨就自然会消失了。

【注释】 道:途径,方法。忿:怨恨。泯:消失。

或饮食，或坐走，长者先，幼者后。
长呼人，即代叫，人不在，己即到。

【译文】　在吃饭的时候，必须让年长者先吃；在坐的时候，应该让年长者先坐下；在走路的时候，让年长者走在前面，年幼的人跟随在其后。长者叫人时，要立即代为呼叫，如果所叫的人不在时，自己要先代为听命。

【注释】　或：表示列举。即：马上。

称尊长，勿呼名，对尊长，勿见能。
路遇长，疾趋揖，长无言，退恭立。

【译文】　称呼长者时，不可以直呼其名。在长辈面前要表现得谦虚恭敬，不要过于自我表现才能。走在路上若遇见了长辈，必须快步迎上去行礼问候，假如尊长不说话，就要退在一旁恭恭敬敬地站立。

【注释】　见：通现，表现。疾：快步。趋：礼貌性小步快走。揖：拱手行礼。

骑下马，乘下车，过犹待，百步余。
长者立，幼勿坐；长者坐，命乃坐。

【译文】　在自己骑马行路时，遇见长者要立即下马，坐着车行路时遇到长者要立即下车。长辈走后，自己还要在原地稍候，等长辈走到百步以外，自己才能上马或上车。假如是长辈站着，

年幼的人就不能坐下，长辈坐下之后，让你坐，这时你才能坐。

【注释】　过：走过。犹：还。命：命令。乃：才。

尊长前，声要低，低不闻，却非宜。
进必趋，退必迟，问起对，视勿移。
事诸父，如事父；事诸兄，如事兄。

【译文】　在长辈面前说话，声音要低些，不过也不能过低，若是太低而听不清楚，那也是很不适宜的。有事要到尊长面前，走路必须要快些，见过尊长告退的时候，动作则要缓慢一点，长辈问话时一定要站起来回答，双目望着长辈，不可以左顾右盼。服侍叔伯等父辈，就如服侍自己的父亲那样恭敬。对待同族的兄长，就好比对待自己的胞兄那样友爱恭敬。

【注释】　宜：适宜。迟：缓慢。起：站立。移：转移。事：侍奉。

谨 而 信

朝起早,夜眠迟,老易至,惜此时。
晨必盥,兼漱口;便尿回,辄净手。

【译文】 清晨一定要早起,晚上一定要迟睡。因为一个人很容易就从少年到了老年,所以每个人都必须珍惜此时此刻的宝贵时光。早晨起床后必须洗脸洗手,并且还要刷牙漱口。每次大小便之后,就必须把手洗干净。

【注释】 眠:睡觉。盥:洗脸。辄:立即。

冠必正,纽必结,袜与履,俱紧切。
置冠服,有定位,勿乱顿,致污秽。

【译文】 戴帽子要戴端正,穿衣服时要把纽扣扣好,袜子和鞋子都必须穿戴整齐,鞋带要系紧。脱下来的帽子和衣服,应放置在一个固定的地方,不可以随便乱扔,免得把衣帽弄脏。

【注释】 冠:帽子。俱:都。置:放置。顿:放置。

衣贵洁,不贵华,上循分,下称家。
对饮食,勿拣择,食适可,勿过则。

【译文】 衣服贵在整洁干净,而不在于华丽漂亮。在见长辈时穿的衣服必须要符合自己的名分,平时在家时穿的衣服也要符合自己的家境状况。对于食物不可以挑挑拣拣,吃饭要适可而止,不要超过平时的饭量。

【注释】 贵:以为贵。洁:整洁。华:华丽。循:遵循。分:等级。称:符合。则:界限,度。

年方少,勿饮酒,饮酒醉,最为丑。
步从容,立端正,揖深圆,拜恭敬。

【译文】 在年轻的时候,千万不要喝酒,如果喝醉了,就会丑态百出。走路时必须不紧不慢从容大方,站立时做到端庄直立,作揖行礼时要把身子躬下来,在叩头的时候要表现得恭恭敬敬。

【注释】 少:小。丑:出丑。

勿践阈,勿跛倚,勿箕踞,勿摇髀。
缓揭帘,勿有声,宽转弯,勿触棱。

【译文】 在家站立时不可以把脚踩在门坎上,不要身子歪曲斜倚,坐时别把两腿叉开,不要摇晃大腿。在进门

时要轻缓地揭开门帘,别弄出声响。走路拐弯时角度要大些,不要碰到棱角。

【注释】 践:踩。阈:门槛。跛倚:歪斜站着。箕踞:坐时两腿前伸成箕状。髀:大腿。触:碰。棱:棱角。

执虚器,如执盈;入虚室,如有人。
事勿忙,忙多错,勿畏难,勿轻略。

【译文】 手里拿着没有盛东西的器具,就如同拿着装满了东西的器具一样小心。走进没人的房间,就如同走进有人的房间一样小心。做事不能过于匆忙,匆忙时容易发生差错,做事时不可以畏惧困难,也别轻率地对待看似简单的事。

【注释】 执:拿着。虚器:空的器具。入:进入。轻略:轻慢,草率。

斗闹场,绝勿近;邪僻事,绝勿问。
将入门,问孰存;将上堂,声必扬。

【译文】 一切打架闹事的场合,

绝对不可以走近。那些邪恶下流、荒诞不经的事情,绝对不可以过问。在准备进入别人的家门时,先要问一声:有人在家吗?进入客厅前,声音要高一些。

【注释】 绝:不要。存:在。堂:正厅。扬:大声。

人问谁?对以名,吾与我,不分明。
用人物,须明求,倘不问,即为偷。

【译文】 在别人问是谁时,就要将自己的姓名告知对方,假如只回答是"是我""是吾",对方就弄不清楚究竟是谁。在使用别人的东西时,一定要明确地提出请求,征得人家同意。倘若不问一声就拿去用,这就是偷窃的行为。

【注释】 对:回答。人物:别人的东西。为:是。

借人物,及时还;人借物,有勿悭。
凡出言,信为先,诈与妄,奚可焉!

【译文】 借别人的东西,必须在约定的时间里归还,如果别人向你借东西,自己有的话就应该答应,不可以吝啬不借。一切承诺,首先要讲究信用。欺骗蒙混,胡言乱语,这怎么可以呢?

【注释】 还:归还。悭:吝啬。信:诚信。妄:虚妄,荒诞。奚:怎么,何。

话说多,不如少,惟其是,勿佞巧。

刻薄语，秽污词，市井气，切戒之。

【译文】 说话多，不如少说，因为言多必失，说的话只要做到恰当无误就可以了，千万不要花言巧语。尖酸刻薄的言词和下流的话，千万不要说。粗俗的市侩习气，必须彻底戒掉。

【注释】 佞巧：投人所好。市井：无赖气。

见未真，勿轻言，知未的，勿轻传。
事非宜，勿轻诺，苟轻诺，进退错。

【译文】 对于自己没有完全看清楚的事情，不可以随便乱说，对于自己没有明确了解的事情，别轻易散布出去。对于不妥当的事情，不可以随便就答应别人，如果你轻易许诺，你就会陷入进退两难的境地，做也是错，不做也是错。

【注释】 的：确实。宜：适宜。诺：许诺。

凡道字，重且舒，勿急疾，勿模糊。
彼说长，此说短，不关己，莫闲管。

【译文】 在说话的时候，声音要重而且流畅。说话时不要讲得太快，也不可以讲得含糊不清。别人说东家长，说西家短，假如说的这些事情与自己无关，就别多管闲事。

【注释】 道：说。字：话。重：声音清楚。

见人善，即思齐，纵去远，以渐跻。
见人恶，即内省，有则改，无加警。

【译文】 看见别人的优点和善行，就必须向他学习，就算和他相差得很远，自己也要努力去做，也会渐渐赶上他。发觉别人做了坏事，就要自我检讨。假如发现自己有错误就必须加以改正，假如自己没有做错事也要自我警惕。

【注释】 齐：向……看齐。纵：纵然。跻：上升。改：改正。警：警惕。

惟德学，惟才艺，不如人，当自励。
若衣服，若饮食，不如人，勿生戚。

【译文】 如果品德、学问、才能、技艺不如别人，立刻自我勉励勤奋努力，赶上他人。若是自己的穿着没有别

人漂亮，自己的饮食不如别人的丰盛，则不必难过悲哀。

【注释】 惟：只有。励：勉励。戚：悲伤。

闻过怒，闻誉乐，损友来，益友却。
闻誉恐，闻过欣，直谅士，渐相亲。

【译文】 在听到别人说自己的缺点时就生气，听到别人恭维自己时就高兴。假如这样，不好的朋友就会来与你交往，有益的朋友就会同你断交。在听见别人称赞自己时就感到惶恐不安，在听到别人指出自己的过错时就欣然接受，若是这样，那些正直诚实的人，就会逐渐与你亲近起来。

【注释】 过：过错。损友：不好的朋友。却：退却。恐：惊恐。直：正直。谅：诚信。

无心非，名为错，有心非，名为恶。
过能改，归于无，倘掩饰，增一辜。

【译文】 如果无意之中做了坏事，这就叫"错"，若是故意为非作歹，这就叫"恶"。犯了错误而能够及时改正错误，就相当于没有做过错事一样。若犯了错反而加以掩饰，那就是错上加错了。

【注释】 无心：无意。非：过错。辜：罪。

泛爱众而亲仁

凡是人,皆须爱,天同覆,地同载。
行高者,名自高,人所重,非貌高。

【译文】 无论什么人都必须要互相关心和爱护,因为我们生活在同一片天空下,生活在同一个地球上。一个人行为高尚,他的名望自然就会提高,人们所重视的并不是他外貌的美丽。

【注释】 凡:只要。皆:都。覆:遮盖。载:承载。行:德行。

才大者,望自大,人所服,非言大。
己有能,勿自私,人有能,勿轻訾。

【译文】 一个人若有才学,他的声望自然会大。人们所佩服的是有真才实学的人,而不是自我吹嘘的人。自己有才能,不可以自私自利;别人有才能,不要心生嫉妒,说别人坏话。

【注释】 才:才能。望:名望。服:佩服,信服。訾:诋毁。

勿谄富,勿骄贫,勿厌故,勿喜新。
人不闲,勿事搅,人不安,勿话扰。

【译文】 不可以去曲意逢迎有钱人,不可以对穷人骄横无礼,不要厌弃以前的故人旧友,不要只喜欢新交的朋友。在别人十分忙碌的时候,别用事情去打搅。在别人心情不安的时候,不要找他说话而打扰他。

【注释】 谄:谄媚。厌:厌烦。故:老的,旧的。闲:闲暇。扰:打扰。

人有短,切莫揭,人有私,切莫说。
道人善,即是善,人知之,愈思勉。

【译文】 发觉了别人的短处,千万别揭发出来,发现了别人的隐私,也绝对不要去说破。称赞别人的善行,就是做了一件善事。因为别人知道你在宣扬他的善行,就会更加勉励自己,努力向善。

【注释】 短:短处,缺点。道:说。愈:更加。勉:努力。

扬人恶,即是恶,疾之甚,祸且作。
善相劝,德皆建,过不规,道两亏。

【译文】 宣扬别人行为上的短处就是一种罪恶,宣扬别人的短处,别人就会憎恨你,你就会招致祸患。发现了别人的长处要给予鼓励,这对双方的品

德都有益处。发现别人的过失却不加规劝，这对双方来说，在道义上都是一种亏损。

【注释】 扬:发扬。且:就。作:发生。规:规劝。

凡取与，贵分晓，与宜多，取宜少。
将加人，先问己，己不欲，即速已。

【译文】 无论是从别人手里得到东西，还是把东西给别人，都要分得清清楚楚。给予别人的东西应该多些，获取别人的东西应该尽量少些。打算要求别人去做的事，首先要问一问自己愿不愿意去做。若是连自己都不愿意做的事，立刻停止。

【注释】 与:给。分晓:清楚。欲:喜欢的事。已:停止。

恩欲报，怨欲忘，报怨短，报恩长。
待婢仆，身贵端，虽贵端，慈而宽。

【译文】 受人恩惠，要时时想着报答，对别人的怨恨要尽快忘记，对别人怨恨的时间越短越好，对别人报恩的时间越长越好。对待家里的仆人，最关键的是自身要做到品行端正。尽管品行端正很重要，但也要有仁慈宽厚的胸怀。

【注释】 端:端庄。宽:宽容。

势服人，心不然，理服人，方无言。
同是人，类不齐，流俗众，仁者稀。

【译文】 用势力去压服别人，别人就会口服心不服，用道理去说服别人，别人才可能心悦诚服。同样是人，但类别不同，普通的俗人很多，但品德高尚的人却十分稀少。

【注释】 势:势力。然:这样。流俗:随大流的人。众:多。稀:少。

果仁者，人多畏，言不讳，色不媚。
能亲仁，无限好，德日进，过日少。
不亲仁，无限害，小人进，百事坏。

【译文】 真正的仁者，人们对待他都是心怀敬畏，说话时也就直言不讳，脸色更不谄媚。如果能与品行高尚的仁者亲近，就会得到很多的益处。与仁者亲近，然后，个人的品德就会一天天地进步，而过失就会逐步减少。不去亲近品德高尚的仁者害处极大，这样一来小人就会乘机接近你，什么坏事都做了。

【注释】 果:果真。讳:避讳。亲:亲近。德:德行。日:渐渐。

不力行,但学文,长浮华,成何人!
但力行,不学文,任己见,昧理真。

【译文】 倘若不努力实践仁义,而只是学习经典文献,就会滋长浮华的作风,将来怎会成为一个有用的人?反之,如果只是一味地做,而不努力学习经典文献,就容易只凭自己的见解去为人处世,就不会明白道理的真与假。

【注释】 力行:尽力去做。但:只是。长:增长。任:任意。昧:蒙昧。

读书法,有三到,心眼口,信皆要。
方读此,勿慕彼,此未终,彼勿起。

【译文】 读书有三种方法,就是心到、眼到、口到。心要记,眼要看,口要读,这三者确实都极其重要。正在读这本书的时候,就不要想着那本书,这本书还没有读完,就不要去读那本书。

【注释】 信:确实。方:正,刚。慕:想。

宽为限,紧用功,工夫到,滞塞通。
心有疑,随札记,就人问,求确义。

【译文】 可以把学习的限期放宽一些,但在学习时要抓紧时间用功,学习只要细心探究,不懂的地方就会自然弄通。假如心有疑问,就要随时做好记录,虚心向别人请教,以求得准确的意义。

【注释】 限:读书的期限。滞塞:迷惑困顿的地方。疑:疑问。求:寻求。确:准确。

房室清,墙壁净,几案洁,笔砚正。
墨磨偏,心不端,字不敬,心先病。

【译文】 书房里一定要收拾得清爽,墙壁必须保持干净。书桌要做到整洁,笔砚要放得端正。若把墨磨偏了,说明学习时心不在焉。字写得很潦草不整齐,说明思想不够集中。

【注释】 清:清洁,干净。病:心浮气躁。

列典籍,有定处,读看毕,还原处。
虽有急,卷束齐,有缺损,就补之。

【译文】 摆放典籍要有固定的地方,读完一本书后必须把书放回原来的地方。就算有急事不看书了,也必须把书本整理好,假如书本有缺损,应该修补完整。

【注释】 列:摆放。毕:完。虽:即使。

非圣书,屏勿视,蔽聪明,坏心志。
勿自暴,勿自弃,圣与贤,可驯致。

【译文】 不是圣贤经书,就应该放弃不要看。不好的书会蒙蔽人的思想,破坏人的心志。人一定不要自甘堕落,更不可以自暴自弃。圣人和贤人的境界,都是可以通过自身努力而逐渐达到的。

【注释】 非:不是。屏:摒弃,丢开。蔽:蒙蔽。驯:渐进。

千字文

说　明

　　《千字文》的成书年代是中国南北朝梁武帝时期(约公元 6 世纪初),编撰者周兴嗣,字思纂,陈郡项人,即今天的河南省项城人。他当时任员外散骑常侍之职,属于文学侍从。《千字文》编撰前预先规定好 1000 个字,字字绝不雷同,而后编缀成文,四字一句,押韵整饰,朗朗上口,便于教授和背诵。关于此书的来历,《太平广记》收的《尚书故事》里有一段轶闻:

　　　　梁武帝教诸子书,令殷铁石于大王(王羲之)书中拓一千字不重者,每字片纸,杂碎无序。武帝召兴嗣谓曰:“卿有才思,为我韵之。”兴嗣一夕编缀进上,鬓发皆白。

　　《千字文》成书以后,由于其中的内容繁杂丰富,涉及古今,读起来有一定难度,所以从隋朝时起,就出现了种种的注释本,如清代汪啸尹、孙谦益的《千字文释义》即是较有代表性的一种。

　　《千字文》是一本启蒙识字读物,简明地介绍了与人们生活息息相关的自然、社会、历史等许多方面的知识,阐述了中国传统文化中源远流长的做人的道理,显示出编撰者劝掖后学、诲人不倦的良苦用心。当然,由于历史的局限,书中免不了要掺杂进去一些封建糟粕,如宣扬三纲五常、忠孝节义、学而优则仕、光宗耀祖等,这都是我们在阅读时应加以批判和抛弃的。

　　整体看来,《千字文》的构思相当精巧。开首的“天地玄黄,宇宙洪荒”两句,说的是自然现象,包括天文和地理,略论其事,将之作为客观背景,自然而然地顺势将人们引入对社会生活的论述,然后依照“修身、齐家、治国、平天下”的儒家文化传统体系,一气讲下去。虽然内容多而且多道德说教,但读之却文采灿烂,娓娓动听。该书既有相当的知识性,又有浓厚的趣味性,所以自成书后,一直作为官学私塾的启蒙必读课本。

　　为适应广大读者,尤其是青少年读者的需要,本书参考汪啸尹、孙谦益注本以及汪锡荣先生的注释,重新作了分段注解。两句一注,简洁清晰,通俗易懂,力避含糊而不准确的解释,尽量给读者提供阅读方便。

天地玄黄,宇宙洪荒。
日月盈昃,辰宿列张。

【译文】 天是青色的,地是黄色的,宇宙形成于混沌蒙昧的状态中。太阳正了又斜,月亮圆了又缺,星辰布满了天空。

【注释】 玄:黑色。洪荒:指混沌而蒙昧的状态。盈:月亮圆满。昃:太阳西斜。这句的意思是说:太阳有出有落,月亮有圆有缺。辰:星辰。宿:指天空中某些相对集中的星群。列:排列,陈列。张:同列。

寒来暑往,秋收冬藏。
闰余成岁,律吕调阳。

【译文】 寒冬来到了,暑夏过去了;秋天收割庄稼,冬天储藏粮食。历法上用闰月来调和阴阳,就像乐律上用律吕来校正音律一样。

【注释】 寒:寒冷,这里指寒冷的季节。暑:炎热的季节。收:收割(作物)。藏:贮藏。一年的时间是 365 天 5 时 48 分 46 秒。农历则把一年定为 354 天或 355 天,余下的时间大约每三年积累为一个月,加在一年里。这种方法,在历法上称作闰。农历就用这种闰年的办法来归纳多余的天数,调整年岁,就是闰余成岁。律吕:中国古代校正音律的器具,由 12 根竹管做成。阴阳各有 6 个调子。6 种阳调称作律,6 种阴调称作吕。调:调节音律。阳:这里是一种省略用法(即省文),指阴阳。

云腾致雨,露结为霜。
金生丽水,玉出昆岗。

【译文】 云气上升遇冷就形成了雨,夜里露水遇冷就凝结成霜。黄金产在金沙江,玉石出在昆仑山。

【注释】 腾:上升。致:导致,结果是。露:这里指地面或地面的物体上的水珠。结:凝结。丽水:云南省境内的金沙江,古代也称为丽江、丽水,以出产黄金而闻名。昆岗:即昆仑山,以产玉知名。

剑号巨阙,珠称夜光。
果珍李柰,菜重芥姜。

【译文】 最锋利的宝剑叫巨阙,最有名的明珠叫夜光珠。水果里最珍贵的是李子和柰子,蔬菜中最重要的是芥菜和姜。

【注释】 巨阙:古代的宝剑名,相传是春秋时期越国铸造的五把名剑之一。夜光:这里指夜晚能放光的夜明珠。果:水果。珍:贵重。李:李子,一种水果。柰(nài):菜果类的一种。重:同珍。芥:芥菜,茎叶和块根均可食用,种子研细成芥末,也可作调味品。

海咸河淡,鳞潜羽翔。
龙师火帝,鸟官人皇。

【译文】 海水是咸的,河水是淡的,有鳞片的鱼在水里游,长羽毛的鸟在天上飞。龙师、火帝，鸟官、人皇，他们都是上古的有名人物。

【注释】 鳞：这里指带鳞的动物，或鱼类。潜：在水中游。羽：这里指鸟类。翔：在空中飞。龙师：指中国古代传说中的远古帝王太昊氏。太昊氏以龙命名其百官师长，故称龙师。火帝：指古代传说中的远古帝王神农氏。炎帝用火命名其百官师长，故称火帝。鸟官：少昊氏，也是古代传说中的远古帝王。他所封百官，都带鸟字，故称鸟官。人皇：古代三皇之一。三皇，即天皇、地皇、人皇，也是传说中的人物。

始制文字，乃服衣裳。
推位让国，有虞陶唐。

【译文】 苍颉创造了文字，螺祖制作了衣裳。主动把君位和国家让给别人的是尧和舜。

【注释】 始：开初。制：创制、制造，这里指发明。相传中国古代黄帝时期苍颉发明了文字。乃：才。服：穿衣服。古时候，上为衣，下为裳，合称衣裳。推：推让，这里指中国古代的禅让。相传远古时期，部落联盟的首领让位给大家推举的有才有德的继承人，这种制度称作禅让。有虞(yú)：即有虞氏，传说中的远古部落名称，居住在蒲坂(今山西永济西蒲州镇)，舜是他们的领袖。陶唐：即陶唐氏，传说中远古部落名称，居住在平阳(今山西临汾境内)，尧是他们的领袖。

吊民伐罪，周发殷汤。
坐朝问道，垂拱平章。

【译文】 慰问苦难的老百姓，讨伐罪恶的统治者，是周武王姬发和商王成汤。贤明的君主坐在朝廷上向大臣们询问管理天下的办法，垂衣拱手，毫不费力就能使天下太平，有条有理。

【注释】 吊：这里是抚慰的意思。伐：攻打。罪：有罪者。周发：即周武王，姓姬名发，他创建了西周王朝。公元前11世纪，周武王率军攻打商纣王，消灭了商朝。殷汤：即成汤，他创建了商朝。公元前16世纪，商汤率军一举灭夏。朝：朝廷。道：道理，这里指治国平天下之大计。垂拱：垂衣拱手，形容谦恭。平：不高不低。公平：公正。章：这里指有条有理。

爱育黎首，臣伏戎羌。
遐迩一体，率宾归王。

【译文】 他能爱惜、抚育百姓，使戎族和羌族俯首称臣。普天之下都统一

70

成一个整体，所有的老百姓都服服帖帖地归顺于他的统治。

【注释】 育:养育。黎首:庶民,百姓。臣伏:屈服称臣,这里指降伏。戎羌:中国古代西部两个少数民族。这里泛指各少数民族。遐迩:远近。一体:一个整体。率:皆,全体。宾:服从。归:归附。

鸣凤在竹,白驹食场。
化被草木,赖及万方。

【译文】 凤凰在竹林中欢乐地鸣叫,小白马在草场上自由自在地吃着草。圣君贤王的仁德之治使天下生灵都沾受了恩惠,万方百姓仰仗他过着幸福的生活。

【注释】 鸣凤:鸣叫的凤凰。中国古代把凤看作神鸟,认为它能显示吉兆。白驹:白色的小马儿。场:平坦的草场。化:德化。被:遍及。草木:这里代指天下生灵。赖:依赖,仰赖。万方:天下。

盖此身发,四大五常。
恭唯鞠养,岂敢毁伤。

【译文】 人们的身体发肤,关系到四大和五常。诚敬地想着父母的养育之恩,哪里还敢毁坏损伤它。

【注释】 盖:语助词。身发:身体和毛发。四大:大功、大名、大德、大权。五常:仁、义、礼、智、信。恭:恭敬。鞠:抚养,养育。岂敢:怎么敢。

女慕贞洁,男效才良。
知过必改,得能莫忘。

【译文】 女子要仰慕那些持身严谨的贞节干净的妇女,男子要仿效那些有才能有道德的人。知道有了过错就要改正,掌握了某种技能就要注意保持。

【注释】 慕:思慕,崇尚。贞节,节操。洁:干净。效:仿效,效法。才:才干,才能。良:好,品德好。过:过错。必:一定。得:获得。能:才能,技能。莫:不要。

罔谈彼短,靡恃己长。
信使可覆,器欲难量。

【译文】 不要谈论别人的短处,不要夸耀自己的长处。信用要经得起考验,器量要越大越好。

【注释】 罔(wǎng):不要。彼:对方,别人。短:短处,缺点。靡:同罔。恃:倚仗。长:长处,优点。信:实也。覆:察,洞察(又作"复验"讲)。器:器量,气度。难量:难以度量,形容很大。

墨悲丝染,《诗》赞羔羊。
景行维贤,克念作圣。

【译文】 墨子悲叹白丝被染上了杂色,《诗经》赞颂羔羊能始终保持洁白如一。要仰慕圣贤的德行,克制自己的欲望,时时想着自己也能成为圣人。

【注释】 墨:墨子,战国时期鲁国著名的思想家,墨家学派创始人,《墨子·所染篇》载:"子墨子言,见染丝而叹曰,染于苍则苍,染于黄则黄,……故染不可不慎也。"这句是说,墨子为白丝被染而悲哀,告诫人们不要被邪恶污染。《诗》:即《诗经》。《诗经·召南·羔羊》:"羔羊之皮,素丝五纰。"素丝:白丝。这里比喻洁白的情操。景行:高尚的品行。维:惟,只有。贤:有才有德。这句的意思是:高尚的品行只有德才兼备的人才会具备。克:克服,战胜。念:欲念,邪念。这句的意思是说,只有克服欲念、邪念,才能成为圣人。

德建名立,形端表正。
空谷传声,虚堂习听。

【译文】 道德树立起来了,名声就会和圣人一样传播到远方;就如同形体端庄了,仪表就正直了一样。在空旷的山谷里,声音会持续不断,在空荡的堂屋中,一处发声,各处都会响应。

【注释】 德:品德,指好的品德。建:树立。名:名气。这句的意思是说:树立起良好的品德,名气也就自然出来了。形:形体,身体。端:端正。表:外表。这句话的意思是说:身体站直了,外表形象也就正了。空:空旷、空荡。谷:山谷。这句的意思是说:空旷的山谷能传播声音。虚:空。堂:高大的屋厅。习:温习(功课)。听:听老师授课。

祸因恶积,福缘善庆。
尺璧非宝,寸阴是竞。

【译文】 灾祸是作恶多端的结果,福禄是乐善好施的回报。一尺长的美玉不能算是真正的宝贝,而即使是片刻的时光也值得珍惜。

【注释】 祸:灾祸,灾殃。因:因为。恶:罪恶,丑恶。积:积累,累加。缘:缘由,因为。庆:奖赏。璧:古代一种极为珍贵的玉器,扁平,呈圆形,中间有孔。尺璧:很大的璧。寸阴:很短的时间。阴:光阴,时间。是:语气助词,没有实在意义。竞:争。

资父事君,曰严曰敬。
孝当竭力,忠则尽命。

【译文】 奉养父亲,侍奉君主,要严肃而恭敬。孝顺父母应当竭尽全力,忠于君主要能不惜生命。

【注释】 资:资奉,给养。事:侍奉,侍候。君:君王。曰:语气助词,没有实在意义。严:同敬,敬重。竭力:用尽全部力量。竭:用尽。忠:忠诚。尽:同竭。尽命:牺牲生命。

临深履薄,夙兴温清。
似兰斯馨,如松之盛。

【译文】 如同站在深渊的边缘,走在薄冰的上面,早起晚睡,侍候父母要让他们感到冬暖夏凉。让自己的德行像兰草那样清香，像松柏那样茂盛。

【注释】 临：靠近。深：深渊。履：踩，踏。薄：这里指薄冰。这句的意思是说要倍加小心，谨慎从事。夙：黎明，早晨。兴：起(床)，起来。清(qīng)：寒冷，凉。兰：兰花。斯：语气助词，没有实在意义。馨：花的香味。盛：茂盛。

川流不息，渊澄取映。
容止若思，言辞安定。

【译文】 德行纯常而不间断，犹如流动的大水一样永不停息，品德洁清而没有污染，就像不流动的大水一样清可照人。仪容举止要沉静安详，言语对答要安定稳重。

【注释】 川：河流。息：停止。渊：深水。澄：清澈。取：用来。映：照。容：形貌。止：行为，举止。思：思考，思索。辞：同词。安定：镇定自然。这两句的意思是说：言谈举止要从容不迫，泰然自若。

笃初诚美，慎终宜令。
荣业所基，籍甚无竟。

【译文】 开始真诚地侍奉双亲固然很好，但始终如一、坚持到最后就更属难能可贵。这是一生事业荣耀的基础，有此根基，发展就没有止境。

【注释】 笃：深厚。初：开始产生。诚：诚然，果真。美：好。慎：慎重。终：完，结束，最后，指丧事。宜：应当。令：美

好。《荀子·礼论篇》："生，人之始也；死，人之终也。始终俱美，人道毕矣。"意思是说：人要自始至终保持完美。荣业：光荣的业绩。基：基础。籍甚：名声远扬。《汉书·陆贾传》："名声籍甚，竟无已也。"无竟：没有止境。

学优登仕，摄职从政。
存以甘棠，去而益咏。

【译文】 书读好了就能做官，可以行使职权参加国政。周人怀念召伯的德政，留下甘棠树不忍砍伐，召伯虽然离去了，但百姓却越发歌颂他。

【注释】 学优：学业优秀。仕：做官。摄职：代理政治事务。从政：参与国家管理事务。存：保留。甘棠：棠梨树。去：离开。益：更加。咏：称赞，歌颂。

乐殊贵贱，礼别尊卑。
上和下睦，夫唱妇随。

【译文】 音乐要根据人们身份的贵贱而有所不同，礼节要根据人们地位的高低而有所区别。上下要和睦相处，丈夫倡导的，妻子要听从。

【注释】 乐：音乐。殊：差别。《礼记·乐记》："夫乐者，所以定亲疏，决嫌疑，别同异，明是非也。"礼：礼仪。别：区分。和睦：和谐，融洽。唱：同倡，引导。随：跟从。

外受傅训，入奉母仪。

诸姑伯叔,犹子比儿。

【译文】 在外接受师傅的训诲,在家遵从父母的教导。对待姑姑、伯伯、叔叔,做侄儿、侄女的要像是他们的子女一样。

【注释】 受:接受。傅:老师,师傅。训:教导。入:进门,回到家里。奉:奉行,听从。仪:礼节规范。诸:众多。犹子:侄子。比:并列。

孔怀兄弟,同气连枝。
交友投分,切磨箴规。

【译文】 兄弟之间要相互关心,彼此气息相通,如同树枝相连。结交朋友要意气相投,要能共同研讨学问,互相切磋劝诫。

【注释】 孔:很,十分。怀:关怀,关心,照顾。同气:同一血统。连枝:像树枝一样连接着。投分:指(朋友间)情投意合。切:切磋。磨:琢磨,思考。箴:劝告,劝诫。规:规劝。

仁慈隐恻,造次弗离。
节义廉退,颠沛匪亏。

【译文】 仁爱慈祥和同情心在任何时候,任何地方都不能丢掉。气节、正义、廉洁、谦让这些品德,即使陷入动荡困顿的境地,也不要亏缺。

【注释】 仁慈:仁爱慈祥。隐恻:恻隐,同情。造次:仓促急速。弗离:不能违背。节:节操。义:正义,道义。廉:廉洁。退:退让。颠沛:动荡,不安定。匪:同非,不。亏:缺乏,缺少。

性静情逸,心动神疲。
守真志满,逐物意移。
坚持雅操,好爵自縻。

【译文】 保持内心清静平定,情绪就会安逸舒适,心为外物所动,精神就会疲惫不堪。保持自己天生的善性,愿望就可以得到满足,一心追逐外物,意志就会衰退,善性就会改变。坚定地保持着高雅情操,高官厚禄自然就会属于你。

【注释】 性:性格,性致。逸:悠闲,快乐。古人认为静则养性,动时为情。心动:内心为外物所激动。神:精神。守:坚守,保持。真:本性,指人本来的纯朴,正直。志:心志。满:圆满。逐物:追逐物质利益,追求物质享受。意:意志。移:移动,变化。雅:高尚的。操:情操,操守。爵:官爵,官职。自:自然。縻:系住,附着。

都邑华夏,东西二京。

【译文】 中国古代的都城,有东京洛阳和西京长安。

【注释】 都邑:都市,指皇帝所在的都城。华夏:华夏族,汉族的前身。这里是指中国的古称。东京:洛阳,东汉都城。西京:长安(今西安),西汉都城。隋

唐时代长安为都城，洛阳为陪都。

背邙面洛，浮渭据泾。
宫殿盘郁，楼观飞惊。

【译文】　洛阳北靠邙山，面临洛水；长安北横渭水，远据泾河。西京的宫殿回环曲折，楼台宫阙凌空欲飞，使人心惊。

【注释】　背：背向，背靠。邙(máng)：邙山，在东京洛阳北面。面：正向，面对。洛：洛水，从洛阳城南流过。浮：漂浮，这里的意思是位于河水旁边。渭：渭水，现在多称渭河，从长安附近流过。据：据守，依靠。泾：泾水，也是长安附近的一条河：这两句意在指出洛阳与西安的位置。宫殿：指皇帝富丽堂皇的住所。盘：盘绕，曲折。郁：茂盛的样子。观(guàn)：道教的庙宇，这里指古代在高台上建造的亭楼。飞惊：这里描绘建筑物高耸入云。

图写禽兽，画彩仙灵。
丙舍傍启，甲帐对楹。

【译文】　宫殿里画着飞禽走兽，还有彩绘的天仙神灵。正殿两旁敞开的是嫔妃的厢房，迎面对着的是供奉神仙的甲帐。

【注释】　写：这里是画的意思。彩：彩绘。仙灵：神仙精灵。丙舍：古代皇宫中设在正堂旁边的侧屋。启：这里是开门。甲帐：相传汉武帝曾设甲、乙两种帐幔，甲帐供神，乙帐自己居住。对：对应，对称。楹：柱子。

肆筵设席，鼓瑟吹笙。
升阶纳陛，弁转疑星。

【译文】　宫殿里摆着酒席，弹琴吹笙一片欢腾。官员们上下台阶互相祝酒，珠帽转动，乍看疑是满天星斗。

【注释】　肆：陈设。筵：竹席，古人以竹席铺地而坐。鼓：击打(乐器)。瑟、笙：古代乐器。升：踏上，登上。阶：台阶。纳：进入。陛(bì)：高阶，后来专指宫廷的台阶。弁(biàn)：古代男人戴的一种帽子，这里指官帽，上面镶缀有珠宝。疑：疑是，好像是。这句的意思是说：头上的官帽转动，就好像闪烁的星辰。

右通广内，左达承明。
既集《坟》《典》，亦聚群英。

【译文】　向右可以通向广内殿，向左可以到达承明殿。宫殿之中既集中了古今的典籍，也汇聚着许多稀世的珍品。

【注释】　通：通向，通往。广内：汉代宫殿名，藏书的地方。达：同"通"。承

明:汉代宫殿名,皇帝会见文武大臣的地方。集:聚集。《坟》《典》:《三坟》《五典》,都是相传中国古代最早的典籍。英:人才精英。

杜稿钟隶,漆书壁经。
府罗将相,路侠槐卿。

【译文】 里边有杜度草书的手稿和钟繇隶书的真迹,有漆写的古书,以及孔庙墙壁内发现的古文经书。将相府第在两京城内星罗棋布,夹道的古槐显示着卿相们的威风。

【注释】 杜:指杜度,东汉时人,擅长草书。杜稿:杜度草书的手稿。钟:指钟繇,三国时期魏人,擅长隶书。漆书:用漆写的古书。古人无墨时以漆书写于竹简上。壁经:指孔壁中发现的古文经书。相传孔丘的后代在秦始皇焚书时,曾偷藏了几部古文经书于孔子宅壁中,汉景帝时被人发现。府:官府。罗:罗列,排列。将:这里泛指高级武官。相:这里泛指高级文官。路:即道路。侠:通挟,排列。路侠,就是说夹道而立。槐卿:比喻三公一类的高级官员。相传周朝宫廷外种有三棵槐树,朝见天子时,三公面向三槐而立。

户封八县,家给千兵。
高冠陪辇,驱毂振缨。

【译文】 他们每家都有八县以上的封地,还有上千名的侍卫武装。高级官员们陪着帝后游晏的车辇,车马驰

驱,官帽上的饰物飘扬。

【注释】 户:家户,人户。封:分封,册封。这句的意思是说封给王侯以八县的人户。给:给予,赠予。兵:士卒。高冠:高帽,这里指代高级官员。陪:侍奉。辇:古代皇帝乘坐的车子。驱:驾车而驰。毂(gǔ):古代车轮中央穿轴的圆木,这里指代车。振:摇动,摇摆。缨:帽缨。

世禄侈富,车驾肥轻。
策功茂实,勒碑刻铭。

【译文】 大臣的子孙世代享用国家的俸禄,生活富裕,一个个驾着高车肥马,穿着轻裘。这些人文韬武略都很卓著,朝廷为他们树立丰碑记述功绩。

【注释】 禄:俸禄。世禄:世代做官所享受的俸禄。侈:奢侈。富:富足。车驾:指皇帝的马车,这里泛指高级的马车。肥:肥壮的马。轻:轻巧方便的车。策:策划,谋划。功:功劳。茂:盛,这里引申为大。实:富裕,殷实。勒:刻。碑:石碑。铭:铭文。

磻溪伊尹,佐时阿衡。
奄宅曲阜,微旦孰营。

【译文】 吕尚和伊尹,是辅佐贤君有功于当世的名相。选择曲阜作为鲁国的国都,如果没有周公旦,谁又能建设成功呢?

【注释】 磻(pán)溪:水名,在今陕西省宝鸡东南。相传姜太公吕尚钓鱼在

此，遇文王，被文王重用，后辅佐武王攻打商纣，建立了周朝。伊尹：商汤的大臣，辅佐商汤讨伐夏桀，被尊为阿衡，即可靠的帮助、支持者之意。佐：辅佐，帮助。时：时局、局势。奄：占有，据有。宅：居住。曲阜：地名，今山东境内，周武王时曾为鲁国国都，是孔子的故里。微：没有。旦：这里指周武王的弟弟周公旦，被封于曲阜。孰：谁，哪个。营：经营，经管。

桓公匡合，济弱扶倾。
绮回汉惠，说感武丁。

【译文】　齐桓公匡正天下诸侯，都打着"帮助弱小""拯救危亡"的旗号。绮里季挽回了汉惠帝被废黜的命运，博说感动了商王武丁，任命自己为相，使商朝大治。

【注释】　桓公：即齐桓公，春秋时期齐国国君，曾多次约合诸侯，订立盟约，成为春秋第一个霸主。匡：挽救。合：会合，约合。《论语》曾言齐桓公"九合诸侯"，"一匡天下"。济：救济，扶助。弱：指弱者，弱小的诸侯国。扶：扶持，帮助。倾：这里指即将倾覆的周王朝。绮：绮里季，汉朝太子刘盈的老师，扶持刘盈为汉惠帝。回：

挽回，还。汉高祖原打算废掉太子刘盈，经绮里季等人的努力，保住了太子地位，并继位为汉惠帝，故称为"绮回汉惠"。说(yuè)：傅说。原本为筑墙的贱役，商王武丁举以为相，商朝大治。据说是因为武丁在梦里见到他，受其感悟，于是找到他，故称为"说感武丁"。

俊乂密勿，多士寔宁。
晋楚更霸，赵魏困横。

【译文】　贤才的勤奋谨慎，换来了百官的各安其位。晋文公、楚庄王先后称霸，赵国、魏国受困于连横。

【注释】　俊乂(yì)：指超凡才能且品德高尚的人。密勿：勤勉。多士：众多贤士。寔：通实。宁：平静、安定。这两句的意思是说：只有得到众多贤士的辅佐，天下才能真正安定下来。春秋时，齐桓公、晋文公、宋襄公、秦穆公、楚庄王先后称霸。更：更替。这里说晋楚二王，不提五霸，是一种省文，也与下句对仗工整。战国时，苏秦建议六国诸侯合纵以对抗秦国，后来张仪又建议六国诸侯连横以事奉秦国。横：连横。困：窘迫，困窘。这里是说六国诸侯为连横所困。赵魏，在此也是一种省文。

假途灭虢，践土会盟。
何遵约法，韩弊烦刑。

【译文】　晋国向虞国借路去消灭虢国，晋文公在践土召集诸侯歃血会盟。萧何遵奉汉高祖简约的法律，韩非

〔千字文〕

惨死在他自己所主张的苛刑之下。

【注释】 假：借。途：道路。虢：周代一国名。这里讲的是春秋时期的一件史实：晋国出兵攻打虢，向虞国借路，灭虢归来，随即又灭掉了虞国。践土：春秋时期郑国一地名。会盟：诸侯间结盟，这里指晋文公等在践土会盟。何：萧何，汉初政治家。遵：依照，按照。约法：这里指汉高祖生前制订下来的约法。韩：韩非子，战国时期著名思想家，法家主要代表人物，他创制刑名之学，宣扬用刑罚治理国家。弊：弊端，困迫。烦刑：多而重的刑法。这句的意思是说：韩非主张刑罚治国，他自己也受到刑罚之害。

起翦颇牧，用兵最精。
宣威沙漠，驰誉丹青。

【译文】 白起、王翦、廉颇、李牧，用兵作战最为精通。他们的声威远扬到北方的沙漠，美名和肖像永远流传在千古史册之中。

【注释】 起：秦国将军白起。翦：秦国将军王翦。颇：赵国著名军事家廉颇。牧：赵国将领李牧。精：精通，完美。宣威：宣扬（发扬）军威、国威。沙漠：这里指西汉的卫青、霍去病等大将率军扬威边塞，把匈奴赶到沙漠以北。驰：传播。誉：荣誉，名声。丹青：丹和青为两种绘画颜料，常用来借指绘画艺术，这里指为有功名之人画像，供给后人纪念、瞻仰。

九州禹迹，百郡秦并。

岳宗恒岱，禅主云亭。

【译文】 九州之内都留下了大禹治水的足迹，天下数以百计的郡县，是秦始皇统一中国的成果。五岳以泰山为尊，帝王封禅则在云云山、亭亭山上举行。

【注释】 传说远古黄帝时期天下分为九州，到虞舜又分作十二个州，到禹治理水土，又分为九州，即：冀、兖、青、徐、扬、荆、豫、梁、雍九州。禹：相传中国中古部落联盟首领，又称大禹、夏禹，是著名的治水英雄。迹：行迹，足迹。这句的意思是说大禹的足迹遍布天下九州，九州又是根据大禹的考察而划定的。百郡：秦代以前并没有百郡，这里用作天下的代称，泛指天下。并：吞并，兼并，指统一天下。岳：即五岳，有东岳泰山、西岳华山、北岳恒山、南岳衡山、中岳嵩山。宗：尊，主，首。恒：恒山。岱：泰山。这句的意思是说五岳之中以泰山和恒山为尊。禅：在山上修筑坛台以祭天。主：这里指最好，最佳（去处）。云：云云山。亭：亭亭山。

旷远绵邈，岩岫杳冥。
治本于农，务兹稼穑。

【译文】 中国的土地辽阔遥远，没有穷极，山谷高峻幽深，变化莫测。把农业作为治国的根本，一定要做好播种与收获。

【注释】 旷：空旷，辽阔。绵：绵延，延接。邈：遥远。岩：石窟。岫：山洞。杳：深广。冥：晦暗。治：整治，治理。本：

根本。农:农业。务:从事,致力。稼穑:庄稼。兹:此,这。

俶载南亩,我艺黍稷。
税熟贡新,劝赏黜陟。

【译文】 要致力于农业,种植着小米和黄米。庄稼一成熟就要纳税,把新谷献给国家,庄稼种得好的受到表彰和赏赐,种得不好的就要受到处罚。

【注释】 俶(chù)载:耕作。南亩:指面南向阳的土地。艺:种植。黍稷:两种小米名。税:由上取下叫税。贡:由下献上叫贡。熟:成熟的农产品。新:刚长成的农产品。劝:劝勉,勉励。赏:(物质)奖励。黜(chù):降职,罢免。陟:登高,提升。

孟轲敦素,史鱼秉直。
庶几中庸,劳谦谨敕。

【译文】 孟子崇尚朴素,史鱼坚持正义。要想不偏不倚,持之以恒,必须勤劳谦逊,谨慎检点。

【注释】 孟轲:即孟子,战国时期著名的思想家,他继承发挥了孔子的儒家学说,被后人称为"亚圣"。敦:敦厚。素:纯朴,朴素。史鱼:春秋时期卫国的史官,名鰌字子鱼。秉:坚持,保持。直:正直。庶几:几乎,差不多。中庸:儒家的最高道德行为标准,不偏叫中,不倚叫庸。劳:勤奋,劳苦。谦:谦逊。谨:谨严,慎重。敕:警戒。

聆音察理,鉴貌辨色。

贻厥嘉猷,勉其祗植。

【译文】 听人说话要审察其中的道理,看人容貌要看出他的心情。要给子孙留下好的办法,勉励他们谨慎小心地立身处世。

【注释】 聆:听。音:言语,说话。察:洞察。鉴:分别,辨别。色:神情,神态。贻:赠送,送予。厥:其,他的。嘉:好的。猷:谋略。勉:勉励,勤勉。祗:敬。植:立,树立。

省躬讥诫,宠增抗极。
殆辱近耻,林皋幸即。

【译文】 要时时反省自己,不要讥笑别人的劝诫,荣宠太过,就会临近耻辱,如果退隐山林,还可以幸免于祸。

【注释】 省:反省,反思。躬:自己,自身。讥:讥诮。诫:告诫,劝告。宠:恩宠。增:增加。抗:对抗,抗衡。极:十分,很。这两句的意思是:当听到别人的劝诫警告时,要反省自己;当受到恩宠时,要注意不要与上司抗衡,免遭祸灾。殆:几乎,近于。辱:耻辱。林皋:山林水边。幸:幸运,福分。即:就。这两句的意思是:受到恩宠,有了高官厚禄,也就容易被羞辱;只有悠闲于山林水边,才会从自然中获得真正的幸福。

两疏见机,解组谁逼。
索居闲处,沉默寂寥。

【译文】 汉代疏广、疏受叔侄见机

归隐,有谁逼迫他们辞去官职呢?离君独居,悠闲度日,不谈是非,何等清静。

【注释】 两疏:这里指两汉的疏广、疏受叔侄二人。见机:看准时机行事。这里说的是这样一件史实:疏广、疏受叔侄二人,都能见机行事,在适当的时候辞官告老还乡。解组:辞官,组是系官印的绶带。逼:逼迫,威迫。索居:萧索独居。闲处:过闲散无事的生活。寂:寂寞。寥:清静。

求古寻论,散虑逍遥。
欣奏累遣,戚谢欢招。

【译文】 探求古人古事,读点至理名言,就可以排除杂念,自在逍遥。喜悦增添,牵挂就排除了,烦闷一丢开,欢乐就到来了。

【注释】 求古寻论:探求古人的理论、境界。散:解除、消除。虑:忧虑。逍遥:悠闲自得的样子。欣:高兴,欣喜。奏:进来。累:牵连,挂系。遣:排除。戚(qī):忧虑,忧愁。谢:败,去。招:招引,来到。

渠荷的历,园莽抽条。
枇杷晚翠,梧桐早凋。

【译文】 池塘中的荷花开得多么鲜艳,园林内的青草抽出嫩芽。到了冬天枇杷叶子还是绿的,梧桐一到秋天叶子就凋了。

【注释】 渠荷:水中的荷花。的

历:光彩鲜艳的样子。园莽:园子里的莽草。抽条:(草木)生出茎枝。枇杷:一种常绿的果树。晚翠:指岁末天寒,枇杷依然苍翠。梧桐:一种落叶乔木。凋:叶子败落。

陈根委翳,落叶飘飖。
游鹍独运,凌摩绛霄。

【译文】 陈根老树枯死倒伏,落叶在秋风里四处飘荡。寒秋之中,鲲鹏独自高飞,直冲布满彩霞的云霄。

【注释】 陈:老,旧。委:弃。翳(yì):指植物自行枯死。鹍:一种大鸟。运:指鸟盘旋飞翔。凌:升高。摩:触,擦。绛霄:赤色的云霄。

耽读玩市,寓目囊箱。
易辀攸畏,属耳垣墙。

【译文】 汉代王充在街市上沉迷留恋于读书,眼睛注视的都是书袋和书箱。说话最怕旁若无人,毫无禁忌;要留心隔着墙壁有人在贴耳偷听。

【注释】 耽:沉溺,专注。读:读书。玩市:闹市。寓:寄托。囊箱:这里指口袋、箱中的书。囊:口袋。这里说的是这样一件史实:东汉王充喜好读书,因家贫无书,曾到洛阳街市书摊上去读书。易:容易。辀(yóu):轻细。攸畏:有所畏惧,即要小心谨慎。属:附着。垣:矮墙。这句的意思是说:要谨防隔墙有耳,万事都应该小心。

具膳餐饭,适口充肠。
饱饫烹宰,饥厌糟糠。

【译文】 平时的饭菜,要适合口味,让人吃得饱。有吃的时候,遇到大鱼大肉也不想再吃,没吃的时候,即使酒槽糠皮也会饱餐一顿。

【注释】 具:准备。膳:饮食。餐饭:吃饭。适口:适合口味。充肠:填饱肚子。饫(yù):厌恶。烹宰:烹调好的肉食。厌:满足。糟糠:酒糟、米糠。这句的意思是:当人吃饱了的时候,再好的美味也只能使人生厌而提不起任何食欲;当人饥饿时,再粗劣的食品也可以吃下去,并且会感到满足。

亲戚故旧,老少异粮。
妾御绩纺,侍巾帷房。

【译文】 亲戚朋友来往,少年吃细粮,老人吃粗粮。妻妾婢女纺纱织麻,在家中为丈夫递衣递帽。

【注释】 故旧:老朋友。异粮:不同的膳食。妾:泛指妻妾。御:从事。绩纺:纺纱织布。侍:侍候。巾:泛指服饰用品。帷房:内室。

纨扇圆洁,银烛炜煌。
昼眠夕寐,蓝笋象床。

【译文】 圆圆的绢扇洁白素雅,白白的蜡烛明亮辉煌。白天躺的,晚上睡的,是蓝色的竹席,象牙制的床。

【注释】 纨扇:丝扇。洁:干净。银烛:烛光色白如银,所以称作银烛。炜:光亮,光辉。煌:辉煌。寐:睡。笋:竹席。象床:象牙床。

弦歌酒宴,接杯举觞。
矫首顿足,悦豫且康。

【译文】 歌舞弹唱伴着盛大的宴会,高擎酒杯,互相传递。人们手舞足蹈,高兴万分。

【注释】 弦:这里指弦乐,如琴瑟之类。觞:酒器。矫首:抬头,举头。这里所说的矫首、顿足都是指舞蹈的动作。悦豫:欢喜。且:并且。康:使身体健康。

嫡后嗣续,祭祀烝尝。
稽颡再拜,悚惧恐惶。

【译文】 子孙一代一代传续,四时祭祀不能懈怠。又磕头,又下拜,战战兢兢,诚惶诚恐。

【注释】 嫡后:长房子孙。嗣续:继承对家庭的主持权。烝尝:泛指各种祭祀。这里是说一家之长要主持祭祀活动。稽颡(sāng):即磕头,古代的一种礼节。悚惧:小心畏惧。恐惶:害怕惊慌。均指敬畏之情。

笺牒简要,顾答审详。
骸垢想浴,执热愿凉。

【译文】 给人的书信要简明扼

要,回答别人的问话时要审慎周详。身上脏了就想洗个澡,捧着热东西就希望它快点凉。

【注释】 笺:信笺。牒:来往的文书。简:简略。要:扼要。顾答:回答。审:仔细,谨慎。详:详细,周全。骸(hái):这里指身体。垢:污垢。浴:洗澡。执:持,拿。愿:希望。

驴骡犊特,骇跃超骧。
诛斩贼盗,捕获叛亡。

【译文】 驴子、骡子,大小牲口,惊奔欢跃,前超后赶。官府诛杀盗贼,捕获叛乱分子和亡命之徒。

【注释】 犊:小牛。特:公牛。骇:受惊。跃:跳起。骧:腾跃。诛:杀。捕:擒拿。叛:反叛,叛逆。亡:逃走。

布射僚丸,嵇琴阮啸。
恬笔伦纸,钧巧任钓。

【译文】 吕布善于射箭,熊宜僚善玩弹丸,嵇康善于弹琴,阮籍善于仰天长啸。蒙恬制造了毛笔,蔡伦发明了造纸,马钧发明了水车,任公子善于钓鱼。

【注释】 布:吕布,东汉末年著名将领。僚:熊宜僚,春秋时楚国人。吕布善射,熊宜僚善弄丸,都是知名人物。嵇:嵇康,三国时著名文学家,善弹琴。阮:阮籍,三国时著名文学家,习惯于仰天长啸。恬:蒙恬,秦朝著名将领,相传他曾改良过毛笔。伦:蔡伦,东汉人,他

改进了造纸术。钧:马钧,三国时人,著名发明家。任:任公子,传说中最善钓鱼的人。

释纷利俗,并皆佳妙。
毛施淑姿,工颦妍笑。

【译文】 他们或者善于为人解决纠纷,或者善于发明创造有利于社会,这些都非常巧妙。毛嫱、西施,姿容姣美,皱起眉头都俏丽无比,笑起来就格外动人。

【注释】 释纷:解除纠纷。利俗:有利于世俗的好转。佳:美好。这两句是对前面几句的发挥。说吕布善射消解了刘备和袁术的纷争,蔡伦改造了制作纸张的技术,等等,这些对全社会都有很好的影响。毛:毛嫱。施:西施。都是古代著名的美女。淑:美丽。姿:容貌。工:长于,善于。颦(pín):皱眉头,这里指一种愁态美。妍:妩媚娇艳。

年矢每催,曦晖朗曜。
璇玑悬斡,晦魄环照。

【译文】 岁月像飞箭流逝，不断地催人向老，太阳的光辉永远明朗地照耀在空中。北斗七星高高转动着斗柄，月亮的光辉循环着照耀四海。

【注释】 矢：漏矢，古代以漏壶计时，上面的指针称为矢。每：常常。催：促。曦晖：早晨的阳光。朗：明亮。曜：照耀。璇(xuán)玑(jī)：北斗星的代称。悬：高挂(空中)。斡(wò)：周旋，旋转。晦：夏历每月最后一天，晚上没有月亮出现，称作晦。魄：月明之时。环：回环，循环。

指薪修祜，永绥吉劭。
矩步引领，俯仰廊庙。

【译文】 顺应自然，修德积福，永远平安，多么美好。迈着方步，抬头挺胸，一举一动都像在神圣的庙宇中一样仪表庄重。

【注释】 指：示，启示。薪：柴。修：治，自治。祜(hù)：福。这句的意思是说：要像柴虽燃尽却留光和热于人间一样去积德修福。永：久长。绥：安好。吉：祥。劭：美好。矩步：方步，合于礼仪的正步。引：伸长。领：脖子。引领即向远处看。俯：垂头。仰：抬头。廊：朝廷。这句的意思是说一俯一仰，一举一动都要合乎礼仪，要庄重，就像在朝廷上或宗庙中一样。

束带矜庄，徘徊瞻眺。
孤陋寡闻，愚蒙等诮。

【译文】 穿着整齐端庄，举止从容，高瞻远瞩。学问浅薄见识少，会像愚蠢糊涂的人一样受到耻笑。

【注释】 束：系，结。带：腰带。矜庄：矜持庄重。徘徊：走来走去，留连忘返。瞻眺：向远处望的样子。孤陋：学识浅陋。寡闻：见闻不广。寡，少。愚：蠢笨。蒙：蒙昧。等：相同。诮：讥诮。这两句的意思是说：孤陋寡闻，愚昧无知，就会受到别人的讥笑，被别人看不起。

谓语助者，焉哉乎也。

【译文】 说到古书中的语助词嘛，那就是"焉""哉""乎""也"了。

【注释】 谓：称作。语助：语气助词。焉、哉、乎、也：皆为语气助词，没有实在的意义。

「中华蒙学精华」

千家诗

说　明

  中国古典诗歌历史悠久，成就巨大，名家名篇之多，可用灿若群星四字来形容。其中更有不少名篇名句，脍炙人口，代代相传。学文必学诗，因此，在青少年启蒙教育中，不论过去还是现在，都有许多家长要求自己的孩子读诗背诗。这样，各种诗歌选本便应运而生，其中流传最广、影响最大的就是《千家诗》。

  最早的《千家诗》是南宋诗人刘克庄编选的，名为《分门纂类唐宋时贤千家诗选》，分为时令、节候、气候、昼夜、百花、竹木、天文、地理、宫室、器用、音乐、禽兽、昆虫、人品等 14 类 22 卷。后来作为蒙学课本的《千家诗》即在此基础上编成，它分为上下两卷。上卷收七言绝句，下卷收七言律诗。据说南宋末年的谢枋得后来也选编了一个《千家诗》的版本。明末清初人王相在此基础上又编选了《新镌五言千家诗》，也分上下两卷，各收五言绝句和五言律诗。流传比较广泛的则是谢枋得编、王相注的《重订千家诗》。全书共收五绝 39 首，五律 45 首，七绝 94 首，七律 48 首，总计 226 首。本书注本即以此书为底本。

  《千家诗》自成书以来，一直受到读者的欢迎和欣赏。首先因为它所选的都是近体诗。所谓近体诗，是指五绝、五律、七绝、七律，不包括古诗及乐府。近体诗简短爽朗，长者如七律 56 字，短者如五绝仅 20 字，读来既朗朗上口，又便于记忆背

诵,作启蒙读物再合适不过。其次,多选名家名篇。唐朝和宋朝是我国古典诗歌成就最高时期,《千家诗》入选诗歌基本上为唐、宋诗,仅选两首明诗。在唐宋诗中,又以李白、杜甫、王维、孟浩然、苏轼等名家入选篇数最多。《千家诗》中的名篇更是不胜枚举,像孟浩然的《春晓》、李白的《静夜思》、杜牧的《清明》、崔颢的《黄鹤楼》、王勃的《杜少府之任蜀州》等等千百年来流传不衰,几乎家喻户晓。再次,《千家诗》内容健康,积极向上,题材广泛,写景则遍春夏秋冬、楼寺亭阁、名山大川、边塞禁宫;抒情则有乡愁闺怨、离愁别恨、兴亡之感、今昔之叹;更有节候、百花、天文、地理、历史、人物……读之既能陶冶情操,又能增进知识。当然,由于编选者的局限,也选进了一些既没有多少思想内容又没有多少艺术价值的作品,如应制诗、奉和诗之类。相信读者是能够甄别分辨的。

中国是一个诗的国度。身为中国人,不会作诗也要会吟,从小打好基础就显得非常重要,整理出版《千家诗》正好适应对儿童进行诗歌教育的需要。虽然今天人们已很少再写旧体诗,但这一份珍贵的文学遗产是值得继承的。

「千家诗」

五言绝句

春 晓

孟浩然

春眠不觉晓①,处处闻啼鸟。
夜来风雨声,花落知多少。

【作者简介】 孟浩然,湖北襄阳人,长期过着隐居生活,是盛唐著名田园诗人。著有《孟浩然集》。

【译文】 春天的早晨,我在不知不觉中醒来,窗外到处都是百鸟的叫声。想起昨晚的风雨声,不知道打落了多少盛开的花朵。

【注释】 ①晓:天亮。

访袁拾遗①不遇

孟浩然

洛阳访才子,江岭②作流人。
闻说梅花早,何如此地春。

【译文】 我去洛阳寻访朋友,没想到他却被流放到岭外去了。听说岭外的梅花开得很早,但是,还是不如洛阳的春色宜人。

【注释】 ①袁拾遗:作者朋友。拾遗:唐朝官名。②江岭:江西大庾岭。流人:因犯法而被流放的人。

送郭司仓①

王昌龄

映门淮水绿,留骑主人心。
明月随良掾②,春潮夜夜深。

【作者简介】 王昌龄,唐朝京兆人,以七言绝句扬名诗坛。

【译文】 碧绿的淮水映照着门楣,主人诚心挽留客人。客人在皎洁的月光中踏上征程,我思念朋友的真情一夜比一夜深。

【注释】 ①司仓:官名,是管理粮食的官员。②掾(yuàn):中央及地方政府里副官、佐吏的总称。

洛阳道

储光羲

大道直如发①,春日佳气②多。
五陵③贵公子,双双鸣玉珂④。

【作者简介】 储光羲,唐朝兖州人,擅田园诗。

【译文】 洛阳大道笔直如头发,繁华都市处处是春色。五陵豪门的纨绔子弟,骑马出游,他们佩戴的玉佩不停发出撞击声。

【注释】 ①直如发：像头发一样直长平坦。②佳气：晴朗的天气。③五陵：指长陵、安陵、阳陵、茂陵、平陵，是汉朝皇帝五个最著名的坟墓。因汉朝皇帝每建陵墓，都迁四方的富豪人家到陵墓附近居住。后世诗文常用五陵指富豪聚居地。④玉珂：马勒上的装饰品。

独坐敬亭山①

李 白

众鸟高飞尽，孤云独去闲②。
相看两不厌，只有敬亭山。

【作者简介】 李白，字太白，号青莲居士，祖籍陇西，长于四川，官至翰林学士，盛唐诗坛代表作家，天才诗人。其诗飘逸豪放，才气纵横，世称"诗仙"。有《李太白集》传世。

【译文】 天空的飞鸟已经远去无踪，长空的一片云也悠闲飘去。和我两相凝视、毫不生厌的，只有眼前的敬亭山。

【注释】 ①敬亭山：在安徽宣城县北。②去闲：离开很远。

登鹳鹊楼①

王之涣

白日依山尽，黄河入海流。
欲穷②千里目，更③上一层楼。

【作者简介】 王之涣，唐朝太原人，以边塞诗著称，可惜传世之作很少，但篇篇有名。

【译文】 一轮落日慢慢向西山沉下，滔滔的黄河流进大海。想要看到千里之外的地方，就要再登上一层楼。

【注释】 ①鹳鹊楼：在山西省蒲县。②穷：尽。③更：再。

观永乐公主入蕃①

孙逖

边地莺花少②，年来未觉新。
美人天上落③，龙塞始应春④。

【作者简介】 孙逖，唐朝武水人。

【译文】 边塞上听不见黄莺，看不到花开，新年到来时，感觉不到新春的气象。你去边塞就像天女下凡，那里应该就是春天了。

【注释】 ①蕃(bō)：唐时对吐蕃的简称。②莺花：黄莺和花卉，是春天的象征。③美人：指永乐公主。④龙塞：边塞。

左掖梨花①

丘 为

冷艳全欺雪②,余香乍入衣③。
春风且莫定,吹向玉阶飞。

【作者简介】 丘为,唐朝江苏嘉应人。

【译文】 冷艳的梨花超过了晶莹的雪花,它的花香把衣服都染透了。春风啊,你不要停,把这散发清香的梨花吹向皇宫的玉阶上去。

【注释】 ①左掖:掖是宫殿的傍门,左掖即宫殿的左傍门。②欺:压过,胜过。③乍:突然。

思君恩

令狐楚

小苑莺歌歇①,长门蝶舞多②。
眼看春又去,翠辇不曾过③。

【作者简介】 令狐楚,唐朝华原人,官至河阳节度使。

【译文】 皇家花园里黄莺停止了唱歌,长门的蝴蝶翩翩起舞。眼看着春天又将离去,而皇帝的车子却不曾来过。

【注释】 ①小苑:小花园。②长门:汉朝的皇宫名。③翠辇:指皇帝坐的车。

题袁乐别业①

贺知章

主人不相识,偶坐为林泉。

莫谩愁沽酒②,囊中自有钱。

【作者简介】 贺知章,唐朝阴山人,官至礼部侍郎。著名诗人,酒中八仙之一。

【译文】 我和主人并不相识,只是因为林泉的美景才停下来观赏。主人,你不必为没钱买酒而发愁,我的袋子里有足够的买酒钱。

【注释】 ①别业:指别墅。②谩愁:隐瞒着忧愁。沽酒:买酒。

夜送赵纵

杨 炯

赵氏连城璧①,由来天下传②。
送君还旧府,明月满前川。

【作者简介】 杨炯,陕西华阴人,初唐四杰之一。

【译文】 赵国价值连城的美玉,历来就天下传扬。我送你回故乡,明月撒满原野,照着你的前途。

【注释】 ①赵氏连城璧:赵国价值连城的和氏璧。②由来:从来。

竹里馆①

王 维

独坐幽篁里②,弹琴复长啸。
深林人不知,明月来相照。

【作者简介】 王维,字摩诘。唐朝

太原人,多才多艺,不仅工诗,而且精通书画和音乐。晚年亦官亦隐,吃斋奉佛。他的诗在艺术上有很高的成就,其山水田园诗,尤为后人称道。

【译文】 独自坐在寂静的竹林里,一边弹琴,一边放声吟唱。虽然林深没人知道,但是明月偏偏来相照。

【注释】 ①竹里馆:作者建造在辋川的别墅,名为竹里馆。②篁:竹林。

送朱大入秦①

孟浩然

游人五陵去,宝剑值千金。
分手脱相赠②,平生一片心。

【译文】 朋友你要去五陵,我这把宝剑价值千金。与你分别,把它送给你,这是我的一片心意。

【注释】 ①朱大:作者友人。②脱:解下。

长干行

崔颢

君家在何处,妾住在横塘。
停船暂借问,或恐是同乡①。

【作者简介】 崔颢,唐朝汴州人,开元进士。诗风前期艳丽,后期雄浑。七律《黄鹤楼》是其名篇。

【译文】 你家住在哪里?我家住在横塘。我只不过暂时停下船打听一

下,也许我们是同乡呢。

【注释】 ①或恐:也许,可能。

咏 史

高 适

尚有绨袍赠①,应怜范叔寒②。
不知天下士,犹作布衣看③。

【作者简介】 高适,盛唐著名边塞诗人。河北沧县人。

【译文】 须贾送给范雎一件绨袍,是因为可怜他的贫寒。须贾不知道范雎是天下治世的奇才,还把他当作贫民百姓对待。

【注释】 ①绨袍:丝制长袍。②范叔:战国时秦国宰相范雎,他和须贾原为好友,后交恶。范雎做了秦国宰相,须贾出使秦国时,范雎穿着破衣服,伪装贫士去见他,须贾以为范雎落难,以绨袍相赠。③布衣:平民百姓,贫寒之士。

逢侠者

钱起

燕赵悲歌士①,相逢剧孟家②。
寸心言不尽,前路日将斜。

【作者简介】 钱起,唐朝浙江吴兴人,大历十才子之一。

【译文】 你有慷慨悲壮的风采,我们相逢在洛阳道中。我们倾心交谈,相见恨晚,无奈天色将晚,只得各奔前程。

【注释】 ①燕赵：战国七雄中的两国，在今河北。悲歌士：意气慷慨激昂的侠士。②剧孟：汉朝著名侠士。

江行望匡庐①

钱 起

咫尺愁风雨②，匡庐不可登。
只疑云雾窟，犹有六朝僧③。

【译文】 船行九江，风雨不止，只能对着庐山发愁。在庐山的云雾洞窟中，也许还住着六朝的高僧吧！

【注释】 ①匡庐：即庐山。②咫尺：八寸为咫，咫尺是形容距离很近。③六朝：指吴、晋、宋、刘、梁、陈六个朝代。

答李浣

韦应物

林中观易罢①，溪上对鸥闲。
楚俗饶词客②，何人最往还③。

【作者简介】 韦应物，唐朝长安人，曾任苏州刺史，故时人称之韦苏州。

【译文】 我在林间读完《易经》，疲

倦了就闲坐在溪边，观看沙鸥嬉戏。楚地人才荟萃，不知道谁是你最亲近的人。

【注释】 ①易：《易经》。②饶：丰饶，多。③何人最往还：和什么人来往最密切。

秋风引①

刘禹锡

何处秋风至，萧萧送雁群。
朝来入庭树，孤客最先闻②。

【作者简介】 刘禹锡，字梦得，洛阳人。白居易曾称之为"诗豪"，有《刘梦得集》传世。

【译文】 秋风是从哪里来的呢，萧瑟地送雁群远飞。清晨秋风吹入庭院，树木摇动，孤身在外的人最先听到。

【注释】 ①引：乐曲体裁之一，即歌。②孤客：孤独的游客。

秋夜寄丘员外

韦应物

怀君属秋夜①，散步咏秋天。
山空松子落，幽人应未眠。

【译文】 在这个秋凉如水的夜，我想念朋友，夜不能寐，在庭院里散步徘徊。山中也应该有人没有睡觉，听着松涛起伏和松果落地的声音，想念着我。

【注释】 ①怀：思念。②幽人：清幽高雅的隐者。

秋日湖上

薛 莹

落日五湖游^①，烟波处处愁。
浮沉千古事，谁与问东流。

【作者简介】 薛莹，唐朝人，生卒年、籍贯不详。

【译文】 秋日傍晚，泛舟五湖，处处寒烟笼罩，使人愁绪满怀。古往今来，世事如江水东流，历史的风风雨雨，不必过问评说。

【注释】 ①五湖：指江苏省的太湖。

寻隐者不遇

贾 岛

松下问童子，言师采药去。
只在此山中，云深不知处。

【作者简介】 贾岛，唐朝范阳人，早年为僧，后还俗，举进士，与孟郊同以"苦吟"著名，后人以"郊寒岛瘦"并称。

【译文】 我在松树下问一个童子，他说老师采药去了，他只知道老师就在这座山里，但是不知道究竟在哪里。

汾上惊秋

苏 颋

北风吹白云，万里渡河汾^①。
心绪逢摇落^②，秋声不可闻。

【作者简介】 苏颋(tǐng)，唐朝长安人。

【译文】 西北风把白云吹得满天翻滚，我来到万里之外的汾河上。心绪本来就不好，又碰上北风吹地，草木摇落；飒飒的秋风，让我实在不忍听闻。

【注释】 ①汾：汾河，在山西境内。②摇落：凋落。

蜀道后期

张 说

客心争日月^①，来往预期程。
秋风不相待，先至洛阳城。

【作者简介】 张说，唐朝洛阳人，曾任宰相，历四朝，有《张燕公集》。

【译文】 在外的游客就像跟日月争时间，什么时候出发，什么时候回家都做了计划。谁知秋风并不等我，而是抢先一步到了洛阳城。

【注释】 ①客心争日月：旅客漂泊异乡，归心似箭，争分夺秒赶路。

静夜思^①

李 白

床前明月光，疑是地上霜。
举头望明月，低头思故乡。

【译文】 皎洁的月光透过窗子来到井栏前，我以为是地上起了浓霜。抬头望去，一轮明月当空挂着，低下头来，想起了故乡。

【注释】 ①此诗平白如话,为怀乡名篇。

秋浦歌①

李白

白发三千丈,缘愁似个长②。
不知明镜里,何处得秋霜?

【译文】 白发有三千丈长,因为我的愁意也有这样长。照镜子的时候,我感到惊讶,不知道我满头的白发是从何处而来。

【注释】 ①秋浦:地名,在今安徽贵池县,县西南有秋浦湖。②缘:为何。个:这样。

赠乔侍郎

陈子昂

汉廷荣巧宦①,云阁薄边功②。
可怜骢马使,白首为谁雄。

【作者简介】 陈子昂,字伯玉,梓州射洪人。24岁举进士,是唐诗开创时期在诗歌革新的理论和实践上都有重大功绩的诗人。

【译文】 汉家朝廷只让那些善于钻营的官吏得到荣耀,云台和麒麟阁里,为国杀敌,在边塞立功的将帅却没有地位。可惜像桓典那样正直忠心的侍御史,奋斗一生却得不到重用,最后只

得满头白发,这到底是为谁逞雄呢?

【注释】 ①汉廷:汉朝。荣:宠幸。巧宦:善于投机逢迎的官员。②云阁:云台和麒麟阁,是汉朝展览功臣绘像的地方。薄:不重视。边功:在边塞立功。

答武陵太守

王昌龄

仗剑行千里,微躯敢一言①。
曾为大梁客②,不负信陵恩③。

【译文】 我就要佩剑行千里,临别时我冒昧地向您说,我愿像大梁守门的侯嬴一样忠心,不忘信陵君的恩德。

【注释】 ①微躯:谦称自己。②大梁:战国时魏国首都,在今河南开封市。客:门客。③信陵:战国时魏国的信陵君,以供养门客著名。

行军九日思长安故园

岑参

强欲登高去①,无人送酒来。
遥怜故园菊,应傍战场开。

【作者简介】 岑参,唐朝南阳人,著名边塞诗人。

【译文】 我勉强去登高,却没有人给我送酒。遥遥地思念故乡家园中的菊花,现在应该在战场边盛开了吧!

【注释】 ①登高:指重阳节登山。

婕妤怨①

皇甫冉

花枝出建章②,风管发昭阳③。
借问承恩者④,双蛾几许长⑤。

【作者简介】 皇甫冉,唐朝丹阳人,天宝年间中进士第一。

【译文】 打扮得花枝招展的宫女,从建章宫里出来了;昭阳殿上,皇家的乐队奏出美妙的音乐。请问这些新得宠的美人们,你们的那一双双娥眉究竟能画多长呢。

【注释】 ①婕妤(jié yú):宫妃称号。②花枝:打扮得花枝招展。建章:汉朝宫殿名。③凤管:箫的别名。昭阳:汉

朝宫殿名。④承恩者:受宠幸的妃子。⑤双蛾:两条蛾眉。

题竹林寺

朱放

岁月人间促①,烟霞此地多。
殷勤竹林寺②,更得几回过。

【作者简介】 朱放,唐朝襄阳人,长期隐居在浙江绍兴剡溪。

【译文】 人间岁月匆匆,而此地布满美丽的烟霞。留恋这著名的竹林寺,但是,人生短暂还能有几次再游此地呢?

【注释】 ①促:短促。②殷勤:留恋。竹林寺:寺庙名,在江西庐山。

三闾庙①

戴叔伦

沅湘流不尽②,屈子怨何深③。
日暮秋风起,萧萧枫树林。

【作者简介】 戴叔伦,唐朝润州人。

【译文】 沅湘的滔滔流水没有尽头,而屈原的哀怨却很深。天色已晚,萧瑟的秋风乍起,吹得枫树林一派凄凉。

【注释】 ①三闾庙:屈原为三闾大夫,敬祀他的庙称为三闾庙。②沅湘:沅水和湘水。③屈子:即屈原,战国楚人,著名诗人,被楚怀王流放,后投汨罗

易水送别

骆宾王

此地别燕丹①,壮士发冲冠②。
昔时人已没,今日水犹寒。

【作者简介】 骆宾王,唐朝浙江义乌人。初唐四杰之一。

【译文】 荆轲在易水边告别前来送行的燕太子丹,他的头发竖立,神情悲壮。旧时的英雄荆轲已经消失不见,而今的易水还是那么寒冷。

【注释】 ①此地别燕丹:战国时荆轲受命刺秦王,燕太子丹在易水为他送别。此处用的是这一典故。②发冲冠:怒发冲冠。

别卢秦卿

司空曙

知有前期在①,难分此夜中②。
无将故人酒③,不及石尤风④。

【作者简介】 司空曙,唐朝广平人,大历十才子之一。

【译文】 虽然知道以后还有相会的日子,但是今夜还是难以和你分别。不要将这杯朋友的酒,看得不如那"石尤风"。

【注释】 ①前期:未来的日子。②难分此夜中:今夜难舍难分。③无将故

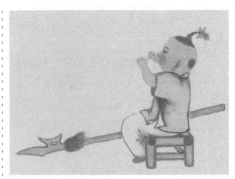

人酒:不要将老朋友的这杯酒。④石尤风:传说古代有石姓妇人,嫁给尤姓青年,丈夫要外出,她极力劝阻,但没有成功,后思夫成疾,临死发誓变成大风阻止开船。石尤风,即为阻止开船的风,喻挽留之意。

答 人

太上隐者

偶来松树下,高枕石头眠。
山中无历日①,寒尽不知年。

【作者简介】 太上隐者,唐朝人,生平不详。

【译文】 我只是偶然来到松树的下面,疲倦了就枕在石头上睡一觉。深山里从来没有日历,寒气稍尽时,我都不知道是哪年。

【注释】 ①历日:也叫历书,现称日历。

五言律诗

春夜别友人

陈子昂

银烛吐清烟，金尊对绮筵①。
离堂思琴瑟，别路绕山川。
明月隐高树，长河没晓天②。
悠悠洛阳去，此会在何年？

【译文】 银白色的蜡烛在静夜里吐着清烟，将要分别的朋友拿着美酒，相对无言。厅堂里，响着琴瑟哀怨的声音，别后的道路曲折，环山绕川。明月隐入高高的树梢，银河淹没在破晓的曙光中。你将沿着那条洛阳古道慢慢离去，不知何年我们能再相聚。

【注释】 ①金尊：金杯。绮筵：精美的筵席。②没：消失。

长宁公主东庄侍宴

李峤

别业临青甸①，鸣銮降紫霄②。
长筵鹓鹭集③，仙管凤凰调④。
树接南山近，烟含北渚遥。
承恩咸已醉⑤，恋赏未还镳⑥。

【作者简介】 李峤，初唐时赵州人，文章四友之一。

【译文】 皇帝的车骑到公主的别墅东庄，就像神仙从天而降。宴会上文武百官云集，吹奏着美妙的音乐。别墅里的树木高大苍翠，与邻近的终南山连接在一起，庄园里云蒸霞蔚，与远处的渭水互相照映。群臣侍奉着皇帝开怀畅饮，个个都已大醉，因为贪恋着这美丽的庄园，忘了回去。

【注释】 ①别业：别墅。青甸：首都近郊为甸，青代表东方，青甸即京城东郊。②鸣銮：皇帝坐车为銮，车上装有鸣铃。紫霄：天空。③鹓鹭：为两种鸟，这里指文武百官，排列整齐如同鹓鹭。④仙管：箫的别称。⑤咸：都。⑥还镳(biāo)：马衔，代指车马，还镳即坐车马回去。

恩赐丽正殿书院
赐宴应制得林字①

张说

东壁图书府②，西园翰墨林③。
诵诗闻国政，讲易见天心。
位窃和羹重④，恩叨醉礼深⑤。
载歌春兴曲，情竭为知音。

【译文】 东边是藏书之府，西边是文人聚集地。诵读《诗经》了解国家政治情况，讲习《易经》来了解天意。我忝任宰相,负有调理政治之重任,承蒙皇恩深重,喝得酩酊大醉。我要乘兴高歌,为报答皇帝的知遇之恩而竭尽全力。

【注释】 ①得林字:诗作者分得"林"字,以"林"押韵作诗。②东壁:星名,二十八宿之一,主管文章。③西园:魏武帝建立西园,集文人于此赋诗。诗作者形容丽正殿书院为东壁图书府,西园翰墨林。④位窃和羹重:我忝任宰相,负有调理政治之重任。⑤恩叨醉礼深:承蒙皇恩深重,喝得酩酊大醉。

送友人

李 白

青山横北郭①,白水绕东城。
此地一为别,孤蓬万里征②。
浮云游子意,落日故人情。
挥手自兹去,萧萧班马鸣③。

【译文】 青翠的山峦横在北面的外城,波光粼粼的流水绕着东城流去。此地相别,你就要像孤舟那样随风飞转,漂泊到万里之外去。天上的浮云就像你行踪不定的身影,缓缓沉下的夕阳就像我对你的依依惜别之情。无可奈何只有忍痛挥手从此离别,只听见马的萧萧鸣声。

【注释】 ①北郭:外城为郭,北郭就是外城的北边。②孤蓬:比喻孤身飘零的旅人。③班马:离群之马。

送友人入蜀

李 白

见说蚕丛路①,崎岖不易行。
山从人面起,云傍马头生。
芳树笼秦栈,春流绕蜀城。
升沉应已定②,不必问君平③。

【译文】 听说蜀道崎岖坎坷,不易通行。栈道上,山从人面前升起,云在马头旁环绕。山岩峭壁上生长的林木,枝叶青翠,笼罩着栈道;碧绿的江水,环绕着锦城。个人的官爵地位,进退升沉都早有定局,不必再去询问善于占卜的君平。

【注释】 ①见说:听说。蚕丛:人名,传说是帝喾(kù)的后代,教四川人养蚕,人称之为蚕丛,后以蚕丛代指四川。②升沉:比喻一个人发迹与潦倒。③君平:汉朝四川人,姓严名遵字君平,著名卜者。

次北固山下①

王 湾

客路青山外,行舟绿水前。
潮平两岸阔,风正一帆悬。
海日生残夜②,江春入旧年③。
乡书何处达,归雁洛阳边。

【作者简介】 王湾,唐朝洛阳人,官至洛阳尉。

【译文】 山间弯弯曲曲有一条小

路,绿水上飘飘荡荡有一叶风帆。春潮涌涨,江面似乎与岸齐高了,顺风的船,仿佛悬在万顷碧波之间。海面上,天还没有完全亮,太阳就升起来了;冬天还没消失,江南就已萌发了春意。本想寄书回故乡,但关山重重,何时能到达呢?雁儿啊,烦劳你帮我捎个信回洛阳吧!

【注释】 ①次:出外旅行时停留的处所。北固山:山名,在今江苏丹徒县北。②海日生残夜:海面上,天还没完全亮太阳就升起来了。③江春入旧年:江南一带,旧年还没过完春天就已经到了。

苏氏别业

祖咏

别业居幽处①,到来生隐心②。
南山当户牖③,沣水映园林。
竹覆经冬雪,庭昏未夕阴。
寥寥人境外,闲坐听春禽。

【作者简介】 祖咏,唐朝洛阳人,开元进士,王维诗友。

【译文】 别墅坐落在幽静偏僻的地方,来到这里,我便产生了隐居的念头。终南山与别墅的窗户相对,沣河水倒映着青翠的园林。竹林上还留着冬天的残雪,太阳还未落山,庭院里已经一片昏暗幽寂。这里的环境寂静而幽深,好像隔绝了尘世,闲适时欣赏春鸟的鸣叫声。

【注释】 ①别业:别墅。②隐心:隐居之心。③户牖(yǒu):窗户。

春宿左省①

杜甫

花隐掖垣暮②,啾啾栖鸟过。
星临万户动,月傍九霄多。
不寝听金钥,因风想玉珂。
明朝有封事,数问夜如何③?

【作者简介】 杜甫,字子美,河南巩县人,官至检校工部员外郎,世称杜工部,唐朝现实主义诗人,与李白齐名,世称诗圣。有《杜工部集》,其诗被公认为诗史。

【译文】 傍晚光线越来越昏暗,皇宫边开放的花朵,只能隐约见到,天空中投林栖息的鸟儿飞鸣而过。在群星的照耀下,宫中的千门万户也似乎在闪闪欲动。高入云霄的殿宇映着月亮,显得格外明亮。值宿时难以入睡,耳际仿佛总听到开关门的钥匙声,风吹屋檐下的铃当,好像听到了百官骑马上朝的撞玉声。明天早晨上朝我还有密奏上陈,好几次打听时间,现在到了几更。

【注释】 ①左省:衙门名称。②掖垣:宫中房舍的围墙。③明朝有封事,数问夜如何:明天早晨上朝有密奏上陈,几次查问是夜里什么时候。封事:密缄的奏章。

题玄武禅师屋壁

杜 甫

何年顾虎头①，满壁画沧洲②。
赤日石林气，青天江海流。
锡飞常年鹤，杯度不惊鸥③。
似得庐山路，真随惠远游④。

【译文】 不知哪年画家用顾虎头的高技，画出了满壁的隐居境界。画上怪石嶙峋，烟雾弥漫，一轮红日高悬在一望无际的碧空下，江海浩渺，水天一色。使人仿佛看到高僧乘锡杖与白鹤在空中齐飞；高僧坐在大杯中渡水，连水鸥也不惊动。我默默出神，好似找到了去庐山的路径，真想追随着高僧惠远到那白云深处一游。

【注释】 ①顾虎头：顾恺之，小字虎头，晋朝无锡人，著名画家。②沧洲：隐者所居之地。③锡飞杯度：《高僧传》曾记载有高僧能乘锡杖与鹤并飞，此为锡飞；又有高僧能坐在大杯中渡水轻快得连水鸥也不惊动，此为杯度。④惠远：晋朝高僧。

终南山

王 维

大乙近天都①，连山到海隅②。
白云回望合，青霭入看无。
分野中峰变③，阴晴众壑殊④。
欲投何处宿，隔水问樵夫。

【译文】 终南山高入云霄，连绵不断的山脉伸向遥远的海边。山上翻滚的白云忽合忽分，千变万化，走近一看，全都消失得无影无踪。高入云霄的主峰，将周围分成不同区域，千山万谷的阴晴明暗，各自不同。天色已晚，想要投宿，只好隔着涧水向樵夫打听投宿的地方。

【注释】 ①太乙：终南山别名。天都：天帝所居、言其高。②海隅：海边。③分野中峰变：此处指到达中峰，是秦凉两州之分界。④壑：山谷。殊：特殊，不一样。

登总持阁

岑 参

高阁逼诸天①，登临近日边。
晴开万井②树，愁看五陵烟。
槛外低秦岭，窗中小渭川。
早知清净理，常愿奉金仙③。

【译文】 高阁直插云天，登上高阁，仿佛身近红日。纵目四望，八百里秦川，村落井树，历历可见，汉家五陵，烟雾笼罩，让人伤感。蜿蜒的秦岭，如一条卧龙横卧天际；奔流的渭水，像一条金带环绕古城。早知佛寺有如此境地，我情愿脱离尘世，服侍在金色的佛祖像前。

【注释】 ①诸天：佛教认为有三十三天，天外有天，诸天即许多天。②万井：有人住的地方就有井，万井比喻万户人家。③金仙：佛教修成万劫不坏的

称为金仙。

寄左省杜拾遗

岑 参

联步趋丹陛，分曹①限紫薇。
晓随天仗②入，暮惹御香归。
白发悲花落，青云羡鸟飞。
圣朝无阙事③，自觉谏书稀。

【译文】　我们并肩走在上朝的台阶上，办事却被分到左省和紫薇两个部门。清晨随着威严的仪仗同拜君王；日暮带着御炉的清香各回府上。满头白发时，为落花悲伤，每当望见高空的飞鸟，非常羡慕。现在处在太平盛世中，圣上英明，朝廷没有弊端，谏官也觉得上书越来越少了。

【注释】　①分曹：职务分科叫曹，分曹即在不同的衙门办公。②天仗：天子的仪仗队。③阙事：有缺点、有错误的事。

登兖州城楼

杜甫

东郡趋庭①日，南楼纵目初。
浮云连海岱，平野入青徐②。
孤嶂秦碑在，荒城鲁殿余。
从来多古意，临③眺独踌躇。

【译文】　我到东郡去看望父亲的时候，登上兖州的南楼，极目远望，无限风光尽收眼底。浮云与山海连成一片，原野辽阔苍茫，村落与城郭交错毗邻。石壁上，至今还保存着秦王的碑文，州城的荒地里，还剩下鲁殿的废墟。我本来就常发思古的幽情，更何况今朝登上这古城高楼，哪里有不惆怅的呢！

【注释】　①趋庭：省亲。②青徐：青州、徐州。③临：登临，登高。踌躇：无限感慨和惆怅。

杜少府之任蜀州

王 勃

城阙辅三秦①，风烟望五津②。
与君离别意，同是宦游人③。
海内存知己，天涯若比邻。
无为在歧路④，儿女共沾巾。

【作者简介】　王勃，字子安，唐朝绛州龙门人，初唐四杰之一，28岁溺水而亡。

【译文】　长安的城垣宫阙，被辽阔的三秦之地护卫着；遥望蜀地的山山水水，在一派茫茫的烟雾之中。今日与你相别，从此我们都是在外做官的人了。四海之内，都有知心友人，即使在天涯之外，也如同亲密近邻。但愿我们在分手的时候，不要像小儿女那样泪湿衣巾。

【注释】　①三秦：秦亡后，项羽封秦三降将为雍王、塞王、翟王，称为三秦。②五津：四川的白华津、高里津、江首津、淡头津、江南津，称为五津。③宦

游人：在外做官的人。④无为：不要。歧
路：岔路。

送崔融

杜审言

君王行出将①，书记远从征。
祖帐连河阙，军麾动洛城。
旌旗朝朔气，笳吹夜边声。
坐觉烟尘扫②，秋风古北平③。

【译文】 君王为歼敌而派将出
征，书记随主帅即将远行。饯别的帐篷
连绵不断，从宫阙一直向前延伸，指挥
用的旗帜使洛阳城震动。旌旗在晨光
下迎着朔风招展，笳声在夜色里放声
长鸣。有了这样的军队出征，我们安坐
在朝中也感到了敌焰被清扫，待到秋
风劲吹之日，古老的北疆定会传来平定
的捷报。

【注释】 ①行：发布命令。出将：
派大将出征。②烟尘：代指战乱。③古
北：地名，在今北京密云县。平：平定。

题义公禅房

孟浩然

义公习禅寂①，结宇依空林。
户外一峰秀，阶前众壑深。
夕阳连雨足，空翠落庭阴。
看取莲花净，方知不染心。

【译文】 义公依傍着空寂的山林

修建了自己的禅房。从禅房外望，门户正
对着一座峻峭的山峰，屋阶前就是一道
深幽的山谷。山雨过后，天色转暗，夕阳
徐徐下山；一片山林的翠色阴影，斜映在
空旷的庭院里。禅房的环境如同莲花般
洁净，可见义公大师的心，一尘不染。

【注释】 ①义公：作者朋友，法号
义公。禅寂：佛教名词，寂静思虑之意。

醉后赠张旭①

高适

世上漫相识②，此翁殊不然。
兴来书自圣，醉后语尤颠③。
白发老闲事，青云在目前④。
床头一壶酒，能更几回眠？

【译文】 世上的人都是随意相
交，而张旭与我的友谊却不一般。他的
兴致勃发时，挥笔泼墨，自有神仙相助；
饮酒大醉后，号呼狂走，言语癫狂荒唐。
他头发花白，情愿在闲适生活中度过这
一生，喜好在旷野上欣赏青云。他的床
头经常有壶酒，人生在世，能得几回开
心的沉醉。

【注释】 ①张旭：唐朝人，工书
法，世称草圣。②漫：随便。③颠：狂
放。④青云：指飞黄腾达。

玉台观

高适

浩刼因王造①，平台访古游。

彩云萧史驻②,文字鲁恭留③。
宫阙通群帝,乾坤到十洲④。
人传有笙鹤⑤,时过北山头。

【译文】 这壮丽的玉台观是滕王修建,我来到平台上寻访着古迹。观外彩云驻留,疑是萧史跨凤闲游;观内碑刻林立,疑是汉朝鲁恭王的真迹尚留人间。玉台观高可齐云摘星,观内神仙造像,远集十洲三岛仙人。山那边又传来了笙声与鹤鸣,大概是仙人经过北山时,留下的美妙乐声吧!

【注释】 ①浩刹因王造:这座大佛寺是为滕王建造的。②萧史:春秋时乐工,善吹箫,后来成仙。③鲁恭:指汉朝鲁恭王。④十洲:传说海上有十洲三岛,是神仙居住的地方。⑤笙鹤:仙人乘鹤吹笙。

观李固请司马第山水图

杜 甫

方丈浑连水①,天台总映云②。
人间长见画,老去恨空闻。
范蠡舟偏小③,王乔鹤不群④。
此生随万物,何处出尘氛⑤?

【译文】 海上的仙山,云雾迷漫,山水相连,天台山的烟雾,半隐半现。如此仙山胜景,只能在图画中观赏,如今只恨自己年老,不能亲自去看看实景。画中的那叶扁舟,可惜太小,只有弃官

漂泊的范蠡一人独坐;图上的那只仙鹤,只有吹笙的王乔一人可乘。我这一生也只能随波逐流,任其浮沉了,不知何处才是一个超凡出尘的清净世界。

【注释】 ①方丈:寺院主持的居屋,长一丈宽一丈故称方丈。浑:完全。②天台:天台山,传说有神仙居住。③范蠡:春秋时越王勾践的谋臣,设计破吴,后乘小舟泛五湖隐居。④王乔:春秋时人,传说乘鹤化仙而去。⑤尘氛:红尘,凡世。

旅夜书怀

杜 甫

细草微风岸,危樯独夜舟①。
星垂平野阔,月涌大江流。
名岂文章著②,官应老病休。
飘飘何所似?天地一沙鸥。

【译文】 微风吹拂着江岸边茂盛的细草,高高的桅杆孤独地伸向缥缈的夜空。点点繁星浮悬在无边无际的旷野上;皎洁的月光伴随着江水奔流。我声名的显著,难道仅仅是靠写诗献赋吗?官职的罢退,本来就因为自己年老体病。如今到处漂泊,像个什么呢?不正像那在茫茫江面上漂游不定的一只孤零零的白鸥吗?

【注释】 ①危樯:船上高竖的桅杆。②著:扬名、显赫。

登岳阳楼

杜甫

昔闻洞庭水,今上岳阳楼①。
吴楚东南坼②,乾坤日夜浮。
亲朋无一字,老病有孤舟。
戎马关山北,凭轩③涕泗流。

【译文】 早就听说过洞庭水的风光壮丽,如今有幸登上了岳阳楼。广阔无边的洞庭湖水,把吴地和楚地分割成两边,整个天地都仿佛飘浮在湖上一般。我漂泊到这里,亲朋音讯全无;年纪也老了,身体又多病,日夜相伴的只有一叶孤舟。重重关山北面,战火还在继续,我凭栏北望,不禁涕泪涟涟。

【注释】 ①岳阳楼:在今湖南岳阳,可俯瞰洞庭湖,与黄鹤楼、滕王阁并称三大名楼。②吴:吴国,在今江苏。楚:楚国,在今湖南湖北。坼(chè):分开。③轩:有窗的长廊。

江南旅情

祖咏

楚山不可极①,归路但萧条。
海色晴看雨,江声夜听潮。
剑留南斗近,书寄北风遥。
为报空潭橘②,无媒寄洛桥。

【译文】 楚山连绵不断,归路崎岖漫长,萧瑟荒凉。每日清晨,只见烟雾朦朦,朝阳昏暗;夜晚听江涛滚滚,奔腾不息。我佩剑飘零流落江南,家书难寄,关山迢迢。如今江南的桔子空熟于桔洲,有谁能够帮我寄送给洛阳的亲人呢?

【注释】 ①极:穷尽。②空潭橘:空潭是地名,以产橘著名。

宿龙兴寺

綦毋潜

香刹夜忘归,松清古殿扉。
灯明方丈室,珠系比丘衣①。
白日传心净,青莲喻法微②。
天花落不尽③,处处鸟衔飞。

【作者简介】 綦毋潜,唐朝荆南人,开元年间进士。

【译文】 我乘兴游览龙兴寺,天黑忘了归去;古殿门外的青松翠柏,在阵阵清风的吹动下,拂打着古殿门窗,瑟瑟作响。禅堂里灯光明亮,僧侣们身披袈裟,胸挂念珠,正在夜诵经文。他们传授佛经,心地纯洁;他们讲习教义,思想虔诚,像莲花一样明静。他们的诚意,感动了天女,天女散花纷纷坠落,飞来许多仙鸟,把落花衔去不同的远方。

【注释】 ①比丘:和尚。②微:精微奥妙。③天花:用天女散花的典故,天女向诸菩萨散花,撒在身上,纷纷落在地上,撒在大弟子身上,却沾在身上不掉下来。

破山寺后禅院

常　建

清晨入古寺,初日照高林。
曲径通幽处,禅房花木深。
山光悦鸟性,潭影空人心。
万籁此俱寂①,惟闻钟磬音②。

【作者简介】 常建,唐朝开元年间进士。

【译文】 清晨,我来到古寺;旭日初升,照着高高的丛林。穿过寺中曲折的竹林小路,走到寂静幽深的地方,原来禅房就在这花草树木的深处。青山向着欢歌跳跃的鸟儿露出了喜悦;清潭映着心净如水的人们饱含着深情。这一切都沉寂无声,只有悠长的钟声在山林间回荡。

【注释】 ①万籁:自然界的声音。②磬(qìng):佛教的打击乐器,形状像钵,用铜制成。

题松汀驿

张　祜

山色远含空,苍茫泽国东。
海明先见日,江白迥闻风①。
鸟道高原去②,人烟小径通。
那知旧遗逸③,不在五湖中④。

【作者简介】 张祜,晚唐清河人,

诗有唯美倾向。

【译文】 山色连结着碧空,水乡泽国处处烟波浩淼,一片迷茫。海上天明,这儿最早见到朝阳,江涛滚滚,远远便觉得风声凄切。山岭崎岖只有飞鸟才能通过,村落小路人烟杂落在曲径之中。那位被朝廷闲置不用的人,却不在五湖中。

【注释】 ①迥:远。②鸟道:极其狭小的道路。③遗逸:指隐士。④五湖:春秋时范蠡曾隐居五湖,后人把隐居之地叫作五湖。

圣果寺①

释处默

路自中峰上,盘回出薜萝②。
到江吴地尽,隔岸越山多。
古木丛青霭,遥天浸白波。
下方城郭近,钟磬杂笙歌。

【作者简介】 释处默,唐朝一名和尚,处默是法号,释是姓,即和尚之意,其生平不详。

【译文】 去圣果寺要从凤凰山的中峰向上,一路上羊肠小道盘旋曲折。凤凰山就在钱塘江边,延伸到了吴地的尽头;江那边的越地,山峦起伏,绵延不断。满山丛生的参天古树中云气袅袅,那遥远的天边,江水一望无际,与万顷碧波相接。山下离城市很近的地方,被密密麻麻的住宅所环绕,耳边不时传来寺院的钟

声和湖上的歌声。

【注释】 ①圣果寺:寺庙名,在今杭州。②薜萝:植物名,为常绿蔓生灌木。

送别崔著作东征

陈子昂

金天方肃杀①,白露②始专征。
王师非乐战,之子慎佳兵③。
海气侵南部,边风扫北平。
莫卖庐龙塞④,归邀麟阁名⑤。

【译文】 在秋风萧瑟的季节,白露初降,正是用兵的好时候。朝廷出兵并不是好战,崔融你不要让军队乱杀人。边塞的尘雾向南方侵袭,我军如秋风扫落叶一般,荡平了北疆边镇。莫要让边塞被人出卖,回来时反而得到麒麟阁上的美名。

【注释】 ①金天:秋天。②白露:节气名。③之子:指崔著作,即崔融。佳兵:好杀之兵,老子有言道佳兵者不祥。④莫卖庐龙塞:此处用典。庐龙,地名,三国时田畴指路庐龙,使曹操征乌丸获胜。此处作者劝朋友不要贪求虚名,无功受赏。⑤麟阁:汉朝绘功臣像于麒麟阁。

携妓纳凉晚际遇雨

杜甫

落日放船好,轻风生浪迟①。
竹深留客处,荷净纳凉时。
公子调冰水,佳人雪藕丝②。
片云头上黑,应是雨催诗。

【译文】 夕阳西下时,公子们带着歌女,在轻风微浪中,泛舟游览。在绿竹成阴的水边,正是游客设宴的好地方;那明净淡雅的荷花,透出阵阵清新的凉意。少年公子殷勤地调配解暑的冰水,美貌歌女细致地洗好藕丝。突然,黑云压顶,大雨将至,瞬息的变化倒让我生出诗兴。

【注释】 ①迟:缓慢。②雪:洗。

秋登宣城谢朓北楼①

李白

江城如画里,山晓望晴空。
两水夹明镜,双桥落彩虹。
人烟寒橘柚,秋色老梧桐。
谁念北楼上,临风怀谢公。

【译文】 江城宛如在一帧美丽的图画中,我登楼眺望山间的美景。画中有明亮如镜的两条清溪,壮观如彩虹的双桥;晚空飘浮的炊烟,累累压枝的桔袖,梧桐与秋风共醉。谁能理解北楼上的我,正在迎着风怀念谢朓。

【注释】 ①谢朓:南齐时人,曾任宣城内史,建谢朓楼。诗中谢公即谢朓。

104

临洞庭

孟浩然

八月湖水平,涵虚混太清①。
气蒸云梦泽②,波撼岳阳城。
欲济无舟楫③,端居耻圣明④。
坐观垂钓者,徒有羡鱼情。

【译文】 仲秋八月,湖水空明澄碧,天水一色,浑然一体。无边无际的水气,蒸腾不息,波涛起伏,几乎将岳阳城撼动。我想渡过湖去,却没有船只,闲居无事,实在有负于圣明的朝廷。坐着观看垂钓的人,也只有白白地羡慕罢了。

【注释】 ①太清:天空。②云梦泽:湖北境内大湖,今已消失。③济:渡河。④端居耻圣明:安安稳稳地呆在湖边,觉得辜负了这个圣明时代。

过香积寺

王 维

不知香积寺,数里入云峰。
古木无人径,深山何处钟?
泉声咽危石,日色冷青松。
薄暮空潭曲,安禅制毒龙①。

【译文】 不知香积寺在哪里,但还是要去寻访,行了数里,进到了云雾缭绕的山峰。参天的古树丛林中没有道路,深山中哪里传来钟声?山泉在嶙峋的岩石间穿行,发出幽咽的声音;青翠的松林在月色下,发着清幽幽的光。黄昏来临,空旷的潭边显得更加寂寥,这正是安心守禅、排除红尘俗念的好地方。

【注释】 ①安禅:佛家语,静坐入定。毒龙:比喻欲念、妄想。

送郑侍御谪闽中

高 适

谪去君无恨①,闽中我旧过。
大都秋雁少②,只是夜猿多。
东路云山合,南天瘴疠和③。
自当逢雨露,行矣慎风波④。

【译文】 你被贬到边远的闽中,不必有太多的怨恨,那个地方我曾经去过。闽中天气炎热,大致很少见到秋雁,但是夜里却常有许多猿猴啼叫。你东去的路上,崇山峻岭,云雾缭绕;南方的瘴气很重,常使人生病。你不久就会得到皇帝的恩惠,重返京都。希望你路途小心,多多保重。

【注释】 ①谪:贬官放逐。②大都:大致、大略。③瘴疠:南方森林里蒸发出的毒气。④行矣慎风波:一路小心谨慎,不要惹出风波。

秦州杂诗

杜 甫

凤林戈未息①,鱼海路常难②。
候火云峰峻③,悬军幕井干④。
风连西极动,月过北庭寒。
故老思飞将⑤,何时议筑坛⑥?

【译文】 凤林鱼海，战火未熄，干戈未休，道路险难。烽火台上报警的烟火弥漫天空，深入敌军的战士由于水井枯竭，陷入困境。战场的夜晚，朔风怒吼，连天空的星斗也被吹动；明月经过边塞，带来刺骨的寒意。我殷切地思念着"飞将军"李广那样的人才，早日破敌，赢得这场战争的胜利。

【注释】 ①凤林：凤林关。戈：指战事。②鱼海：地名，唐时为吐蕃领土。③候火：烽火。④悬军：孤军。⑤故老：故老思飞将。飞将：汉朝名将李广，屡败匈奴。⑥筑坛：拜将时要先筑坛，在坛上举行仪式，此处指拜将。

禹 庙

杜 甫

禹庙空山里①，秋风落日斜。
荒庭垂橘柚，古屋画龙蛇。
云气生虚壁，江声走白沙。
早知乘四载②，疏凿控三巴③。

【译文】 禹庙座落在寂静的山中，夕阳伴着秋风向西斜。荒草丛生的庭院里，还有前人种的橘柚，硕果垂枝；古屋的壁上依稀可见彩色的龙飞蛇舞。云雾团团，在岩石上升起；江涛澎湃，夹着滚滚泥沙。大禹啊，我早就听说您乘着四种交通工具，凿三峡控三巴疏导洪水的英雄事迹。

【注释】 ①禹庙：夏禹的庙，古时洪水泛滥，夏禹用疏导之法治好了洪水。②四载：四种交通工具，即水行之舟、陆行之车、山行之樏、泥行之辎。③三巴：今四川巴东一带。

望秦川

李 颀

秦川朝望迥①，日出正东峰。
远近山河净，逶迤城阙重②。
秋声万户竹，寒色五陵松。
有客归欤叹，凄其霜露浓。

【作者简介】 李颀，唐朝四川东川人，开元年间进士，盛唐边寒诗人。

【译文】 早上，我远望着八百里秦川，朝阳正从东山徐徐升起。云开雾散，山山水水明净如画；蜿蜒排列的城阙重重叠叠。万家竹丛在秋风中低号，五陵的古松寒气森森。他乡的游子啊，只有回去了，这里只有凄凉秋意了。

【注释】 ①迥：遥远。②重：重叠。

同王徵君洞庭有怀

张 谓

八月洞庭秋，潇湘水北流①。
还家万里梦，为客五更愁。
不用开书帙②，偏宜上酒楼。
故人京洛满，何日复同游？

【作者简介】　张谓,河南人,唐朝天宝年间进士。

【译文】　八月的洞庭湖秋色正深,潇湘水缓缓地向北流去。离家万里,我只能在梦中见到亲人；漂泊江湖,时常在五更时醒来,更添乡愁。人在愁时,没有心思打开书读,只适合登上酒楼开怀畅饮。我的朋友在长安和洛阳处处都是,不知何日再在一起游玩。

【注释】　①潇湘:即潇水、湘水。②帙:装书的函。

渡扬子江

丁仙之

桂楫中流望①,空波两畔明。
林开扬子驿,山出润州城。
海尽边阴静,江寒朔吹生②。
更闻枫叶下,淅沥度秋声。

【作者简介】　丁仙之,唐朝曲阿人,开元年间进士。

【译文】　我站在船上,四处眺望,只见空波明净的秀丽景色。北边茂密的树丛中,扬子驿时晓时现;南边起伏的连山里,环抱着润州古城。江的入海处宽阔无边,北风吹来,顿觉寒气逼人。船近江南,只听得秋风吹落了片片枫叶,发出淅沥的声音。

【注释】　①桂楫:桂木做的桨。②朔吹:即北风。

幽州夜饮

张　说

凉风吹夜雨,萧瑟动寒林。
正有高堂宴,能忘迟暮心①?
军中宜剑舞,塞上重笳音②。
不作边城将,谁知恩遇深?

【译文】　深秋的夜晚,风雨交加,树木萧瑟,笼罩在寒气中。在宽敞的大厅里,设有丰盛的筵席,欢声笑语,使人暂时忘却年已迟暮。边关的大帐里,只宜舞剑;边塞上的笳声,更是动人心魄。如果不做守边的将领,谁又能领会皇帝的知遇之恩呢?

【注释】　①迟暮:形容晚年。②笳:胡人的一种乐器。

七言绝句

春日偶成

程 颢

云淡风轻近午天①,傍花随柳过前川②。
时人不识余心乐,将谓偷闲学少年。

【作者简介】 程颢,洛阳人,宋代大儒,著名理学家。

【译文】 中午时分,云淡风轻,我走过花丛,顺着柳树,来到小河边。别人不了解我心里的快乐,以为我在学那些年少的孩子,偷跑出来玩。

【注释】 ①午天:正午。②川:河。

春 日

朱 熹

胜日寻芳泗水滨①,无边光景一时新。
等闲识得东风面②,万紫千红总是春。

【作者简介】 朱熹,南宋婺源人,著名理学家,后人称之"朱子"。

【译文】 我在春光明媚的日子来泗水边踏青,水边无限风景焕然一新。当我觉得东风拂面的时候,那些万紫千红的春色,正是东风的身影啊!

【注释】 ①胜日:天气晴朗的日子。寻芳:踏青赏花。②等闲识得东风面:当我觉得东风拂面的时候。

春 宵

苏 轼

春宵一刻值千金①,花有清香月有阴。
歌管楼台声细细,秋千院落夜沉沉。

【作者简介】 苏轼,字子瞻,号东坡居士,四川眉州人。北宋嘉祐年间进士,为唐宋文学八大家之一。其词、诗、散文中豪迈的气象、丰富的思想内容、独特的艺术风格,代表了北宋文学的最高成就。有《苏东七集》《东坡乐府》等传世。

【译文】 春夜的时光就像金子一样珍贵,皎洁的月光柔和地洒向大地,花儿也散发出清香。远处的楼台传来隐约的歌声,挂着秋千的院子是如此安静。

【注释】 ①春宵:春夜。

城东早春

杨巨源

诗家清景在新春①,绿柳才黄半未匀。
若待上林花似锦②,出门俱是看花人。

【作者简介】 杨巨源,唐朝河中人,贞元年间进士。

好的,杨柳那时刚刚吐出嫩芽,颜色不匀。如果等到上林苑繁花似锦时,一出门碰见的都是赏花的人了。

春 夜

王安石

金炉香尽漏声残①,剪剪轻风阵阵寒②。
春色恼人眠不得,月移花影上栏杆。

【作者简介】 王安石,字介甫,北宋临川人,唐宋八大家之一,官至宰相,曾主持变法。

【译文】 金炉里的香已经燃尽,漏壶的滴水声也渐渐微弱。料峭的春风吹来,不禁感到丝丝寒意。这恼人的春色已经让人不能入睡,月光还要把花儿的影子移到栏杆上。

【注释】 ①漏:更漏,古代计时器。②剪剪:形容寒风吹拂。

初春小雨

韩 愈

天街小雨润如酥①,草色遥看近却无。
最是一年春好处,绝胜烟柳满皇都②。

【作者简介】 韩愈,字退之,唐朝昌黎人,贞元年间进士,为唐宋文学八大家之一,曾提倡古文运动。

【译文】 天上飘着蒙蒙的雨丝,就像酥油一样润滑,远远看去,满地的青草,走近一看却又不见了颜色,只是些嫩芽。这是一年中春光最好的时候,远远超过烟雨蒙蒙、处处绿柳的京城。

【注释】 ①天街:京城里的街道。②绝胜烟柳满皇都:远远超过烟雨蒙蒙、处处绿柳的京城。

元 日

王安石

爆竹声中一岁除①,春风送暖入屠苏②。
千门万户瞳瞳日,总把新桃换旧符③。

【译文】 在隆隆的爆竹声中,旧的一年过去了,大家沐着温暖的春风,喝着屠苏酒。初升的太阳照着千家万户的门前,大家都把旧桃符取下,换上了新桃符。

【注释】 ①除:过去。②屠苏:酒名。传说元旦饮屠苏酒可避疫。入:喝。③桃、符:古人用桃木在门上刻符驱鬼。

立春偶成

张 栻

律回岁晚冰霜少①,春到人间草木知。
便觉眼前生意满②,东风吹水绿参差③。

【作者简介】 张栻,宋朝广汉人,理学家。

【译文】 年岁将近,冰雪渐渐融化,春天来到人间,草木吐出嫩叶。出门一看,觉得到处都生机勃勃,湖面上春风吹起阵阵涟漪,还泛着绿光呢!

【注释】 ①律:即律吕,古代测定气候的仪器。律与吕轮流使用,故有律回之说。岁晚:年终。②生意:生机。③参差:高低不平。

打毯图

晁说之

闾阖千门万户开①,三郎沉醉打球回②。九龄已老韩休死③,无复明朝谏疏来④

【作者简介】 晁说之,济州巨野人,宋神宗年间进士。

【译文】 千重宫门打开了,唐明皇打完球带醉而归。可惜张九龄老了,韩休也死了,明天早朝也没有正直的大臣给您提意见了。

【注释】 ①闾阖 (chāng hé):指宫门。②三郎:唐明皇李隆基排行第三,自称李三郎。③九龄、韩休:两人都做过唐明皇的宰相。④明朝:明天早朝。

清平调词①

李白

云想衣裳花想容,春风拂槛露华浓。若非群玉山头见,会向瑶台月下逢。

【译文】 看到云彩,想到她的衣裳,看到鲜花,想到她的容颜,春风拂槛,露珠掩映时,她的华贵气质更加浓郁。如果在群玉山的仙境见不到她,那就只有在瑶台的月光下与她相逢。

【注释】 ①此诗写杨贵妃之美。

江南春

杜牧

千里莺啼绿映红,水村山郭酒旗风①。南朝四百八十寺②,多少楼台烟雨中?

【译文】 辽阔的江南,黄莺啼唱,柳树泛绿,万紫千红,在水乡山城,酒家招揽客人的挂旗迎风飘扬。那雄伟的南朝古寺,大多笼罩在迷蒙的江南烟雨中。

【注释】 ①酒旗风:酒店门口挂的旗迎风招展。②南朝:指宋、齐、梁、陈四朝,南朝帝王多信佛,修过许多寺庙。

上高侍郎

高蟾

天上碧桃和露种,日边红杏倚云栽。芙蓉生在秋江上,不向风江怨未开①。

【作者简介】 高蟾,唐朝河朔人。

【译文】 天上的碧桃沾了仙露而种下,红杏靠着灿烂的云霞开放。生在秋江边上的荷花,并不抱怨东风使它不能及时开花。

【注释】 ①不向风江怨未开:不抱怨东风使它不能及时开花。

绝　句

僧志安

古木阴中系短篷①,杖藜扶我过桥东②。
沾衣欲湿杏花雨,吹面不寒杨柳风。

【作者简介】　僧志安,僧是和尚、志安是法号,唐朝人。

【译文】　我把小船系在荫凉的古树下,就拄着拐杖去桥那边。天空飘起蒙蒙细雨,带着杏花的香味,衣服将湿未湿;迎面吹来的东风,并不感到寒意。

【注释】　①短篷:小船。②杖藜:藜藤做的手杖。

游园不值

叶绍翁

应怜屐齿印苍苔①,小扣柴扉久不开。
春色满园关不住,一枝红杏出墙来。

【作者简介】　叶绍翁,宋代江湖诗派诗人。

【译文】　也许怕那碧绿的青苔被木屐踩坏,我敲了很久的柴门都没有人来开。满庭院的春色是关不住的,瞧,墙头那支娇艳的红杏正探出墙外。

【注释】　①屐齿:木屐上的钉。

客中行

李白

兰陵美酒郁金香①,玉碗盛来琥珀光。
但使主人能醉客,不知何处是故乡?

【译文】　兰陵的美酒芳香馥郁,盛在玲珑的玉杯里,闪着琥珀的光芒。只要主人用这样的情意让我沉醉,我就不知道故乡在哪里了。

【注释】　①兰陵:地名,在今山东。郁金香:有郁金的香气。郁金,香草名。

题　屏

刘季孙

呢喃燕子语梁间,底事来惊梦里闲①。
说与旁人浑不解②,杖藜携酒看芝山。

【作者简介】　刘季孙,宋朝开封人。

【译文】　燕子在屋梁上呢喃细语,不知为何要吵醒我的梦境。把这件事说给别人听,没有人会理解,还是拄着拐杖带上酒去芝山游览吧!

【注释】　①底事:何事。②浑:完全。

漫　兴

杜甫

肠断春江欲尽头①,杖藜徐步立芳洲。
颠狂柳絮随风舞,轻薄桃花逐水流。

【译文】　我拄着拐杖站在小洲上,看到大江东去,隐没在天的尽头,春天将逝,让人伤心。癫狂的柳絮,随风飞舞,轻薄的桃红,随波逐流。

【注释】 ①肠断：心里极其悲伤难过。

庆全庵桃花

谢枋得

寻得桃源好避秦①,桃红又是一年春。
花飞莫遣随流水,怕有鱼郎来问津②。

【作者简介】 谢枋得,宋朝弋阳人,宋亡后绝食而死。

【译文】 寻找到一片桃源,就避开世事,不问年岁;见到桃花开放才发现新的一年又来了。现在,千万不要因为桃花随水流去泄露秘密,以免鱼郎来问路,打扰自己的平静。

【注释】 ①桃源：此处用陶渊明《桃花源记》之典。桃源是地名,陶渊明把它描绘成人间仙境。②问津:问路。

玄都观桃花

刘禹锡

紫陌红尘拂面来①,无人不道看花回。
玄都观里桃千树②,尽是刘郎去后栽③。

【译文】 宝马香车,迎面过来,没有人不说他们是看完桃花回来。玄都观里的千万棵桃树,都是我离开后别人栽种的。

【注释】 ①紫陌:京城里的道路。②玄都观:道观。③刘郎:作者自指。

滁州西涧

韦应物

独怜幽草涧边生①,上有黄鹂深树鸣。
春潮带雨晚来急,野渡无人舟自横。

【译文】 山涧边幽草丛生,茂密的树上黄鹂在啼叫。春潮晚涨,春雨晚来,而野外的渡口,只有一只小船悠闲地浮在水面。

【注释】 ①怜:喜欢。

花 影

苏 轼

重重叠叠上瑶台,几度呼童扫不开①。
刚被太阳收拾去,却教明月送将来。

【译文】 花影重叠映上华丽的楼台,几次让侍童把它扫开,但都扫不开。傍晚时候,太阳落山,花影消失,但是明月上升,它又出现了。

【注释】 ①几度:几次。

北 山

王安石

北山输绿涨横波①,直堑回塘滟滟时②。
细数落花因坐久,缓寻芳草得归迟。

【译文】 北山芳草萋萋,泉水潺潺,流进池塘,在灿烂的阳光照耀下,闪闪发光。数着落花，不知不觉时间已久，但还是流连芳草间，迟迟不想回家。

【注释】 ①北山：指钟山。②直堑回塘：钟山的两个景点。滟滟：水光晶莹清澈。

湖 上①

徐元杰

花开红树乱莺啼，草长平湖白鹭飞。
风日晴和人意好，夕阳箫鼓几船归。

【作者简介】 徐元杰，宋朝信州人。

【译文】 红花开满枝头，黄莺叫声一片，绿草长得茂盛，湖上白鹭翻飞。风和日丽，心情舒畅，太阳西下，吹箫锤鼓，尽兴而归。

【注释】 ①湖上：此诗写西湖之景。

莺 梭

刘克庄

掷柳迁乔太有情①，交交时作弄机声②
洛阳三月花如锦，多少工夫织得成？

【作者简介】 刘克庄，福建莆田人，南宋著名辛派词人。

【译文】 黄莺离开翠绿的柳树跳跃到乔木上去，发出交交的声音，就像梭子在织布机上穿梭发出的声音。三月时节，洛阳繁花似锦，这样壮观的锦缎，不知道费了多少功夫才织出来。

【注释】 ①掷柳迁乔：离开柳树到乔木上去。②交交：黄莺鸣叫声。

暮春即事

叶 采

双双瓦雀行书案①，点点杨花入砚池。
闲坐小窗读周易，不知春去几多时？

【作者简介】 叶采，宋朝邵武人。

【译文】 成双成对的鸟雀在屋顶活动，阳光把它们的身影印在书桌上；点点的扬花飘进窗内，落进砚池。闲来就一直坐在窗下读易经，这才发现春天快要过去。

【注释】 ①瓦雀：瓦缝中筑巢的麻雀。

登 山

李 涉

终日昏昏醉梦间，忽闻春尽强登山。
因过竹院逢僧话，又得浮生半日闲①。

【作者简介】 李涉，唐朝洛阳人。

【译文】 我每天都昏昏沉沉，无所事事，突然听说春天要过去了，于是打起精神去登山。途中经过竹院，遇到一个和尚，与他闲聊一番，漂浮的人生又这样过了半天。

【注释】 ①浮生：虚浮的人世。

蚕妇吟

谢枋得

子规啼彻四更时①,起视蚕稠怕叶稀。
不信楼头杨柳月,玉人歌舞未曾归。

【译文】 杜鹃在四更的时候开始啼叫,养蚕的妇人赶紧起来察看蚕儿,给它们添桑叶。窗外月上柳梢,天就要亮了,但是远处歌舞未完,歌女们还没有回家。

【注释】 ①子规:即杜鹃鸟。

晚 春

韩愈

草木知春不久归,百般红紫斗芳菲①。
扬花榆荚无才思,惟解漫天作雪飞②。

【译文】 花草树木知道春天不久就要离开,因此姹紫嫣红竞相争艳。扬花和榆荚没有什么本领,只能像飞雪一样漫天飞舞。

【注释】 ①斗芳菲:争芳斗艳。②惟解:只知。

伤 春

杨万里

准拟今春乐事浓①,依然枉却一东风②。
年年不带看花眼,不是愁中即病中。

【作者简介】 杨万里,字廷秀,号诚斋,宋朝江西吉水人,绍兴二十四年进士。著有《诚斋集》。

【译文】 原以为今年春天一定有许多快乐的事情,但是还是辜负了东风的好意。每年花开的时候,都没有眼福,不是愁闷就是生病。

【注释】 ①准拟:满以为。②枉却:辜负。

送 春

王逢原

三月残花落更开,小檐日日燕飞来。
子规夜半犹啼血①,不信东风唤不回!

【作者简介】 王逢原,北宋扬州人,少有奇才,著有《广陵先生文集》。

【译文】 暮春三月,百花凋零,可是还有几朵凋谢的花重新盛开;低矮的房屋下,燕子每天飞来飞去,留恋春光。夜已深,只有杜鹃还在啼叫,已经啼出血来,它不相信春天唤不回来。

【注释】 ①子规:杜鹃鸟。

客中初夏

司马光

四月清和雨乍晴,南山当户转分明。
更无柳絮因风起①,惟有葵花向日倾。

【作者简介】 司马光,字君实,宋哲宗时任宰相,著有《资治通鉴》。

【译文】 四月时分，天气清新，雨后初晴，南山由迷蒙变得清丽。已经没有随风飘起的柳絮，只有葵花向着太阳欢喜生长。

【注释】 ①更无：已没有。

有 约

赵师秀

黄梅时节家家雨①，青草池塘处处蛙。
有约不来过夜半，闲敲棋子落灯花。

【作者简介】 赵师秀，南宋诗人，永嘉四灵之一。

【译文】 黄梅时节到处都是雨水，长满青草的池塘到处都是蛙声。和朋友有约，但到了半夜，他还没有来，实在无聊，只得敲着棋子，看灯花结了又落，落了又结。

【注释】 ①黄梅时节：梅雨季节。

初夏睡起

杨万里

梅子流酸溅齿牙①，芭蕉分绿上窗纱。
日长睡起无情思，闲看儿童捉柳花。

【译文】 吃了几颗梅子，流出的酸汁溅在牙齿上；芭蕉影子投在纱窗上，就像分了些绿给纱窗。刚刚睡醒有些无聊，只得坐下来看儿童捕捉柳絮。

【注释】 ①梅子流酸溅齿牙：吃了几颗梅子，流出的酸汁溅在牙齿上。

三衢道中

曾 几

梅子黄时日日情①，小溪泛尽却山行②。
绿阴不减来时路，添得黄鹂四五声。

【作者简介】 曾几，宋朝赣州人，有《茶山集》。

【译文】 梅雨时节却天天晴朗，于是泛舟小溪，一直来到小溪尽头，又改走山路。山中的风景比起来时看到的，并不减半分，反而多了几声黄鹂的叫声，增添了新的乐趣。

【注释】 ①情：同晴，晴朗。②泛：泛舟。

即 景

朱淑贞

竹摇清影罩幽窗，两两时禽噪夕阳。
谢却海棠飞尽絮①，困人天气日初长。

【译文】 随风摇动的竹子清幽的影子，映在幽静的窗户上；夕阳西下，成双的鸟儿叫着飞回巢穴。海棠开尽，柳絮飞完，让人困倦的天气一天天变长。

【注释】 ①谢却：凋谢。

村居即事

范成大

绿遍山原白满川，子规声里雨如烟。
乡村四月闲人少，才了蚕桑又插田①。

【译文】 春风吹绿了田野，沟壑涨满了白水，杜鹃声声叫唤，蒙蒙细雨如烟。乡村的四月时节，人人都在忙碌，刚刚做完蚕桑的事，又开始下田插秧。

【注释】 ①了：了结。

书湖阴先生壁

王安石

茅檐常扫净无苔，花木成畦手自栽①。
一水护田将绿绕，两山排闼送青来②。

【译文】 茅屋下因为经常打扫，所以连青苔都没有；园里的花木成行，是主人亲自栽种的。一条碧绿的小溪围绕着稻田，两边的青山推开院门，把翠绿送了进来。

【注释】 ①畦：小路。②两山排闼送青来：两座山像推开的两扇门一样，把青葱的山色送过来。闼(tà)：门。

乌衣巷

刘禹锡

朱雀桥边野草花，乌衣巷口夕阳斜。
旧时王谢堂前燕①，飞入寻常百姓家。

【译文】 朱雀桥边杂草丛生，野花点点；乌衣巷口，夕阳正斜。曾经只飞往王公贵族家的燕子，如今也飞入寻常百姓家了。

【注释】 ①王谢：指晋朝宰相王导、谢安。其府第在朱雀桥边、乌衣巷内。

送元二使安西

王维

渭城朝雨浥轻尘①，客舍青青柳色新。
劝君更进一杯酒②，西出阳关无故人③。

【译文】 渭城的早上，下着如丝的春雨；客舍周围的柳树，郁郁葱葱。朋友啊，希望你再喝一杯酒，向西出了阳关后，就没有老朋友了。

【注释】 ①浥：滋润、洒湿。②更：再。③阳关：在今甘肃敦煌，是古代进入西域的关口。

黄鹤楼闻笛

李白

一为迁客去长沙①，西望长安不见家。
黄鹤楼中吹玉笛，江城五月落梅花②。

【译文】 一旦成了被贬的人到了长沙，向西望长安就看不到自己的家了。在黄鹤楼上听到有人吹笛子，仿佛看到五月的江夏飘落着梅花。

【注释】 ①迁客：被贬官而去远方的人。②江城：指古时江夏县。落梅花：曲名。

江楼有感

赵嘏

独上江楼思悄然,月光如水水如天。
同来玩月人何在^①?风景依稀似去年。

【作者简介】 赵嘏,唐朝山阳人。

【译文】 独自登上江楼,感到有些惆怅无聊;皓月当空,江水波光粼粼,水天一色。一起来赏月的人如今都在哪里?只有风景依稀和去年一样。

【注释】 ①玩月:赏月。

题临安邸

林升

山外青山楼外楼,西湖歌舞几时休?
暖风熏得游人醉,直把杭州作汴州^①。

【作者简介】 林升,南宋诗人,浙江平阳人。

【译文】 青山连绵,楼阁相接;西湖边的歌舞什么时候才能停止?那些无所事事出来游玩的贵族子弟,被暖洋洋的风熏得像喝醉了酒一样,他们简直把杭州当成了当年繁华的汴州城了。

【注释】 ①杭州:南宋都城。汴州:北宋都城。末句讽刺南宋当局不知亡国之恨,依旧奢靡腐化,沉溺歌舞。

晓出净慈寺送林子方^①

杨万里

毕竟西湖六月中,风光不与四时同。
接天莲叶无穷碧,映日荷花别样红。

【译文】 毕竟是六月的西湖,风光与其他时节是不一样的。延伸到天边与天相接的荷叶,泛着无尽的绿色;在阳光的照耀下,荷花也格外美丽鲜红。

【注释】 ①本诗写西湖夏景,后两句为描绘荷花之名句。

饮湖上初晴后雨

苏轼

水光潋滟晴方好^①,山色空濛雨亦奇。
欲把西湖比西子^②,淡妆浓抹总相宜。

【译文】 晴天的西湖,水面波光粼粼,云影荡漾;下雨的西湖,山色迷蒙,云雾聚散不定。想要把西湖比作美女西施,不管是淡妆还是浓抹都是合适的。

【注释】 ①潋滟(liàn yàn):形容水波荡漾。②西子:即西施,古代四大美女之一。

观书有感

朱熹

半亩方塘一鉴开^①,天光云影共徘徊。
问渠哪得清如许^②?为有源头活水来。

【译文】 小小的池塘像镜子一样澄澈透明，天光云影在水中照映；问水怎么会如此清澈，原来是水的本源长流不竭。

【注释】 ①一鉴开：像一面镜子一样展开。②渠：代名词，它。

冷泉亭

林　稹

一泓清可沁诗脾①，冷暖年来只自知。流出西湖载歌舞，回头不似在山时。

【作者简介】 林稹，南宋诗人。

【译文】 冷泉藏在山中，清澈得像镜子一样，可以鉴人，年复一年，只有自己知道冷暖。一旦流到物欲横流的浊世，想再回头就不是以前的状态了。

【注释】 ①泓：水清而深的样子。

赠刘景文

苏　轼

荷尽已无擎雨盖①，菊残犹有傲霜枝②。一年好景君须记，最是橙黄橘绿时。

【译文】 塘中荷花开尽，荷叶枯萎，已经没有挡雨的伞盖；菊花开败了，还有傲对风霜的枝干。朋友，一定要记住，一年最美的时刻，正是橙子黄了、橘子绿了的时节。

【注释】 ①擎：撑、持。②傲：抵抗。

枫桥夜泊

张　继

月落乌啼霜满天，江枫渔火对愁眠①。姑苏城外寒山寺②，夜半钟声到客船。

【作者简介】 张继，唐朝襄州人，天宝年间进士。

【译文】 月亮落下，乌鸦长啼，寒霜满天，我对着江畔凋零的枫叶、点点渔火忧愁得难以入睡。半夜十分，从姑苏城外的寒山寺传出的钟声传到了船上。

【注释】 ①渔火：渔船上的灯火。对愁眠：与愁共眠。②姑苏：即今苏州。

寒　夜

杜小山

寒夜客来茶当酒，竹炉汤沸火初红。寻常一样窗前月，才有梅花便不同。

【作者简介】 杜小山，宋朝人，生平不详。

【译文】 寒冷的夜晚，客人来访，以茶代酒；炉火正旺，茶水沸腾。窗外的月色和平常一样，但是因为有了梅花就变得不同了。

霜　月

李商隐

初闻征雁已无蝉，百尺楼台水接天。青女素娥俱耐冷①，月中霜里斗婵娟②。

【译文】 刚听到飞雁的声音,就见不到蝉影了;楼高百尺,水天一色。青女和嫦娥都不惧风寒,在明月秋霜中争奇斗艳。

【注释】 ①青女:司霜女神。素娥:即月宫嫦娥。②婵娟:姿容美好。斗:比赛。

雪 梅——其一

卢梅坡

梅雪争春未肯降①,骚人阁笔费评章②。
梅须逊雪三分白③,雪却输梅一段香。

【作者简介】 卢梅坡,宋朝人,生平不详。

【译文】 梅花和白雪互相争春都不认输,我放下笔,思考着如何评判优劣。虽然梅花缺少白雪的几分洁白,但是白雪却缺少梅花的芳香。

【注释】 ①降:降服。②骚人:诗人。阁:同"搁"。③逊:差。

答钟弱翁

牧 童

草铺横野六七里,笛弄晚风三四声。
归来饱饭黄昏后,不脱蓑衣卧月明①。

【作者简介】 牧童,牧童为笔名,真实姓名不详。

【译文】 绿草横铺在宽阔的原野上,一个牧童斜坐牛背,迎着晚风悠闲地吹着笛子,正往回走。黄昏时候回到家里,牧童吃饱饭,蓑衣也不脱就仰卧在月明星空下,酣然入睡。

【注释】 ①蓑衣:用蓑草编制的一种雨具。

早朝大明宫

贾 至

银烛朝天紫陌长①，禁城春色晓苍苍。
千条弱柳垂青琐②，百啭流莺绕建章③。
剑佩声随玉墀步，衣冠身惹御炉香。
共沐恩波凤池上④，朝朝染翰侍君王⑤。

【作者简介】 贾至，唐朝洛阳人，官中书舍人。

【译文】 银白色的烛光照得皇城道路一派明亮，刚天亮的宫殿里，春意盎然。千万条刚刚抽出芽的嫩柳树点缀宫门内外，黄鹂唱着婉转的歌在建章宫周围飞来飞去。大臣们身着朝服，佩着宝剑，朝拜皇上，衣冠摆动时拂起御炉里的清香。大家共同蒙受皇上的恩泽，我愿意以文章终身侍候在皇帝身旁。

【注释】 ①紫陌：通往皇宫的道路。②青琐：宫门名。③建章：宫殿名。④凤池：即凤凰池，是中书省的别名。⑤翰：笔。

和贾舍人早朝大明宫之作

王 维

绛帻①鸡人报晓筹，尚衣②方进翠云裘。
九天阊阖③开宫殿，万国衣冠拜冕旒④。

日色方临仙掌⑤动，香烟欲傍衮龙⑥浮。
朝罢须裁五色诏，佩声归到凤池⑦头。

【译文】 天刚明时，宫中报晓的更人就开始大声报晓，掌管服饰的侍卫也刚把绣有翠云的皮袍献给皇帝。九重宫门打开，大臣和来自异域的使者进入大殿，向皇上朝拜。旭日东升，光芒照着大殿，掌扇摇动，香烟缥缈，瑞云围绕。退朝后，贾舍人匆匆赶回凤凰池，用五色纸为皇上起草诏书。

【注释】 ①绛帻：红头巾。鸡人：宫中报时辰的人。②尚衣：管理皇帝服装的官。③阊阖：宫殿正门。④冕旒：皇帝的帽子。⑤仙掌：指盛露盘。⑥衮龙：皇帝穿的龙袍。⑦凤池：指中书省。

和贾舍人早朝

岑 参

鸡鸣紫陌曙光寒，莺啭皇州①春色阑。
金阙晓钟开万户，玉阶仙仗拥千官。
花迎剑佩星初落，柳拂旌旗露未干。
独有凤凰池上客，阳春②一曲和皆难。

【译文】 雄鸡报晓，黄莺在清寒的曙光中婉转唱歌，京城里春色将尽。皇宫里的钟声催开了层层重门，宫殿前的台阶上站满了朝拜的文武百官。天空的残星已经隐去,花园里,大臣佩剑肃立,绿色的垂柳被旌旗轻拂,柳叶上的露珠还没有干。只有凤凰池上的贾舍人,才能写出让人难以应和的如阳春白雪一般的诗章。

【注释】 ①皇州:指京城。阑:消退。②阳春:古曲名,后指高雅的曲子。

上元应制

王　硅

雪消华月满仙台,万烛当楼宝扇①开。
双凤云中扶辇下,六鳌海上驾山来。
镐京②春酒沾周宴,汾水秋风陋汉才。
一曲升平人尽乐,君王又进紫霞杯。

【作者简介】　王硅,宋朝华阳人,官至宰相。

【译文】　残雪消融,月光照满宫中楼台,万盏华灯照着皇帝的到来。一对凤凰护着皇帝的辇车前行,就像六只海龟托着三座仙山飘然而来。就像当年周王大宴群臣,汉武帝在汾水边做的《秋风赋》也要略逊一筹。大家在安乐的治世音乐中共同欢乐,皇帝心情舒畅,又举起杯来祝酒。

【注释】　①宝扇:指皇帝的日月宫扇。②镐京:周武王建都之地,武王曾在此大宴群臣。

答丁元珍

欧阳修

春风疑不到天涯,二月山城未见花。
残雪压枝犹有橘,冻雷惊笋欲抽芽。
夜闻啼雁生乡思,病入新年感物华①。
曾是洛阳花下客,野芳虽晚不须嗟②。

【作者简介】　欧阳修,字永叔,江西庐陵人,号六一居士。北宋著名文学家和文坛领袖,唐宋八大家之一。

【译文】　我怀疑春天是否到了这里,都二月份了山城还没有开花。残雪积压的枝上竟然挂着橘子,雷声隐隐惊醒地下的竹笋想要发芽。晚上听到大雁飞回的声音生起了思念家乡的念头,多病的身躯又迎来新的一年。我们曾经都在洛阳赏花,看了多少名花异草,因此山城的春天虽然来得晚但是不必嗟叹。

【注释】　①物华:美丽的自然景色。②嗟:感叹。

插花吟

邵 雍

头上花枝照酒卮①,酒卮中有好花枝。
身经两世太平日②,眼见四朝全盛时③。
况复筋骸粗康健,那堪时节正芳菲。
酒涵花影红光留④,争忍花前不醉归。

【作者简介】 邵雍,字尧天,洛阳人,宋朝著名理学家。

【译文】 头上戴着花枝,兴致勃勃地饮酒,酒杯里倒映出花枝的美好影子。经历过六十年的太平日子,看到过四朝明君全盛时期。虽然年纪老了,但是身体还很健康,何况现在正是群芳争艳的大好时节。酒中映着花影,红光浮动,哪里有在花前不喝醉了而归的呢!

【注释】 ①酒卮(zhī):酒杯。②两世:古称30年为一世,两世为60年。③四朝:指真宗、仁宗、英宗、神宗四个时期。④涵:掩映。

寓 意

晏 殊

油壁香车不再逢①,峡云无迹任西东。
梨花院落溶溶月,柳絮池塘淡淡风。
几日寂寥伤酒后,一番萧索禁烟中②。
鱼书欲寄何由达③,水远山长处处同。

【作者简介】 晏殊,字同叔,江西临川人,官至仁宗朝宰相,爱好文学,喜荐人才。

【译文】 她乘坐的油壁香车不再相逢,她的行踪东南西北漂浮不定。开满梨花的院里月光如水,微风荡漾的池塘边柳絮翻飞。想借酒解愁,酒醒后却更加寂寞,寒食禁烟的情景,让人感到萧瑟。想寄书信却不知道向哪里传递,水远山高哪里都是一样。

【注释】 ①油壁香车:经过油漆的漂亮马车,诗中以此代指坐在车中的美人。②禁烟:即禁烟节,清明节前一天。③鱼书:即信件。

清 明

黄庭坚

佳节清明桃李笑,野田荒冢只生愁。
雷惊天地龙蛇蛰,雨足郊原草木柔。
人乞祭余骄妾妇①,士甘焚死不公侯②。
贤愚千载知谁是?满眼蓬蒿共一丘。

【译文】 清明佳节桃李竞相开放,荒郊野外的坟冢却让人生愁。春雷惊醒了蛰伏一冬的龙蛇,郊外原野上的草木喝着充足的雨水,抽出柔嫩的枝叶。齐人向别人乞讨祭品吃,还向妻妾吹嘘,而介子推却宁愿烧死也不做公侯。一个廉洁一个愚昧,他们的故事流传千年,但没有人去评判是非,放眼眼前杂草丛生,都成了一抔黄土。

【注释】 ①人乞祭余骄妾妇:《孟子》中一故事,齐国有一个人,常讨别人祭奠用的食品吃,回家还对妻妾吹牛。

②士甘焚死不公侯：春秋时介之推隐居山中，晋文公请他出来做官，他不肯，晋文公放火烧山逼他出来。介之推却甘愿被烧死。

清　明

高　翥

南北山头多墓田，清明祭扫各纷然。
纸灰飞作白蝴蝶，泪血染咸红杜鹃。
日落狐狸眠冢上，夜归儿女笑灯前。
人生有酒须当醉，一滴何曾到九泉①？

【作者简介】　高翥（zhù），宋朝人，一生隐居。

【译文】　南北的山上很多坟墓，清明节来扫墓的人也有很多。焚烧的纸钱纷纷扬扬如白蝴蝶在飞，扫墓的人悲恸哭泣犹如杜鹃泣血在坟头。夜幕降临，狐狸睡在坟冢上，扫完墓回到家里的儿女又开始笑谈。人生在世，有酒就不妨大醉，人死后，美酒哪里有一滴会流入黄泉。

【注释】　①九泉：相传人死后居住的地方，又叫黄泉。

效行即事

程　颢

芳原绿野恣行事①，春入遥山碧四围。
兴逐乱红穿柳巷②，困临流水坐苔矶③。
莫辞盏酒十分劝，只恐风花一片飞。
况是清明好天气，不妨游衍莫忘归④。

【译文】　行走在芳草萋萋的绿野上，浓浓的春色染绿了远处的高山和四周。我兴致勃勃地穿过柳林追逐落花，困了就坐在长满青苔的流水边。不要推辞好意相劝的美酒，我只担心被风一吹，花落一片。何况正是风和日暖的清明时节，不妨好好游览，不过不要忘了回去。

【注释】　①恣：任意。②逐：追逐。③困：困倦的时候。④游衍：游玩留连。

秋　千

僧惠洪

画架双裁翠络偏①，佳人春戏小楼前。
飘扬血色裙拖地，断送玉客人上天。
花板润沾红杏雨，彩绳斜挂绿杨烟。
下来闲处从容立，疑是蟾宫谪降仙②。

【作者简介】　僧惠洪，宋朝诗僧，俗姓彭，字觉范。

【译文】　彩色的秋千架上系着彩色的秋千绳，一个美丽的姑娘来到小楼前的秋千架前。猩红色的长裙拖在地上，随着秋千的起伏飘飘扬扬；秋千架上的姑娘面孔如玉，仿佛飞上了天空。飘洒的杏花花瓣如雨丝一般沾满了秋千上踏板，如梦如烟的柳丝与彩色的秋千绳交相辉映。荡完秋千，姑娘悠闲地站在幽静的地方，就像从月宫下凡的仙女一样。

【注释】 ①翠络:绿色绳子。②蟾宫:月宫。谪:贬降。

曲江对酒——其一

杜甫

一片飞花减却春①,风飘万点正愁人。
且看欲尽花经眼,莫厌伤多酒入唇②。
江上小堂巢翡翠③,苑边高冢卧麒麟。
细推物理须行乐④,何用浮名绊此身?

【译文】 一片落花就减退了春的景色,而大风正吹落万朵花瓣让人发愁。就看那些还没有完全落尽的花朵吧,虽然喝了很多酒,但是还是要再喝。翠雀在破败的阁楼上筑巢,石麒麟在帝王的陵墓旁卧倒。细想一下,事物的兴衰变迁本来就是这样,不如及时行乐,不要让浮名把自己束缚。

【注释】 ①减却春:消减春色。②伤:感伤。③翡翠:鸟名。④物理:事物的道理。

曲江对酒——其二

杜甫

朝回日日典春衣①,每日江头尽醉归。
酒债寻常行处有,人生七十古来稀。
穿花蛱蝶深深见,点水蜻蜓款款飞。
传与风光共流转②,暂时相赏莫相违。

【译文】 每日退朝后就去典当春天的衣服,然后去江头酒馆大醉才回。

赊酒欠下的债到处都是,人能活到七十自古以来就很少。穿梭在花间的蝴蝶时隐时现,飞在水面的蜻蜓忽起忽落。蝴蝶和蜻蜓啊,你们多停留一会儿,让我们趁着这短暂的时刻,共同欣赏这风光吧。

【注释】 ①典:典当。②传:传告世人。

黄鹤楼

崔颢

昔人已乘黄鹤去①,此地空余黄鹤楼。
黄鹤一去不复返,白云千载空悠悠。
晴川历历汉阳树②,芳草萋萋鹦鹉洲③。
日暮乡关何处是?烟波江上使人愁!

【译文】 乘鹤的仙人已经乘鹤离去,这里只留下空荡荡的黄鹤楼。黄鹤离开了再也没有回来,只有白云千年在天空飘忽。晴朗的江面上,汉阳的树木清晰可见,鹦鹉洲上的芳草正茂盛。夕阳西下,我的家乡在哪里呢?薄烟弥漫的江面让人生愁。

【注释】 ①昔人:从前的仙人。②历历:清清楚楚。③萋萋:草木茂盛。

旅怀

崔涂

水流花谢两无情,送尽东风过楚城。
蝴蝶梦中家万里①,杜鹃枝上月三更。

故园书动经年绝,华发春催两鬓生②。
自是不归归便得,五湖烟景有谁争?

【作者简介】 崔涂,唐朝江南人,光启年间进士。

【译文】 春水无情东流,春花无情凋谢,东风也吹过楚城消失了。睡梦中,我回到了万里之外的家乡,醒来正是三更时分,皓月当空,杜鹃啼叫。故乡的书信已经经年不见,我的两鬓又生出了白发。是我自己不回去啊,回去其实很容易,在家乡泛着烟波的湖面上荡舟,没有人会来跟我争。

【注释】 ①蝴蝶梦:庄周梦中化为蝴蝶,醒来迷惑是自己变成了蝴蝶,还是蝴蝶变成了庄周。②华发:白头发。

答李儋

韦应物

去年花里逢君别,今日花开又一年。
世事茫茫难自料,春愁黯黯独成眠。
身多疾病思田里,邑有流亡愧俸钱①!
闻道欲来相问讯,西楼望月几回圆。

【译文】 去年花开的时候我和你分别,到今年花开时已经有一年。世事苍茫难以预料,春光让人生愁,只得独自睡觉。体弱多病更加思念家乡的亲朋,百姓流亡,让我愧对朝廷的俸禄。听到你要来的消息,我很是兴奋,登上西楼望着月圆月缺,算着你要来的日子还有多长。

【注释】 ①邑有流亡愧俸钱:地方上有人流离失所,使我这个身为朝廷命官的人觉得愧受国家俸禄。

夏 日

张 耒

长夏江村风日清,檐牙燕雀已生成。
蝶衣晒粉花枝舞①,蛛网添丝尾角晴。
落落疏帘邀月影,嘈嘈虚枕纳溪声。
久斑两鬓如霜雪,直欲樵渔过此生②。

【作者简介】 张耒,北宋淮阴人,苏门四学士之一。

【译文】 夏日的江村风和日丽,屋檐下长成的乳燕在嬉戏。蝴蝶停在花上,在太阳下张着翅膀跳舞,蜘蛛躲在屋角,精心织网。疏落的窗帘邀请月光进屋,枕头边传来潺潺的溪水声。岁月无情,两鬓早已生出白发,只想余生砍柴打猎度过。

【注释】 ①蝶衣:蝴蝶的翅膀。②直欲樵渔:真想做个樵夫或渔夫。

辋川积雨

王 维

积雨空林烟火迟,蒸藜炊黍饷东菑①。
漠漠水田飞白鹭,阴阴夏木啭黄鹂。
山中习静观朝槿②,松下清斋折露葵。
野老与人争席罢③,海鸥何事更相疑!

【译文】 阴雨绵绵的村子里，袅袅青烟升起，农妇们在家里蒸藜烧黍，好给在东边劳作的农夫们送饭。烟雨空蒙的水田上方，白鹭翻飞；茂盛繁密的树木间，黄鹂啼叫。早已习惯山中的静谧，观看木槿花；在树荫下吃清淡的饭菜，和新鲜的露葵。我来到这里与世无争，海鸥啊，为什么还要怀疑我呢？

【注释】 ①藜：草名。此处作菜解。菑：农田。②朝槿：早晨的木槿花。③争席：指争名夺利。

表兄话旧

窦叔向

夜合花开香满庭①，夜深微雨醉初醒。
远书珍重何由答？旧事凄凉不可听。
去日儿童皆长大，昔年亲友半凋零②。
明朝又是孤舟别，愁见河桥酒幔青③！

【作者简介】 窦叔向，唐朝京兆人。

【译文】 合欢花的香气充满了庭院，夜深下起了雨，我们从酒醉中醒来。写一封道珍重的书信却送不到，凄凉的往事让人不忍听下去。曾经的伙伴都长成了大人，原来的亲朋好友也有一些去世了。明天早上又将独自乘船远行，只见河头的酒家飘着青色的酒旗。

【注释】 ①夜合：花名。②凋零：此处作过世讲。③酒幔：酒旗。

偶 成

程 颢

闲来无事不从容，睡觉东窗日已红。
万物静观皆自得，四时佳兴与人同。
道通天地有形外①，思入风云变态中。
富贵不淫贫贱乐②，男儿到此是豪雄。

【译文】 闲暇时，很是从容，因此一觉醒来，红日已经高照窗户。冷静对待万物，因此能有所体会，对于四季美景的感触也跟别人一样。明了道就能通晓天地间的事物，也能让自己的思考跟变幻莫测的风云相吻合。富贵时不惑乱，贫贱时自得其乐，这才是真男儿真豪杰。

【注释】 ①道：道理。②淫：放纵。

游月陂

程颢

月陂堤上四徘徊①，北有中天百尺台。
万物已随秋气改，一樽聊为晚凉开。
水心云影闲相照，林下泉声静自来。
世事无端何足计②，但逢佳节约重陪。

【译文】 在月陂堤上来回观赏，北边一座高楼高耸入云。万物已经随着秋天的到来而变得萧瑟，但是我还是为这晚凉举杯。水中倒映着悠闲的云影，树林下在寂静中响起淙淙的泉水声。世事难料不值得计较，只要佳节时和朋友相约举杯就好。

【注释】 ①四：四处。②无端：无常。计：计较。

秋兴——其三

杜甫

千家山郭静朝晖，日日江楼坐翠微①。
信宿渔人还泛泛②，清秋燕子故飞飞③。
匡衡抗疏功名薄④，刘向传经心事违⑤。
同学少年多不贱，五陵裘马自轻肥⑥。

【译文】 山城的千家万户静静地立在朝晖里，我每天都坐在江楼上看四周青翠的山光水色。隔夜留在江中的渔船，还在江上漂流；轻秋飞回的燕子，在空中翩翩飞翔。我像匡衡一样据义直言，却没有受到重用；我也像刘向一样

传经，却遭到贬斥。如今的权贵都是我的少年同学，他们出身豪门，终日肥马轻裘，游手好闲。

【注释】 ①翠微：碧绿青翠的山色。②信宿：每天夜里。泛泛：船在水面飘浮。③故：仍旧。④匡衡抗疏功名薄：匡衡上书直言升了官，我上书直言却没有得到功名。⑤刘向传经心事违：刘向传授经书得了名，我传授经书却未遂志愿。⑥裘马自轻肥：骑着肥大的马，穿着暖和的皮衣。

秋兴——其五

杜甫

蓬莱宫阙对南山，承露金茎霄汉间①。
西望瑶池降王母，东来紫气满函关。
云移雉尾开宫扇，日绕龙鳞识圣颜。
一卧沧江惊岁晚，几回青琐点朝班②。

【译文】 气象万千的蓬莱宫对着终南山，玉盘承着天露，金柱直插云汉。向西遥望王母娘娘的瑶池，东边紫气充满函谷关。雉尾宫扇缓缓移开，犹如天上云霞流动；皇帝的锦绣龙袍，就像日月缭绕。如今我年事已高，病卧在孤城寒江上，曾经朝见皇上的情景也只在梦中重见。

【注释】 ①承露金茎：承露盘的金属支柱。②青琐：宫门名。

[中华蒙学精华]

秋兴——其一

杜 甫

玉露凋伤枫树林，巫山巫峡气萧森。
江间波浪兼天涌，寒上风云接地阴。
丛菊两开他日泪，孤舟一系故园心。
寒衣处处催刀尺①，白帝城高急暮砧②。

【译文】 枫叶受到寒霜侵袭慢慢凋零，巫峡两岸，寒风萧瑟，冷气逼人。江中波浪滔天，惊涛骇浪，峡口风云匝地，隐晦昏暗。丛丛菊花已经开了两次，思乡泪还是一样的泪，一颗思乡之心牢牢地系在孤独的扁舟上。寒冬将到，家家都在为亲人赶制冬衣，高高的白帝城那边传来急促的洗衣服时捶打衣服的声音。

【注释】 ①寒衣处处催刀尺：天气已寒冷，到处都在赶制御寒的衣服。②白帝城高急暮砧：高高的白帝城上，暮色降临，听到急促的洗衣服时捶打衣服的声音，不觉归心似箭。砧，捣衣的石头。

月夜舟中

戴复古

满船明月浸虚空，绿水无痕夜气冲。
诗思浮沉樯影里①，梦魂摇曳橹声中。
星辰冷落碧潭水，鸿雁悲鸣红蓼风。
数点渔灯依古岸，断桥垂露滴梧桐。

【作者简介】 戴复古，宋朝人，江湖派诗人。

【译文】 江上，水气和月光成一色，整条船像沉浸在虚空的世界一样；那碧绿的秋水，没有一丝波纹，只感到夜凉袭人。思绪沉浮在樯橹的影子里，梦魂飘荡在橹声中。星辰倒映在碧绿的水里，显得几分冷落；归雁栖息在红蓼中，随着寒风悲鸣。古河岸边数盏渔灯在闪烁，断桥边雨露滴落在梧桐树上。

【注释】 ①樯：船桅。

长安秋望

赵嘏

云物①凄凉拂曙流，汉家宫阙动高秋。
残星几点雁横塞，长笛一声人倚楼。
紫艳半开篱菊静，红衣落尽渚莲愁②。
鲈鱼正美不归去，空戴南冠学楚囚。

【译文】 凄清的云气在拂晓时流动，高大的汉家宫阙现出秋的景象。点缀着几颗残星的天空大雁排成行，远处的楼上有人在吹笛。在寂静的竹篱旁，紫色的菊花半开半合；水中的沙洲上，红莲的花瓣落尽，让人惆怅。家乡的此时正是鲈鱼正美的时候，可惜我不能回去，就像没有获释的楚囚留在京城。

【注释】 ①云物：景物。②红衣：红色的花瓣。渚莲：池塘中的莲花。

新　秋

杜　甫

火云犹未敛奇峰①，欹枕初惊一叶风②。
几处园林萧瑟里，谁家砧杵寂寞中？
蝉声断续悲残月，萤焰高低照暮空。
赋就金门期再献③，夜深搔首叹飞蓬④。

【译文】　傍晚天际的火烧云形成各种山峰的模样，我斜靠在枕头上，突然看到一片落叶，顿时觉得又一个秋天要来了。几处园林，树木萧瑟，寂寥的夜里，谁家传来洗衣时捶打衣服的声音。蝉的声音断断续续，像在悲叹残月；萤火虫时高时低，照着夜晚的天空。多希望能再向朝廷献策献力，夜深了只不过空叹一声罢了。

【注释】　①火云：火烧云。敛：收。②欹(qī)：倚，斜靠。③金门：汉宫门名。④飞蓬：蓬草，随风飘转，喻漂泊不定。

中　秋

李　朴

皓魄当空宝镜升①，云间仙籁寂无声。
平分秋色一轮满，长伴云衢千里明②。
狡兔空从弦外落③，妖蟆休向眼前生④。
灵槎拟约同携手⑤，更待银河彻底清。

【作者简介】　李朴，宋朝人，绍圣年间进士。

【译文】　中秋之夜，月亮挂在天空，皎洁明亮，天上的仙乐也停止了，四周很静。中秋圆月把秋色分成两半，永远照着天上的街市和云间的大道。希望月宫中的玉兔能从空中跳出游玩，那吃月的妖蟆别出现在眼前。待到银河变得彻底澄净后，约几位朋友一起乘着筏子上去游玩。

【注释】　①皓魄：月光明亮。宝镜：指月亮。②衢(qū)：道路。③狡兔：指月宫中的玉兔。弦：喻月如弓，故有上弦月、下弦月。④妖蟆：月宫中的蟾蜍。⑤灵槎(chá)：传说天上银河中往来的筏子。

九日蓝田会饮

杜　甫

老去悲秋强自宽①，兴来今日尽君欢。
羞将短发还吹帽②，笑倩旁人为正冠③。
蓝水远从千涧落，玉山高并两峰寒。
明年此会知谁健④，醉把茱萸仔细看⑤？

【译文】　人到老年，更容易悲秋，但是我还是勉强作乐，自我宽慰；重阳佳节，趁着兴致，和朋友一起欢乐。帽子被风吹掉露出白发，我暗自羞耻却故作轻松，请朋友给我戴正。涓涓涧流汇成了滔滔蓝水，从远处奔泻而来，蓝田玉山高危并峙，发出寒意。明年的重阳谁的身体会健康呢，借着醉意仔细观察茱萸的样子。

【注释】 ①强自宽：勉强地安慰自己。②吹帽：晋朝孟嘉游山，被风吹落帽子而不觉，用此典谓自己像孟嘉一样兴致勃勃。③倩：请④健：健在。⑤茱萸：草名，重阳节插茱萸可以避邪。

秋　思

陆　游

利欲驱人万火牛①，江湖浪迹一沙鸥。
日长似岁闲方觉，事大如天醉亦休。
砧杵敲残深巷月，梧桐摇落故园秋。
欲舒老眼无高处，安得元龙百尺楼②？

【译文】 利欲的驱使让人像被火驱赶的牛一样，我浪迹天涯像一只清闲的沙鸥。闲眼时才发现每天长得就像一年，天大的事情也就一醉方休。深夜里残月西沉，传来洗衣服时捶打衣服的声音，井旁的梧桐叶落，想必故乡也是秋天了吧。想要让自己看得更远却没有高处可去，怎么能像元龙一样高卧百尺之楼呢？

【注释】 ①火牛：战国时齐将田单用火牛阵击败燕军。这里说世人争名

逐利的劲头比火牛阵还厉害。②百尺楼：三国时名士许汜拜访陈元龙，受到怠慢。许汜向刘备抱怨，刘备则说，是你不对，我要是陈元龙，不会自己睡上床让你睡下床，而是自己睡到百尺高楼上，让你睡楼下。

与朱山人①

杜　甫

锦里先生乌角巾，园收芋栗未全贫。
惯看宾客儿童喜，得食阶除鸟雀驯②。
秋水才深四五尺，野航恰受两三人③。
白沙翠竹江村暮，相送柴门月色新。

【译文】 朱先生头戴乌角巾来迎接我，他的院内种着芋头和板栗，可见家里并不十分贫穷。孩子们看惯了来往的宾客，很是高兴；台阶上正啄食的鸟雀并不理会其他人。屋外小河的水才四五尺深，上面的小船能载二三个人。泛白的沙子和青翠的竹子点缀山村的日暮；新月出来时，朱先生送我出柴门。

【注释】 ①朱山人：杜甫在成都时的邻居朱希真。诗中锦里先生即指朱山人。②阶除：堂前台阶。③恰受：刚好容纳。

闻　笛

赵　嘏

谁家吹笛画楼中，断续声随断续风。
响遏行云横碧落①，清和冷月到帘栊。

兴来三弄有桓子②,赋就一篇怀马融③。
曲罢不知人在否,余音嘹亮尚飘空。

【译文】 是谁在那雕梁画栋的楼上吹笛,随着风时断时续地传来。笛声让天上的行云停止了流动,混着清冷的月光进入帘幕。笛声让我想起了善于吹笛的桓伊和写《长笛赋》的马融。笛声停了,不知道吹笛的人是否已经离去,笛音嘹亮好像还在天空飘荡。

【注释】 ①过:止住。碧落:指天空。②三弄:曲名,即梅花三弄,为桓伊所作。桓子:即桓伊,晋朝人,善吹笛。③马融:汉朝人,善吹笛,著有《长笛赋》。

冬 景

刘克庄

晴窗早觉爱朝曦,竹外秋声渐作威。
命仆安排新暖阁,呼童熨贴旧寒衣。
叶浮嫩绿酒初熟,橙切香黄蟹正肥。
蓉菊满园皆可羡,赏心从此莫相违①。

【译文】 晴朗的早晨阳光射进窗户来,竹林外面,萧瑟的秋风吹起,逐渐猛烈。我吩咐仆人准备好取暖的火炉,让童子熨平我的旧冬衣。新酿的像嫩绿的叶子一样的美酒,加上肥美的蟹肉,切开香甜的橙子,十分可口。芙蓉花和菊花开得满园都是,尽情地欣赏这秋末冬初的景色吧。

【注释】 ①相违:违背自己的心愿。

冬 景

杜 甫

天时人事日相催,冬至阳生春又来①。
刺绣五纹添弱线②,吹葭六管动飞灰③。
岸容待腊将舒柳,山意冲寒欲放梅。
云物不殊乡国异④,教儿且覆掌中杯。

【译文】 天时人事互相催促,冬天来了,转瞬春天又会到来。绣女比以前多添线绣花,六琯中的葭灰飞起。河堤上的柳树将抽出新的枝条,起伏不断的山峦冲断寒气,让梅花赶紧开放。眼前的景物与故乡的并没有两样,叫来儿子斟酒对饮吧。

【注释】 ①冬至:节气名。②刺绣五纹添弱线:刺绣女工,因为白天渐渐长了,也就能多绣几根线。③吹葭六管动飞灰:葭,草名,古人将葭草烧成灰,装入竹管,到了冬至,葭灰就会飞出来。④云物:景物。不殊:没有什么不同。

山园小梅

林 逋

众芳摇落独鲜妍,占断风情向小园。
疏影横斜水清浅,暗香浮动月黄昏。
霜禽欲下先偷眼①,粉蝶如知合断魂②。
幸有微吟可相狎③,不须檀板共金樽④。

【作者简介】 林逋,宋朝钱塘人,工书画,善作诗,隐居西湖,世称其以梅为妻,以鹤为子。

【译文】 万花凋零的季节只有梅花在开放,她占尽了小园的一切风光。她疏朗的身影横斜在清澈的浅水里,沁人心脾的清香溶入迷蒙的月色中。白鹤偷偷地看她,粉蝶如果能见上一眼,一定会被迷得神魂颠倒。幸好我能通过写点诗与你亲近,不需要敲着檀板来赞美你,也不需要端着酒杯来欣赏你。

【注释】 ①霜禽:指白鹤。②断魂:此处指一往情深。③相狎:相亲近。④不须檀板共金樽:不需要敲着檀板赞美梅花,也不需要端着酒杯来欣赏梅花。

左迁至蓝关示侄孙湘

韩 愈

一封朝奏九重天,夕贬朝阳路八千①。
本为圣朝除弊政,敢将衰朽惜残年。
云横秦岭家何在,雪拥蓝关马不前。
知汝远来应有意,好收吾骨瘴江边②。

【译文】 早上我刚向皇上呈上《论佛骨表》的奏章,晚上我就被贬到八千里外的潮阳。本来想为圣明的皇帝革除政治的弊端,哪里怕年老体弱,吝惜残存的时光呢。云雾茫茫的秦岭啊,哪里才是我的家?白雪皑皑的蓝关前,马儿也停步不前。难得你远远来送我,我理解这份好意;以后你到那瘴气弥漫的江边去,为我收尸吧!

【注释】 ①一封朝奏九重天,夕

贬朝阳路八千:早晨上朝时,我在殿上上了一封谏迎佛骨的奏章,触怒圣上,晚上就被贬到八千里外的潮阳。九重天,指宫殿。朝阳,即潮阳。②瘴江:广东地方潮湿,多瘴气,所以有瘴江之说。

干 戈

王 中

干戈未定欲何之①,一事无成两鬓丝。
踪迹大纲王粲传②,情怀小样杜陵诗③。
鹡鸰音断人千里④,乌鹊巢寒月一枝。
安得中山千日酒⑤,酩然直到太平时。

【作者简介】 王中,宋朝人,其余不详。

【译文】 战火未灭哪里才是我的安身之处,如今一事未成,却两鬓白发。我就像王粲一样,空有才华,又像杜甫一样,流落四方。兄弟失去联系,千里难聚,我像那绕树的乌鸦,无枝可依。只有大喝中山的千日酒,醉到天下太平时才醒来。

【注释】 ①干戈:指战事。何之:去哪儿。②踪迹大纲王粲传:我的经历大概和三国时代的王粲差不多。③情怀小样杜陵诗:我的情怀就像唐朝的杜甫一样。④鹡鸰:鸟名。鹡鸰知兄弟有难则哀鸣不已,所以用鹡鸰比喻兄弟。⑤千日酒:传说中山神仙所酿的酒,酒醉后千日才醒。

归　隐

陈　抟

十年踪迹走红尘①，回首青山入梦频。
紫绶纵荣争及睡②，朱门虽富不如贫③。
愁闻剑戟扶危主，闷听笙歌聒醉人。
携取旧书归旧隐，野花啼鸟一般春。

【作者简介】　陈抟，字图南，号扶摇子，北宋时人，一生隐居不仕，著名道士。

【译文】　在人世奔波有十年之久，时常梦见来时的青山。高官俸禄纵然快乐，但赶不上临风闲卧；朱门酒肉纵然丰富，但赶不上安宁的清贫生活。不想听在刀光剑影中扶持危难中的君主，也烦听歌舞筵席、纵情享乐的夜夜笙歌。还是带着旧书回到曾经归隐的地方，看野花听鸟鸣，那里的春色同过去一样。

【注释】　红尘：热闹繁华的世界。②紫绶：系官印的紫色丝绳，比喻做官掌权。争及：哪比得上。③朱门：红漆大门代指富贵人家。

山中寡妇

杜荀鹤

夫因兵乱守蓬茅①，麻苎裙衫鬓发焦。
桑柘废来犹纳税，田园荒尽尚征苗。
时挑野菜和根煮，旋砍生柴带叶烧。
任是深山最深处，也应无计避征徭②。

【作者简介】　杜荀鹤，字彦之，唐朝池州人。出身寒微，唐亡后曾依朱温，官至翰林学士。

【译文】　丈夫死在战乱中，只有她逃往山中，住在茅屋里，穿着粗布做的衣服，面容憔悴，头发枯槁。桑树和柘树都被砍光了，但是还是要纳税；田园里的庄稼都已经荒芜，还是要缴纳青苗税。时时上山挖野菜和根一起煮着吃，没有柴禾，又砍些树枝连叶一起烧。即使逃到深山的更深处，也逃不过横征暴敛的官府的压迫。

【注释】　夫因兵乱守蓬茅：丈夫被征去当兵，战死沙场，剩下她一人独守茅屋。②征徭：徭役。

送天师①

宁献王

霜落芝城柳影疏，殷勤送客出鄱湖。
黄金甲锁雷霆印②，红锦韬缠日月符③。
天上晓行骑只鹤，人间夜宿解双凫④。
匆匆归到神仙府，为问蟠桃熟也无。

【作者简介】　宁献王，即朱权，明太祖第16子，受封为南昌宁献王。

【译文】　寒霜降落，鄱阳城里柳影稀疏，我殷勤送别天师，乘船渡过宽阔的鄱阳湖。天师穿着金黄的道袍，带着宝印，拿着装有日月灵符的袋子。清晨，他跨着仙鹤在天上穿行，晚上他解下脚上的两只野鸭借宿在人间。天师匆匆赶回仙府,惦记着洞里的蟠桃是否成熟。

【注释】 ①天师:东汉张道陵传五斗米教,其弟子称为天师。后世沿称其子孙受封号者为张天师。②甲:通匣。③鞱:袋子。④双凫:两只野鸭。传说汉朝王乔有仙术,能使鞋变成野鸭在天上飞。

送毛伯温

明世宗

大将南征胆气豪①,腰横秋水雁翎刀。
风吹鼍鼓山河动②,电闪旌旗日月高。
天上麒麟原有种③,穴中蝼蚁岂能逃④?
太平待诏归来日,朕与先生解战袍!

【作者简介】 明世宗,即朱厚熜,明朝的第十二位皇帝。

【译文】 将军威风凛凛去南征,腰上挂着雁翎宝刀,像秋水一样光亮。大风送来阵阵战鼓,气壮山河;旌旗飘飘如电闪雷鸣,与日月比高。就像天上的麒麟有自己的种属一样,将军出生将门,那些如洞穴中的蝼蚁一般的叛逆之徒,无处可逃。等到逆贼降服,天下太平,你归来之时,我一定为你亲自解下战袍犒劳你。

【注释】 ①大将:指毛伯温。②鼍鼓:鼍皮做的鼓。③天上麒麟:此处指毛伯温,像麒麟一样,将门出身。④穴中蝼蚁:对安南人的蔑称。

笠翁对韵

说　明

　　《笠翁对韵》是明末清初诗人、戏剧家李渔专为青少年所作的一部启蒙读物。数百年来,它一直是私塾常用的教科书。即使到了今天,它仍不失为我们欣赏古诗的重要读物。为了帮助读者更好地理解、应用它,在此有必要将律诗的有关知识,扼要地介绍一下。

　　中国古代诗人作诗,在用韵、声调、对仗各方面都有许多讲究:一是用韵。古人作诗用韵的最早参考书是《广韵》,该书分206个韵,太细,写诗很受拘束,宋时江北平水人刘渊著《韵略》,合并为107个韵,到了清代合并为106韵。古人用韵实际上用的就是平水韵106韵,而律诗只限用平声韵,平声韵分上下两卷,上平声为:东、冬、江、支、微、鱼、虞、齐、佳、灰、真、文、元、寒、删,共15韵;下平声也是15韵:先、萧、肴、豪、歌、麻、阳、庚、青、蒸、尤、侵、覃、盐、咸。二是平仄(zè)。古汉语有四个声调:平、上、去、入。唐宋以后的诗词是讲究声调的,律诗绝句还要讲究平仄。平,指的是平声(今之阴平、阳平);仄就是不平的意思,包括上去入三声。在诗词的写作上,让这两类声调互相交错,就能使声调多样化,而不至于单调,这样就造成诗词的节奏美感。平仄的规则非常重要,可以说,没有平仄就没有诗词格律。律诗的平仄,指的是句子的平仄格式,前人有个口诀说:一三五不论,二四六分明。即诗句的第一、三、五字的平仄可以不管,第二、四、六字的平仄必须分明。五言诗中是一三不论,二四分明。律诗每两句为一联,上句叫出句,下句叫对句,上句和下句的平仄关系,叫做"对"。因为下句的平仄和上句的平仄相反,即相对立,所以叫"对"。看了下面的例子就自会明白:

塞下曲

卢 纶

月黑雁飞高，单于夜遁逃。

仄仄仄平平　平平仄仄平（对）

欲将轻骑逐，大雪满弓刀。

仄平平仄仄　仄仄仄平平（对）

三是对仗。对仗，指的是上句和下句的用词互为对偶，如天对地、风对雨、来对去等。拿今天的话来说，就是词性要一致，如：名词对名词、动词对动词、代词对代词、副词对副词等等。律诗的对仗，一般用在中间的联句中，头两句和后两句可用可不用。对仗有许多种类：数目对、颜色对、方位对、天文对、地理对、时令对、动物对、植物对等等，凡同类相对者叫工对，不是同类相对叫宽对。如"三峡楼台淹日月，五溪衣服共云山"，"三"对"五"，"峡"对"溪"，"日月"对"云山"，属工对，"楼台"对"衣服"属宽对。写律诗不应片面要求工对，因为过于纤巧，反而束缚思想。

　　《笠翁对韵》主要就是根据律诗的以上特点来编著的。"笠翁"是李渔的字。李渔，浙江人，是一位才华横溢的戏剧家、诗人，以戏剧、诗文结交公卿贵族，生活放荡不羁，晚年定居杭州，以诗文自娱。他对唐宋以来的诗文进行系统的研究，归纳而编成此书，并很快普及到私塾，对培养青少年学作律诗起到了很大的作用。

卷　上

一　东

天对地，雨对风，大陆对长空。山花对海树，赤日对苍穹①。雷隐隐，雾蒙蒙，日下对天中。风高秋月白，雨霁晚霞红②。牛女二星河左右③，参商两曜斗西东④。十月塞边飒飒寒霜惊戍旅⑤，三冬江上漫漫朔雪冷渔翁⑥。

【注释】 ①苍穹：深蓝色的天。②霁(jì)：雨后或雪后转晴。③河左右：牵牛织女星在银河两边。④参商：二星名，各在东西。⑤塞：边塞、关外。飒飒：风声。戍旅：戍防军队。⑥朔：北方。

河对汉①，绿对红，雨伯对雷公②。烟楼对雪洞，月殿对天宫。云叆叇③，日曈曚④，蜡屐对渔蓬⑤。过天星似箭⑥，吐魄月如弓⑦。驿旅客逢梅子雨⑧，池亭人挹藕花风⑨。茅店村前浩月坠林鸡唱韵，板桥路上青霜锁道马行踪⑩。

【注释】 ①河：黄河。汉：汉水。②雨伯、雷公：司雨，司雷之神。③叆叇(ài dài)：云盛貌。④曈曚(tóng méng)：由暗至明的状态。⑤蜡屐：木底有齿的鞋。⑥过天星：流星。⑦魄：月初时的月光，一般指初三的月光。⑧梅子雨：即今梅雨季节。⑨挹(yì)：拉。⑩茅店：茅草店铺，古诗有："鸡声茅店月，人迹板桥霜"，描写旅客早行的情景。

山对海，华对嵩①，四岳对三公②。宫花对禁柳③，塞雁对江龙。清暑殿④，广寒宫⑤，拾翠对题红。庄周梦化蝶⑥，吕望兆飞熊⑦。北牖当风停夏扇⑧，南帘曝日省冬烘。鹤舞楼头玉笛弄残仙子月，凤翔台上紫箫吹断美人风。

【注释】 ①华、嵩：华山、嵩山。②三公：古代的三官，一曰太师、太保、太傅；一曰大司马、大司徒、大司空。③禁柳：宫禁中的柳树。④清暑殿：泛指宫殿。⑤广寒宫：月宫。⑥梦蝶：战国时思想家庄周梦见自己变成蝴蝶，醒后感到怀疑。⑦吕望：姜太公，古有周文王梦飞熊的故事，比喻他得到吕望。⑧牖(yǒu)：窗。

二 冬

晨对午,夏对冬,下饷对高舂①。青春对白昼,古柏对苍松。垂钓客,荷锄翁,仙鹤对神龙。凤冠珠闪烁,螭带玉玲珑②。三元及第才千顷③,一品当朝禄万钟④。花萼楼间仙李盘根调国脉⑤,沉香亭畔娇杨擅宠起边风⑥。

【注释】 ①下饷(xiǎng):午后给田间劳作者送饭。高舂:早晨的舂米。②螭(chī):无角之龙,建筑装饰物。③三元:科举制度中的状元、会元、解元。及第:考取。④禄:俸禄。钟:六石四斗为一钟。⑤花萼楼:唐玄宗所建。仙李:唐室姓李,仙李盘根,谓唐宗室繁衍。⑥娇杨:杨贵妃,曾侍宴沉香亭,为唐玄宗所宠爱,后引起安史之乱。

清对淡,薄对浓,暮鼓对晨钟。山茶对石菊,烟锁对云封。金菡萏①,玉芙蓉,绿绮对青锋②。早汤先宿酒,晚食继朝饔③。唐库金钱能化蝶④,延津宝剑会成龙⑤。巫峡浪传云雨荒唐神女庙⑥,岱宗遥望儿孙罗列丈人峰⑦。

【注释】 ①菡萏(hàn dàn):即荷花。②绿绮对青锋:古琴与古剑。③饔(yōng):上午吃的一顿饭。④化蝶:唐穆宗夜宴,内库中的金银化成了蝴蝶。⑤成龙:晋时雷焕掘石函得龙泉、太阿二剑。雷自佩龙泉,他死后,其子佩龙泉剑过延平渡口,剑跃入水,变双龙而去。⑥神女庙:传说楚怀王出游,梦神女云为巫山之女,旦为朝云,暮为行雨,怀王因此立庙。⑦岱宗:即泰山,有一峰名丈人峰。

繁对简,叠对重,意懒对心慵①。仙翁对释伴②,道范对儒宗③。花灼灼,草茸茸,浪蝶对狂蜂。数竿君子竹④,五树大夫松⑤。高皇灭项凭三杰⑥,虞帝承尧殛四凶⑦。内苑佳人满地风光愁不尽⑧,边关过客连天烟草憾无穷。

【注释】 ①慵(yōng):懒散之状。②释:释迦牟尼,泛指佛教。③道范、儒宗:道家、儒家的典范。④君子竹:以竹比喻君子之德。⑤大夫松:秦始皇登泰山,封一松树为五大夫。⑥三杰:萧何、张良、韩信。⑦虞尧:上古帝王。殛(jí):杀死。⑧苑:林园之地,为帝王打猎之地。内苑,规模较小,为帝王游玩之处。

三　江

奇对偶，只对双，大海对长江。金盘对玉盏①，宝烛对银釭②。朱漆槛，碧纱窗，舞调对歌腔。兴汉推马武③，谏夏著龙逄④。四收列国群王伏⑤，三筑高城众敌降⑥。跨凤登台潇洒仙姬秦弄玉⑦，斩蛇当道英雄天子汉刘邦⑧。

【注释】　①盏：酒器。②釭(gāng)：油灯。③马武：汉光武帝大将，云台28将之一。④龙逄(páng)：夏朝大臣。⑤四收：宋初大将曹彬平南唐、西蜀、南汉及北汉。⑥三筑：唐代张仁愿筑三座受降城。⑦弄玉：秦穆公之女名弄玉，登楼吹箫，凤闻声而来，弄玉与夫乘凤升仙而去。⑧斩蛇：汉高祖刘邦，夜行遇大蛇当道，众不敢行，刘邦挥剑斩蛇。

颜对貌，像对庞，上辇对徒杠①。停针对搁筑②，意懒对心降。灯闪闪，月幢幢，揽辔对飞舡③。柳堤驰骏马，花院吠村尨④。酒量微酡琼杏颊⑤，香尘没印玉莲躟⑥。诗写丹枫韩女幽怀流御水⑦，泪弹斑竹舜妃遗憾积涡江⑧。

【注释】　①辇：用人拉挽的车子。徒杠：轿子。②筑：古代乐器。③辔(pèi)：驾驭牲口的缰绳。舡(chuán)：同船。④尨(máng)：多毛狗。⑤酡(tuó)：喝了酒脸红。⑥香尘没印：晋石崇施香粉于庭，令众妾步其上，以试鞋底大小。躟(shuāng)：双脚。⑦诗写丹枫：唐时士人于枯在御沟(宫禁水沟)拾一枫叶，上有一诗，于枯也题诗其上，复将其放入御沟上游，为其作者宫女韩翠蘋所得，后二人喜结良缘。⑧泪弹斑竹：舜帝南巡，死于苍梧山，其妃娥皇、女英闻之奔丧，泪洒竹上成斑，后遂为斑竹。

四　支

泉对石，干对枝，吹竹对弹丝①。山亭对水榭②，鹦鹉对鸬鹚。五色笔，十香词③，泼墨对传卮④。神奇韩干画⑤，雄浑李陵诗⑥。几处花街新夺锦⑦，有人香径淡凝脂。万里烽烟战士边头争保塞，一犁膏雨农夫村外尽乘时。

【注释】　①竹、丝：古代乐器的泛称。②榭：筑于台上的亭子。③十香词：古词名，描写香料。④卮(zhī)：盛酒器皿。⑤韩干：唐代画家，善画马。⑥李陵：西汉人，后降匈奴，善射。⑦夺锦：武则天叫群臣做诗，先成者赐锦袍，东方虬先成，武则天赐给了他,不一会宋之问也做成,且做得好,武则天把赐给东方虬的锦袍拿来给了宋之问。

菹对醢①,赋对诗,点漆对描脂。璠簪对珠履②,剑客对琴师。沽酒价③,买山资④,国色对仙姿。晚霞明似锦,春雨细如丝。柳绊长堤千万树,花横野寺两三枝。紫盖黄旗天象预占江左地⑤,青袍白马童谣终应寿阳儿⑥。

【注释】 ①菹(zū)、醢(hǎi):古指将人斩为肉酱的刑罚。②璠(fán):宝玉。履:鞋。③沽:买。④买山资:晋和尚买山做隐居之地。资:资产。⑤紫盖:紫色的伞盖。江左:即江东。⑥青袍句:梁武帝时,有童谣云:"青袍白马寿阳儿",不久寿阳侯萧景叛乱,军中尽青袍白马。

箴对赞,缶对卮①,萤焰对蚕丝②。轻裾对长袖③,瑞草对灵芝。流涕策④,断肠诗⑤,喉舌对腰肢。云中熊虎将⑥,天上凤凰儿。禹庙千年垂橘柚⑦,尧阶三尺覆茅茨⑧。湘竹含烟腰下轻纱笼玳瑁⑨,海棠经雨脸边清泪湿胭脂。

【注释】 ①缶(fǒu):酒器,一指乐器。②焰(zhào):光亮。③裾:衣服的大襟。④流涕:西汉贾谊上《治安策》,有"可痛哭者"之句。⑤断肠:宋才女朱淑真,遗诗辑为《断肠集》。⑥云中:西汉魏尚为云中太守,威震匈奴。⑦橘柚:柑橘之类的水果。⑧茅茨:尧舜时宫室皆土阶,茅草屋。⑨玳瑁:似龟,产南海。

争对让,望对思,野葛对山栀。仙风对道骨,天造对人为。专诸剑①,博浪椎②,经纬对干支。位尊民物主,德重帝王师。望切不妨人远去,心忙无奈马行迟。金屋闭来赋乞茂林题柱笔③,玉楼成后记须昌谷负囊词④。

【注释】 ①专诸剑:春秋时吴国勇士专诸杀吴王僚。②博浪椎:秦始皇巡至博浪,一刺客以铁椎远击始皇,误中副车。③金屋句:汉武帝皇后阿娇失宠居长门宫,后请司马相如作《长门赋》以达上听,后复得宠。④玉楼句:唐诗人李贺常骑一驴,带一童子,背一锦囊外出,每有佳句即记下投囊中,后辑为《昌谷集》。一日李贺梦神说:上帝做成白玉楼,请你去写诗,不久就死了。

五 微

贤对圣,是对非,觉奥对参微①。鱼书对雁字②,草舍对柴扉。鸡晓唱,雉朝飞,红瘦对绿肥。举杯邀月饮③,骑马踏花归④。黄盖能成赤壁捷,陈平善解白登危⑤。太白书堂瀑泉垂地三千丈⑥,孔明祀庙古柏参天四十围⑦。

【注释】 ①奥:奥妙。微:精微。②鱼书、雁字:书信。③举杯:李白诗句:举杯邀明月,对影成三人。④骑马:宋徽宗爱画,曾以"踏花归去马蹄香"为题令画工作画。⑤白登之围:汉高祖北击匈奴,反被包围于白登山,陈平施计令匈奴退去。⑥太白句:李白有诗云:飞流直下三千尺,疑是银河落九天。⑦孔明句:杜甫为孔明庙祠写诗,描写古松柏有四十围。

戈对甲,幄对帷①,荡荡对巍巍②。严滩对邵圃③,靖菊对夷薇④。占鸿渐⑤,采凤飞⑥,虎榜对龙旂⑦。心中罗锦绣⑧,口内吐珠玑⑨。宽宏豁达高皇量,叱咤喑哑霸王威⑩。灭项兴刘狡兔尽时走狗死⑪,连吴拒魏貔貅屯处卧龙归⑫。

【注释】 ①幄(wò)、帷:帐幕。②荡荡:广大的样子。③严滩:东汉人严光字子陵,隐钓泽中,后人名其钓处曰严陵滩。邵圃:秦人邵平隐居种瓜,后人名其地曰邵圃。④靖菊:指陶渊明,曾隐居种菊,号靖节先生。夷薇:殷末大臣伯夷隐居山中,采薇而食。⑤鸿渐:大雁渐升高位,为吉祥卦象。⑥凤飞:凤凰出现,为帝王受命之征兆。⑦虎榜:进士榜称龙虎榜。旂(qí):旗帜。⑧心中罗锦绣一句:李白的话:吾心肝五脏,皆锦绣耳。⑨玑(jī):珠宝。⑩喑(yīn):哑。⑪走狗死:韩信助刘邦夺天下,后却被刘所杀。⑫貔貅(pí xiū):一种猛兽。卧龙:诸葛亮。

衰对盛,密对稀,祭服对朝衣。鸡窗对雁塔①,秋榜对春闱②。乌衣巷③,燕子矶④,久别对初归。天姿真窈窕⑤,圣德实光辉。蟠桃紫阙来金母⑥,岭荔红尘进玉妃⑦。霸王军营亚父丹心撞玉斗⑧,长安酒市谪仙狂兴换银龟⑨。

【注释】 ①雁塔:在今西安市。②闱:科举考试时的试院。③乌衣巷:在今南京市。④燕子矶:在今南京东北郊江边。⑤窈窕(yǎo tiǎo):姿态优雅。⑥金母:即西王母,曾奉蟠桃与汉武帝。⑦玉妃:即杨贵妃,名玉环。⑧亚父:项羽军师范增。⑨银龟:传说李白曾以银龟换酒。谪仙:即李白。

六 鱼

羹对饭,柳对榆,短袖对长裾。鸡冠对凤尾①,芍药对芙蕖②,周有若③,汉相如④,王屋对匡庐⑤。月明山寺远,风细水亭虚。壮士腰间三尺剑,男儿腹内五车书。疏影暗香和靖孤山梅蕊放⑥,轻阴清昼渊明旧宅柳条舒⑦。

【注释】 ①鸡冠、凤尾:花名。②芙蕖(qú):荷花。③有若:春秋鲁国人,孔子的弟子。④相如:文学家司马相如。⑤王屋:山名,在今山西省。匡庐:即庐山。⑥孤山:西湖孤山,宋人和靖隐居于此,精通书法诗词,种梅养鹤自娱。⑦柳条舒:东晋人陶渊明隐居时曾于门前植柳五株,自号五柳先生。

吾对汝,尔对余,选授对升除①。书箱对药柜,耒耜对耰锄②。参虽鲁③,回不愚④,阀阅对闾阎⑤。诸侯千乘国⑥,命妇七香车⑦。穿云采药闻仙人,踏雪寻梅策蹇驴⑧。玉兔金乌二气精灵为日月⑨,洛龟河马五行生克在图书⑩。

【注释】 ①选授:量才授官。升除:晋升。②耰(yōu)锄:一种除草用的农具。③参:曾参,孔子弟子。鲁:鲁钝。④回:颜回。愚:愚钝。⑤阀阅:家世门第。闾阎:里巷之门。⑥千乘国:诸侯的规模,拥有一千辆战车的诸侯国,形容国大。⑦命妇:古代官员的母亲、妻子皆受诰命,称为命妇。七香车:用各种香料涂饰的车。⑧策:驱赶。蹇(jiǎn):跛脚的。⑨金乌:即太阳,传说日中有金乌鸦。⑩图书:河图洛书,为龙马、洛龟所背出。

敧对正①,密对疏,囊橐对苞苴②。罗浮对壶峤③,水曲对山纡④。骖鹤驾⑤,待鸾舆⑥,桀溺对长沮⑦。搏虎卞庄子⑧,当熊冯婕妤⑨。南阳高士吟梁父⑩,西蜀才人赋子虚⑪。三径风光白石黄花供杖履⑫,五湖烟景青山绿水在樵渔⑬。

【注释】 ①敧(qī):斜靠。②囊橐(tuó):容器,喻才学之士。苞苴(jū):包裹,指草包。③罗浮:山名,在今广东,相传为蓬莱山的一股,浮海而至,故曰罗浮。壶峤(qiáo):亦仙山,在海上。④纡(yū):屈曲。⑤鹤驾:饰有仙鹤的车,也称太子车驾为鹤驾。⑥鸾(luán)舆:饰着鸾鸟的车。舆,用人抬的轿子似的车,与辇相近。⑦桀溺、长沮:春秋时期隐士。⑧卞庄子:春秋时鲁国大夫,曾捕获相斗的两虎。⑨冯婕妤:

汉武帝宫女,曾侍武帝观熊,熊跑出圈外,冯婕好面对熊挡在武帝面前,为武帝所嘉许。⑩南阳高士:即诸葛亮,曾躬耕于南阳。⑪西蜀才人:指西汉文学家司马相如。⑫三径、黄花:陶渊明有诗云:"三径就荒,松菊犹存。"径:小路。黄花:菊花。⑬五湖:古代太湖泊的泛称。

七　虞

　　红对白,有对无,布谷对提壶①。毛锥对羽扇②,天阙对皇都③。谢蝴蝶④,郑鹧鸪⑤,蹈海对归湖⑥。花肥春雨润,竹瘦晚风疏。麦饭豆糜终创汉⑦,莼羹鲈脍竟归吴⑧。琴调轻弹杨柳月中潜去听,酒旗斜挂杏花村里其来沽。

　　【注释】　①布谷、提壶:均为鸟名。②毛锥:毛笔。③阙(què):宫殿。④谢蝴蝶:宋代谢逸好作蝴蝶诗,故名。⑤郑鹧鸪(zhè gū):唐代郑谷喜作鹧鸪诗,故名。⑥归湖:越国大臣范蠡辅佐勾践灭吴后,离开越国,泛舟太湖。⑦糜:粥。东汉时大将冯异途中乏粮,乃食麦饭、豆粥。⑧莼(chún):即莼菜,可食。羹:肉、菜汤。脍:细肉、鱼。吴:三国时吴国。西晋灭吴后,吴人张翰到中原做官,见秋风起,思念家乡的菜肴,于是弃官回家。

　　罗对绮①,茗对蔬②,柏秀对松枯。中元对上巳③,返璧对还珠④。云梦泽⑤,洞庭湖,玉烛对冰壶⑥。苍头犀角带⑦,绿鬓象牙梳⑧。松阴白鹤声相应⑨,镜里青鸾影不孤⑩。竹户半开对牖不知人在否,柴门深闭停车还有客来无。

　　【注释】　①罗、绮(qǐ):丝织品。②茗(míng):茶叶。③中元:正月十五为上元,七月十五为中元,十月十五为下元,合称三元。上巳:三月上旬巳日为上巳。④返璧:即完璧归赵之典。还珠:即合浦还珠。⑤云梦泽:古代大沼泽,在今湖北省。⑥冰壶:玉壶,喻洁白。⑦苍头:指南朝沈庆之,常戴狐皮帽,人称"苍头公"。犀角带:以犀角装饰的腰带。⑧绿鬓:晋人石崇宠姬名绿珠,这里指她的发型。⑨松阴:松树阴中,松常与鹤相联。⑩青鸾:鸟名,一般见到同类才叫,用镜照之,看见身影,便叫起来。

　　宾对主,婢对奴①,宝鸭对金凫②。升堂对入室,鼓瑟对投壶③。砚合璧④,颂联珠⑤,提瓮对当垆⑥。仰高红日近⑦,望远白云孤。歆向秘书窥二酉⑧,机云芳誉动三吴⑨。祖饯三杯老去常斟花下酒⑩,荒田五亩归来独荷月中锄。

【注释】 ①婢:家中使女。②凫(fú):野鸭。③投壶:古代的一种游戏,壶置远处,以箭投之,中者胜。④觇(chān)合璧:窥视圆形玉璧,这里指日月合璧,为国家的瑞兆。⑤联珠:指金、木、水、火、土五星成一直线,亦为国家的瑞兆。⑥提瓮:提瓦罐打水。当垆(lú):卖酒。⑦仰高:抬头就能看见太阳,故曰日近。⑧歆、向:西汉刘向、刘歆父子曾读书于二酉山,后为目录学家。⑨机、云:西晋文学家陆机、陆云兄弟。三吴:吴郡、吴兴郡、会稽郡,此泛指江东。⑩祖饯:祖,传说黄帝子名累祖。饯:祭祀累祖,累祖为行神,古人出门必祭之。"饯行"即由此而来。

君对父,魏对吴,北岳对西湖。菜蔬对茶荈①,苣藤对菖蒲②。梅花数③,竹叶符,廷议对山呼④。两都班固赋⑤,八阵孔明图⑥。田庆紫荆堂下茂⑦,王裒青柏墓前枯⑧。出塞中郎羝有乳时归汉室⑨,质秦太子马生角日返燕都⑩。

【注释】 ①荈(chuǎn):晚采进的茶。②苣藤:即芝麻。菖蒲:草名:两者均为中药。③梅花数:梅花有五瓣,故名梅花数。④山呼:汉武帝登嵩山,闻"万岁"三呼,故称万岁为山呼。⑤班固:东汉文学家、史学家,曾作《两都赋》。⑥八阵图:传为诸葛亮所创制。⑦田庆:汉代人,兄弟三人分家,堂前紫荆枯死,三人感愧,不再分家,次日紫荆复繁茂。⑧王裒(póu):晋人,其父被杀,乃抱墓前青松号哭,松为之枯死。⑨中郎:即苏武。羝(dī):公羊。⑩质秦:指燕太子丹为秦国人质,秦王说马生角才能放他回去,太子悲,马为之生角。

八 齐

鸾对凤,犬对鸡,塞北对关西。长生对益智,老幼对旄倪①。颁竹策②,剪桐圭③,剥枣对蒸梨④。绵腰如细柳,嫩手似柔荑⑤。狡兔能穿三穴隐⑥,鹪鹩权借一枝栖⑦。角里先生策杖垂绅扶少主⑧,於陵仲子辟纑织履赖贤妻⑨。

【注释】 ①旄倪(mào ní):老幼。旄即耄,倪即儿。②颁竹策:古代授官,用竹简作策书。③剪桐圭(guī):周成王与其弟叔虞开玩笑,把一片桐叶削成圭形给他说:我封地给你。史官立即请求择日赐封,成王说:我是开玩笑而已。史官说:天子无戏言!成王只好把叔虞封于唐。圭:用作符信的玉器。④剥枣:《诗经》云:"八月剥枣",苏轼迷惑不解,谓枣何须剥?后贬官在外,遇一茅舍,与其老妇闲谈,问其夫何在,说:外出剥枣,等老汉回家,苏轼方知他是去扑枣。原来"剥",也有"打、击"的意思，与"扑"相通。蒸梨：孔子的学生曾参对后母极孝顺，后母命曾参妻蒸梨，但未蒸熟。曾参认为妻子不孝，罪不可饶恕，于是休之。⑤荑(tí)：植物初生的叶和芽。⑥狡兔：战国时齐国贵族孟尝君，有一个门客叫冯谖，为孟尝君进策说：狡猾的兔子有三个洞窟才能安全，现在您已有一窟，让我再为您修二窟，这样才能高枕无忧。⑦鹪鹩(jiāo liáo)：鸟名，大如鸡卵。⑧角里：汉代隐居商山的四个老人，号角里先生，后下山辅佐太子。策杖：拄拐杖。角：读 lù。⑨於(wū)陵：战国齐人陈仲子，逃到楚国，居于於陵号於陵仲子。楚王请他作宰相，他却与妻子逃走了。纑(lú)：麻缕之意。辟：分开。

鸣对吠，泛对栖，燕语对莺啼。珊瑚对玛瑙，琥珀对玻璃①。绛县老②，伯州犁③，测蠡对然犀④。榆槐堪作荫，桃李自成蹊⑤。投巫救女西门豹⑥，赁浣逢妻百里奚⑦。阙里门墙陋巷规模原不陋⑧，隋堤基址迷楼踪迹亦全迷⑨。

【注释】 ①玻璃：天然水晶石，非今天的玻璃。②绛县老：晋国绛县的老人。③伯州犁：楚国人。④测蠡(lí)：用瓢测量海水多少。蠡，瓢。犀：这里指犀牛角。晋代温峤，到一河边，相传水底下有怪物，温峤叫人点燃犀牛角去照水，看见底下有很多奇形怪状的水生怪物。⑤桃李句：指做事实际，不尚虚声，或指为人真诚，自能感动别人。蹊：小路。⑥投巫：战国魏人西门豹治邺，将女巫投入河中，使其不再为害百姓。⑦赁浣：百里奚为秦国宰相，雇了一名洗衣女子，原来是他的妻子。浣(huàn)：洗涤。⑧阙里：孔子授徒之所。孔子故里也称阙里。门墙：师门。⑨隋堤：隋炀帝开运河，沿河筑堤，号隋堤。迷楼：隋炀帝游江都，建楼阁，整日游玩，取名"迷楼"。

越对赵，楚对齐，柳岸对桃溪。纱窗对绣户，画阁对香闺。修月斧，上天梯①，蝃蛛对虹蜺②。行乐游春圃，工谀病夏畦③。李广不封空射虎④，魏明得立为存麑⑤。按辔徐行细柳功成劳王敬⑥，闻声稍卧临泾名震止儿啼⑦。

【注释】 ①上天梯：传说古时有"建木树"，上达天庭，为各方天帝上下的天梯。②蝃蛛(dì dòng)：虹的别称。蜺：同霓，虹的一种。③工谀：精于奉承。夏畦：夏天田里的劳作者。④李广：汉代名将，见石以为虎，引弓射之，中石没羽。⑤魏明：曹魏曹丕之子，幼随父出猎，文帝射中母鹿，叫魏明帝射幼鹿，明帝说其母已死，不忍心杀它，曹丕认为他仁厚，遂立为太子，后为帝，称明帝。麑：小鹿。⑥按辔：汉文帝时，大将周亚夫驻军细柳，军队严整，连文帝入营也得勒马缓行。⑦闻声：唐大将郭子仪镇守原州,吐蕃(今西藏)不敢越过临泾,并以郭子仪名字吓止小儿夜哭。

九 佳

门对户①,陌对街②,枝叶对根荄③。斗鸡对挥麈④,凤髻对鸾钗。登楚岫⑤,渡秦淮⑥,子犯对夫差⑦。石鼎龙头缩,银筝雁翅排。百年诗礼延余庆,万里风云入壮怀。能辨名伦死矣野哉悲季路⑧,不由缺窦生乎愚也有高柴⑨。

【注释】 ①户:门。②陌:田间小路。③荄(gāi):草根。④斗鸡:古代的动物游戏。挥麈:挥动麈尾扇,魏晋清谈时的风尚。⑤岫(xiù):山峰。⑥秦淮:水名,在今南京市。⑦子犯:春秋晋国狐偃,字子犯。夫差:吴王。⑧季路:孔子学生,名子路,曾在卫国为官,值卫国内乱,厮杀中子路系帽子的带子断了,子路放下兵器系带子,说:君子死而冠不免,后被杀。⑨不由句:孔子学生子羔在卫国当官,曾施刖刑,后卫国内乱,子羔逃到城门口,门已关闭,守门者恰是受刖刑者,告诉他:那边城墙有缺口,子羔说:君子不逾墙,刖者说:那边有洞,子羔说:君子不钻洞,刖者最后让他躲进屋里,逃脱追击。高柴:即子羔。

冠对履①,袜对鞋,海角对天涯。鸡人对虎旅②,六市对三阶③。陈俎豆,戏堆埋④,皎皎对皑皑。贤相聚东阁⑤,良朋集小斋。梦里山川书越绝⑥,枕边风月记齐谐⑦。三径萧疏彭泽高风怡五柳⑧,六朝华贵琅琊佳气种三槐⑨。

【注释】 ①履:鞋子。②鸡人:报晓之官。虎旅:虎贲之旅,精锐士兵。③六市:市楼六星。市楼:星座名。三阶:星名,即三台。④陈俎豆、戏堆埋:孟子幼时家居近墓地,孟子便常仿效葬礼为戏(即戏堆埋),后迁到街市住,孟子又学买卖的活儿,后又迁到学校附近住,孟子便学习礼仪。俎豆,礼器。⑤东阁:西汉丞相公孙弘开东阁,用自己的俸禄供养宾客,家无余财。⑥梦里:东汉袁康撰《越绝书》,记春秋时吴越二国功史,杂采传闻异说。⑦齐谐:一种志怪书。枕边:亦书名,古有《枕中记》,多异闻传说。⑧五柳:指陶渊明。⑨六朝:琅琊王氏世为六朝高门士族,其祖王佑曾植三槐,说吾后世,当有为三公者。

勤对剑,巧对乖①,水榭对山斋。冰桃对雪藕,漏箭对更牌②。寒翠袖,贵荆钗③,慷慨对诙谐④。竹径风声籁⑤,花溪月影筛。携囊佳韵随时贮⑥,荷锄沉酣到处埋⑦。江海孤踪雪浪风涛惊旅梦,乡关万

里烟峦云树切归怀。

【注释】①巧乖:伪诈与违背。②漏箭:古代计时器,有小孔之水壶,计水漏出多少为准。更牌:半夜报时的木牌。③荆钗:以荆条做的头钗。④诙谐:戏谑、和协。⑤籁(lài):一种三孔管乐器。⑥贮:收集。⑦荷锄:晋人刘伶纵酒,出行令仆扛铁锹相随,说:死便埋我。

　　杞对梓,桧对楷,水泊对山崖。舞裙对歌袖,玉陛对瑶阶①。风入袂②,月盈怀,虎兕对狼豺③。马融堂上帐④,羊侃水中斋⑤。北面黉宫宜拾芥⑥,东巡岱岭定燔柴⑦。锦缆春江横笛洞箫通碧落⑧,华灯夜月遗簪堕翠遍香街⑨。

【注释】①陛:台阶。②袂(mèi):衣袖。③兕(sì):雌性犀牛。④马融:汉代人,授课于堂后设纱帐。⑤羊侃:南朝人,曾宴游水中。⑥黉宫:即学宫。芥:草芥。⑦东巡:古帝王东巡泰山,必烧柴祭天。⑧碧落:九天。⑨华灯:中秋之夜,街市热闹非凡,妇女出门看灯,首饰遗落遍街。

十 灰

　　春对夏,喜对哀,大手对长才①。风清对月朗,地阔对天开。游阆苑②,醉蓬莱③,七政对三台④。青龙壶老杖⑤,白燕玉人钗⑥。香风十里望仙阁⑦,月明一天思子台⑧。玉橘冰桃王母几因求道降⑨,莲舟藜杖真人原为读书来⑩。

【注释】①大手:大手笔,大著作。②阆苑:西王母的仙境。③蓬莱:三神山之一。④七政:日、月、金、木、水、火、土。三台:即三公。⑤青龙壶:东汉一老人卖药,休息时即钻进药壶里去,其杖能化为龙。⑥玉人钗:汉武帝时有神女留玉钗与帝,帝赐与宠姬,后化为白燕飞走。⑦望仙阁:南朝陈后主所建。⑧思子台:汉武帝听谗言杀太子,后知是冤,建思子台以寄哀思。⑨王母:西王母降汉武帝宫中,请帝食用玉橘、冰桃、雪藕等。⑩莲舟:汉代刘向校书天禄阁,真人乘莲舟而至,燃藜杖为其照明。

　　朝对暮,去对来,庶矣对康哉①。马肝对鸡肋②,杏眼对桃腮。佳兴适,好怀开,朔雪对春雷。云移鸸鹋观③,日晒凤凰台④。河边淑气迎芳草,林下轻风待落梅。柳媚花明燕语莺声浑是笑,松号柏舞猿啼鹤唳总成哀⑤。

【注释】　①庶：富庶。康：平安。②鸡肋：鸡的肋骨，形容无价值之物。③鹓（zhī）鹊观：汉武帝时，条支国进奉贡物，有鸟名鹓鹊，高七尺，后武帝建观于甘泉宫。④凤凰台：三国吴孙权所建，位于今湖北鄂城。⑤唳（lì）：鹤鸣声。

忠对信，博对赅①，忖度对疑猜②。香消对烛暗，鹊喜对蛩哀③。金花报④，玉镜台⑤，倒斝对衔杯⑥。岩巅横老树，石磴覆苍苔。雪满山中高士卧，月明树下美人来⑦。绿柳沿堤皆苏子来时种⑧，碧桃满观尽是刘郎去后栽⑨。

【注释】　①赅（gāi）：完备。②忖度（duó）：揣量。③蛩（qióng）：蟋蟀。④金花报：状元及第，寄家信报喜，曰金花报，因状元冠上饰金花而名。⑤玉镜台：晋人温峤娶妻，以玉镜台为聘。⑥斝（jiǎ）：酒器。⑦月明：隋人赵师雄过罗浮山，一美妇出迎共饮，赵醉，醒来时，乃在大树下，已是月夜了。⑧苏子：苏轼在西湖沿堤植柳，号苏堤。⑨刘郎：唐刘禹锡有诗云："玄都观里桃千树，尽是刘郎去后栽。"刘郎，刘禹锡自称。

十一　真

莲对菊，凤对麟，浊富对清贫。渔庄对佛舍，松盖对花茵①。萝月叟②，葛天民③，国宝对家珍。草迎金埒马④，花醉玉楼人。巢燕三春尝唤友，塞鸿八月始来宾⑤。古往今来谁见泰山曾作砺⑥，天长地久人传沧海几扬尘⑦。

【注释】　①盖：伞。茵：草垫。②萝月：藤萝中的月光。③葛天：上古部落名。④埒（liè）：界限。金埒，用铜钱作埒。⑤塞：边塞。⑥砺：磨刀石，意思是说，即使时代变更，但泰山仍是泰山，不会变得像刀石一样。⑦扬尘：激起尘土，指海干涸。

兄对弟，吏对民，父子对君臣。勾丁对甫甲①，赴卯对同寅②。折桂客③，簪花人④，四皓对三仁⑤。王乔云外舄⑥，郭泰雨中巾⑦。人交好友求三益⑧，士有贤妻备五伦⑨。文教南宣武帝平蛮开百越⑩，义旗西指韩侯扶汉卷三秦⑪。

【注释】　①勾：拘拿。丁：成年男子。勾丁：衙门差役。甫甲：甲首。甫，始。②赴卯：前去办公，古代官署办公自卯时开始。同寅：官场中对同僚的称呼。寅，敬。

③折桂:科举及第。④簪花人:状元,状元冠饰金花故名。⑤三仁:殷末三贤士:微子、箕子、比干。⑥王乔:东汉人。舄(xì):鞋子。⑦郭泰:东汉名士。⑧三益:古人认为交友要"友直、友谅、友多闻",称为三益。⑨五伦:古以君臣、父子、夫妇、兄弟、朋友为"五伦",亦称"五常"。⑩武帝:汉武帝平定南越国。⑪韩侯:韩信,助汉攻下关中(即三秦)。

申对午①,侃对訚②,阿魏对茵陈③。楚兰对湘芷④,碧柳对青筠⑤。花馥馥⑥,草蓁蓁⑦,粉颈对朱唇。曹公奸似鬼⑧,尧帝智如神。南阮才郎差北富⑨,东邻丑女效西颦⑩。色艳北堂草号忘忧忧甚事,香浓南国花名含笑笑何人。

【注释】 ①申、午:天干中的一位。②侃:从容不迫状。訚(yīn):和悦貌。③魏、陈:春秋战国时期的侯国。④兰、芷(zhǐ):均为香草。⑤筠(yún):竹子。⑥馥(fù):香气。⑦蓁(zhēn):草木茂盛状。⑧曹公:曹操。⑨南阮:晋代洛阳阮氏,居南者贫而有才。⑩颦(pín):皱眉,即东施效颦之典。

十二 文

忧对喜,戚对欣①,五典对三坟②。佛经对仙语,夏耨对春耘③。烹早韭,剪春芹,暮雨对朝云。竹间斜白接④,花下醉红裙。掌握灵符五岳箓,腰悬宝剑七星纹⑥。金锁未开上相趋听更漏永⑦,珠帘半卷群僚仰对御炉薰⑧。

【注释】 ①戚:悲伤。②五典、三坟:上古典籍。③耨、耘:锄草。④白接:白色头巾。⑤箓(lù):道士所用的符箓,用以镇邪驱鬼。⑥七星纹:北斗七星图。⑦漏永:报时声的漫长,早晨宰相手拿板器待上朝,倾听宫漏报时声,在清晨中显得更漫长。⑧炉:香炉。薰:香料,此指香。

词对赋,懒对勤,类聚对群分①。鸾箫对凤笛,带草对香芸②。燕许笔③,韩柳文④,旧话对新闻。赫赫周南董⑤,翩翩晋右军⑥。六国说成苏子贵⑦,两京收复郭公勋⑧。汉阙陈书侃侃忠言推贾谊⑨,唐廷对策岩岩直谏有刘蕡⑩。

【注释】 ①类聚、群分:出自典故"物以类聚,兽以群分"。②带草:即书带草。香芸:一种香草。③燕许笔:唐代张说,封燕国公;苏颋封许国公,均为大手笔,故曰燕许笔。④韩柳：唐代韩愈、柳宗元。⑤周南董：东周时的南史和董狐，均为直笔不讳的史官。⑥右军：东晋王羲之，曾为右军将军。⑦苏子：战国游说家苏秦。⑧郭公：唐代郭子仪，平定安史之乱，收复长安、洛阳两京。⑨贾谊：西汉人，曾上《治安策》。⑩刘蒉(fén)：唐人，参试对策，直言政事。

言对笑，绩对勋，鹿豸对羊羵①。星冠对月扇，把袂对书裙②。汤伐葛③，说兴殷④，萝月对松云⑤。西池青鸟使⑥，北塞黑鸦军⑦。文武成康为一代⑧，魏吴蜀汉定三分⑨。桂苑秋宵明月三杯邀釉客⑩，松亭夏日薰风一曲奏桐君⑪。

【注释】 ①羵(fén)：怪羊，雌雄不分。②把袂：指荆轲刺秦王事。袂(mèi)，袖子。书裙：晋人羊欣，王羲之爱其才，在他昼卧时，书其白练裙，羊欣后书法大进。③汤伐葛：商汤以葛国为借口，灭葛国进而征夏桀。④说兴殷：商大臣伊尹进《说命》，使商兴盛。⑤萝月：藤萝中的月光。⑥西池：西王母的瑶池。⑦黑鸦军：唐末边塞守军皆穿黑衣，号"黑鸦军"。⑧文武成康：周朝天子。⑨三分：指三国鼎立。⑩釉客：酒之别称。⑪薰：香。桐君：即琴。

十三 元

卑对长，季对昆①，永巷对长门。山亭对水阁，旅舍对军屯。杨子渡②，谢公墩③，德重对年尊。承乾对出震④，叠坎对重坤⑤。志士报君思犬马⑥，仁王养老察鸡豚。远水平沙有客泛舟桃叶渡⑦，斜风细雨何人携榼杏花树⑧。

【注释】 ①季、昆：弟、兄。②杨子：隋大臣杨素，渡长江灭陈之渡口。③谢公：传为东晋谢安，在金陵登望处。④乾、震：八卦名。⑤坎、坤：亦为八卦名。⑥犬马：意即"思报犬马之劳"。⑦桃叶：东晋王献之的妾。⑧榼(kē)：酒具。杏花村：泛指村野中的酒家，有诗云：借问酒家何处有，牧童遥指杏花村。

君对相，祖对孙，夕照对朝暾①。兰台对桂殿，海岛对山村。碑坠泪②，赋招魂③，报怨对怀恩。陵埋金吐气④，田种玉生根⑤。相府珠帘垂白昼，边城画阁动黄昏。枫叶半山秋去烟霞堪倚杖，梨花满地夜来风雨不开门。

【注释】 ①暾(tūn)：刚出来的太阳。②坠泪：落下眼泪。③招魂：屈原有《招

魂》赋。④埋金：秦始皇曾埋金于金陵钟山，以镇王气。⑤种玉：相传古人种石得玉。

十四　寒

　　家对国，治对安①，地主对天官。坎男对离女②，周诰对殷盘③。三三暖④，九九寒⑤，杜撰对包弹⑥。古壁蛩声匝⑦，闲亭鹤影单。燕出帘边春寂寂，莺闻枕上漏珊珊⑧。池柳烟飘日夕郎归青锁闼⑨，切花雨过月明人倚玉栏干。

　　【注释】　①治：即平安。②坎、离：八卦名。③诰、盘：《尚书》中有数篇"周诰"，有《盘庚》一篇。④三三：上巳之日。⑤九九：节气名，三九寒天之意。⑥杜撰：古人杜默做诗不按格律，后人称无根据地编造为杜撰。包弹：包拯为官，铁面无私。⑦蛩：蟋蟀。匝：环绕。⑧珊珊：形容舒缓的滴漏之声。⑨闼：门。

　　肥对瘦，窄对宽，黄犬对青鸾。指环对腰带，洗砚对投竿①。诛佞剑②，进贤冠，画栋对雕栏。双垂白玉箸③，九转紫金丹④。陕右棠高怀召伯⑤，河南花满忆潘安⑥。陌上芳春弱柳当风披彩线，池中清晓碧荷承露捧珠盘。

　　【注释】　①洗砚：王羲之习字洗砚，把池水全洗黑了。投竿：垂钓。②佞(nìng)：佞臣。③箸(zhù)：筷子。④九转：九次循环，道士炼丹，以九转为贵。⑤陕右：即陕西，古时以右为西。⑥河南：西晋潘岳曾为河阳令，种花很多。

　　行对卧，听对看，鹿洞对鱼滩。蛟腾对豹变①，虎踞对龙蟠。风凛凛，雪漫漫，手辣对心酸。莺莺对燕燕②，小小对端端③。蓝水远从千涧落，玉山高并两峰寒。至圣不凡嬉戏六龄陈俎豆④，老莱大孝承欢七衮舞斑斓⑤。

　　【注释】　①豹变：豹纹的变化。②莺、燕：钱塘范十二郎有二女，名莺莺、燕燕。③小小、端端：古代名妓。④至圣：孔子，6岁即学习礼仪。俎、豆：礼器。陈：陈设。⑤老莱：老莱子，古代大寿之人，为博双亲一笑，70多岁了还学儿童嬉戏。斓(lán)：衣服。

十五　删

　　林对坞①，岭对峦②，昼永对春闲③。谋深对望重，任大对途艰。

裙袅袅④，佩珊珊⑤，守塞对当关。密云千里合，新月一钩弯。叔宝君臣皆纵逸⑥，重华父母是嚣顽⑦。名动帝畿西蜀三苏来日下⑧，壮游京洛东吴二陆起云间⑨。

【注释】　①坞：周围高，中间低的地方。②峦：连绵的山。③永：漫长。④袅(niǎo)：柔和飘逸状。⑤佩：古人常于腰带上悬挂玉类装饰物。⑥叔宝：南朝陈后主，君臣荒淫无度。⑦重华：舜的别名，其父母曾欲害之，故曰嚣顽。⑧三苏：四川人苏洵、苏轼、苏辙父子三人。⑨二陆：晋代文学家陆机、陆云兄弟。

　　临对仿①，咨对悭，讨逆对平蛮。忠肝对义胆，雾发对云鬟②。埋笔冢③，烂柯山④，月貌对天颜⑤。龙潜终得跃，鸟倦亦知还。陇树飞来鹦鹉绿，池筠密处鹧鸪斑。秋露横江苏子月明游赤壁⑥，冻雪迷岭韩公雪拥过蓝关⑦。

【注释】　①临、仿：临摹、仿效。②鬟(huān)：环形发髻。③埋笔：古人习字，积秃笔十八瓮，埋之成冢。④柯：斧柄。⑤月貌：美人容貌。天颜：天子容颜。⑥苏子：苏东坡贬黄州，游赤壁，作《赤壁赋》。⑦韩公：韩愈因上表谏迎佛骨事得罪，贬广东潮州。至陕南蓝田，侄孙赶来相见，韩愈赋诗云：云横秦岭家何在？雪拥蓝关马不前。

卷 下

一 先

寒对暑,日对年,蹴踘对鞦韆①。丹山对碧水,淡雨对覃烟②。歌宛转,貌婵娟,雪鼓对云笺。荒芦栖南雁,疏柳噪秋蝉。洗耳尚逢高士笑③,折腰肯受小儿怜④。郭泰泛舟折角半垂梅子雨⑤,山涛骑马接羅倒着杏花天⑥。

【注释】 ①蹴(cù):踩。踘(jù):皮球。鞦韆:即秋千。②覃(tān):浓、深。③洗耳:许由不欲仕,听了尧请其当九州长的话后,即到颖水洗耳,被隐士巢文笑话他。④折腰:陶渊明为官不肯为五斗米折腰。⑤郭泰:东汉末年的名士。⑥山涛:魏晋"竹林七贤"之一。

轻对重,脆对坚,碧玉对青钱①。郊寒对岛瘦②,酒圣对诗仙③。依玉树④,步金莲⑤,凿井对耕田。杜甫清宵立⑥,边韶白昼眠⑦。豪饮客吞波底月,酣游人醉水中天。斗草青郊几行宝马嘶金勒,看花紫陌千里香车拥翠钿⑧。

【注释】 ①青钱:铜钱。②郊、岛:唐代诗人孟郊、贾岛。③诗仙:指李白。④依玉树:杜甫有诗云:"皎如玉树临风前",称赞崔字之的潇洒。⑤金莲:南朝齐帝以黄金制莲花贴地,供妃子步行其上。⑥杜甫:其诗云:思家步月清宵立。⑦边韶:东汉人,爱白天睡觉。⑧钿(diàn):以金翠珠宝等制成的首饰。

吟对咏,授对传,乐矣对凄然。风鹏对雪雁,董杏对周莲①。春九十②,岁三千③,钟鼓对管弦。入山逢宰相④,无事即神仙。霞映武陵桃淡淡⑤,烟荒隋堤柳绵绵⑥。七碗月团啜罢清风生腋下⑦,三杯云液饮余红雨晕腮边。

【注释】 ①董杏:三周吴人董奉,为人治病不取钱,令病者种杏即可,不数年,便杏林成片。周莲:宋周敦颐喜爱莲花,撰有《爱莲说》。②春九十:深春。③岁三千:传说西王母蟠桃三千年一熟。④宰相:即南朝陶弘景。⑤武陵:在今湖南,陶渊明《桃花源记》中谓武陵渔人捕鱼,误入桃花源。⑥隋堤:隋炀帝开运河筑堤植树。⑦月团:茶名。啜(chuò):喝。

中对外，后对先，树下对花前。玉柱对金屋，叠嶂对平川①。孙子策，祖生鞭②，盛席对华筵。解醉知茶力，消愁识酒权。丝剪芰荷开冻沼③，锦妆凫雁泛温泉④。帝女衔石海中遗魄为精卫⑤，蜀王叫月枝上游魂化杜鹃⑥。

【注释】　①嶂：山嶂。②祖生：指东晋祖逖，曾欲收复黄河流域。③芰(jì)荷：出水的荷。④凫：野鸭。⑤精卫：一种神鸟，曾想到西山衔石填平东海。⑥蜀王：杜宇，曾变为子规鸟返回故土，又叫杜鹃。

二 萧

琴对管，斧对瓢，水怪对花妖。秋声对春色，白缣对红绡①。臣五代②，事之朝③，斗柄对弓腰。醉客歌金缕④，佳人品玉箫。风定落花闲不扫，霜余残叶湿难烧。千载兴周尚父一竿投渭水⑤，百年霸越钱王万弩射江潮⑥。

【注释】　①缣(jiān)：细绢。绡：绸子。②臣五代：冯道曾在后唐、后晋、后辽、后汉、后周五代为臣。③事：事奉。④金缕：用黄金做的线，此指曲名。⑤尚父：即姜太公。⑥百年：五代十国时，吴越王钱镠，令兵士万弩齐射钱塘江的海潮，潮水退。

荣对悴，夕对朝，露地对云霄。商彝对周鼎①，殷濩对虞韶②。樊素口③，小蛮腰④，六诏对三苗⑤。朝天车奕奕⑥，出塞马萧萧⑦。公子幽兰重泛舸⑧，王孙芳草重联镳⑨。潘岳高怀曾向秋天吟蟋蟀⑩，王维清兴尝于雪夜画芭蕉⑪。

【注释】　①彝(yí)：青铜器。②濩(huò)：古乐名。韶：亦乐名。③樊素：白居易小妾，善唱歌。④小蛮：白居易妾，善舞。⑤六诏：云南古代民族，后为南诏统一。三苗：古代苗族。⑥奕奕：明亮。⑦萧萧：马鸣叫的声音。⑧幽兰：贵族子弟。舸：大船。⑨镳(biāo)：马嚼子。⑩潘岳：晋人，曾作《蟋蟀赋》。⑪王维：唐诗人、画家，曾画雪中芭蕉。

耕对读，牧对樵，琥珀对琼瑶。兔毫对鸿爪①，桂楫对兰桡②。鱼潜藻，鹿藏蕉③，水远对山遥。湘灵能鼓瑟④，嬴女解吹箫⑤。雪点寒梅横小院，风吹弱柳覆平桥。月牖通宵绛蜡罡时光不减⑥，风帘当

昼雕盘停后篆难消⑦。

【注释】 ①兔毫:毛笔。鸿爪:鸿(大雁)的爪印。②楫:船桨。桡(ráo):船桨。③鹿藏蕉:有人打柴,打死一只鹿,埋地中,上覆芭蕉,后竟不知处所。④湘灵:湘水女神。⑤嬴女:秦国女子,因秦王姓嬴,故名。⑥绛(jiàng):深红色。⑦雕盘:彩饰的盘香。篆:香的烟缕。

三 肴

诗对礼①,卦对爻②,燕引对莺调③。晨钟对暮鼓,野馔对山肴。雉方乳④,鹊始巢⑤,猛虎对神獒⑥。疏星浮荇叶⑦,皓月上松梢。为邦自古推瑚琏⑧,从政于今愧斗筲⑨。管鲍相知能交忘形胶漆友⑩,蔺廉有隙终为刎颈生死交⑪。

【注释】 ①诗、礼:《诗经》《礼记》。②爻:组成八卦的符号。③引:古乐曲体裁,这里指鸟叫声。④雉方乳:野鸡刚孵出小鸡。⑤巢:筑窝。⑥獒(áo):凶猛的狗。⑦荇(xìng):一种水生草。⑧瑚琏:古代的礼器,这里有建国执政的意义。⑨斗筲(shāo):都是较小的容器,意指才疏学浅。⑩管鲍:管仲与鲍叔。⑪蔺廉:蔺相如、廉颇。

歌对舞,笑对嘲,面晤对神交①。焉乌对亥豕②,獭髓对鸾胶③。宜久敬,莫轻抛,一气对同胞④。祭遵甘布被⑤,张禄念绨袍⑥。花径风来逢客访,柴扉月到有僧敲。夜雨园中一颗不雕王子柰⑦,秋风江上三重曾卷杜公茅⑧。

【注释】 ①神交:未见面而能心神沟通。②焉乌、亥豕:形近,古人常写错的字。③獭髓:补药。鸾胶:能续接断弦。④一气:意指精神专一。⑤祭遵:汉光武帝的大将,祭读 zhài。甘:心甘情愿。⑥张禄:战国魏国人范雎的化名。绨(tī):一种丝织品,范雎曾被须贾诬陷,被打断肋骨,后到秦国,任宰相。一次须贾出使到秦,范雎私下去见,须贾不知范为相,见寒贫,乃以自己的绨袍赠之。所以范雎后来免其死。⑦王子:西晋人王祥。柰(nài):柰子,苹果的一种。⑧杜公:杜甫,有《茅屋为秋风所破歌》诗。

衙对舍,廪对庖①,玉磬对金铙②。竹林对梅岭③,起风对腾蛟④。鲛绡帐⑤,兽锦袍⑥,露果对风梢。扬州输橘柚,荆土贡菁茅。断蛇埋地称孙叔⑧,渡蚁作桥识宋郊⑨。好梦难成蛩响阶前偏唧唧⑩,良

朋远到鸡声窗外正嘐嘐⑪。

【注释】 ①廪(lǐn)：谷仓。庖：厨房。②磬：石制乐器。③竹林：魏晋竹林七贤。梅岭：岭南五岭之一。④起风句：比喻有才华。⑤鲛绡：相传南海有鲛人，能于海底织绢。⑥兽锦：绣有神兽的锦。⑦输：输送、进贡。⑧孙叔：楚国人孙叔敖。听传说见两头蛇者会死，他见而速将其杀而埋之，后官至楚相。⑨宋郊：宋朝人，见蚂蚁淹水中，便救活之，后为状元。⑩唧唧(jī jī)：蟋蟀叫声。⑪嘐嘐(jiāo jiāo)：鸡鸣之声。

四　豪

荽对茨①，荻对蒿②，山麓对江皋③。莺簧对蝶板④，麦浪对松涛。骐骥足⑤，凤凰毛，美誉对嘉褒。文人窥蠹简⑥，学士书兔毫⑦。马援南征载薏苡⑧，张骞西使进葡萄⑨。辩口悬河万语千言常亹亹⑩，词源倒峡连篇累牍自滔滔⑪。

【注释】 ①荽：一种植物。茨：蒺藜。②荻：草本植物。③麓：山脚。皋：水边高地。④簧、板：均为乐器。⑤骐骥：骏马。⑥蠹(dù)：虫子。简：竹简，被虫蛀，喻其古老。⑦兔毫：毛笔。⑧薏苡：草药，可以除瘴气、轻身。⑨葡萄：产西域。⑩亹(wěi)：不疲倦。⑪牍：书籍，文书。

梅对杏，李对桃，械朴对旌旄①。酒仙对诗史②，德泽对恩膏。悬一榻，梦三刀③，拙逸对贵劳。玉堂花烛绕，金殿月轮高。孤山看鹤盘云下，蜀道闻猿向月号。万事从人有花有酒应自乐，百年皆客一丘一壑尽吾豪④。

【注释】 ①械(yù)、朴(pò)：树名。旌旄(máo)：旗子。②酒仙：李白。诗史：杜甫。③三刀：晋时王濬夜梦三刀悬于梁，后又益一刀。三刀即州字，后为益州刺史。④百年：语出李白诗文，指事物消逝。豪：壮志。

台对省①，署对曹②，分袂对同袍③。鸣琴对击剑，返辙对回艖④。良借箸⑤，操捉刀⑥，香茶对醇醪⑦。滴泉归海大，篑土积山高⑧。石宝客来煎雀舌⑨，画堂宾至饮羊羔⑩。被谪贾生湘水凄凉吟鵩鸟⑪，遭谗屈子江潭憔悴著离骚⑫。

【注释】　①台、省：指三台、三省，宰相机构。②署、曹：台、省下面的属官。③袂：衣袖。④艖(cáo)：船。⑤良：张良。箸(zhù)：筷子。⑥操捉刀：曹操时，匈奴使者求见，曹操仪容不伟，使崔琰代之，自己提刀充侍卫，后曹操使人问匈奴使者，魏王何如？使者说：捉刀人乃英雄也！⑦醇(chún)：纯酒。⑧篑(kuì)：竹筐。⑨雀舌：茶叶名。⑩羊羔：酒名。⑪贾生：贾谊。⑫屈子：屈原。

五　歌

微对巨，少对多，直干对平柯①。蜂媒对蝶使，雨笠对烟蓑。眉淡扫。面微酡②，妙舞对清歌。轻衫裁夏葛，薄袂剪春萝。将相兼行唐李靖③，霸王杂用汉萧何④。月本阴精岂有羿妻曾窃药⑤，星为夜宿浪传织女漫投梭⑥。

【注释】　①干、柯：树干与树枝。②酡(tuó)：脸红。③李靖：唐初功臣，位兼大将与宰相。④萧何：刘邦功臣。霸王：取得霸业。⑤窃药：后羿妻嫦娥窃食不老药，飞升月中。⑥宿(xiù)：星宿。投梭：织布。

慈对善，虐对苛，缥缈对婆娑①。长杨对细柳，嫩蕊对寒莎。追风马，挽日戈②，玉液对金波。紫诏衔丹凤，黄庭换白鹅③。画阁江城梅作调，兰舟野渡竹为歌。门外雪飞错认空中飘柳絮④，岩边瀑响误疑天半落银河⑤。

【注释】　①婆娑(suō)：飘逸宛转状。②挽日戈：即挥戈退日。③黄庭：道经《黄庭经》，王羲之代写道经，道士赏以白鹅。④门外句：诗句"白雪纷纷何相似，未若柳絮因风起"。⑤银河句：李白"飞流直下三千尺，疑是银河落九天"。

松对竹，荇对荷①，薜荔对藤萝②。梯云对步月，樵唱对渔歌。升鼎雉③，听经鹅④，北海对东坡⑤。吴郎哀废宅⑥，邵子乐行窝⑦。丽水良金皆待治，昆山美玉总须磨。雨过皇州琉璃色灿华清瓦⑧，风来帝苑荷芰香飘太液波⑨。

【注释】 ①荇(xìng)：水生植物。②薜(bì)荔：木莲，是一种香草。③升鼎雉：祭祀时有雄鸟升到庙鼎而鸣。④听经鹅：相传僧人的鹅能听经。⑤北海：汉末孔融，曾为北海相。⑥吴郎：唐代吴融。《废宅》：吴郎诗篇名。⑦邵子：宋代人邵雍，有安乐窝。⑧华清：唐代华清宫。⑨太液：汉唐时长安的太液池。

笼对槛，巢对窝，及第对登科①。冰清对玉润，地利对人和。韩擒虎②，荣驾鹅③，青女对素娥④。破头朱泚笏⑤，折齿谢鲲梭⑥。留客酒杯应恨少，动人诗句不须多。绿野凝烟但听村前双牧笛，沧江积雪惟看滩上一渔蓑。

【注释】 ①及第：科举应试中选。登科：及第后由吏部复试，获中，方称登科。②韩擒虎：隋大将，灭陈。③荣驾鹅：春秋鲁国大夫。④青女：霜神。素娥：嫦娥。⑤朱泚：唐人，发动兵变，被人击破头部。⑥谢鲲：晋代文士，调戏邻居女，被女子用梭子打掉牙齿。

六 麻

清对浊，美对嘉，鄙吝对矜夸。花须对柳眼，屋角对檐牙。志和宅①，博望槎②，秋实对春华③。乾炉烹白雪，坤鼎炼丹砂。深宵望冷沙场月，边塞听残野戍笳。满院松风钟声隐隐为僧舍，半窗花月锡影依依是道家④。

【注释】 ①志和：唐代张志和。②博望：张骞，被封为博望侯。槎：木筏。③华：即花。④锡：道士的袍子。

雷对电，雾对霞，蚁阵对蜂衙。寄梅对怀橘，酿酒对烹茶。宜男草①，益母花②，杨柳对蒹葭③。班姬辞帝辇④，蔡琰泣胡笳⑤。舞榭歌楼千万尺，竹篱茅舍两三家。珊枕半床月明时梦飞塞外，银筝一奏花落处人在天涯。

【注释】 ①宜男草：草药。②益母花：亦植物名。③蒹(jiān)：芦苇。葭(jiā)：初生芦苇。④班姬：汉成帝游后苑，命班姬同车，班姬辞不敢。班姬：即班固之妹。⑤蔡琰(yǎn)：即蔡文姬，汉末文学家蔡邕之女，被掳到匈奴，作《胡笳十八拍》，凄凉感人。

「中华蒙学精华」

圆对缺，正对斜，笑语对咨嗟①。沈腰对潘鬓②，孟笋对卢茶③。百舌鸟，两头蛇，帝里对仙家。尧仁敷率土④，舜德被流沙⑤。桥上授书曾纳履⑥，壁间题句已笼纱⑦。远塞迢迢露碛风沙何可极⑧，长沙渺渺雪涛烟浪信无涯。

【注释】 ①咨嗟：叹息。②沈腰：南朝沈约，得不到重用，心情不佳，日见消瘦，腰也变细了。③孟笋：三国吴人孟宗至孝，母病了想吃鲜笋，孟宗守竹而哭，竹为之生笋。卢：唐诗人卢仝好茶。④尧：古代帝王。敷：遍及。率土：四海之内。⑤舜：古代帝王。被：覆盖。流沙：沙漠，指西北地区。⑥桥上：张良曾为老人拾鞋于桥下，后老人授以《太公兵法》。⑦壁间：唐代宰相王播年青时寄食寺院，曾题诗壁上，二十年后重游寺院，诗已笼上碧纱加以保护。⑧碛(qì)：沙堆。

疏对密，朴对华，义鹘对慈鸦①。鹤群对雁阵，白苎对黄麻②。读三到③，吟八叉，肃静对喧哗。围棋兼把钓，沉李并浮瓜。羽客片时能煮石④，狐禅千劫似蒸沙⑤。党尉粗豪金帐笼香斟美酒，陶生清逸银铛融雪啜团茶⑥。

【注释】 ①义鹘(hú)：一种鹰，属猛禽。②苎(zhù)：苎麻。③三到：口到、眼到、心到。④羽客：仙人。⑤狐禅：左道，非正宗派别，指左道像蒸沙，千劫不能成饭。劫：一循环。⑥陶生：五代人陶穀。铛：金属茶具。

七 阳

台对阁，沼对塘，朝雨对夕阳。游人对隐士，谢女对秋娘①。三寸舌，九回肠，玉液对琼浆。秦皇照胆镜②，徐肇返魂香③。青萍夜啸芙蓉匣④，黄卷时摊薛荔床⑤。元亨利贞天地一机成化育⑥，仁义礼智圣贤千古立纲常。

【注释】 ①谢女：谢安侄女谢道蕴，有诗才。秋娘：杜秋娘，唐女诗人，曾作《金缕衣曲》。②照胆镜：能照见人的五脏，知病之所在。③徐肇：传说他得返魂香，薰之，能使死人复活。④青萍：剑名。⑤黄卷：书籍。⑥元亨利贞：《周易》里的卦辞。

红对白，绿对黄，昼永对更长。龙飞对凤舞，锦缆对牙樯。云弁使①，雪衣娘②，故国对他乡。雄文能徙鳄③，艳曲为求凰④。九日高峰惊落帽⑤，暮春问水喜流觞⑥。僧占名山云绕茂林藏古殿，客栖胜地风飘落叶响空廊。

【注释】①云弁使：即蜻蜓。②雪衣娘：白鹦鹉。③雄文：指韩愈的《祭鳄鱼文》，能使鳄鱼远走不伤害人。④艳曲：汉代司马相如《凤求凰》曲，招卓文君与其私奔。⑤九日：晋孟嘉九月九日登高峰，惊落帽子而不觉。⑥暮春：王羲之与文士暮春聚会。觞(shāng)：酒器。

衰对壮，弱对强，艳饰对新妆。御龙对司马①，破竹对穿杨②。读班马③，识求羊④，水色对山光。仙棋藏绿橘⑤，客枕梦黄粱⑥。池草入诗因有梦⑦，海棠带恨为无香⑧。风起画堂帘箔影翻青荇沼，月斜金井辘轳声度碧梧墙。

【注释】①司马：官名。②穿杨：即"百步穿杨"之典。③班马：指班固的《汉书》，司马迁的《史记》。④求羊：求仲、羊仲二人。⑤仙棋：相传两老人于橘子里下围棋。⑥黄粱：即"黄粱一梦"之典。⑦池草：指谢灵运作梦后方作有关池草的诗。⑧海棠句：花为美，恨之无香。

臣对子，帝对王，日月对风霜。乌台对紫府①，雪牖对云房②。香山社③，昼锦堂④，蔀屋对岩廊⑤。芬椒涂内壁⑥，文杏饰高梁⑦。贫女幸分东壁影⑧，幽人高卧北窗凉。绣阁探春丽日半笼青镜色，水亭醉夏薰风常透碧筒香。

【注释】①乌台：这里指官府。紫府：仙人所住宫殿。②云房：隐士等的住所。③香山社：白居易等九人为香山九老社。④昼锦：比喻衣锦还乡。⑤蔀(bù)屋：草席做顶的房子。⑥芬椒：后宫，为妃子所住。⑦高梁：殿堂的大梁。⑧贫女句：女贫无烛，借别人余光纺织。

八　庚

形对貌,色对声,夏邑对周京。江云对涧树,玉磬对银筝。人老老,我卿卿,晓燕对春莺。玄霜春玉杵①,白露贮金茎②。贾客君山秋弄笛③,仙人缑岭夜吹笙④。帝业独兴尽道汉高能用将⑤,父书空读谁言赵括善知兵⑥。

【注释】①玉杵:传为月宫中玉兔捣药所用。②金茎:铜柱,上为承露盘,接甘露所用。③君山:洞庭湖君山,有仙人吹笛。④仙人:周时仙人乘鹤过缑岭。⑤汉高:刘邦,善用大将韩信等。⑥赵括:赵奢之子,善谈兵书,父不能及,但没有实战经验,所谓纸上谈兵是也。

功对业,性对情,月上对云行。乘龙对附骥①,阆苑对蓬瀛②。春秋笔③,月旦评④,东作对西成⑤。隋珠光照乘⑥,和璧价连城⑦。三箭三人唐将勇⑧,一琴一鹤赵公清⑨。汉帝求贤诏访严滩逢故旧,宋廷优老年尊洛社重耆英⑩。

【注释】①附骥:依附他人以成名。骥:骏马。②阆苑:神仙住所。蓬瀛:蓬莱与瀛洲,海上仙山。③春秋:即孔子作《春秋》。④月旦评:汉末汝南名士许劭,每月朔日对本郡士人予以品评,以定高低,在古代有很大影响。⑤东作:春天耕作。西成:秋季收成。⑥隋珠:即隋侯之珠,大蛇所送。⑦和璧:即楚人卞和之玉。⑧三箭:唐将薛仁贵三箭连杀突厥三将。⑨赵公:北宋赵抃(biàn),任成都知府,带一琴一鹤自娱。⑩耆英:年老士大夫。

昏对旦,晦对明,久雨对新晴。蓼湾对花港①,竹友对梅兄。黄石叟②,丹丘生③,犬吠以鸡鸣。暮山云外断,新水有中平。半榻清风宜午梦,一犁好雨趁春耕。王旦登庸误我十年迟作相④,刘贲不第愧他多士早成名。

【注释】①蓼(liǎo):香草。②黄石叟:汉初黄石公,授张良兵法。③丹丘:神仙之地。④王旦:宋宰相,其死后,王钦若说:宰相位本归我,被王旦占了10年。

九　青

庚对甲,己对丁,魏阙对彤庭①。梅妻对鹤子,珠箔对银屏。鸳浴沼,鹭飞汀②,鸿雁对鹡鸰③。人间寿者相,天上老人星。八月好修攀桂斧④,三春须系护花铃⑤。江阁凭临一水净连天际碧,石栏闲倚群山秀向雨余青。

【注释】 ①彤(tóng)庭:朱色的中庭。②汀(tīng):水边平地。③鹡鸰(jí líng):鸟名。④八月:八月桂花盛开。斧:刀斧,折桂所用。⑤护花:作铃护花,以赶鸟类。

危对乱,泰对宁①,纳陛对趋庭②。金盘对玉箸,泛梗对浮萍③。群玉圃,众芳亭,旧典对新型④。骑牛闲读史⑤,牧豕自横经⑥。秋首田中禾颖重,春余园内菜花馨。旅次凄凉塞月江风皆惨淡⑦,筵前欢笑燕歌赵舞独娉婷⑧。

【注释】 ①泰:平安。②纳陛:是对特殊功勋者的赏赐。趋庭:恭敬地走过庭中。③泛梗:指浮泛不知所止的木梗。④型:模型、典范。⑤骑牛:西晋李密骑牛读书。⑥牧豕:西汉公孙弘少年为人放猪时,常读儒学经典。⑦旅次:途中临时住宿。⑧娉婷:姿容美丽动人。

十 蒸

萍对蓼,萧对蒋①,雁弋对鱼罾②。齐纨对鲁绮③,蜀锦对吴绫④。星渐没,日初升,九聘对三征⑤。萧何曾作吏⑥,贾岛昔为僧⑦。贤人视履循规矩,大匠挥斤校准绳⑧。野渡春风人喜乘潮移酒舫⑨,江天暮雨客愁隔岸对渔灯。

【注释】 ①蒋(jiǎo):菱角。②弋(yì):箭。罾(zèng):鱼网。③纨、绮:纺织品。④蜀锦:四川产的锦,指三国蜀汉。吴:东吴。⑤三征:朝廷的三次征召。⑥萧何:曾为沛县小吏。⑦贾岛:唐诗人,曾当和尚。⑧斤:斧头。⑨舫:一种船。

谈对吐,谓对称,冉闵对颜曾①。侯嬴对伯嚭②,祖逖对孙登③。抛白纻④,宴红绫⑤,胜友对良朋。争名如逐鹿,谋利似趋蝇。仁杰姨惭周不仕⑥,王陵母识汉方兴⑦。句写穷愁浣花寄迹传工部⑧,诗吟变乱凝碧伤心叹右丞⑨。

【注释】 ①冉闵:冉耕与闵损。颜曾:颜回与曾参。都是孔子的门徒。②侯嬴:魏国信陵君的高士。伯嚭(pǐ):吴国大宰,得吴王宠信。③祖逖(tì):东晋将领。孙登:三国魏人。④纻(zhù):苎麻布。⑤红绫:红色丝绸。⑥仁杰:即狄仁杰。周:武则天称帝改唐为周。⑦王陵母:刘邦与项羽争霸,王陵母知刘邦当兴,劝子王陵善事刘

十一 尤

荣对辱,喜对忧,缱绻对绸缪①。吴娃对越女②,野马对沙鸥。茶解渴,酒消愁,白眼对苍头③。马迁修史记④,孔子作春秋。莘野耕夫闲举耜⑤,渭滨渔夫晚垂钩。龙马游河羲帝因图而画卦⑥,神龟出洛禹王取法以明畴⑦。

【注释】 ①缱绻(qiǎn quǎn):缠绵。绸缪(móu):亦缠绵之义。②娃:美女子。③苍头:指南朝沈庆之。④马迁:即司马迁。⑤莘(shēn):古代国名。⑥画卦:指伏羲氏作八卦。⑦明畴:辨明类别,指经邦治国。

冠对履,舄对裘①,院小对庭幽。面墙对膝地,错智对良筹②。孤嶂耸,大江流,芳泽对圆丘。花潭来越唱,柳屿起吴讴③。莺懒燕忙三月雨,蜃摧蝉退一天秋④。钟子听琴荒径入林山寂寂⑤,谪仙捉月洪涛接岸水悠悠⑥。

【注释】 ①舄:鞋子。裘:皮衣。②错:汉人晁错。良:张良。③屿:小岛。④摧:悲伤。⑤钟子:即钟子期,善听琴声,号为知音。⑥谪仙:指李白。

鱼对鸟,鹊对鸠,翠馆对红楼。七贤对三友①,爱日对悲秋②。虎类狗③,蚁如牛④,列辟对诸侯⑤。陈唱临春乐⑥,隋歌清夜游⑦。空中事业麒麟阁⑧,地下文章鹦鹉洲⑨。旷野平原猎士马蹄轻似箭,斜风细雨牧童牛背稳如舟。

【注释】 ①七贤:上古时七个人,或竹林七贤。三友:或指松竹梅。②爱日:爱惜时日。③虎类狗:指画虎不成反像狗。④蚁如牛:晋人殷仲堪父病,闻床下蚂蚁动,以为是牛,乃精神恍惚所致。⑤列辟(bì):诸侯和君主。⑥临春:陈后主所建阁名。⑦隋歌:指隋炀帝宴游享乐。⑧麒麟阁:汉萧何所建,用以藏书。⑨鹦鹉洲:三国名士祢衡在江夏为黄祖所杀,曾作《鹦鹉赋》。

十二 侵

歌对曲,啸对吟,往来对古今。山头对水面,远浦对遥岑①。勤三上②,惜寸阴③,茂树对平林。卞和三献宝,杨震四知金④。青皇风暖催芳草⑤,白帝城高急暮砧⑥。绣虎雕龙才子窗前挥彩笔⑦,描鸾刺凤佳人帘下度金针。

【注释】 ①浦:水边。岑(cén):小山。②三上:欧阳修作文章多在三上,即马上、枕上、厕上。③惜寸阴:珍惜时间。④杨震:东汉名士,拒金不受。⑤青皇:天帝名,东方之神。⑥白帝城:在今四川奉节县。⑦雕龙:即《文心雕龙》。

登对眺①,涉对临②,瑞雪对甘霖③。主欢对民乐④,交浅对言深。耻三战⑤,乐七擒⑥,顾曲对知音⑦。大车行槛槛⑧,驷马骤骎骎⑨。紫电青虹腾剑气,高山流水识琴心。屈子怀君极浦吟风悲泽畔⑩,王郎忆友扁舟卧雪访山阴。

【注释】 ①眺(tiào):远看。②涉:蹚水。③霖:雨水。④主:君主。⑤三战:刘备在赤壁战前常败于曹操。⑥七擒:诸葛亮七擒孟获。⑦顾曲:古云"曲有误,周郎顾",指周瑜知音律。⑧槛槛(jiàn jiàn):车行声。⑨驷马:四匹马。骎骎(qīn qīn):疾走。⑩屈子:屈原。

十三 覃

宫对阙①,座对龛②,水北对天南。蜃楼对蚁郡③,伟论对高谈。遴杞梓④,树梗楠⑤,得一对函三⑥。八宝珊瑚枕,双珠玳瑁簪⑦。萧王待士心惟赤⑧,卢相欺君面独蓝⑨。贾岛诗狂手拟敲门行处想,张颠草圣头能濡墨写时酣⑩。

【注释】 ①阙(què):宫殿。②龛(kān):供奉神像的柜子。③蜃楼:海市蜃楼。蚁郡:指蚂蚁窝。④遴(lín):选择。杞、梓:木名。⑤树:栽培。⑥得一:专一。函三:指太极元气浑含天、地、人。⑦玳瑁:似龟,产南海。⑧萧王:刘秀,曾被封萧王。⑨卢相:唐奸相卢杞,貌蓝心险。⑩张颠:唐书法家张旭,善草书,称"草圣"。

闻对见,解对谙①,三橘对双柑。黄童对白叟②,静女对奇男。秋七七③,径三三④,海色对山岚⑤。鸾声何哕哕⑥,虎视正眈眈⑦。仪封疆吏知尼父⑧,函谷关人识老聃⑨。江相归池止水自盟真是止⑩,吴公作宰贪泉虽饮亦何贪⑪。

【注释】 ①谙:熟悉。②黄童:儿童。③七七:唐代道人殷七七。④径三三:即陶渊明诗中"三径"之意。⑤岚:山上雾气。⑥哕(huì):车铃声。⑦眈:注视。⑧仪:

地名。封:官名。尼父:孔子。⑨老聃:即老子。⑩江相:宋代大臣江万里,弃官归故里,投止水自杀。止水:静水。⑩吴公:晋人吴隐之过贪泉,饮水而不贪心。

十四 盐

宽对猛,冷对炎,清直对尊严。云头对雨脚,鹤发对龙髯①。风台谏②,肃堂廉③,保泰对鸣谦④。五湖归范蠡⑤,三径隐陶潜。一剑成功堪佩印⑥,百钱满卦便垂帘⑦。浊酒停杯容我半酣愁际饮,好花傍座看他微笑悟时拈⑧。

【注释】 ①髯(rǎn):长须。②风(fěng):劝诫。台:台省,官府名。③廉:廉洁。堂:亦指官府。④泰:平安。谦:谦逊。⑤范蠡:勾践大臣,灭吴后离开越国,泛舟江湖。⑥一剑:指战国游说家苏秦佩剑游说之事。⑦百钱:汉代人严君平卖针,赚得百钱即垂帘读书。⑧好花:相传释迦牟尼大会,拈花示众,众皆默然。惟迦叶微笑,于是传以正法。

连对断,减对添,淡泊对安恬。回头对极目①,水底对山尖。腰袅袅②,手纤纤,凤卜对鸾占③。开田多种粟,煮海尽成盐。居同九世张公艺④,恩给千人范仲淹⑤。萧弄凤来秦女有缘能跨羽,鼎成龙去轩臣无计得攀髯⑥。

【注释】 ①极目:尽眼力远眺。②袅(niǎo):体态轻盈、柔美。③卜、占:即占卜、预测。④张公:唐人,九世同居而未析家。⑤范仲淹:宋代人,有"先天下之忧而忧,后天下之乐而乐"的文句,他置沃田千亩,赈济宗族。⑥鼎成句:黄帝号轩辕,铸鼎成功后有龙从天上垂髯(胡须)迎接黄帝。黄帝骑上龙,小臣却上不去,便抓住龙髯不放。

人对己,爱对嫌,举止对观瞻。四知对三语①,义正对辞严。勤雪案②,课风檐③,漏箭对书签。文繁归獭祭④,体艳别香奁⑤。昨夜题梅更一字⑥,早春来燕重卷帘。诗以史名愁里悲歌怀杜甫⑦,笔经人索梦中显晦老江淹。

【注释】 ①四知:指天知、地知、人知、我知。三语:三个字,晋时王衍问阮修,名教与自然有何区别,阮答云:"将无同(差不多)。"仅三字作答。②勤雪案:雪天仍伏案读书(借用雪光)。③风檐:透风雨的场屋,此指考场。课风檐:应试。④文繁句:

唐李商隐作诗,参考用的书鳞次堆积。獭祭鱼:獭每捕鱼皆陈列水边,如供祭品一样。⑤香奁(lián):盛香的匣子,这里指文体,即专描写妇女的一种诗体。⑥题梅:以梅为题材的诗。更:改。⑦诗的史名:杜甫的诗反映揭露了现实社会,号诗史。

十五 咸

栽对植,薙对芟①,二伯对三监②。朝臣对国老③,职事对官衔,鹿麌麌,兔毚毚⑤,启牍对开缄⑥。绿杨莺睍睆⑦,红杏燕呢喃⑧。半篱白酒娱陶令⑨,一枕黄粱度吕岩⑩。九夏炎飙长日风亭留客骑⑪,三冬寒冽漫天雪浪驻征帆。

　　【注释】 ①薙(tì)、芟(shān):割草。②二伯:春秋时齐桓公、晋文公,"伯"通"霸"。三监:西周初年设置的监督商王遗族的三个侯国。③国老:告老还乡的士大夫。④麌麌(yù):聚集。⑤毚毚(chán):轻捷貌。⑥牍(dú):书信。缄(jiān):封闭,这里指信。⑦睍睆(xiàn huǎn):明亮,好看。⑧呢喃(ní nán):燕鸣叫声。⑨陶令:东晋陶渊明,曾为县令。⑩黄粱:唐时一少年在店中遇一道士吕翁,授以瓷枕,时店主人正蒸黄粱,少年一着枕,即入梦中,梦为将相,及醒,主人蒸黄粱未熟。比喻幻想的破灭。⑩九夏:指夏季九十天。飙(biāo):暴风。

　　梧对杞①,柏对杉,夏濩对韶咸②。涧瀍对溱洧③,巩洛对崤函④。藏书洞,避诏岩⑤,脱俗对超凡。贤人羞献媚,正士嫉工谗。霸越谋臣推少伯⑥,佐唐藩将重浑瑊⑦。邺下狂生羯鼓三挝羞锦袄⑧,江洲司马琵琶一曲湿青衫。

　　【注释】 ①杞(qǐ):木名。②夏濩(huò)、韶咸:均指古乐名。③涧瀍(chán):涧水、瀍水。溱洧(zhēn wěi):溱水、洧水。④巩洛:巩县、洛阳。崤(xiáo)函:崤山、函谷关。⑤避诏岩:隐居深山不仕。诏:君王之诏书。⑥少伯:即范蠡,佐越王灭吴。⑦佐唐句:唐代铁勒族浑部人浑瑊(jiān),参与平定安史之乱和朱泚叛乱。⑧邺下句:三国名士祢衡见曹操,操使之为鼓吏以侮辱祢衡,祢则裸体击鼓三挝(zhuā),

曹操反受辱。羯(jié)鼓：羊皮鼓。

袍对笏[1]，履对衫，匹马对孤帆。琢磨对雕镂[2]，刻划对镌镵[3]。星北拱[4]，日西衔[5]，卮漏对鼎镵[6]。江边生桂若[7]，海外树都咸[8]。但得恢恢存利刃[9]，何须咄咄达空函[10]。彩凤知音乐典后夔须九奏[11]，金人守口圣如尼父亦三缄[12]。

【注释】 ①笏(hù)：官员上朝时随身带的手板，用以记事。②雕镂(lòu)：雕刻。③镌(juān)：雕刻。镵(chán)：刺的意思。④北拱：星环绕北极星。⑤西衔：太阳落山。⑥卮(zhī)漏：可渗漏的酒器。鼎镵：即鼎，君臣刺姓于鼎，留名青史。⑦桂若：桂花与杜若草。⑧都咸：树名。⑨但得句：指庖丁解牛一事。恢恢：宽绰有余。⑩咄咄(duō duō)：表示惊诧，即咄咄怪事之典。⑪后夔(kuí)：舜时乐官。典：管理。⑫尼父：孔子，被称为圣人，此句即守口如瓶的意思。

声律启蒙

说　明

　　明末清初的诗人李渔对唐宋以来的近体诗作了系统的总结，写成了一部《笠翁对韵》，使得私塾有了最方便、最实用的启蒙读物。李渔将律诗常用的韵字、典故、对子进行系统的归纳、总结，编成韵语，平仄对仗，朗朗上口。但是，中国古代诗人的创作成千上万，所用的韵字、典故，也不计其数，哪怕是最常用的韵字、典故，李渔也不可能全部收入他薄薄的著作里。针对这一缺陷，清代诗人车万育进行加工、补充而作了《声律启蒙》，可以算是《笠翁对韵》的续编。

　　《声律启蒙》的主要内容与特色是：

　　第一，遵循律诗所通行的平水韵，分上平声和下平声，便于检索。我们今天的字典是按声母编排的，古人诗词讲究押韵，所以按韵母来编排，这是古今的不同。

　　第二，每一韵分为三段，将古诗常用的韵字、典故、对子编成韵语，平仄对仗，朗朗上口。因此，如果能够熟读、理解这本书，我们再欣赏古诗时有许多问题便可迎刃而解。

　　《声律启蒙》与《笠翁对韵》相比，在收录韵字、典故、对子方面有许多是一样的，但是，也增加了一些韵字、典故，而且对一些韵字、用典的编排顺序与韵目作了调整，这对于我们灵活理解古诗是大有帮助的。比如说《笠翁对韵》卷上"一

东"所收的韵字有:风、空、穹、中、蒙、红、东、翁、公、宫、曚、蓬、弓、踪、嵩、龙、熊、烘,而《声律启蒙》增加了八个韵字:虫、同、童、穷、铜、通、融、虹。对子也有一些变化,《笠翁对韵》卷上"一东"说:"天对地,雨对风,大陆对长空",《声律启蒙》则说:"云对雨,雪对风,晚照对晴空"。这样我们就可以知道,古人作诗用词是很灵活的,不能千篇一律。《声律启蒙》的用典也有不同,比如韩愈《左迁至蓝关示侄孙湘》诗说:

一封朝奏九重天,夕贬潮阳路八千。

本为圣明除弊事,敢将衰朽惜残年?

云横秦岭家何在?雪拥蓝关马不前。

知汝远来应有意,好收吾骨瘴江边。

《笠翁对韵》卷上"十五删"的用典是"冻雪迷岭韩公雪拥过蓝关",到了《声律启蒙》里便放到了冬韵,卷上"二冬"说:"秦岭云横迢递八千远路"。这样,我们只要将《声律启蒙》与《笠翁对韵》结合起来阅读,就能对古人的诗篇有更深刻的理解和认识。这两部启蒙书对古诗的常用典故搜罗殆尽,我们阅读两书后,再回头欣赏近体诗时,便会觉得游刃有余而不感吃力了。

总之,《声律启蒙》同《笠翁对韵》一样,对古人做诗的规律作了系统的总结,我们在掌握理解两书后,在写作近体诗、欣赏近体诗时就能举一反三,灵活运用了。

卷 上

一 东

云对雨,雪对风,晚照对晴空。来鸿对去燕,宿鸟对鸣虫。三尺剑①,六钧弓②,岭北对江东。人间清暑殿③,天上广寒宫④。两岸晓烟杨柳绿,一园春雨杏花红。两鬓风霜途次早行之客,一蓑烟雨溪边晚钓之翁。

【注释】 ①汉高祖提三尺剑夺取天下。②钧:古代重量单位,一钧为三十斤。③清暑殿:洛阳宫殿名。④广寒宫:月中仙宫。唐代柳宗元撰《龙城录》,记唐玄宗梦游广寒宫。

沿对革,异对同,白叟对黄童①。江风对海雾,牧子对渔翁②。颜巷陋③,阮途穷④,冀北对辽东。池中濯足水⑤,门外打头风⑥。梁帝讲经同泰寺⑦,汉皇置酒未央宫⑧。尘虑萦心懒抚七弦绿绮⑨,霜华满鬓羞看百炼青铜⑩。

【注释】 ①叟(sǒu):古代对老人的称呼。黄童:儿童。②牧子:放牧小儿郎。③颜巷陋:颜回曾居于陋巷。④阮途穷:魏晋人阮籍曾独自出门,至穷途末路之时,恸哭而返。⑤濯(zhuó):清洗。⑥打头风:迎面风。⑦梁帝:南朝梁武帝,崇尚佛教。同泰寺:南朝著名佛教寺院,位于南京市,梁武帝曾入寺为僧。⑧汉皇:汉高祖刘邦。未央宫:遗址在今陕西西安市西北郊。汉高祖七年(公元前200年)丞相萧何筑,周围28里,宫成后,高祖大宴群臣于此。⑨绮(qǐ):本指有花纹的丝织品,这里指琴名。⑩铜:镜,古人以铜为镜。

贫对富,塞对通,野叟对溪童。鬓皤对眉绿①,齿皓对唇红②。天浩浩,日融融,佩剑对弯弓。半溪流水绿,千树落花红。野渡燕穿杨柳雨,芳池鱼戏芰荷风③。女子眉纤额下现一弯新月,男儿气壮胸中吐万丈长虹。

【注释】 ①皤(pó):白色,白发皤然。②皓:洁白,成语明眸皓齿。③芰(jì):古书上指菱。

二 冬

春对夏，秋对冬，暮鼓对晨钟。观山对玩水，绿竹对苍松。冯妇虎①，叶公龙②，舞蝶对鸣蛩③。衔泥双紫燕，课蜜几黄蜂。春日园中莺恰恰④，秋天塞外雁雍雍⑤。秦岭云横迢递八千远路⑥，巫山雨洗嵯峨十二危峰⑦。

【注释】 ①冯妇：春秋晋国人，善斗虎，后为勇士。②叶公：成语叶公好龙，汉代人说他爱好假龙而惧怕真龙。③蛩(qióng)：古代指蟋蟀。④莺(yīng)：一种鸟，体小嘴尖，叫声清脆。⑤雍雍(yōng yōng)：本义为和谐，这里与"恰恰"，均形容鸟鸣之声。⑥秦岭：位于陕西、四川之间。迢递(tiáo dì)：迢，形容路途遥远，成语"千里迢迢"。递，递解之意，古时指把犯人解往远地，沿途递相押送。此句用韩愈诗为典。唐韩愈曾被贬往广东潮阳，韩愈有"云横秦岭家何在""夕贬潮阳路八千"的诗句。⑦嵯峨(cuó é)：山势高峻，巫山有十二高峰。

明对暗，淡对浓，上智对中庸。镜奁对衣笥①，野杵对村舂②。花灼烁，草蒙茸。台高名戏马③，斋小号蟠龙④。手擘蟹螯从毕卓⑤，身披鹤氅自王恭⑥。五老峰高秀插云霄如玉笔⑦，三姑石大响传风雨若金镛⑧。

【注释】 ①奁(lián)：古代妇女梳妆用的镜匣。笥：古代盛饭或装衣物的方形竹器。②杵(chǔ)：一头粗一头细的圆木棒，用来在臼里捣粮食。舂(chōng)：把东西放在石臼里捣去皮壳或捣碎，如舂米。③戏马：秦末项羽所筑戏马高台。④蟠(pán)龙：曲折环绕的龙，成语"龙蟠虎踞"。这里指晋代桓温的书斋。⑤毕卓：晋人，他曾对人说："左手擘(拿)蟹螯，右手执酒杯，乐足一生矣。"蟹：螃蟹。螯(áo)：螃蟹的第一对脚，形状似钳子。⑥王恭：晋代人，喜欢身披鹤氅在雪地行走，时人称他为神仙。鹤氅(chǎng)：用鹤毛织成的外套。⑦五老峰：江西庐山的一座奇峰。⑧三姑石：位于今江西南康的一座巨石。金镛(yōng)：古乐器，奏乐时表示节拍的大钟。

仁对义，让对恭，禹舜对羲农①。雪花对云叶，芍药对芙蓉。陈后主②，汉中宗③，绣虎对雕龙④。柳塘风淡淡，花圃月浓浓。春日正宜朝看蝶,秋风那更夜闻蛩。战士邀功必借干戈成勇武,逸民适志须凭诗酒养疏慵⑤。

【注释】 ①舜、禹、伏羲氏、神农氏:传说中的三皇五帝。②陈后主:南朝陈的亡国之君。③汉中宗:西汉的皇帝。④绣虎:曹魏文学家曹植,七步成诗,人称"绣虎"。雕龙:南朝著名文学批评著作《文心雕龙》,这里代指该书的作者刘勰。⑤慵(yōng):困倦、懒怠。

三　江

楼对阁,户对窗,巨海对长江。蓉裳对蕙帐①,玉斝对银釭②。青布幔③,碧油幢④;宝剑对金缸。忠心安社稷,利口覆家邦。世祖中兴延马武⑤,桀王失道杀龙逄⑥。秋雨潇潇煜烂黄花都满径,春风袅袅扶疏绿灯正盈窗⑦。

【注释】 ①蓉裳:用芙蓉集成的衣裳。蕙帐:蕙,一种香草,这里指闺中芳帐。②斝(jiǎ):古代酒器。釭(gāng):油灯。③幔(màn):为遮挡而悬挂起来的布、绸子等。④幢(chuáng):古代旗子一类的东西,这里指车帘。⑤世祖中兴:指东汉光武帝建立东汉。马武:光武中兴大将,云台二十八将之一。⑥夏桀失道:忠臣龙逄(páng)以直谏被杀。⑦袅(niǎo)袅:形容细长柔软的东西随风摆动。

旌对旆①,盖对幢②,故国对他邦。千山对万水,九泽对三江③。山岌岌④,水淙淙⑤,鼓振对钟撞。清风生酒舍,白日照书窗。阵上倒戈商纣战⑥,道旁系剑子婴降⑦。夏日池塘出没浴波鸥对对,春风帘幕往来营垒燕双双⑧。

【注释】 ①旌(jīng):旗帜。旆(pèi):古时末端形状像燕尾的旗。②盖:古指伞。华盖:车上像伞的篷子。③九泽:古代湖泽的总称。三江:古代水道的总称。④岌(jí)山高的样子。⑤淙淙(cóng):流水的声音。⑥阵上句:周武王兴兵讨伐商纣,纣征集奴隶为兵迎战,战前士兵倒戈反击,商纣自焚而亡。⑦汉高祖攻人咸阳,秦王子婴驾素车白马,系剑于道旁投降。⑧幕:即幕,幕布。此句即成语"燕巢于幕"之意。营垒:筑巢之义。

铢对两①，只对双，华岳对湘江②。朝车对禁鼓，宿火对寒缸。青琐闼③，碧纱窗，汉社对周邦④。笙箫鸣细细，钟鼓响拟拟⑤。主簿栖鸾名有览⑥，治中展骥姓惟庞⑦。苏武牧羊雪屡餐于北海⑧，庄周活鲋水必决于西江⑨。

【注释】 ①铢、两：古代重量单位，一两的1/24为铢，成语"铢两悉称(chèn)"，形容两方面轻重相当或优劣相等。②华岳：西岳华山，在陕西华阳县。③琐：门窗上雕刻或绘有连环形的花纹。闼(tà)：门。④社：社稷。邦：邦土，指国家，这里指周朝与汉朝。⑤拟拟(chuāng chuāng)：钟鼓声。⑥览：东汉主簿仇览，时人王涣说："枳棘非鸾凤所栖"，意指仇览必当升迁。⑦庞：三国庞统，鲁肃曾向刘备推荐庞统为治中(官名)，展骥，骏马奔腾，意指贤能的人发挥其才能。⑧苏武句：西汉苏武出使匈奴，被匈奴所扣，后被流放到北海牧羊，苏武靠饮雪食毡毛度日。⑨活鲋：使鲋活。一条陷于车辙中的鲋鱼求救于人，庄子说：让我决开西江水来救活你。

四　支

茶对酒，赋对诗，燕子对莺儿。栽花对种竹，落絮对游丝。四目颉①，一足夔②，鸲鹆对鹭鸶③。半池红菡萏④，一架白荼蘼⑤。几阵秋风能应候，一犁春雨甚知时。智伯恩深国士吞变形之炭⑥，羊公德大邑人竖堕泪之碑⑦。

【注释】 ①四目颉：即苍颉，传说他生下来头上生有四只眼睛。②一足夔(kuí)：即成语"一夔已足"。夔：舜时的乐官，仅有一足。后来指学贵专门，有一门就够了；也指学有专业的人才。③鸲鹆(qú yù)：八哥鸟。鹭鸶(sī)：也叫白鹭，羽毛白色，腿长，能涉水。④菡萏(hàn dàn)：荷花。⑤荼蘼(tú mí)：一种灌木，攀缘茎，花白色，有香气，供观赏。⑥智伯句：战国时晋国赵襄子攻杀智伯，智伯的门客欲为主人报仇，吞炭漆身，改变身音和容貌，企图杀赵襄子，未成。⑦羊公句：西晋时羊祜镇荆州，甚得民心，死后葬于岘山，当地百姓望其碑而时常流泪，时人称此碑为"堕泪碑"。

行对止，速对迟，舞剑对围棋。花笺对草字①，竹简对毛锥②。汾水鼎③，岘山碑④，虎豹对熊罴。花开红锦绣，水漾碧琉璃。去妇因探邻舍枣⑤，出妻为种后园葵⑥。笛韵和谐仙管恰从云里降，橹声咿轧渔舟正向雪中移。

【注释】①笺(jiān)：写信或题辞用的纸。②竹简：用竹片做成的简，用于书写，是我国造纸术发明以前主要的书写材料。毛锥：指毛笔。锥：笔锋。③汾水鼎：汉武帝于汾水得宝鼎。④岘山碑：见前注。⑤去妇句：汉代人王吉的邻居有一颗枣树枝伸进他的庭院，其妻偷吃了枣子，被赶出家门。邻居甚为感动，将枣树砍掉了。⑥出妻句：相传春秋时期公孙仪在鲁国为相，自家葵花长得茂盛，妻子正在织布，叹道：岂不是我抢走了农家妇女的利益么！于是拔掉葵花，赶走妻子。⑦咿轧：摇橹声。

戈对甲，鼓对旗，紫燕对黄鹂。梅酸对李苦，青眼对白眉①。三弄笛，一围棋，雨打对风吹。海棠春睡早②，杨柳昼眠迟③。张骏曾为槐树赋④，杜陵不作海棠诗⑤。晋士特奇可比一斑之豹⑥，唐儒博识堪为五总之龟⑦。

【注释】①青眼：晋人阮籍对他讨厌的人翻白眼，看不起；对他喜欢的人则正视之，称为"青眼"，表示看得起，即"垂青"之意。白眉：三国人马良，眉有白毫，弟兄五人，良最贤。②海棠春睡：杨贵妃初睡起，唐玄宗笑问：海棠春睡未足耶？③杨柳昼眠：汉代苑中有柳似人，一日三眠三起。④张骏：十六国时期的前凉王，在今河西走廊一带。⑤杜陵：即杜甫，不曾以海棠为作诗题材。⑥晋士句：晋代王献之几岁时，观其父的门生玩游戏，他说"南风不竞"，门生说他"郎亦管中窥豹，时见一斑。"⑦唐儒句：古人认为龟为长寿之物，视为灵物，后以"五总之龟"喻博学者。

五　微

来对往，密对稀，燕舞对莺飞。风清对月朗，露重对烟微。霜菊瘦，雨梅肥，客路对渔矶。晚霞舒锦绣，朝露缀珠玑。夏暑客思欹石枕①，秋寒妇念寄边衣②。春水才深青草岸边渔父去，夕阳半落绿莎原上牧童归。

【注释】①欹(qī)：斜靠。②边衣：古代丈夫戍边，每值秋寒，妇女思恋其夫，便寄衣御寒，称"边衣"。

宽对猛，是对非，服美对乘肥①。珊瑚对玳瑁②，锦绣对珠玑。桃灼灼③，柳依依④，绿暗对红稀。窗前莺并语，帘外燕双飞。汉致太平三尺剑，周臻大定一戎衣⑤。吟成赏月之诗只愁月堕，斟满送春之酒惟憾春归。

【注释】 ①乘肥：驾车马匹肥壮。②玳瑁(dài mào)：爬行动物，似龟产南海，可做装饰品。③灼灼：指桃花闪闪貌。④依依：指杨柳低垂貌。⑤戎衣：军装，指依靠武力平定天下。

声对色，饱对饥，虎节对龙旗①。杨花对桂叶，白简对朱衣②。尨也吠③，燕于飞，荡荡对巍巍。春暄资日气，秋冷借霜威。出使振威冯奉世④，治民异等尹翁归⑤。燕我弟兄载咏棣棠韡韡⑥，命伊将帅为歌杨柳依依。

【注释】 ①虎节：即虎符，古代调兵用的凭证，用铜铸成虎形，分两半，右半存朝廷，左半给统兵将帅。调动军队时须持符验证。龙旗：绘着龙的旗帜。②白简：古代御史弹奏时所用的竹、木片或纸。朱衣：指红色的公服。③尨(máng)：长毛狗。④冯奉世：西汉时人，他出使西域，率兵攻破莎车国，被封为左将军、关内侯。⑤尹翁归：西汉人，任东海太守，有政绩，得民心。⑥棣棠(dì táng)：即棠棣，一种树木。韡(wěi)：光明，美盛。

六 鱼

无对有，实对虚，作赋对观书。绿窗对朱户，宝马对香车①。伯乐马②，浩然驴③，弋雁对求鱼④。分金齐鲍叔⑤，奉璧蔺相如⑥。掷地金声孙绰赋，回文锦字窦滔书⑦。未遇殷宗胥靡困傅岩之筑⑧，既逢周后太公舍渭水之渔⑨。

【注释】 ①宝马：以珠宝装饰马匹，称"宝马"。香车：以香薰过的车。②伯乐：古代善择千里马的专家。③浩然：即唐代诗人孟浩然，他常骑驴在雪中寻梅。④弋(yì)雁：以箭射雁。求鱼：成语"缘木求鱼"，指爬到树上去捉鱼，形容方法不当，徒劳无获。⑤分金：春秋时齐国人管仲与鲍叔分财物，管仲多取之，鲍叔知道他贫寒，所以不认为管仲贪财。⑥奉璧：即成语"完璧归赵"之意。蔺相如：赵国人。⑦掷地金声:孙绰作《天台赋》成,对人说:将此赋掷地,能作金石声。形容文章之美,也指才华之高。窦滔:南朝人,后做官至襄阳镇守,携宠妾赴任,其妻乃织锦成回文诗三首,寄给窦滔,窦痛改前非,与妻情好如初。⑧傅岩之筑:商王梦见傅说,乃画其形象遍求天下,时傅岩为囚徒,正在筑城,其貌与傅说相似,后便被征为相。⑨渭水之渔:西周时姜子牙垂钓于渭水,遇上周文王,征为肱股之臣。

终对始,疾对徐,短褐对华裾①。六朝对三国②,天禄对石渠③。千字策④,八行书⑤,有若对相如⑥,花残无戏蝶,藻密有潜鱼。落叶舞风高复下,小荷浮水卷还舒。爱见人长共服宣尼休假盖⑦,恐彰已吝谁知阮裕竟焚车⑧。

【注释】 ①裾(jū):衣服的大襟,此处指华美的衣服。②六朝:建都于今南京市的六个朝代:孙吴、东晋、南朝宋、齐、梁、陈。③天禄、石渠:汉代建于长安城中的两个藏书阁。④千字策:宋代科举考试的一种,每策限字为一千。⑤八行书:东汉马融给别人写信,只有八行字。意指言简意赅。⑥有若:人名,孔子弟子。相如:即蔺相如,或指东汉人司马相如。⑦长:长处,优点。尼:仲尼即孔子。盖:古代指伞。孔子不借别人的雨伞,是怕他不肯借而暴露出他的短处。此句意思是说与人交往,应当注意人家的长处,回避别人的短处。⑧阮裕:晋代人。一次有人丧母,欲向阮裕借车又不敢开口,阮裕闻后说:"我有这么一辆好车,却让人家不敢来向我借。"他怕别人说他吝啬,于是烧了车子。

麟对凤,鳖对鱼,内史对中书①,犁锄对耒耜②,畎浍对郊墟③。犀角带④,象牙梳,驷马对安车⑤。青衣能报赦⑥,黄耳解传书⑦。庭畔有人持短剑⑧,门前无客曳长裾。波浪拍船骇舟人之水宿,峰峦绕舍乐隐者之山居。

【注释】 ①内史:古代官名,记皇帝言论。中书:古代官名,居要职,掌行政。②耒耜(lěi sì):上古耕土工具,犁锄的前身。③畎(quǎn)浍:田间小沟。④犀角带:用犀角装饰的腰带。⑤驷马:四匹马。安车:一种轻便车。⑥青衣:青蝇。十六国时苻坚独处室中作赦文,而世人皆知,原来是青蝇变成穿青衣的人传告消息的。⑦黄耳:犬名,西晋文学家陆机喂养的犬,能替他寄传家书。⑧短剑:匕首。指荆轲刺秦一事。

七　虞

金对玉，宝对珠，玉兔对金乌①。孤舟对短棹②，一雁对双凫③。横醉眼④，捻吟须⑤，李白对杨朱⑥。秋霜多过雁，夜月有啼乌。日暖园林花易赏，雪寒村舍酒难沽。人处岭南善探巨象口中齿，客居江左偶夺骊龙颔下珠。

【注释】　①玉兔：居于月宫中的白兔。金乌：居于日中的神鸟。②棹(zhuō)：船桨。③凫：水鸭。④醉眼：酒后有醉意。⑤吟须：语出唐人诗句，意思是吟诗时捻断胡须。⑥杨朱：老子的弟子。

贤对圣，智对愚，傅粉对施朱①。名缰对利锁②，挈榼对提壶③。鸠哺子④，燕调雏⑤，石帐对郇厨⑥。轻烟笼岸柳，风急撼庭梧。鸜眼一方端石砚⑦，龙涎三炷博山炉⑧。曲沼鱼多可使渔人结网⑨，平田兔少漫劳耕者守株⑩。

【注释】　①傅：涂抹。施：在物体上加某种东西。②缰：控马的缰绳。③挈(qiè)：用于提着。榼(kē)：器皿，用来盛酒。④鸠哺子：指鸠喂哺子，晨自上而下，晚则自下而上。⑤燕调雏：指燕调教雏燕，使之学会飞翔。⑥石帐：晋人石崇的帐子，用锦丝织成，广五十里，世之号曰"石帐"。郇(xún)厨：唐代人韦陟被赐封为郇公(今山西省临猗县境)，他生活豪奢，厨中充满丰富的饮食，人若到他厨中，即可饱餐而归，时人戏称为"郇厨"。⑦鸜(qú)眼：一种名贵的砚石。⑧龙涎：一种名贵的香料。博山炉：一种薰香炉，用来薰衣、薰室，使之充满香气或清洁。炷(zhù)：量词，用于点着的香。⑨结网：语出谚语：临川羡鱼，不如退而结网。⑩守株：即"守株待兔"之典。

秦对赵，越对吴，钓客对耕夫。箕裘对杖履①，杞梓对桑榆。天欲晓，日将晡②，狡兔对妖狐。读书甘刺股③，煮粥惜焚须④。韩信武能平四海⑤，左思文足赋三都⑥。嘉遁幽人适志竹篱茅舍⑦，胜游公子玩情柳陌花衢⑧。

【注释】　①箕裘：古人云："良冶之子，必学为裘；良弓之子，必学为箕。"裘，毛皮做的衣服。杖履：手杖与鞋子，古人席地而坐，老人出行，必须持杖着履。"杖履"

有敬老之意。②晡：中午。③刺股：战国时苏秦游说秦国失败，于是发愤读书，读至夜深时，昏昏欲睡，则用银白刺其股。比喻发奋苦读。④焚须：唐代时李勣的姐姐生病，他亲自下厨煮粥，不小心火烧了胡须。⑤韩信：西汉名将，辅佐刘邦平定天下，建立汉朝，被封为淮阴侯。⑥左思：晋代文学家，写《三都赋》成，轰动一时，人人争相抄录，致使洛阳纸贵。⑦嘉遁：指过隐居生活。⑧陌：田间小路。衢(qú)：大路。

八　齐

岩对岫①，涧对溪，远岸对危堤。鹤长对凫短②，水雁对山鸡。星拱北，月流西，汉露对汤霓③。桃林牛已放④，虞坂马长嘶⑤。叔侄去官闻广受⑥，弟兄让国有夷齐⑦。三月春浓，芍药丛中蝴蝶舞；五更天晓，海棠枝上子规啼⑧。

【注释】　①岫(xiù)：山。②鹤长凫短：鹤颈较长，凫颈则较短。③汉露：汉武帝时造承露玉盘，承接甘露，饮之可长生。汤霓：成汤征伐夏桀，百姓盼他到来，如同夏天盼见云霓一样迫切。④桃林：周武王克商后，放牛于桃林之野。⑤虞坂：良马负重攀登虞坂时，向伯乐长啸，求伯乐赏识自己。⑥广：汉代疏广。受：疏广之侄儿疏受，指功成名就后退官。⑦夷齐：伯夷、叔齐。⑧子规：杜鹃鸟。

云对雨，水对泥，白璧对玄圭①。献瓜对投李②，禁鼓对征鼙③。徐稚榻④，鲁班梯⑤，凤翥对鸢栖⑥。有官清似水，无客醉如泥。截发惟闻陶侃母⑦，断机只有乐羊妻⑧，秋望佳人目送楼头千里雁，早行远客梦惊枕上五更鸡。

【注释】　①璧：玉器。玄圭：黑色的玉器，是一种"礼器"。②献瓜：唐后期官场腐败，有人为了得到官职，献瓜果以争宠于上。李：即李子，一种水果。③禁：宫禁。鼙(pí)：军队用的战鼓。④徐稚：东汉时陈蕃为大名士，一向看不起人，但对徐稚极为看重，他特为徐稚造一脚榻，供徐来时使用，人称"徐榻"。⑤鲁班：春秋时鲁国的巧匠。⑥凤翥(zhù)：风向上飞翔。鸢栖：鸢鸟栖息。⑦陶母截发：东晋时，陶侃家贫，无以待客，陶母乃剪下自己头发换取酒食待客。⑧乐羊妻：即"乐羊子妻"之典。

熊对虎，象对犀，霹雳对虹霓。杜鹃对孔雀，桂岭对梅溪。箫史凤①，宋宗鸡②，远近对高低。水寒鱼不跃，林茂鸟频栖。杨柳和烟彭泽县③，桃花流水武陵溪④。公子追欢闲骤玉骢游绮陌⑤，佳人倦绣闷欹珊枕掩香闺⑥。

【注释】 ①箫史凤：箫史，传说中的神仙，善吹箫作鸾凤之音。②宋宗鸡：南时人宋处宗养了一只鸡，将它置于窗间，此鸡后来能人言。③彭泽：陶渊明居处，在今九江市。④武陵：在今湖南，为桃花源所在。⑤玉骢：白马。⑥珊枕：以珊瑚作的枕头。

九　佳

河对海，汉对淮，赤岸对朱崖。鹭飞对鱼跃，宝钿对金钗①，鱼圉圉②，鸟喈喈③，草履对芒鞋。古贤尝笃厚，时辈喜诙谐。孟训文公谈性善④，颜师孔子问心斋⑤。缓抚琴弦像流莺而并语，斜排筝柱类过雁之相挨⑥。

【注释】 ①钿(diàn)：妇女用的一种首饰。钗：古代妇女发髻上的一种首饰。②圉(yù)：阻止貌，形容鱼群穿梭。③喈(jiē)：鸟鸣声。④孟：孟子。文公：滕文公。⑤颜：颜回。问心斋：排除思虑，专一之意。⑥筝：古代一种乐器。

丰对俭，等对差，布袄对荆钗①。雁行对鱼阵②，榆塞对兰崖。挑荠女③，采莲娃④，葡径对苔阶。诗成六义备⑤，乐奏八音谐⑥。造律吏哀秦法酷，知音人说郑声哇⑦。天欲飞霜塞上有鸿行已过，云将作雨庭前多蚁阵先排。

【注释】 ①荆钗：用荆条做的钗。②雁行鱼阵：古代军队阵法。③荠：野菜。④采莲娃：采莲女子。⑤六义：即比、兴、赋、风、雅、颂。⑥八音：八种制作乐器的原料，即金、石、丝、竹、匏、土、革、木。⑦哇：陋俗的乐声，指郑国歌谣不纯。

城对市，巷对街，破屋对空阶。桃枝对桂叶，砌蚓对墙蜗①。梅可望②，橘堪怀③，季路对高柴④。花藏沽酒市，竹映读书斋。马首不容孤竹扣⑤，车轮终就洛阳埋⑥。朝宰锦衣贵束乌犀之带⑦，宫人宝髻宜簪白燕之钗⑧。

【注释】 ①砌：台阶。蜗：即蜗牛。②望梅：即"望梅止渴"之典。③怀橘：三国时袁术拿出一些橘子给陆绩，陆绩怀揣了三只橘子，拜谢说送给他的母亲，袁术甚为惊讶。④季路：孔子的学生仲由。高柴：也是孔子的学生。⑤孤竹扣：周武王伐商纣，孤竹君的两个儿子拦住去路，抓住武王所乘车的马缰，苦谏退兵。⑥洛阳埋轮：东汉人张纲为御史被派到地方监察百官，他却将车轮埋在洛阳都亭之下，不去监察地方官，而是劾奏朝中权臣梁冀，以正风纪。⑦朝宰：当朝宰相。乌犀之带：用乌犀装饰的腰带。⑧燕钗：燕尾形的发钗。

十　灰

增对损，闭对开，碧草对苍苔。书签对笔架，两曜对三台①。周召虎②，宋桓魋③，阆苑对蓬莱④。薰风生殿阁，皓月照楼台。却马汉文思罢献⑤，吞蝗唐太冀移灾⑥。照耀八荒赫赫丽天秋日⑦，震惊百里轰轰出地春雷。

【注释】 ①两曜：日、月。三台：在天三台：司命、司爵、司禄，古代的迷信。②周召虎：周宣王的臣子。③宋桓魋：春秋时人。④阆苑：相传为西王母的仙苑。蓬莱：传说为东海中的仙山，上有仙人。⑤却马：汉文帝提倡节俭，有人献千里马，被免官。⑥吞蝗：唐太宗患蝗灾漫延，乃捉蝗自吞，蝗虫遁去。⑦赫赫：显明之意。

沙对水，火对灰，雨雪对风雷。书淫对传癖①，水浒对岩隈②。歌旧曲③，酿新醅④，舞馆对歌台。春棠径雨放，秋菊傲霜开。作酒固难忘曲蘖⑤，调羹必要用盐梅⑥。月满庚楼据胡床而可玩⑦，花开唐苑轰羯鼓以奚催⑧。

【注释】 ①书淫：西晋时人皇甫谧爱好《尚书》，手不释卷被称为"书淫"。传癖：西晋人杜预爱《左传》，曾著有《春秋左传集解》。②浒：水边。隈(wēi)：水之湾曲处。③旧曲：旧时歌曲。④新醅(pēi)：未经滤过的酒。⑤曲蘖(bò)：酿酒发酵的药曲。⑥调羹：制作肉汤。梅：梅子。⑦庚楼：晋人庚亮登南楼，坐胡床上自玩。胡床：北方少数民族的一种坐床。⑧羯鼓：用羊皮做成的鼓。奚(xī)：助词"何"，与"可"对用。

休对咎①,福对灾,象箸对犀杯②。宫花对御柳,峻阁对高台。花蓓蕾③,草根荄④,别藓对剜苔⑤。雨前庭蚁闹,霜后阵鸿哀。元亮南窗今日傲⑥,孙弘东阁几时开⑦。平展青茵野外茸茸软草⑧,高张翠幄庭前郁郁凉槐⑨。

【注释】①咎:过失。②象箸:用象牙制成的筷子。犀杯:用犀角做成的酒杯。③蓓蕾:花朵欲绽开的样子。④根荄(gāi):草的根发枯。⑤藓、苔:即苔藓,植物名。⑥元亮:晋诗人陶潜的字,有"倚南窗以寄傲"的诗句。⑦孙弘:汉代人公孙弘。⑧青茵:绿草如茵。茵,垫子、褥子。⑨翠幄:青翠的帐子。

十一 真

邪对正,假对真,獬豸对麒麟①。韩卢对苏雁②,陆橘对庄椿③。韩五鬼④,李三人⑤,北魏对西秦。蝉鸣哀暮夏,莺啭怨残春。野烧焰腾红烁烁⑥,溪流波皱碧粼粼。行无踪居无庐颂成酒德⑦,动有时藏有节论著钱神⑧。

【注释】①獬豸(xiè zhì):一种异兽,性好触邪。麒麟:一种神兽,像鹿。②韩卢:韩国良犬。苏:汉代苏武。③庄椿:语出《庄子》,椿,一种落叶乔木。后人以此来祝寿。④韩五鬼:唐代文学家韩愈有《送五穷鬼文》。⑤李三人:李白有"举杯邀明月,对影成三人"的诗句。⑥烁烁:闪烁。⑦酒德:西晋文学家刘伶有《酒德颂》一文,句中有"行无踪,居无庐"等语。⑧钱神:晋人鲁褒著《钱神论》,文中有"动有时、藏有节"等语。

哀对乐,富对贫,好友对嘉宾。弹冠对结绶①,白日对青春。金翡翠②,玉麒麟③,虎爪对龙鳞。柳塘生细浪,花径起香尘。闲爱登山穿谢屐④,醉思漉酒脱陶巾⑤。雪冷霜严倚槛松筠同傲岁⑥,日迟风暖满园花柳各争春。

【注释】①弹冠:"弹冠相庆"之典,庆贺升官。结绶:绶,绶带,做官的标志物。②翡翠:一种鸟,这里指用铜制做的翡翠鸟。③麒麟:这里指用玉制成的麒麟。④谢屐:南朝谢灵运的木屐,用以登山,可以调节屐齿高低。⑤漉:过滤。陶巾:晋人陶潜用头巾滤酒,完事后,再著于头上,表示豪旷之意。⑥筠:竹子的青皮。

香对火，炭对薪，日观对天津①。弹心对道眼，野妇对宫嫔。仁无敌，德有邻，万石对千钧②。滔滔三峡水，冉冉一溪冰。克国功名当画阁③，子张言行贵书绅④。笃志诗书思入圣贤绝域，忘情官爵羞沾名利纤尘。

【注释】 ①日观：泰山有峰曰日观，观日出之峰。天津：天河的渡口。②石：每四钧为一石。钧：每三十斤为一钧。③画阁：西汉功臣赵充国等的像曾被画于楼阁上。④绅：一种腰带，这里是指把字写在腰带上，以示时刻不忘。

十二 文

家对国，武对文，四辅对三军①。九经对三史②，菊馥对兰芬③。歌北鄙④，咏南薰⑤，迩听对遥闻⑥。召公周太保⑦，李广汉将军⑧。闻化蜀民皆草偃⑨，争权晋土已瓜分⑩。巫峡夜深猿啸苦哀巴地月，衡峰秋早雁飞高贴楚天云⑪。

【注释】 ①四辅：天子的辅佐。三军：古代军队分为左、中、右三军。②九经：古代九种儒家经典，这里是其总称。三史：指《史记》《汉书》《后汉书》三部正史。③馥：香气。④北鄙：北野、北部之意。⑤南薰：南风的吹拂。⑥迩(ěr)：近的意思。⑦召公：西周人。⑧李广：汉代大将。⑨化蜀：教化蜀郡(今四川)。⑩分晋：春秋末年，晋分为赵、韩、魏。⑪衡峰：南岳衡山有"回雁峰"，传说雁飞到此峰而北返，故名。

敧对正，见对闻，偃武对修文①。羊车对鹤驾②，朝旭对晚曛③。花有艳，竹成文，马燧对羊欣④。山中梁宰相⑤，树下汉将军⑥。施帐解围嘉道韫⑦，当垆沽酒叹文君⑧。好景有期北岭几枝梅似雪，丰年先兆西郊千顷稼如云。

【注释】 ①偃武修文：停止军事活动，从事民政建设。②羊车：西晋武帝在后宫所乘羊车。鹤驾：古代车名，指太子所乘之车。③旭：太阳初升。曛(xūn)：太阳落山时的余光。④马燧：唐代宰相。羊欣：南朝人，太守。⑤梁宰相：南朝梁代的陶弘景，隐居山中，皇帝有事则入山向他询问，故称"山中宰相"。⑥汉将军：东汉大将冯异，值论功行赏则退居树下，故称"大树将军"。⑦道韫：东晋王献之的嫂子，辩论中

曾为王献之解围，与客人辩论至言和为止。⑧文君：东汉卓文君与文学家司马相如私奔，家贫，相如酿酒，文君当垆。垆(lú)：土台子，这里借指酒店。当垆：即卖酒。

尧对舜，夏对殷，蔡惠对刘蕡①。山明对水秀，五典对三坟②。唐李杜③、晋机云④，事父对忠君。雨晴鸠唤好⑤，霜冷雁呼群。酒量洪深周仆射⑥，诗才俊逸鲍参军⑦。鸟翼长随凤兮洵众禽长⑧，狐威不假虎也真百兽尊⑨。

【注释】 ①蔡惠：汉代人。刘蕡(fén)：唐人。②五典：我国古代最早的典籍，今不存。三坟：也是最古书籍。③李杜：李白、杜甫。④机云：晋代陆机、陆云兄弟。⑤鸠：一种鸟。⑥周仆射：晋代人周颉。⑦鲍参军：诗人鲍照。⑧洵(xún)：实在。⑨狐威："狐假虎威"之典。兽尊：老虎，为百兽之王。

十三 元

幽对显，寂对喧，柳岸对桃源①。莺朋对燕友，早暮对寒暄②。鱼跃沼，鹤乘轩③，醉胆对吟魂。轻尘生范甑④，积雪拥袁门⑤。缕缕轻烟芳草渡，丝丝微雨杏花村。诣阙王通献太平十二策⑥，出关老子著道德五千言⑦。

【注释】 ①桃源：桃花源，在湖南武陵。②莺朋：莺友好相处。③轩：一种车子。④范甑：后汉范丹家穷，连吃饭用的甑中都起了一层灰尘。⑤袁门：东汉人袁安世为高门，不事权贵，一次洛阳令雪中拜访袁安，袁安闭门拥雪，不与相见。⑥献策：隋朝时王通向隋文帝进献《太平策》十二篇以安邦定国。诣：到。阙：宫殿。⑦出关：道教中传说故事，出现于汉末，说老子出玉门关，到了西域，写了《道德经》，共5 000字，后成为道教的经典。

儿对女，子对孙，药圃对花村。高楼对邃阁①，赤豹对玄猿。妃子骑②，夫人轩③，旷野对平原。鲍巴能鼓瑟④，伯氏善吹埙⑤。馥馥早梅思驿使⑥，萋萋芳草怨王孙⑦。秋夕月明苏子黄岗游绝壁⑧，春朝花发石家金谷启茑园⑨。

【注释】 ①邃：深远。②妃子骑：杨贵妃爱吃岭南新鲜荔枝，于是派人快马日夜兼程,将荔枝送到京师长安。③夫人轩:古时贵族妇女所乘的车。④匏巴:古代乐师。⑤伯氏:古代乐师,善于吹埙(xūn)。埙:一种乐器。⑥驿使:古代负责邮递的官员。⑦萋萋:草茂盛貌。王孙怨:王孙,古代贵族子弟,游而不归。⑧苏子:即北宋文学家苏轼,写有《赤壁赋》。⑨金谷启芎园:西晋石崇建的金谷园,华丽无比。

歌对舞,德对恩,犬马对鸡豚。龙池对凤沼①,雨骤对云屯②。刘向阁③,李膺门④,唳鹤对啼猿。柳摇春白昼,梅弄月黄昏。岁冷松筠皆有节,春喧桃李本无言。噪晚齐蝉岁岁秋来泣恨⑤,啼宵蜀鸟年年春去伤魂⑥;

【注释】 ①龙池:宫中的水池。②云屯:云层堆积貌。③刘向:西汉目录学家,曾于天禄阁整理典籍。④李膺:东汉大名士,不轻易见客,能受到接待的号为"登龙门"。⑤齐蝉:齐王之后死化为蝉,故名。⑥蜀鸟:蜀国君主杜宇失国后,因思恋故国,于是化成杜鹃鸟。

十四 寒

多对少,易对难,虎踞对龙蟠①。龙舟对凤辇②,白鹤对青鸾。风渐渐,雾涛涛③,绣毂对雕鞍④。鱼游荷叶沼,鹭立蓼花滩⑤。有酒阮貂奚用解⑥,无鱼冯铗必须弹⑦。丁固梦松柯叶忽然生腹上⑧,文郎画竹枝梢倏尔长毫端⑨。

【注释】 ①虎踞、龙蟠:见前注。②龙舟:龙形的游船。凤辇(niǎn):指王室用的车子。③涛涛(tuán):雾多貌。④绣毂:车轮上安置车轴的装置。雕鞍:用珠玉装饰的马鞍。⑤蓼(liǎo)花:植物名,花小而白。⑥阮貂:晋人阮咸嗜酒,把身上穿的金貂斗篷拿去换酒喝。⑦冯铗:齐国孟尝君的门客冯罐,发牢骚,曾弹剑而唱歌。铗(jiá):剑柄。⑧丁固:汉代人丁固梦见松树生在自己的腹上。⑨文郎:宋代画家文同,善画竹,顷刻之间,枝叶即成,栩栩如生,"胸有成竹"的典故即由此而来。

寒对暑,湿对干,鲁隐对齐桓①。寒毡对暖席,夜饮对晨餐。叔子带②,仲由冠③,郏鄏对邯郸④。嘉禾优夏旱,衰柳耐秋寒。杨柳绿遮元亮宅,杏花红映仲尼坛⑥。江水流长环绕似青罗带⑤,海蟾轮满

澄明如白玉盘。

【注释】 ①鲁隐:春秋鲁国国君。齐桓:春秋齐国国君,五霸之一。②叔子带:晋人羊祜字叔子,常穿宽松的衣带。③仲由冠:孔子的弟子仲由即子路,曾头戴一顶雄鸡冠。 ④郏鄏:古地名,周成王定鼎之地。邯郸:地名。有"邯郸一梦"之典。⑤仲尼坛:孔子曾设教于杏坛。⑥青罗带:古代妇女用的一种衣带。⑦海蟾:月中的神仙蟾蜍。玉盘:白玉做的盘子,比喻月亮。

横对竖,窄对宽,黑痣对弹丸①。朱帘对画栋,彩槛对雕栏。春既老,夜将阑,百辟对千官②。怀仁称足足③,抱义美般般④。好马君王曾市骨⑤,食猪处士仅思肝⑥。世仰双仙元礼舟中携郭泰⑦,人称连璧夏侯车上并潘安⑧。

【注释】 ①黑痣、弹丸:地狭小之意。②百辟:诸侯。千官:官吏的泛称。③足足:凤凰的叫声。④般般:文彩貌,与"斑斑"同义。⑤市骨:古代帝王好马,买了一匹千里马,但马已死,还是将其骨买了回来。⑥思肝:汉代人闵仲叔平常爱吃猪肝,县令便每日给他送猪肝,闵仲叔不愿连累别人,便迁居别处。⑦双仙:东汉大名士李膺与郭泰,李膺字元礼。⑧连璧:晋代夏侯湛与潘安都是美男子,二人曾同乘一车,号二人"连璧"。

十五 删

兴对废,附对攀,露草对寒菅①。歌廉对借寇②,习孔对希颜③。山垒垒,水潺潺,奉璧对探环④。礼由公旦作⑤,诗本仲尼删⑥。驴困客方经灞水⑦,鸡鸣人已出函关⑧。几夜霜飞已有苍鸿辞北塞,数朝雾暗岂无玄豹隐南山⑨。

【注释】 ①菅(jiān):一种草本植物。②廉:东汉人廉范,有政绩,百姓作歌称颂他。借寇:东汉人寇恂有政绩,路过颍川郡,当地百姓遮道,恳求皇帝借寇君一年。③孔:孔丘;颜:孔子的弟子颜回。④奉璧:完璧归赵之典。探环:晋代人羊祜曾拾得一只金环。⑤公旦:周公旦,制定礼制。⑥仲尼删:孔子曾删定《诗经》。⑦灞水:长安附近的河水。⑧函关:函谷关。⑨玄豹隐南山:关中南部的山中藏有黑豹。

犹对尚，侈对悭①，雾鬓对烟鬟②。莺嘀对鹊噪，独鹤对双鹇③。黄牛峡④，金马山⑤，结草对衔环⑥。昆山惟玉集⑦，合浦有珠还⑧。阮籍旧能为眼白⑨，老莱新爱着衣斑⑩。栖迟避世人草衣木食，窈窕倾城女云鬟花颜⑪。

【注释】　①悭(qiān)：吝啬。②鬟：古代妇女的一种发型。③鹇(xián)：鸟名，尾长。④黄牛峡：三峡中的黄牛峰。⑤金马山：在四川成都崇宁县。⑥结草：古代一老人结草绳以绊倒敌人。衔环：汉代杨宝医治一只受伤的黄雀，后这只雀口衔玉环相报。⑦昆山：即昆仑山，产玉之山。⑧合浦：广西合浦，靠海，产宝珠。⑨眼白：冷眼待人。⑩老莱：老莱子，孝子。⑪云鬟：古代妇女把两边的头发卷成云雾状。

姚对宋①，柳对颜②，赏善对惩奸。愁中对梦里，巧慧对痴顽。孔北海③，谢东山④，使越对征蛮⑤。淫声闻濮上，离曲听阳关⑥：骁将袍披仁贵白⑦，小儿衣着老莱斑。茅舍无人难却尘埃生榻上，竹亭有客尚留风月在窗间。

【注释】　①姚、宋：唐代著名宰相姚崇与宋璟。②柳、颜：唐代书法家柳公权与颜真卿。③孔北海：东汉末年孔融，曾任北海相。④谢东山：东晋宰相谢安，号东山。⑤使越：出使越地，汉代陆贾曾出使过越地。征蛮：征服南方少数民族。⑥阳关：唐人王维有诗云"西出阳关无故人"，阳关在今甘肃省。濮：濮水。⑦仁贵白：唐代薛仁贵常穿白袍。

卷 下

一 先

晴对雨,地对天,天地对山川。山川对草木,赤壁对青田①。郏鄏鼎②,武城弦③,木笔对苔钱④。金城三月柳⑤,玉井九秋莲⑥。何处春朝风景好,谁家秋夜月华圆。珠缀花梢千点蔷薇香露,横练树杪几丝杨柳残烟⑦。

【注释】 ①赤壁:地名。在湖北省长江南岸。苏轼有《赤壁赋》。青田:古代诗词中用的地名。②郏鄏:见前注。③武城弦:春秋鲁国的地名。弦:弦歌之声。④木笔:辛夷花。苔钱:即苔藓,状如钱,故名。⑤金城柳:关中金城遍种柳树。⑥玉井:宋玉井,在今湖北钟祥市。⑦杪(miǎo):细梢。

前对后,后对先,众丑对狐妍①。莺簧对蝶板②,虎穴对龙渊③;击石磬④;观韦编⑤,鼠目对鸢肩⑥。春园花柳地,秋沼芰荷天。白羽频挥闲客坐⑦,乌纱半坠醉翁眠⑧。野店几家羊角风摇沽酒旆⑨,长川一带鸭头波泛卖鱼船⑩。

【注释】 ①妍(yán):美丽。②莺簧:莺鸣声婉啭动听;蝶板:蝴蝶翅膀如拍板。③龙渊:龙潭。④磬:一种乐器,用石作成。⑤韦编:古代用来编连简册的牛皮绳子,这里借喻经书。⑥鼠目:形容人猥琐。鸢(yuān)肩:双肩上耸貌。鸢:老鹰。⑦白羽:白羽毛编成的扇子,指孔明摇着白羽扇子谈笑风生。⑧乌纱半坠:晋人阮籍醉眠,乌纱帽半坠而不知晓。⑨羊角风:旋风,似羊角。酒旆:酒店的旗帜。⑩鸭头波:绿色的波澜。

离对坎①,震对乾②,一日对千年。尧天对舜日,蜀水对秦川。苏武节③,郑虔毡④,涧壑对林泉。挥戈能退日⑤,持管莫窥天⑥。寒食芳辰花烂漫,中秋佳节月婵娟。梦里荣华飘忽枕中之客⑦,壶中日月安闲市上之仙⑧。

【注释】 ①离、坎:八卦中的两卦名。②震、乾:亦是八卦名称。③苏武:西汉苏武出使匈奴保持气节不变。④郑虔:唐人,曾在狱中撕毛毡充饥。⑤退日:神话传说鲁阳公挥戈,逼使太阳退回天空中。⑥持管窥天:用管观天,所见狭小。⑦枕中之客:传说吕翁给卢生枕一枕头,说睡上一觉,可享受富贵。⑧壶中仙:传说一老翁卖药,困倦了便钻进药壶中睡觉。

二 萧

恭对倨①,吝对骄,水远对山遥。松轩对竹槛②,雪赋对风谣③。乘五马④,贯双雕⑤,烛灭对香消。明蟾常彻夜⑥,骤雨不终朝。楼阁天凉风飒飒,关河地隔雨潇潇。几点鹭鸶日暮常飞红蓼岸,一双鸿鹈春朝频泛绿杨桥⑦。

【注释】 ①倨(jù):傲慢。②松轩:用松木做的长廊。竹槛:竹子做的栏杆。③雪赋:南朝文学家谢庄曾作雪赋。风谣:口头传说。④五马:古人车子以五马拉的视为高贵。⑤双雕:一箭双雕之典。⑥明蟾:月亮。⑦鸿鹈:红嘴小鸟。

开对落,暗对昭,赵瑟对虞韶①。辎车对驿骑②,锦绣对琼瑶。羞攘臂③,懒折腰④,范甑对颜瓢⑤。寒天鸳帐酒⑥,夜月凤台箫⑦。舞女腰肢杨柳软,佳人颜貌海棠娇。豪客寻春南陌草青香阵阵,闲人避暑东堂蕉绿影摇摇。

【注释】 ①赵瑟:赵王善弹瑟。虞韶:虞代的韶乐。②辎车:一种轻便车。驿骑:驿站传送邮件所用马匹。③攘臂:一齐国人肩高于顶,不怕服兵役,因为可以免征入伍。④折腰:陶渊明不为五斗米而折腰。⑤范甑:见前注。颜瓢:颜回好学,生活虽苦,却乐道安贫。瓢:一瓢饮,比喻穷。⑥鸳帐酒:在鸳鸯帐中饮酒作乐。⑦凤台箫:箫史之事,见前注。

班对马①,董对晁②,夏昼对春宵。雷声对电影,麦穗对禾苗。八千路③,廿四桥④,总角对垂髫⑤。露桃匀嫩脸,风柳舞纤腰。贾谊赋成伤鵩鸟⑥,周公诗就托鸱鸮⑦。幽寺寻僧逸兴岂知俄尔尽,长亭送客离魂不觉黯然消⑧。

【注释】 ①班、马:班固与司马迁。②董晁:董仆舒与晁错。③八千路:路途遥

远。④廿四桥：扬州有二十座桥。⑤总角：少年时代。垂髫：指童年。⑥鹏(fú)鸟：贾谊曾作《鹏鸟赋》，抒发郁郁不得志的情怀。⑦鸱鸮(chī xiāo)：一种凶猛大鸟，周公曾作鸱鸮诗以提醒周王。⑧长亭：路旁小亭。

三　肴

风对雅①，象对爻②，巨蟒对长蛟③。天文对地理，蟋蟀对螵蛸④。龙天矫⑤，虎咆哮，北学对东胶⑥。筑台须垒土，成屋必诛茅。潘岳不忘秋兴赋⑦，边韶常被昼眠嘲⑧。抚养群黎已见国家隆治，滋生万物方知天地泰交⑨。

【注释】　①风、雅：《诗经》的类目，指"国风"与"大雅、小雅"。②象、爻：八卦术语，指卦象与卦爻。③蛟：巨龙。④螵蛸：即乌贼鱼，海生动物。⑤天矫：屈伸的样子。⑥北学：学校名，即"庠"。东胶：学校名。⑦秋兴赋：西晋文学家潘岳所著。⑧昼眠：江汉时人边韶喜欢白天睡觉。⑨泰：平安。

蛇对虺①，蠹对蛟，麟薮对鹊巢②。风声对月色，麦穗对桑苞③。何妥难④，子云嘲⑤，楚甸对商郊。五音惟耳听，万虑在心包。葛被汤征因仇饷⑥，楚遭齐伐责包茅⑦。高矣若天洵是圣人大道⑧，淡而如水实为君子神交⑨。

【注释】　①虺(huǐ)：一种毒蛇。②麟薮(sǒu)：生长着很多草的湖泽。③麦穗：魏晋人魏兰根为刺史有政绩，连麦穗也多生五穗。桑苞：桑树干，比喻根基稳固。④何妥难：北周人何妥给讲《春秋》的人为难。⑤子云嘲：西汉文学家杨雄曾作《解嘲文》，用以自娱。⑥仇饷：商汤攻伐葛国的借口。饷：指纳贡。⑦包茅：齐伐楚，是因为楚国未向周王朝进贡作祭祀用的茅草。⑧若天：意谓要达到"圣人大道"的境界，如登天般困难。⑨如水：君子之交淡如水，以神交不以物交。

牛对马，犬对猫，旨酒对嘉肴。桃红对柳绿，竹叶对松梢。藜杖叟，布衣樵①，北野对东郊。白驹形皎皎②，黄鸟语交交③。花圃春残无客到，柴门夜永有僧敲④。墙畔佳人飘扬竞把秋千舞⑤，楼前公子笑语争将蹴踘⑥抛。

【注释】①布衣樵:打柴的农夫。②白驹:白色骏马。③黄鸟:黄莺。④僧敲:唐诗人贾岛有诗云:"僧敲月下门。"⑤秋千:古代女子荡秋千的戏。⑥蹴鞠(cù jū):古代一种用脚踢的戏。

四　豪

琴对瑟,剑对刀,地回对天高。峨冠对博带①,紫绶对绯袍②。煎异茗③,酌香醪④,虎兕对猿猱⑤。武夫功骑射,野妇务蚕缫。秋雨一川淇奥竹⑥,春风两岸武陵桃。螺髻青浓楼外晚山千仞,鸭头绿腻溪中春水半篙⑦。

【注释】①峨冠:高冠。博带:宽大的衣带。②紫绶:紫色的绶带,一种官服。绯袍:红色的袍子,也是官服。③茗:即茶。④醪(láo):就是酒。⑤兕(sì):犀牛。猱:猴子。⑥淇奥:河水曲岸。⑦篙:竹篙。

刑对赏,贬对褒,破斧对征袍。梧桐对橘柚,枳棘对蓬蒿①。雷焕剑②,吕虔刀③,橄榄对葡萄。一椽书舍小④,百尺酒楼高。李白能诗时秉笔,刘伶爱酒每哺糟⑤。礼别尊卑拱北众星常灿灿,势分高下朝东万水自滔滔。

【注释】①枳:构桔,多刺。②雷焕剑:魏晋人雷焕掘得宝剑两把。③吕虔刀:魏人吕虔的宝刀。④椽:架屋的横木。⑤哺糟:西晋人刘伶嗜酒,跑到酒糟去喝酒。

瓜对果,李对桃,犬子对羊羔。春分对夏至①,谷水对山涛。双凤翼,九牛毛②,主逸对臣劳。水流无限阔,山耸有余高。雨打村童

新牧笠，尘生边将旧征袍。俊士居官荣引鹓鸿之序③，忠臣报国誓殚犬马之劳④。

【注释】 ①春分、夏至：二十四节气。②九牛毛：九牛失一毛，谓微不足道。③鹓鸿之序：鹓（yuān），凤鸟。鸿，大雁，此二鸟群飞有序，比喻朝廷官员的班行。④殚（dān）：尽。

五　歌

山对水，海对河，雪竹对烟萝。新欢对旧恨，痛饮对高歌。琴再抚，剑重磨，媚柳对枯荷。荷盘从雨洗，柳线任风搓。饮酒岂知歌醉帽①，观棋不赏烂樵柯②。山寺清幽直踞千寻云岭③，江楼宏敞遥临万顷烟波。

【注释】 ①醉帽：西晋阮籍每醉酒，乌纱帽半坠而不知晓，醉眠不起。②樵柯：砍柴斧的木柄。③寻：八尺为一寻。

繁对简，少对多，里咏对途歌。宦情对旅况，银鹿对铜驼①。刺史鸭②，将军鹅③，玉律对金科④。古堤垂嚲柳⑤，曲沼长新荷。命驾吕因思叔夜⑥，引车蔺为避廉颇⑦。千尺水帘今古无人能手卷⑧，一轮月镜乾坤何近用功磨。

【注释】 ①银鹿：用白银制作的鹿。铜驼：用铜制作的驼。②刺史鸭：唐代诗人韦应物为刺史，喜欢养鸭，号为"绿头公子"。③将军鹅：晋代王羲之曾作右将军，性好鹅，一道士便赠给他一群白鹅，王羲之便为道士书写道经。④玉律金科：法律条例，不易变更，故名。亦指客观规律。⑤嚲（duǒ）：下垂。⑥命驾：晋人吕因与嵇康友善，常驱车探望。⑦引车：战国赵相蔺相如不与廉颇争位，每有相遇则令回避。⑧水帘：瀑布。

霜对露，浪对波，经菊对池荷。酒阑对歌罢①，日暖对风和。梁父咏②，楚狂歌，放鹤对观鹅。史才推永叔③，刀笔仰萧何④。种橘犹嫌千树少⑤，寄梅谁信一枝多⑥。林下风生黄发村童推牧笠，江头日出皓眉溪叟晒渔蓑⑦。

【注释】 ①阑：尽、完。②梁父咏：相传诸葛亮曾作《梁父吟》。③永叔：即北宋人欧阳修,文学家兼史学家,曾撰正史一部。④萧何:西汉人,曾制《汉律》。⑤种橘:古人李衡喜种橘树。⑥寄梅:见前注。⑦皓眉:白色眉毛、指老人。蓑:草织的雨衣。

六　麻

松对柏,缕对麻,蚁阵对蜂衙。赪鳞对白鹭①,冻雀对昏鸦。白坠酒②,碧沉茶③,品笛对吹笳④。秋凉梧坠叶,春暖杏开花。雨长苔痕侵壁砌,月移梅影上窗纱。飒飒秋风度城头之筚篥⑤,迟迟晚照动江上之琵琶。

【注释】　①赪(chēng):红色。②白坠酒:一种好酒。③碧沉茶:一种名茶。④笳(jiā):胡笳,一种乐器。⑤筚篥(bì lì):乐器,以竹为管,上开八孔。

优对劣,凸对凹,翠竹对黄花。松杉对杞梓,菽麦对桑麻①。山不断,水无涯,煮酒对烹茶。鱼游池面水,鹭立岸头沙。百亩风翻陶令秫②,一畦雨熟邵平瓜③。闲捧竹根饮李白一壶之酒④,偶擎桐叶啜卢仝七碗之茶⑤。

【注释】　①菽(shū):豆类总称。②陶令:陶渊明。秫:糯谷。③畦(qí):田中分成的小块地。邵平瓜:古人邵平所种的瓜。④竹根:一种酒杯。⑤桐叶:一种茶盏。七碗茶:唐代卢仝《茶歌》云:"七碗吃不得,但觉两腋羽生清风。"

吴对楚,蜀对巴,落日对流霞。酒钱对诗债①,柏叶对松花。驰驿骑②,泛仙槎③,碧玉对丹砂。设桥偏送笋④,开道竟还瓜⑤。楚国大夫沉汨水⑥,洛阳才子谪长沙⑦。书簏琴囊乃士流活计⑧,药炉茶鼎实闲客生涯。

【注释】　①酒钱:陶渊明清贫,无力付酒店之债,别人曾给他付钱。诗债:苏东坡有诗云:"口业不停诗有债。"②驿骑:驿站用的马。③仙槎:成仙的筏子。④设桥:南朝时有人偷范元授的笋,有水沟不得出,范乃为他搭桥,盗贼羞惭,悉数送还。⑤开道:晋人桑虞为小偷砍掉篱笆,让他出来。⑥汨水:屈原沉汨罗江而死。⑦洛阳句:指贾谊被贬谪到长沙。⑧书簏:书箱。

七　阳

高对下，短对长，柳影对花香。词人对赋客，五帝对三王①。深院落，小池塘，晚眺对晨妆。绛霄唐帝殿②，绿野晋公堂③。寒集谢庄衣上雪④，秋添潘岳鬓边霜⑤。人浴兰汤事不忘于端午⑥，客斟菊酒兴常记于重阳⑦。

【注释】 ①三王五帝：传说中上古的帝王。②绛霄殿：传为唐玄宗所建宫殿。③绿野堂：唐宰相斐度封晋公，府第号“绿野堂”。④谢庄：南朝人。⑤潘岳：西晋文学家。⑥兰汤：以兰汤洗澡洁身，纪念屈原。⑦菊酒：相传在九月九日即重阳节喝菊花酒，可以避难。

尧对舜，禹对汤，晋宋对隋唐。奇花对异卉，夏日对秋霜。八叉手①，九回肠②，地久对天长。一堤杨柳绿，三径菊花黄。闻鼓塞兵方战斗，听钟宫女正梳妆③。春饮方旧纱帽半淹邻舍酒，早朝初退衮衣微惹御炉香④。

【注释】 ①八叉手：唐代文学家温庭筠能诗赋，每八叉手而成八韵。②九回肠：司马迁《报任安书》以“肠一日而九回”表忧愤之情。③听钟：南朝齐武帝时，宫人每闻钟鸣，皆起而梳妆。④衮(gǔn)衣：古代君王的礼服。

荀对孟①，老对庄②，亸柳对垂杨。仙宫对梵宇③，小阁对长廊。风月窟，水云乡，蟋蟀对螳螂。暖烟香霭霭，寒烛影煌煌。伍子欲酬渔父剑④，韩生尝窃贾公香⑤。三月韶光常忆花明柳媚，一年好景难忘橘绿橙黄。

【注释】 ①荀、孟：荀子、孟子，儒家代表人物。②老、庄：老子、庄子，道家代表人物。③仙宫：道士宫观。梵宇：和尚寺庙。④伍子：楚国时伍子胥逃往吴国，一渔翁用船救他渡江，伍子胥赠剑而不受。⑤韩生：晋代时贾充之女与韩寿私通，偷走其父的异香给韩寿。

八 庚

深对浅，重对轻，有影对无声。蜂腰对蝶翅，宿醉对余酲①。天北缺②，日东升，独卧对同行。寒冰三尺厚，秋月十分明。万卷书容闲客览，一樽酒待故人倾。心侈唐玄厌看霓裳之曲③，意骄陈主饱闻玉树之赓④。

【注释】　①酲(chéng)：酒醉后神志不清。②天北缺：传说西北天有缺，女娲氏炼石补天。③霓裳之曲：唐玄宗时宫中的舞曲。④玉树之赓：南朝陈后主曾作《玉树后庭花》之曲，为有名之"艳词"。

虚对实，送对迎，后甲对先庚①。鼓琴对舍瑟，搏虎对骑鲸。金匼匝②，玉瑽琤③，玉宇对金茎④。花间双粉蝶，柳内几黄莺。贫里每甘藜藿味⑤，醉中厌听管弦声。肠断秋闺凉吹已侵重被冷，梦惊晓枕残蟾犹照半窗明。

【注释】　①后甲：《周易》中对卦象的解释。先庚：同上，所谓后甲三日，先庚三日。②匼匝(kē zā)：马头上的络口。③瑽琤(cōng chēng)：玉的响声，本作玲纵，因为为了押韵，于是颠倒用。④玉宇：月中宫殿。金茎：承露盘的铜柱。⑤藜藿：藜，一种草本植物，嫩叶可吃。藿，豆叶，嫩时可吃。

渔对猎，钓对耕，玉振对金声。雉城对雁塞①，柳袅对葵倾②。吹玉笛，弄银笙，阮弦对桓筝③。墨呼松处士④，纸号楮先生⑤。露浥好花潘岳县⑥，风搓细柳亚夫营⑦。抚动琴弦遽觉座中风雨至⑧，哦成诗句应知窗外鬼神惊⑨。

【注释】　①雉(zhì)：古代计算城墙面积的单位，一雉一墙长三丈，高一丈，后来也引申为城墙。雁塞：今雁山。②葵倾：葵花向日而倾斜。③阮弦：传为阮咸所作之乐器名。桓筝：汉代桓谭所弹拨之筝。④松处士：墨的雅称。⑤楮先生：纸的代称。⑥浥(yì)：湿润之意。⑦潘岳：西晋人潘岳喜好栽花。⑧亚夫营：汉代周亚夫的军营。风雨至：晋代师旷善弹琴，风雨随之忽至，形容师旷弹琴有呼风唤雨之功力。⑨鬼神惊：唐代诗人贺知章说李白诗能感动鬼神，形容有极大的艺术魅力。

九 青

红对紫,白对青,渔火对禅灯。唐诗对汉史,释典对仙经①。龟曳尾②,鹤梳翎③,月榭对风亭④。一轮秋夜月,几点晓天星。晋士只知山简醉⑤,楚人谁识屈原醒⑥。绣倦佳人慵把鸳鸯文作枕⑦,吮毫画者思将孔雀写为屏⑧。

【注释】 ①释典:佛教经典。仙经:道教经典。②龟曳尾:乌龟拖着尾巴,形容逍遥自在,比喻自由自在的隐居生活。③鹤梳翎:苏东坡有诗云:"病鹤不梳翎。"翎,羽毛。④榭:建于台上的屋子。⑤山简:晋人山简嗜酒,号"醉山翁"。⑥屈原醒,屈原曾仰天长叹说:"世人皆醉,而我独醒!"说明楚国政治的腐朽。⑦鸳鸯枕:闺中绣女常在枕头上绣一对鸳鸯图案。⑧孔雀屏:画孔雀于屏风上。

行对坐,醉对醒,紫佩对纡青①。棋枰对笔架,雨雪对雷霆。狂蛱蝶,小蜻蜓,水岸对沙汀。天台孙绰赋②,剑阁孟阳铭③。传信子卿千里雁④,照书车胤一囊萤⑤。冉冉白云夜半高遮千里雁,澄澄碧水宵中寒映一天星。

【注释】 ①纡(yù):官服上的系结。②孙绰赋:东晋文学家孙绰曾作《游天台山赋》。③孟阳:古代文学家,路过四川剑阁时作铭一首。④子卿:西汉苏武为匈奴所扣,牧羊于北海,曾修书于雁足,让雁传信。⑤车胤:晋人车胤,幼刻苦好学,家贫无力买油灯,便捉萤火虫,借助萤光夜读。

书对史,传对经,鹦鹉对鹡鸰①。黄茅对白荻②,绿草对青萍③。风绕铎④,雨淋铃⑤,水阁对山亭。渚莲千朵白,岸柳两行青。汉代宫中生秀柞⑥,尧时阶畔长祥蓂⑦。一枰决胜棋子分黑白,半幅通灵画色间丹青⑧。

【注释】 ①鹡鸰(jí líng):一种鸟名。②黄茅:一种茅草。白荻:一种草本植物。③青萍:水中浮萍。④风绕铎(duó):唐代时一种能为风所吹动的铃。铎:一种大铃。⑤雨淋铃:唐玄宗路途中遇雨,而闻栈道铃声,乃作《雨淋铃》曲,以悼念杨贵妃。⑥秀柞(zuò):汉代宫廷苑囿中生有一奇特柞树,五柞呈环抱状。⑦祥蓂(míng):一种奇特的草。⑧丹青:红色与黛蓝色,泛指作画。

十　蒸

新对旧，降对升，白犬对苍鹰。葛巾对藜杖，涧水对池冰。张兔网，挂鱼罾①，燕雀对鹏鹀②。炉中煎药水，窗下读书灯。织锦逐梭成舞凤③，画屏误笔作飞蝇④。宴客刘公座上满斟三雅爵⑤，迎仙汉帝宫中高插九光灯⑥。

【注释】　①罾(zēng)：方形鱼网。②鹏鹀：鹏，传说中的大鸟。鹀，一种像鹤的鸟。③舞凤：一种凤凰锦。④画屏成蝇：三国吴时有画师宫中作屏风画，误落一点墨痕，乃顺势画成一只苍蝇，孙权见了，以为是真的，还用手去弹它。⑤三雅：汉末荆州刘表有三只喝酒用的爵，称三雅。⑥九光灯：汉代宫灯，满宫辉煌。

儒对士，佛对僧，面友对心朋。春残对夏老，夜寝对晨兴。千里马，九宵鹏①，霞蔚对云蒸②。寒堆阴岭雪，春泮水池冰。亚父愤生撞玉斗③，周公誓死作金縢④。将军元晖莫怪人讥为饿虎，侍中卢昶难逃世号作饥鹰⑤。

【注释】　①鹏：鹏能展翅直冲九宵。②霞蔚：云霞朦胧状。③亚父：鸿门宴上，亚父范增因项羽不听劝告，撞碎玉斗。④金縢：《尚书》中的一篇，为周公所作。⑤元晖、卢昶：后魏将军与侍中，贪欲无度，渔肉百姓，人号"饿虎、饥鹰"。

规对矩，墨对绳，独步对同登。吟哦对讽咏，访友对寻僧。风绕屋，水襄陵①，紫鹄对苍鹰②。鸟寒惊夜月，鱼暖上春冰③。杨子口中飞白凤④，何郎鼻上集青蝇⑤。巨鲤跃池翻几重之密藻，颠猿饮涧挂百尺之垂藤。

【注释】　①襄陵：大水漫过丘陵。②紫鹄(hú)：一种水鸟名，俗称天鹅。③春冰：孟春时节，鱼浮出冰面。④白凤：汉代杨雄梦见口中吐出白凤。⑤何郎：曹魏人何晏梦见青蝇停在鼻子尖上。

十一 尤

荣对辱，喜对忧，夜宴对春游。燕关对楚水，蜀犬对吴牛[1]。茶敌睡，酒消愁，青眼对白头。司马修史记[2]，孔子作春秋[3]。适兴子猷常泛棹[4]，思归王粲强登楼[5]。窗下佳人妆罢重将金插鬓，筵前舞妓曲终还要锦缠头[6]。

【注释】 ①蜀犬：相传蜀地多雨少晴，犬见日出以为稀奇，于是狂吠不止。吴牛：吴地牛惧怕太阳，见了月亮也禁不住气喘，吴牛喘月就由此而来。②司马：即西汉史学家司马迁，所作《史记》为我国最早的正史。③《春秋》：相传此书是孔子删削而成，它是以鲁国为主的编年体史书。④子猷：王羲之的儿子王徽之，常泛舟去剡溪看望好友。⑤王粲：三国人，曾作《登楼赋》。⑥锦缠头：妓女以锦缠头，杜牧有诗云："笑时花近眼，舞罢锦缠头。"

唇对齿，角对头，策马对骑牛。毫尖对笔底，绮阁对雕楼。杨柳岸，荻芦洲，语燕对啼鸠。客乘金络马[1]，人泛木兰舟[2]。绿野耕夫春举耜，碧池渔父晚垂钩。波浪千层喜见蛟龙得水，云霄万里惊看雕鹗横秋[3]。

【注释】 ①络：马笼头，用黄金装饰，名曰金络。②木兰：一种树，后常指舟。③雕鹗：俗名"鱼鹰"，捕食鱼类。

庵对寺[1]，殿对楼，酒艇对渔舟。金龙对彩凤，獭豸对童牛[2]。王郎帽[3]，苏子裘[4]，四季对三秋。峰峦扶地秀，江汉接天流[5]。一湾绿水渔村小，万里青山佛寺幽。龙马呈河羲皇阐微而画卦[6]，

神龟出洛禹王取法以陈畴⑦。

【注释】①庵:尼姑居住的寺院庙。寺:佛教寺院。②貗豕:貗(fén),雄性猪。豕,小猪。童牛:小牛犊。③王郎:晋美男子王蒙。④苏子:战国游说家苏秦。⑤江汉:泛指江河。⑥龙马:像龙的马,从黄河中出来,带出图,称之为"河图",伏羲氏据以演成八卦。⑦洛:即洛书,神龟出洛水带来。

十二 侵

眉对目,口对心,锦瑟对瑶琴。晓耕对寒钓,晚笛对秋砧①。松郁郁,竹森森,闵损对曾参②。秦王亲击缶③,虞帝自挥琴④。三献卞和尝泣玉⑤,四知杨震固辞金⑥。寂寂秋朝庭叶因霜摧嫩色,沉沉春夜砧花随月转清阴。

【注释】①砧(zhēn):捶打东西时的垫子,这里指捶打砧子发出的声音。②闵损:春秋鲁国人,孔子弟子,名损,字子骞,以孝悌著称。曾参:春秋鲁国人,孔子的弟子。③缶:瓦罐子。④虞帝:上古帝王。⑤卞和:楚人,得到一块美玉献给楚厉王,厉王以为是石头,砍去了卞和的左脚,后又被楚武王砍掉右脚,文王时,卞和抱着玉在荆山下痛哭不已,一经加工,果然是块美玉。⑥杨震:东汉末年的名士,为官清廉。

前对后,古对今,野兽对山禽。犍牛对牝马①,水浅对山深。曾点瑟②,戴逵琴③,璞玉对浑金④。艳红花弄色,浓绿柳敷阴。不雨汤王方剪爪⑤,有风楚子正披襟⑥。书生惜壮岁韶华寸阴尺璧⑦,游子爱良宵光景一刻千金⑧。

【注释】①犍(jiān):被阉过的牛。牝马:雌马。②曾点:孔子的弟子。③戴逵:晋时人,善于演奏琴。④璞玉:晋人山涛为人厚重,人们称赞他是"璞玉浑金"。⑤剪爪:商汤时遇大旱,汤王自剪指甲头发,向天祈雨。⑥披襟:楚襄王游兰台宫,忽然来了一阵凉风,襄王掀开衣襟,叹道"快哉此风",宋玉的《风赋》即由此而写成。⑦寸阴:一寸光阴一寸金,形容时间之宝贵。⑧一刻:时间,春宵一刻值千金。

丝对竹①,剑对琴,素志对丹心②。千愁对一醉,虎啸对龙吟③。子罕玉④,不疑金⑤,往古对来今。天寒邹吹律⑥,岁旱傅为霖⑦。渠说子规为帝魄⑧,侬知孔雀是家禽⑨。屈子沉江处处舟中争系粽⑩,牛郎渡渚家家台上竞穿针⑪。

【注释】 ①丝:弦奏乐器。竹:竹管乐器。②素志:清白志向。丹心:红心。③虎啸:虎吼叫,能引起八面生风。龙吟:龙叫之声。④子罕:春秋时人,有人献玉给他,他辞之不受,说不贪财,才是最宝贵的东西。⑤不疑:汉代人直不疑,别人怀疑他偷了铜钱,直不疑不予争辩,拿出自己的钱给了别人。⑥邹律:战国齐人邹衍吹律时,草木皆生。⑦傅霖:先秦人傅某遇大旱,欲以己身作霖雨,即感动上天,使下雨。⑧子规:杜鹃鸟。帝魄:蜀国国王杜宇,其魂曾化为杜鹃,故曰杜鹃鸟。⑨家禽:梁代神童杨德祖,一位姓孔的客人来家拜访,看到桌子上的杨梅,笑着说:"这是你家自种的吧?"杨德祖(与杨梅同姓杨),应声而道:"孔雀是您的家禽吗?"⑩系粽:屈原投汨罗江自沉后,楚国人为哀悼他,以糯米为粽,系于船上,给鱼吃,使鱼不伤屈原。⑪穿针:牛郎织女相会的日子,妇女便于台上手执针线而穿之,以现天工之巧。

十三 覃

千对百,两对三,地北对天南。佛堂对仙洞,道院对禅庵。山泼黛①,水浮蓝,雪岭对云潭。凤飞方翙翙②,虎视已眈眈③。窗下书生时讽咏,筵前酒客日耽酣。白草满郊秋日征人之马,绿桑盈亩春时供农妇之蚕。

【注释】 ①黛:青黑色。②翙翙(chuì chuì):鸟飞的声音。③眈眈(dān dān):注视的样子。

将对欲,可对堪,德被对恩覃①。权衡对尺度,雪寺对云庵。安邑枣②,洞庭柑③,不愧对无惭。魏征能直谏④,王衍善清谈⑤。紫梨摘去从北山⑥,丹荔传来自海南⑦。攘鸡非君子所为但当月一⑧,养狙是山公之智止用朝三⑨。

【注释】 ①德被:蒙受恩德。恩覃(tán):恩德深厚。②安邑枣:本指安邑(今越南中南部)所献御枣,一说在今山西夏县。③洞庭柑:洞庭湖周围地区盛产红桔。④魏征:唐太宗的大臣,前后上谏200余次。⑤王衍:西晋名士,琅琊人。清谈:汉末至南朝间,士人喜谈老庄之道,又称玄谈。⑥紫梨:传说涂山产紫色梨,大如瓜,千年开一花,万年结一果。⑦丹荔:从岭南为杨贵妃送的鲜荔枝。⑧攘鸡:偷鸡。月一:月偷一只鸡。⑨养狙(jū):养猴子,此朝三暮四之典。

中对外,北对南,贝母对宜男①。移山对浚井②,谏苦对言甘。千取百,二为三,魏尚对周堪③。海门翻夕浪④,山市拥晴岚⑤。新缔直投公子纻⑥,旧交犹脱馆人骖⑦。文达淹通已叹冰兮寒过水⑧,永和博雅可知青者胜于蓝⑨。

【注释】 ①贝母:一种中药。宜男:萱草,一种中药。②移山:愚公移山的故事。浚井:疏井之意。③魏尚:汉代人,曾为太守。周堪:汉代人,曾任光禄大夫。④海门:山名,今浙江临海一带,面大海。⑤晴岚:晴日山中的雾气,山市为其中之一风景,在今湖南湘潭。⑥纻:用麻织成的衣服,战国子产以纻衣回赠新友吴公子季札,比喻友谊深厚。⑦脱骖:孔子到卫国去,遇到旧友办丧事,便解下驾车的马,送给朋友用。⑧冰寒:唐人文通的学问超过了老师,老师叹道:"冰生于水,而寒于水。"⑨青胜:青出于蓝而胜于蓝的典故。

十四 盐

悲对乐,爱对嫌,玉兔对银蟾①。醉侯对诗史②,眼底对眉尖。风飘飘③,雨绵绵,李苦对瓜甜。画堂施锦帐,酒市舞青帘。横槊赋诗传孟德④,引壶酌酒尚陶潜⑤。两曜迭明日东升而月西出,五行式序水下润而火上炎⑥。

【注释】 ①玉兔:月宫中的仙兔。银蟾:月宫中的仙蟾蜍。②醉侯:指刘伶,魏晋文学家,好酒。诗史:指杜甫,他的诗描述了唐中后期的现实社会,被称为诗史。③飘飘(xī xī):风轻轻地吹。④槊:一种兵器。孟德:即曹操的字。⑤引壶:陶潜的诗句,取酒壶喝酒。⑥五行:水、火、木、金、土五种物质。

如对似,减对添,绣幌对朱帘。探珠对献玉①,鹭立对鱼潜。玉屑饭②,水晶盐,手剑对腰镰。燕巢依邃阁,蛛网挂虚檐。夺槊至三唐敬德③,弈棋第一晋王恬④。南浦客归湛湛春波千顷净,西楼人悄弯弯夜月一钩纤。

　①探珠:即探骊得珠之典。献玉:卞和献玉的故事。②玉屑饭:古代道士认为珠、玉之类吃了可以长寿,故常吃玉屑。③敬德夺槊:唐代武将尉迟敬德善于使槊(一种兵器)他曾与齐王相搏为戏,敬德曾三次从齐王手中夺下了他的槊。④王恬弈棋:王恬为东晋大臣王导的儿子,善下棋,号称第一。

逢对遇,仰对瞻,市井对闾阎①。投簪对结绶②,握发对掀髯③。张绣幕,卷珠帘,石碏对江淹④。宵征方肃肃⑤,夜饮已厌厌⑥。心褊小人长戚戚⑦,礼多君子屡谦谦。美刺殊文备三百五篇诗咏⑧,吉凶异变六十四卦爻占⑨。

【注释】　①闾阎:古代里巷中的门,二十五家为一闾。②投簪:丢下固定冠用的簪子,意即弃官。结绶:系结印带,指出仕作官。③握发:比喻为国操劳。发,头发。掀髯:亦作掀须,开口张髯的样子。④石碏(què):春秋时卫国大夫。江淹:南朝文学家,号称江郎。⑤宵征:晚上静行。⑥厌厌:静静地。⑦心褊:心胸狭窄。戚戚:郁忧寡欢。⑧诗三百:即《诗经》。⑨六十四卦:《周易》有六十四卦象。

十五 咸

清对浊,苦对咸,一启对三缄①。烟蓑对雨笠,月榜对风帆。莺睍睆,燕呢喃,柳杞对松杉。情深悲素扇③,泪痛湿青衫④。汉室既能分四姓⑤,周朝何用叛三监⑥。破的而探牛心豪矜王济⑦,竖竿以挂犊鼻贫笑阮咸⑧。

【注释】　①缄:封口之意。②睍睆(xiàn huàn):美丽貌。③素扇:汉代宫人班婕妤感情悲伤,乃赋诗于扇,抒其情怀。④青衫:典故出自白居易的诗《琵琶行》,诗云:"坐中泣下谁最多,江州司马青衫湿。"⑤四姓:东汉外戚:樊、郭、阴、马四姓。⑥三监:周武王灭商之后,建立三个侯国监视商王之旧族。⑦王济:晋人,与王恺比富,以射箭决胜负,王济中的而胜。⑧阮咸:晋人,在院中竖立竹竿,上面挂犊鼻裤(短裤)。

能对否,圣对贤,卫瓘对浑瑊①。雀罗对鱼网,翠巇对苍崖②。红罗帐,白布衫,笔格对书函③。蕊香蜂竞采,泥软燕争衔。凶尊誓清闻祖逖④,王家能义有巫咸⑤。溪叟新居渔舍清幽临水岸,山僧久隐梵宫寂寞倚云岩。

【注释】 ①卫瓘:西晋人,工于草书。浑瑊:唐代名将,善骑射。②巘(xiàn):高山。③笔格:搁笔的架子。书函:放书信的架子。④祖逖:东汉名将,曾想收复黄河流域,未果。⑤巫咸:商代名相,掌管祭祀之礼。

　　冠对带,帽对衫,议鲠对言谗①。行舟对御马,俗弊对民岩②。鼠且硕③,兔多毚④,史册对书缄。塞城闻奏角,江浦认归帆。河水一源形浟浟⑤,泰山万仞势岩岩⑥。郑为武公赋缁衣而美德⑦,周因巷伯歌贝锦以伤谗⑧。

【注释】 ①议鲠:敢于直谏者,被称为"骨鲠之臣",不吐不快。谗:造谣生非的谗言。②民岩:山岩参差不齐,百姓亦良莠不齐。③硕:大。④毚(chán):大兔子。⑤浟浟:满之意。⑥岩岩:高峻貌。⑦缁衣:黑色的孝衣。⑧贝锦:周人歌唱"贝锦之诗"为巷伯称冤。

小儿语

　　《小儿语》，明代学者吕得胜所编纂。吕得胜，号进溪，河南宁陵人，主要活动于明嘉靖年间，明代刑部侍郎、著名学者吕坤之父。他认为民间流传的儿童歌谣，如"东屋点灯西屋明，西屋无灯似有灯"之类，虽然能遂小儿之乐，但于其成长无益，所以撰著了此篇。为了使儿童乐闻易读，作者刻意去文就俗，尽量迁就儿童的水平和兴趣，用方言白话、鄙俚的俗语编出了整齐押韵、朗朗上口的读物，从而为儿童歌谣创立了一种新的类型。由于它浅显易懂、亲切可读，再加上都是关于人情世事的格言警句，所以在旧时极为流行。他的儿子吕坤受其命首先续作，其他效仿这种形式写作的亦复不少。

一切言动，都要安详；
十差九错，只为慌张。
沉静立身，从容说话；
不要轻薄，惹人笑骂。

【译文】 一切言语行动，都要安定从容。做事情凡是出了差错，十件有九件都是由于慌张造成的。沉静安稳才能安身立命，说话要从容，言语不能放荡轻薄，让人嘲笑讥讽。

【注释】 言动：言行举动。差：差错。立身：处世立身。惹：招致。

先学耐烦，快休使气，
性躁心粗，一生不济。
能有几句，见人胡讲，
洪钟无声，满瓶不响。

【译文】 做人要先学会忍耐烦

恼，不要由着脾气乱来，性子急躁，粗心大意，一生都不会成功。一个人能有多少学问，看见人就胡吹乱说？洪钟平时都是默默无声的，半瓶水晃得响，而满瓶的水反倒没有声音。

【注释】 耐烦：忍耐。休：别，不要。使气：耍脾气。洪：大。

自家过失，不消遮掩，
遮掩不得，又添一短。
无心之失，说开罢手；
一差半错，那个没有！

【译文】 自己的过失，要勇于承认，一旦遮掩，反倒又加上一条过失。别人无心犯下的过错，能说清楚就尽量放过人家，大家都不是圣贤，哪个能避免犯个一差半错的？

【注释】 自家：自己。消：需要。短：短处。失：过错，过失。

宁好认错，休要说谎；
教人识破，谁肯作养。
要成好人，须寻好友；
引醇若酸，那得甜酒。

【译文】 犯下错误宁可认错，也

不要用谎言来掩饰；一旦被别人识破，还会有谁来原谅你呢？要想成为一个好人，必须寻找好的朋友；就像酿酒一样，如果用来发酵的酒药是酸的，又怎么能酿出甜酒来呢？

【注释】 宁：宁可。好：乐意。教：被。作养：姑息，作罢。酵：酵母，酿酒用的药。

**与人讲话，看人面色，
意不相投，不须强说。
当面证人，惹祸最大；
是与不是，尽他说罢。**

【译文】 跟别人讲话，要学会察言观色。如果彼此的见解不相迎合，就不必勉强再说下去。当面证实别人的不是，会埋下祸根；是非长短，还是让他自己去说好了。

【注释】 面色：脸色。强：勉强。证人：证实别人过错。是：对。

**造言起事，谁不怕你；
也要提防，王法天理。
我打人还，自打几下；
我骂人还，换口自骂。**

【译文】 捏造谣言，挑起事端，这样的人谁不怕你三分？要小心，人间自有王法天理，不会让你胡作非为。你打别人，别人一定会还手，等于自己打了自己几下；你骂别人，别人一定会还口，

等于换了一个嘴巴来骂自己。

【注释】 造言：造谣。起事：惹是生非。还：还手。

**既做生人，便有生理；
个个安闲，谁养活你。
世间生艺，要会一件。
有时贫穷，救你患难。**

【译文】 一个人既然活在了世上，就要找一份正当的事情来干；个个贪图安闲，又有谁来养活你呢？世上能够谋生的技艺，你一定要会一件。在贫困的时候，你所学的技艺会帮你渡过难关。

【注释】 生人：活着的人。生理：谋生的手段。生艺：手艺。救：挽救，拯救。

**饱食足衣，乱说闲耍；
终日昏昏，不如牛马。
担头车尾，穷汉营生；
日求升合，休与相争。**

【译文】 吃得饱，穿得暖；只会吹牛胡说，整天稀里糊涂，还不如能出力干活的牛和马。挑担推车做小生意，这都是穷人为谋生所干的事，他们每天只求一点微薄的收入，应当学会尊重他们。

【注释】 闲耍：游手好闲。终日：整天。担头车尾：肩挑手推的小商贩。营生：谋生。升合：极小的数量。

兄弟分家，含糊相让；
子孙争家，厮打告状。
强取巧图，只嫌不够；
横来之物，要你承受。

【译文】 兄弟分家时，要尽量清楚，没有必要含糊谦让而失去原则，免得以后子孙再来争家产时纠缠不清，甚至闹到打架告状的地步。靠势力去抢，使诡计去占，只是嫌自己的财物不够多；用这种不正当的手段得来的东西，犯下的罪孽将来还得自己去承受。

【注释】 含糊：不计较。让：谦让。争家：争夺家产。横：意外的。

儿小任情骄惯,大来负了亲心。
费尽千辛万苦,分明养个仇人。

【译文】 孩子小时候随他们的性子娇生惯养,长大以后就会辜负父母的心愿。

【注释】 儿小:小时候。大来:长大了。负:辜负。

世间第一好事,莫如救难怜贫。
人若不遭天祸,舍施能费几文。

【译文】 人世间第一等的好事,莫过于帮助穷苦的人渡过难关。在我们正常的生活当中,帮助别人又能花去几个钱呢?

【注释】 莫:没有。若:如果。遭:遭遇。费:花费。

乞儿口干力尽,终日不得一钱。
败子羹肉满桌,吃着只恨不甜。

【译文】 叫花子费尽力气,口干舌燥,一天也要不到几个铜板;败家子满桌的大鱼大肉,吃腻了还嫌口味淡。

【注释】 乞儿:乞丐。羹:肉汤或带汁食物。

蜂蛾也害饥寒,蝼蚁都知疼痛。
谁不怕死求活,休要杀人害命。

【译文】 一只小小的飞蛾也会担心饥寒,蝼蚁都晓得疼痛,生命对于每一个人来说都是最宝贵的,千万不能去做杀人害命的事情。

【注释】 蜂蛾,蝼蚁:蜜蜂和飞蛾,蝼蛄和蚂蚁,代指微小的生命。

自家认了不是,人可不好说你。
自家倒在地下,人再不好跌你。

【译文】 自己先认错,别人就不好再指责你了;自己先跌倒在地,别人也就不好再踢你一脚。

【注释】 认:承认。不是:不对,错误。

气恼他家富贵,畅快人有灾殃。
一些不由自己,可惜坏了心肠。

【译文】 人家富贵你气恼,人家有灾难你高兴;其实祸福根本不是由个人的意愿来决定,你这样的想法只会坏了自己的心思。

【注释】 畅快:高兴。灾殃:灾祸。心肠:良心。

老子终日浮水，儿子作了溺鬼。
老子偷瓜盗果，儿子杀人放火。

【译文】 父亲如果成天游手好闲，这样就会带坏了孩子；父亲小偷小摸，孩子长大了说不好会去杀人放火。

【注释】 老子：父亲。浮水：游泳。溺鬼：淹死鬼。

休着君子下看，休教妇人鄙贱。
人生丧家亡身，言语占了八分。
任你心术奸险，哄瞒不过天眼。

【译文】 不要让君子看轻你，不要让妇人看不起你。家破人亡，十有八九是由言语引起的。任凭你如何奸邪狡猾，都瞒不过上苍的眼睛。

【注释】 休：不要。下看：轻视。鄙贱：看不起。心术：心地。奸险：奸邪阴险。

使他不辩不难，要他心上无言。
人言未必皆真，听言只听三分。

【译文】 和别人辩论的时候，让别人不再争辩不难，重要的是让他心服口服。别人说的话未必都是真的，不要全部相信，只要相信十分之三就可以了。

【注释】 辩：辩论。心上无言：心服。未必：不必。皆：都。

休与小人为仇，小人自有对头。
干事休伤天理，防备儿孙辱你。

【译文】 千万不要和人格卑鄙或见识短浅的人结仇，小人自己就有对头。做事情千万不要伤天害理，以防将来儿孙做出不好的事情来辱没你。

【注释】 为仇：结仇。伤：违背。辱：侮辱，辱没。

你看人家妇女，眼里偏好。
人家看你妇女，你心偏恼。

【译文】 在你眼中，别人家的女子都是好的；可是，当别人看你家的女子时，你却心生懊恼。

【注释】 恼：恼怒。

恶名儿难揭，好字儿难得。
大嚼多噎，大走多蹶。

【译文】　不好的名声很难被消除掉,好的名声却很难得到。大口大口地嚼东西容易给噎到,走路时步子太大容易摔跤。

【注释】　恶名:不好的名声。揭:消除。好字:好的名声。嚼:咀嚼。

为人若肯学好,羞甚担架卖草。
为人若不学好,夸甚尚书阁老。

【译文】　做人只要肯一心向善,即使干的是挑柴卖草的营生,也没有什么可觉得羞耻的;如果做人心术不正,即使做了大官也没什么可值得夸耀的。

【注释】　羞:以为羞。尚书阁老:泛指高官。

慌忙倒不得济,安详走在头地。
话多不如话少,语少不如语好。

【译文】　慌慌张张不能够飞黄腾达,安安稳稳能够出人头地。话说得太多不如少说点,话说得少不如话都说到点子上。

【注释】　慌忙:慌张忙乱。济:飞黄腾达。头地:在人之上。

小辱不肯放下,惹起大辱倒罢。
天来大功,禁不得一句自称。
海那深罪,禁不得双膝下跪。
一争两丑,一让两有。

【译文】　若是不能把小的耻辱放下,很可能最终会引起大的耻辱。即使立有天大的功劳,也不能自己妄自夸耀;即使是有像海一样深的罪过,若一方肯双膝下跪来诚恳谢罪,也就烟消云散了。如果双方互相争执不休,则两个人都会出丑;若双方都肯互相谦让,则两人都会拥有安宁。

【注释】　小辱:小的耻辱。海那深罪:像海一样深的罪行。争:争夺。丑:出丑。让:谦让。有:拥有。

幼学琼林

说　明

　　《幼学琼林》又名《幼学故事琼林》《幼学须知》《成语考》《故事寻源》等。原著者为明代西昌人程登吉,字允升;增补注释者为清代邹圣脉,字梧冈。另外,清代广州聚贤堂版《幼学须知成语考》标明作者为"内阁邱文庄公",邱文庄即明代的学者邱濬(1419—1495年)。在目前无法作进一步考证的情况下,我们采用通行的说法,即认程登吉为原著者。

　　"幼学"一词,出自《礼记·曲礼上》"人生十年曰幼学"。《幼学琼林》是一本启蒙读物,与《蒙求》《龙文鞭影》专讲历史,《百家姓》《千字文》偏重识字不同,其内容是综合性的,包括天文、地舆、岁时,祖孙父子、兄弟、夫妇、朋友、饮食、宫室、器用、珍宝,以及文事、武略、科第、制作、技艺、鸟兽、草木等,几乎囊括了明代以前有名的历史典故、趣闻轶事、名人警句和成语故事。作者广泛地吸收了前代的成果,更直接取材于宋元以来《事类赋注》《古今事文类聚》《事类捷录》《故事黄眉》等赋体或包含赋体

的类书,内容广博。可以说,它是清代青少年的百科全书。作者在信手拈来这些知识时,不忘对人们日常生活中的礼节、谈吐、伦理道德作出规范,对于每一个社会角色应遵守的行为准则作出了具体规定。在文体上,采用对仗的赋体,既灵活多变又朗朗上口,易于朗诵,便于记忆。

在清代,《幼学琼林》是流行最广的蒙学读本之一。由于它内容丰富,熟读后可以引经据典,用于口头交际、书信往来、写诗属文、撰写楹联,因此,深得人们厚爱。在民间,有"学了《增广》会说话,学了《幼学》走天下"的说法,可见其影响是非常大的。中国近现代一批文化巨匠,也无不受其滋润。"五四"时期的文学家们,虽然对传统文化采取全盘否定的态度,但毋庸讳言,他们能击中传统文化的要害,与其熟知传统文化是分不开的。

随着时代的进步。我们现在有足够的胸襟与眼光来接纳、审视各种文化遗产,并将之创造性地转换成现代文化,为我所用。阅读《幼学琼林》有助于我们了解历史,重建文化,同时对我们阅读古典文学和旧体诗词写作,大有裨益。而且,书中的一些行为规范对于现代人仍有参考价值。当然,它毕竟是封建时代的一本读物,存在着严重的宿命论、因果报应观、忠孝节义等封建思想。例如,为了宣扬妇女的贞操观,竟举出"王凝妻被牵断臂投地,文叔妻誓志引刀割鼻"等极为残酷的例子,这是让我们既怜悯又厌恶的。请读者在阅读中用批判的眼光,明辨良莠,吸其精华,剔其糟粕。

《幼学琼林》自明代以来,有许多版本,它们或注或解或考证,作了大量的工作;近年来,多家出版社又以汇集旧注、详加新注或白话译文等形式,出版了10余种,它们都有各自的优缺点。本书在注解《幼学琼林》时,做了较多的考辨工作,力求精确、简洁。每一个典故尽量注明出处,并用简洁的白话表达出来。

天 文

混沌初开，乾坤始奠。

【译文】 模糊一团的宇宙一经开辟，天地从此形成。

【注释】 混沌：混混沌沌的元气。乾坤：天和地。奠：定，形成。

气之轻清上浮者为天，
气之重浊下凝者为地。

【译文】 浮在上面的轻气便是天，凝结在下面的厚重的气体便是地。

【注释】 气：元气。轻清：轻薄清朗。重浊：厚重浑浊。

日月五星，谓之七政；
天地与人，谓之三才。

【译文】 日、月和金、木、水、火、土五星，叫做七政；天能够覆盖万物，地能承载万物，人可以创造万物，故天、地、人合称为三才。

【注释】 五星：指金、木、水、火、土五星。七政：古代人们以为日、月、五星的运行变异，是天在告诉人们政治的好坏，帝王因而以此作为施政的参考，

所以称为七政。三才：指天、地、人，生生不息，各具才能，故合称三才。

日为众阳之宗，
月乃太阴之象。

【译文】 太阳是众阳之主，月亮是太阴的象征。

【注释】 宗：根本。象：形象。

虹名螮蝀，乃天地之淫气；
月里蟾蜍，是月魄之精光。

【译文】 虹又叫螮蝀，是天空中的水气与阳光交相辉映，形成的彩色晕圈；月宫里的蟾蜍，形成了月球的背景色彩。

【注释】 螮蝀(dì dōng)：虹。淫(yín)气：指阴阳之气不和。蟾蜍(chán chú)：俗称癞蛤蟆，传说是嫦娥奔入月宫所变。月魄：月初生或始缺时不明亮的部分，这里指月亮的体质。

风欲起而石燕飞，
天将雨而商羊舞。

【译文】 要刮风的时候，石头燕子群起飞舞；天要下雨的时候，被称作

商羊的独足鸟翩翩起舞。

【注释】 石燕：形似燕子的石头。传说零陵山有这样的石头，风雨来时会迎风飞翔，风雨停止又恢复原状。商羊：一只足的鸟。齐国的宫殿前曾出现这种鸟跳舞，孔子解释说，商羊舞是天将降大雨为灾的征兆。

旋风名为羊角，闪电号曰雷鞭。

【译文】 屈曲盘旋的风像弯曲的羊角，故旋风又被称为羊角。闪电过后是雷鸣，划破长空的闪电，紧连着雷鸣，故闪电的别名为雷鞭。

【注释】 羊角：指羊角风，旋转似羊角。雷鞭：指神话中赶雷车的鞭子。

青女乃霜之神，素娥即月之号。

【译文】 青女是主管霜降的神，素娥是月亮的别号。

【注释】 青女：神话中掌管降落霜雪的神女。素娥：即嫦娥。

雷部至捷之鬼曰律令，
雷部推车之女曰阿香。

【译文】 雷部里行动敏捷的鬼叫律令，雷部里推雷车的女子叫阿香。

【注释】 律令：周穆王时候的人。因他最会跑，所以死后就在雷部里做小鬼。阿香：一女子名。传说有个姓周的

人，出城，日暮，见路边有一座新茅屋，里面一个女子接待周氏进去借住。二更时分，听见外面有人喊："阿香，官家叫你去推车。"这个女子便出去了。她走后，忽然雷雨大作。早上，周氏起来一看住的地方，原来是一座新坟。

云师系是丰隆，雪神乃是滕六。

【译文】 丰隆是行云的法师，滕六是掌管降雪的神仙。

【注释】 云师：管云的法师。丰隆：神话中掌管云的神灵。滕六：神话中掌管雪的神灵。

欻火、谢仙俱掌雷火；
飞廉、箕伯悉是风神。

【译文】 欻火、谢仙掌管雷火；飞廉、箕伯都是风神。

【注释】 欻(xū)火、谢仙：雷部两个鬼的名字，掌管施放雷火。飞廉：神话中掌管风的官，是一种能起风的神鸟。箕伯：月亮行经箕星就多风，故神话中称司风之神为箕伯。

列缺乃电之神，望舒是月之御。

【译文】 列缺是电神，望舒是月亮上驾车的神仙。

【注释】 列缺：古称闪电为列缺，后来就附会为管电之神。望舒：神话中

为月亮驾车的神。

甘霖、甘澍，俱指时雨；
玄穹、彼苍，悉称上天。

【译文】 甘霖、甘澍都是指久旱之后下得及时的雨；玄穹、彼苍，都是天的别称。

【注释】 甘霖、甘澍(shù)：久旱之后的雨叫甘霖，应时而下的及时雨为甘澍。玄穹(qióng)：玄，黑中带赤的颜色。穹：高，借指天空。彼苍：那青青的天。

雪花飞六出，先兆丰年；
日上已三竿，乃云时晏。

【译文】 雪花的花瓣有六瓣，瑞雪是丰年的预兆；太阳升上三根竹竿那么高了，说明时间已经很晚了。

【注释】 六出：花开六瓣叫六出。三竿：古人用竹竿测日影，日出高三竿，指时候快到午时了。晏：迟晚。

蜀犬吠日，比人所见甚稀；
吴牛喘月，笑人畏惧过甚。

【译文】 蜀地的狗见到太阳狂吠，用来比喻人少见多怪；吴地的水牛怕热，见到月亮怀疑是太阳，气喘嘘嘘，人们用吴牛喘月来嘲笑过于害怕的人。

【注释】 吠(fèi)日：吠，狗叫。传说蜀国因日照少，狗一见到日出，就冲着太阳叫。喘月：吴国天气特别炎热，牛见到月亮，以为是太阳，所以害怕得直喘气。

望切者，若云霓之望；
恩深者，如雨露之恩。

【译文】 说人盼望的急切心情，好像是久旱盼望天边的云霓；受人的恩惠很深，就好像雨露滋润万物一样。

【注释】 望切：深切盼望。云霓之望：指大旱的时候盼望云霓出现。

参商二星，其出没不相见；
牛女两宿，惟七夕一相逢。

【译文】 参星在西方，商星在东方，从来不会遇见，用二星比喻彼此隔绝；牛郎星与织女星被银河隔断，每年七月七日才能鹊桥一会。

【注释】 参商：指西方参星和东方商星。牛女：指牛郎星和织女星。七夕：农历七月初七晚上。

后羿妻，奔月宫而为嫦娥；
傅说死，其精神托于箕尾。

【译文】 后羿的妻子偷吃了不死药奔向月宫，变为传说中月宫中美丽动人的嫦娥仙子；傅说死后，他的精神存

于箕尾二宿之间，后人常用骑箕尾来比喻国家重臣的死亡。

【注释】 后羿(yì)：夏朝时的一位君主，他的长生不老药被妻子偷吃，妻子奔逃到月宫。傅说(yuè)：商朝高宗的宰相。箕尾：箕星和尾星。

披星戴月，谓早夜之奔驰；
沐雨栉风，谓风尘之劳苦。

【译文】 披星戴月，早出晚归，是说不分白天与黑夜地奔跑赶路；以雨洗头，以风梳发，是说一个人奔波在外，历尽艰辛。

【注释】 沐雨栉(zhì)风：以雨洗发，以风梳头。

事非有意，譬如云出无心；
恩可遍施，乃曰阳春有脚。

【译文】 不是有意地做事，就好像浮云并非有意从山洞中飘出来；恩泽可以普遍布施，好像春天里的暖风，随处可见。

【注释】 云出无心：天上的云无意中飘出山谷。见陶渊明《归去来辞》"云无心以出岫"。阳春有脚：美好的春光处处行走。唐时宰相宋璟，爱民恤物，时人称为"有脚阳春"。

齐妇含冤，三年不雨；
邹衍下狱，六月飞霜。

【译文】 东海的孝妇窦氏含冤而死，齐地大旱三年，直到冤情得以昭雪；邹衍是燕昭王重臣，昭王死后，惠王听信谗言，捕邹衍下狱，邹衍的冤情得不到昭白，炎炎六月忽然下霜。

【注释】 齐妇含冤：齐东海地方有个孝妇窦氏，年轻守寡，对婆婆很孝顺。婆婆怕拖累她，就自杀了。婆婆的女儿到官府告她杀死其母。窦氏含冤而死。结果东海地区连续干旱了三年。邹衍下狱：战国时齐国人。至燕，很受燕昭王的器重。昭王死后，事燕惠王。惠王听信谗言，将他下狱。他便仰天而哭，这时正值夏天，天却为他下起了霜。

父仇不共戴天，子道须当爱日。

【译文】 杀父的仇人，不可能在同一天空下生存，肯定要拼个你死我活；做儿子的要遵守孝道，就必须珍惜父母健在的日子，多孝敬父母。

【注释】 不共戴天：不生活在同一个天底下。子道：做子女的道理。爱日：爱惜光阴。

盛世黎民，嬉游于光天化日之下；
太平天子，上召夫景星庆云之祥。

【译文】 安定、兴盛世界的黎民百姓，多会在光天化日之下嬉戏游玩，过着逍遥自娱的日子；太平盛世的阜帝，能感召上天，呈现景星庆云的祥瑞之气。

【注释】 光天化日：指太平盛世。景星：瑞星，状如半月。庆云：五色云。

夏时大禹在位，上天雨金；
春秋孝经既成，赤虹化玉。

【译文】 夏朝大禹在位执政时，由于有治水土的齐天之功，感动上天，连降了三日的金子；孔子修成《春秋》《孝经》之后，祷告上天，赤虹自天而下，化为三尺长的黄玉。

【注释】 雨金：天上落下黄金。传说大禹治水有功，上天降落黄金达三日之久。赤虹化玉：传说孔子修成《春秋》《孝经》两部书之后，忽然有赤虹自上而下化为黄玉。

箕好风，毕好雨，比庶人愿欲不同；
风从虎，云从龙，比君臣会合不偶。

【译文】 箕星好风，毕星好雨，比喻凡人的愿望和私欲各不相同；风从虎，云从龙，比喻君臣相遇是一种缘分。

【注释】 箕、毕：指箕星和毕星。庶人：众人。偶：偶然。

雨旸时若，系是休征；
天地交泰，斯称盛世。

【译文】 下雨同日出按时出现，这是吉庆的征兆；天地相交，万物相通，这才能称得上兴盛的时代。

【注释】 旸（yáng）：天晴，日出。若：顺。休征：吉祥的应验。泰：卦名。《易经》上说泰卦是天地相交，大通之卦。

地 舆
黄帝画野，始分都邑；
夏禹治水，初奠山川。

【译文】 黄帝划分了疆域，才开始区分王都与国都。夏朝时，大禹治住了洪水，才划分了九州，奠定了国土的雏形。

【注释】 黄帝划野：据载，黄帝划野分土，规定了邑、都、师、州的建制。夏禹治水：传说夏禹奉虞舜命治洪水，于是布治九州的水土，使水得以通流。后分别制定祭祀高山大川的礼节等级。

宇宙之江山不改；
古今之称谓各殊。

【译文】 天地间的河流山脉永远都不会改变，只是古今对相同的地方有不同的称谓。

【注释】 宇宙：天地。称谓：称呼，名称。殊：不同。

北京原属幽燕，金台是其异号；
南京原为建业，金陵又是别名。

【译文】 北京原来是幽燕的属地，金台是北京的不同称号；南京原来叫做建业，金陵是它的别名。

【注释】 幽燕：古地区名，指今河北北部及辽宁一带。建业：指南京。秦始皇时叫秣陵，汉献帝建安十六年吴孙权迁都秣陵，十七年改名建业。金陵：战国时，楚威王在今南京清凉山建置金陵邑。

浙江是武林之区，原为越国；
江西是豫章之邦，又曰吴皋。

【译文】 浙江是武林的一个郡县，春秋时属越国领地。江西属古柴桑郡地，首府南昌，别号豫章；春秋战国时，是吴楚的交界地，所以又叫吴皋。

【注释】 武林：浙江省本以江水名而得名，又因属武林山脉，故称武林之区。豫章：汉高帝设置豫章郡。

福建省属闽中，湖广地名三楚。

【译文】 福建省地属闽中，湖广这块地方本名三楚。

【注释】 湖广：这里指湖南湖北两省。

东鲁西鲁，即山东山西之分；
东粤西粤，乃广东广西之域。

【译文】 东鲁西鲁，就是指山东、山西；东粤西粤，是广东广西的区域。

【注释】 东鲁西鲁：山东在鲁国东边，称东鲁；山西在鲁国西边，称西鲁。

河南在华夏之中，故曰中州；
陕西即长安之地，原为秦境。

【译文】 河南在中国的中部，所以河南又叫中州；陕西指长安这块地，原来是在秦国的境内。

【注释】 华夏：中国。

四川为西蜀，云南为古滇；
贵州省近蛮方，自古名为黔地。

【译文】 四川别号西蜀，云南别号是古滇。贵州省地处偏远，与南蛮接近，自古以来都被称为黔。

【注释】 蛮：古代泛称南方各族为蛮族。

东岳泰山，西岳华山，南岳衡山，北岳恒山，中岳嵩山，此为天下之五岳；饶州之鄱阳，岳州之青草，润州之丹阳，鄂州之洞庭，苏州之太

湖,此为天下之五湖。

【译文】 东岳是指泰山,西岳指华山,南岳是指衡山,北岳是指恒山,中岳指嵩山,这就是闻名天下的五岳。饶州的鄱阳湖,岳州的青草湖,润州的丹阳湖,鄂州的洞庭湖,苏州的太湖,这是天下有名的五湖。

【注释】 饶州:旧府名,在今江西上饶地区,有鄱阳湖。岳州:旧府名。治所在今湖南岳阳县,有青草湖。润州:旧府名,治所在现在的江苏镇江市,有丹阳湖。鄂州:旧地名,在湖北省。苏州:旧府名,在江苏省。

> 金城汤池,谓城池之巩固;
> 砺山带河,乃封建之誓盟。

【译文】 城池像金子一样坚固,护城河像开水一样烫,是说城池牢不可破。山河像磨刀石一样坚硬,是封建帝王结盟时的誓约。

【注释】 金城汤池:金以喻坚,汤喻沸热不可近。比喻城池坚固不可攻克。砺(lì):磨石。带河:狭如衣带的河流。据《汉书》,汉高祖封爵的誓盟里说:"黄河如带,泰山若砺。"

> 帝都曰京师,故乡曰梓里。
> 蓬莱弱水,惟飞仙可渡;
> 方壶员峤,乃仙子所居。

【译文】 皇帝的都城叫京都,百姓的故乡叫梓里。蓬莱山水,只有仙人能过。方壶、员峤,是仙人住的地方。

【注释】 弱水:古代称水浅不能载舟的水为弱水,传说是西海环山的水。方壶员峤(qiáo):传说中的两座大山,在渤海东边。

> 沧海桑田,谓世之多变;
> 河清海晏,兆天下升平。

【译文】 沧海变成农田,农田变成大海,是说世事的变化很大;黄河的水变清了,大海的水平静了,预示着天下将会太平。

【注释】 河清:指黄河澄清。海晏:大海平静没有风浪。

> 凭空起事,谓之平地风波;
> 独立不移,谓之中流砥柱。

【译文】 毫无根据地兴起事端,就说平地上突然起了风波;独立自主,坚定不移,说是河流中的砥柱山。

【注释】 起事:发起事端。平地风波:比喻突然发生意外事故。中流砥柱:屹立在黄河中流的砥柱山。比喻能顶住危局的坚强力量。

> 黑子弹丸,漫言至小之邑;
> 咽喉右臂,皆言要害之区。

【译文】 黑痣，如同弹子大小的丸，比喻极小的城邑；咽喉、右臂，都是说要害的地方。

【注释】 黑子弹丸：比喻土地的狭小。黑子：黑痣。弹子：供弹弓射击用的丸。

独立难持，曰一木焉能支大厦；
英雄自恃，曰丸泥亦可封函关。

【译文】 不依靠他人而不能坚持，就说一根木头怎么能支撑一座大厦；英雄依仗自己的才能而轻视旁人，就说一粒泥丸都可以封住函谷关口。

【注释】 恃(shì)：仗恃。丸泥：泥做的丸子。函关：即函谷关。

事先败而后成，曰失之东隅，
收之桑榆；
事将成而终止，曰为山九仞，
功亏一篑。

【译文】 做事情先败，而后取得成功，称为失之东隅，收之桑榆；事情即将成功而最后却失败了，叫做功亏一篑。

【注释】 东隅(yú)：东方，指太阳出来的地方，喻早上。桑榆：指太阳西沉时，余光留在桑榆之间的树头上，喻日暮。据《后汉书》，汉光武帝曾说，虽然失利于回溪，但在渑池取得了胜利，可谓"失之东隅，收之桑榆"。为山九仞，功亏一篑：人工造山，已达九仞之高，但因为缺一筐土而不能完成。比喻

功败垂成。

费长房有缩地之方，
秦始皇有鞭石之法。

【译文】 费长房曾经向壶公学法，壶公教他缩地的法术；秦始皇想要渡海看太阳升起的地方，有神仙鞭石做桥。

【注释】 费长房：仙人名。传说他有神术，能缩短地域远近，千里如在眼前。鞭石：鞭策石头。传说秦始皇想渡海看日出处，有神人为他驱石下海，可以行走。若走得不快，就用鞭子抽打。最后石头皆流血。

尧有九年之水患，
汤有七年之旱灾。

【译文】 尧帝时，有九年洪水灾害；商汤时，有七年的旱灾。

【注释】 尧：指尧帝时代。水患：洪水灾害。汤：指商汤时代。

商鞅不仁而阡陌开，
夏桀无道而伊洛竭。

【译文】 商鞅不仁慈，在秦孝公时实行变法，废井田，开阡陌；夏桀暴虐无道，天人共愤，连伊河、洛河的水都干涸了。

【注释】 商鞅不仁：商鞅在秦国

为秦孝公实行变法，废井田，开阡陌。不仁：指不施行儒家的所谓仁政，而实行法治。夏桀(jié)：夏朝最末一个国君，十分残暴。伊洛：伊水和洛水，在今河南。竭：干涸。

道不拾遗，由在上有善政；
海不扬波，知中国有圣人。

【译文】　统治者实施仁政，就会出现"道不拾遗"的良好社会风气；海水平静，不掀起波浪，便知道中国有圣人。

【注释】　道不拾遗：东西掉在路上没有人拾取。指社会安定，风气良好。海不扬波：海水不掀起波浪。喻社会秩序安定。

岁　时

爆竹一声除旧，桃符万户更新。

【译文】　随着一声声的爆竹响，旧日的痕迹都除掉了，千家万户都换上了避免灾祸的新桃符，迎接新年的到来。

【注释】　爆竹：点燃竹子，会爆发出响声。传说有个叫李畋的人用爆竹御鬼。后人沿袭了这个风俗，改用纸卷火药，点燃发声，也叫爆竹。桃符：在桃板上画成符字。相传东海度朔山有棵大桃树，有二神，一叫神荼，一叫郁垒。主管鬼的出入，有害人的就把它捉去饲虎，所以人们就用桃板写上二神，以驱鬼辟

邪。后演变为春联。

履端，是初一元旦；
人日，是初七灵辰。

【译文】　按年历推算，履端是指正月初一这一天，是新的一年的开始；人日是正月初七这一个好日子。

【注释】　履端：本指推算年历的起点，引申为一年之始。人日：旧称夏历正月初七为"人日"。据《北史》："正月一日为鸡，二日为狗，三日为猪，四日为羊，五日为牛，六日为马，七日为人，八日为谷。"灵辰：良时。

元日献君以椒花颂，为祝遐龄；
元日饮人以屠苏酒，可除疠疫。

【译文】　元日这天要献一篇椒花颂给君王，为的是祝他长寿；元日这一天用屠苏酒招待客人，这样可以免除疠疫。

【注释】　元日：正月初一。椒花颂：晋朝刘臻的妻子陈氏曾经在正月初一日做了一篇《椒花颂》献给皇帝，祝他"永寿千万"。后用为新年祝人长寿之词。屠苏酒：唐代名医孙思邈于除夕那天把药浸在井中，元日取水置酒，饮后不生瘟疫。疠(lì)：瘟疫。

新岁曰王春，去年曰客岁。

【译文】 新的一年叫王春，去年叫客岁。

【注释】 王春：春秋时期，周王定历于正月。

火树银花合，谓元宵灯火之辉煌；
星桥铁锁开，谓元夕金吾之不禁。

【译文】 火树银花聚在一起，是赞叹元宵节的灯火辉煌；星桥上的铁锁都打开了，是元夕这一天解除禁令，通宵狂欢。

【注释】 火树银花：形容灯火齐放的辉煌景象。元夕：即元宵。金吾：官名，汉朝时掌管京城治安的长官。京城街上，平常夜晚，金吾禁止行人。只有在元宵之夜许令解禁，前后各一天，又叫放夜。

二月朔为中和节，三月三为上巳辰。

【译文】 二月初一这一天是中和节，三月初三这一天是上巳节。

【注释】 二月朔：二月初一。中和节：唐李泌向德宗请求以二月初一为中和节。取居春之中，得中和之意。上巳(sì)：三月上旬的巳日叫上巳。古时认为这一天不吉利，人们到水边去洗濯以除不祥。

冬至百六是清明，立春五戊为春社。

【译文】 冬至节过后一百零六天是清明节，立春后第五个戊日是祭祀土神的春社。

【注释】 冬至：农历十一月中的节气。百六：一百零六天。立春：农历正月初的节气。五戊：隔五个戊日。春社：即社日，这天要祭祀土神。

寒食节是清明前一日，
初伏日是夏至第三庚。

【译文】 寒食节在清明节前一天，初伏日是在夏至节后的第三个庚日。

【注释】 寒食节：在清明前一天，要禁烟火吃冷食。相传晋文公为纪念介之推抱木焚死，定下这天禁火寒食。初伏：从夏至后的第三个庚日起叫初伏，第四个庚日起叫中伏，立秋后第一个庚日为三伏。

四月乃是麦秋，端午却为蒲节。

【译文】 四月麦子开始成熟，端午节喝蒲酒避瘟疫之气，所以端午节又叫蒲节。

【注释】 麦秋：指麦子成熟时节。端午：农历五月初五。蒲节：旧俗在端午悬菖蒲草于门上，以治邪，故又称蒲节。

六月六日，节名天贶；
五月五日，节号天中。

【译文】 六月六日是天贶节；五月五日是天中节。

【注释】 天贶(kuàng)：天赐。贶：赐。传说六月六日有天书降落，宋哲宗诏以此日为天贶节。天中：节名，农历五月五日午时为天中节，意谓天行暑中。

端阳竞渡，吊屈原之溺水；
重九登高，效桓景之避灾。

【译文】 端阳节这一天，人们举行龙舟比赛，是凭吊爱国主义诗人屈原投汨罗江殉国这一壮举；重阳节这一天，人们去登高，是为了效仿桓景借登山饮菊酒，躲避灾难。

【注释】 吊：祭奠。屈原：战国时楚国人，曾辅佐楚怀王，后遭小人诬陷，被贬江南。于五月五日投汨(mì)罗江而死。重九：又称重阳，指九月初九。桓景：汝南人，曾跟费长房学仙术。据《续齐谐记》载，他得知重九那天家里将会有灾，便令全家人臂挂茱萸，登山饮菊花酒以避灾。晚上归家，见鸡犬牛羊都死了，果然是有灾临门。

五戊鸡豚宴社，处处饮治聋之酒；
七夕牛女渡河，家家穿乞巧之针。

【译文】 五戊日这一天，人们杀鸡宰猪，处处设宴结社，招待众人，畅饮可以治疗耳聋的酒。七月七日，牛郎织女渡河相会。家家户户的女孩子都穿针引线，祈求心灵手巧。

【注释】 五戊：即春社日。这一天杀鸡宰猪饮酒，说是饮治聋酒。七夕：农历七月初七夜晚。牛女：指牛郎星和织女星。乞巧：乞求赐予心灵手巧。传说到七月初七晚上向着月亮穿针引线，若穿过去，就是从织女那里得巧了。

中秋月朗，明皇亲游于月殿；
九日风高，孟嘉帽落于龙山。

【译文】 中秋节的晚上，月光明朗，传说罗公运曾用道术帮助唐明皇游览月宫。重阳节这一天风势很大，孟嘉随桓温游龙山时连帽子都被风吹落了。

【注释】 明皇：即唐明皇。传说罗公远于中秋夜陪同唐明皇玩月，取一桂枝向空掷之，化为一桥。两人同登，走了数十里，到了一个大城阙。公远说：这就是月宫了。九日：指重九。孟嘉：晋朝人，为桓温参军。

秦人岁终祭神曰腊，
故至今以十二月为腊；
始皇当年御讳曰政，
故至今读正月为征。

【译文】 秦朝人在年终时猎取禽兽祭祀神灵，叫做腊，所以现在农历十二月称为腊月；秦始皇执政时叫嬴政，秦朝人为了避讳他的字"政"，把"正月"读作

"征月"。

【注释】 腊：秦人捕猎禽兽在一年终结的时候祭先祖，立这天为腊日。始皇：即秦始皇，名嬴政。当时秦人为避讳，把"正月"改念为"征月"。

东方之神曰太皥，乘震而司春，甲乙属木，木则旺于春，其色青，故春帝曰青帝。

【译文】 东方的神叫太皥，踏震卦位管春天气候，天干中的甲乙与五行的木相对应，树木在春天最旺盛，颜色变青，所以春帝又叫青帝。

【注释】 太皥(hào)：也作太皓，指天。乘震：居在震卦的方位。司春：掌管春天的气候。甲乙属木：甲、乙为天干的第一、第二位。在十个天干中甲乙与五行相配属木。

南方之神曰祝融，居离而司夏，丙丁属火，火则旺于夏，其色赤，故夏帝曰赤帝。

【译文】 南方的神叫祝融，居在离卦位管夏天气候，天干中的丙丁与五行中的火相对应，火在夏天是最旺盛的，颜色是赤色，所以夏帝也叫赤帝。

【注释】 居离：居在离卦的方位。丙丁属火：丙、丁为天干的第三、第四位。在十个天干中丙丁与五行相配属火。

西方之神曰蓐收，当兑而司秋，庚辛属金，金则旺于秋，其色白，故秋帝曰白帝。

【译文】 西方的神叫蓐收，处在八卦中兑卦的位置，主管秋天的气候，天干中的庚辛与五行中的金黄色相对应，金黄色在秋天最旺盛，颜色是白色的，所以秋帝又称为白帝。

【注释】 蓐(rú)收：神名。当兑：居在兑卦的方位。

夏至一阴生，是以天时渐短；冬至一阳生，是以日晷初长。

【译文】 夏至过后，阴气开始生长，所以白昼渐渐变短；冬至节过后，阳气开始滋长，黑夜渐渐缩短，白昼一天比一天长。

【注释】 一阴：一画阴卦。夏至是阴气开始生成的时候。这天北半球白昼最长，之后太阳直射南移，白昼渐短。一阳：是一画阳卦。冬至是阳气开始生成的时候。这天北半球白昼最短，之后白昼渐长。日晷(guǐ)：日影。

焚膏继晷，日夜辛勤；俾昼作夜，晨昏颠倒。

【译文】 点灯使白天的光亮延续，可以使读书人夜以继日地不停学习;俾昼作夜,就是把白天当做黑夜,晨昏颠倒,指清晨和傍晚颠倒过来。

【注释】 焚膏继晷:燃点灯烛继续日光。焚:烧、燃点。膏:油脂、灯烛。晷:日光,指代白天。俾(bì):使、把。

自愧无成,曰虚延岁月;
与人共语,曰少叙寒暄。

【译文】 自己因为一事无成而感到惭愧,便说自己是虚延岁月;同人见面,互相问候,讲一些应酬客套的话,叫做少叙寒暄。

【注释】 虚延岁月:白长了年月,犹言虚度了光阴。少:略微。寒暄(xuān):天冷天暖。后指见面时的应酬话。

可憎者,人情冷暖;
可厌者,世态炎凉。

【译文】 最可憎的是人与人之间的感情,随着彼此地位的变化而像天气一样冷热变化无常。

【注释】 世态炎凉:世上一般人的感情态度对做官或有钱的人就亲热,对贫穷或没有地位人的就冷淡。

周末无寒年,因东周之懦弱;
秦亡无燠岁,由嬴氏之凶残。

【译文】 周朝末年,没有寒冷的

岁月,因为东周的衰弱;秦朝灭亡的时候,没有温暖的岁月,因为嬴姓统治者的残暴凶狠。

【注释】 寒年:寒冷的年月。燠(yù)岁:温暖的岁月。这里说的是由于东周的懦弱,周末没有寒冷的年月。由于嬴氏的凶残,秦灭亡的时候,没有温暖的年份。这是古人附会的说法。

泰阶星平曰泰平,
时序调和曰玉烛。

【译文】 泰阶六星祥和平稳则天下太平;一年四季风调雨顺,叫玉烛。

【注释】 泰阶星平:泰阶星即三台星,每台二星,共六星。上阶(上台)为天子,中阶(中台)为诸侯公卿大夫,下阶(下台)为士庶人。三阶星平就阴阳和,天下太平。玉烛:是说人君德美如玉,明照如烛,就能使上引四时之气调和出现。

岁歉曰饥馑之岁,
年丰曰大有之年。

【译文】 歉收的年月,人们饥饿不堪,叫饥馑之年,丰收的年月叫大有之年。

【注释】 饥馑(jǐn):灾荒。大有之年:五谷大熟为大有年。

唐德宗之饥年，醉人为瑞；
梁惠王之凶岁，野莩堪怜。

【译文】 唐德宗遇到饥荒的年月，老百姓在街上遇到喝醉酒的人，以为这是祥瑞的征兆；梁惠王遇到灾荒的年月，荒野之中饿死的人很多，实在让人觉得可怜。

【注释】 瑞：祥瑞，好兆头。醉人为瑞：唐德宗流离迁徙，年值饥馑，无粮酿酒，见一个醉人，大家围观，以为是祥瑞（《唐书》）。野莩(piǎo)：在野外饿死的人。《孟子·梁惠王》："民有饥色，野有饿莩。"莩同殍。

丰年玉，荒年谷，言人品之可珍；
薪如桂，食如玉，言薪米之腾贵。

【译文】 丰年的玉石，饥荒之年的稻谷，是称赞人品的珍贵。柴像桂枝一样贵，吃的东西像玉一样贵，形容柴米的价格昂贵。

【注释】 丰年玉，荒年谷：《世说新语》载：有名叫庾(yú)亮、庾翼的两人，有才能。当时，人称亮为丰年玉，翼为荒年谷，都很可贵。薪如桂、食如玉：《战国策》载：苏秦在楚国住了三天，便向楚王辞行。王问：为什么不再留些时候？苏答：楚国食贵如玉，薪贵如珠。腾贵：昂贵。

春祈秋报，农夫之常规；
夜寐夙兴，吾人之勤事。

【译文】 春天祭祀神灵，祈求年丰，秋天又用丰厚的祭品去报答神灵的恩赐，这是农夫世代相传的做法；晚睡觉，早醒来，是说我们应当勤勉。

【注释】 春祈秋报：古代祭社有两个时候，谓春祈秋报。春祈：祈求甘雨，使年丰。秋报就是报答社神使谷物成熟的功劳。夜寐夙兴：夜睡晨起。夙(sù)：早。

韶华不再，吾辈须当惜阴；
日月其除，志士正宜待旦。

【译文】 美好的年华不会再来，我们应当珍惜时光；日月很快消逝，有远大抱负的人应该学周公"坐以待旦"的精神，积极进取。

【注释】 韶华：美好的年华。惜阴：珍惜时光。日月其除：光阴将要逝去。其：将要。除：去，过去。

朝 廷
三皇为皇，五帝为帝；
以德行仁者王，以力假仁者霸。

【译文】 天皇、地皇、人皇称为三皇。伏羲、神农、黄帝、尧帝、舜帝称为五帝。用仁义道德去感化百姓，使人归服的方法叫王道,用力相威胁,假借仁义道德使人归服的方法叫霸道。

【注释】 三皇:传说中的远古帝王,指天皇、地皇、人皇(《春秋纬》)。皇:大的意思。五帝:传说中的上古帝王。指伏羲、神农、黄帝、尧帝、舜帝。帝:最高的天神。王:指王道,与霸道相对。

天子天下之主,诸侯一国之君。

【译文】 天子是上天的儿子,是天下的主宰,诸侯是一个国家的君主。

【注释】 诸侯:西周、春秋时分封的各国国君。有公、侯、伯、子、男五个等级。

官天下,乃以位让贤;
家天下,是以位传子。

【译文】 五帝时期的官天下,就是把帝位让给有才能的贤人;夏禹、商汤、周文王时期的家天下,就是把帝位传给自己的子孙,把天下当做自己的私有财产。

【注释】 官天下:将天下视为全民共有。家天下:把天下视为自己一家的财产。《汉书·盖宽饶传》:"五帝官天下,三王(指夏商周)家天下,家以传子,官以传贤。"

陛下,尊称天子;
殿下,尊重宗藩。

【译文】 陛下,指皇宫的台阶,后指对天子的尊称;殿下,是对皇帝同宗诸侯的尊称。

【注释】 陛下:对帝王的尊称。陛(bì):帝王宫殿的台阶。宗藩(fān):受分封的皇族。

皇帝即位曰龙飞,
人臣觐君曰虎拜。

【译文】 新皇帝继承帝位登基叫龙飞,做臣子的拜见君主叫虎拜。

【注释】 龙飞:《易》上说:"飞龙在天,利见大人。"觐(jìn):古代诸侯秋季朝见天子叫觐。虎拜:《诗·大雅·江汉》:"虎拜稽首。"泛指臣下拜见皇帝。

皇帝之言,谓之纶音;
皇后之命,乃称懿旨。

【译文】 皇帝讲的话,颁布的命令,像纶一样有用,所以叫纶音;皇后的命令,被称为仁厚美好的旨意,所以称为懿旨。

【注释】 纶音:本指皇帝说话,皇帝说的每一句话即使很小,影响都很大。后指皇帝的诏书。懿(yì):美。旨:意。

帝子爱立青宫,
帝印乃是玉玺。

【译文】 皇太子住在青宫里面；皇帝印章是用玉做的，所以叫玉玺。

【注释】 爰(yuán)：乃，于是。立：通"位"，居住。青宫：东方邑为青，故称太子宫为青宫。玺(xǐ)：帝王之印。

宗室之派，演于天潢；
帝胄之谱，名为玉牒。

【译文】 宗室的支派。是从尊贵的皇族繁衍来的；皇室的家谱，是刻在用玉做成的版上，所以取名为玉牒。

【注释】 宗室：皇族。派：枝派，分支。演：同"衍"推衍，繁衍。天潢：星名，比喻皇族。胄(zhòu)：帝王或贵族的后裔(yì)。牒(dié)：古代的书板，特指谱籍、玉牒，玉刻的牒册，指帝王族谱。

前星耀彩，共祝太子以千秋；
嵩岳效灵，三呼天子以万岁。

【译文】 前星光彩夺目的时候，是普天共同祝福太子千岁长存的时刻；汉武帝与左右的臣子听到三呼天子万岁的声音，这是中岳嵩山的神灵显灵。

【注释】 前星：心星有大星、前星、后星。前星为太子星。千秋：千岁。效灵：星灵。三呼万岁：《史记·封禅书》："(武帝)礼登中岳太室，从官在山下闻着有言'万岁'云。"

神器大宝，皆言帝位；
妃嫔媵嫱，总是宫娥。

【译文】 神器大宝都是指帝位；妃嫔媵嫱都是指宫娥。

【注释】 神器大宝：帝位、政权。《易》："圣人之大宝曰位。"妃嫔(pín)媵(yìng)嫱(qiáng)：指皇帝妃妾。妃的地位次于皇后，嫔的地位次于妃，媵是陪嫁的，也是皇帝的妾。嫱是宫内女官。

德奉三无，功安九有。

【译文】 道德最崇高的境界，在于天无私覆，地无私载，日月无私照；最大的功绩，在于能够安抚九州的安定。

【注释】 奉：尊奉。三无：《礼记·孔子闲居》："天无私覆，地无私载，日月无私照。"九有：指九州。即冀、豫、雍、扬、兖、徐、梁、青、荆九州。此联出《宋儒表》。

陈桥驿军兵欲变，独日重轮；
舂陵城圣哲挺生，一禾九穗。

【译文】 宋太祖在陈桥驿准备发动兵变时，太阳出现了重叠的光圈；圣明贤哲的光武帝刘秀当年在舂陵城诞生的时候，地里一根禾苗的茎竟然长有九条穗。

【注释】 陈桥驿兵变：960年，后周殿前都点检赵匡胤(yìn)，率军北御契丹南侵，于陈桥驿兵变，称帝，国号宋。独日重轮：太阳出现重叠的轮影。附会为新帝兴起的祥瑞。春陵城圣哲挺生：东汉光武帝生于春陵(今湖南宁远东北)，这年丰收，一禾竟有九穗，遂起名曰"秀"。(《东观汉纪·帝纪》)

祥钟汉代，禁中卧柳生枝；
瑞霭宋廷，榻下灵芝生叶。

【译文】 汉朝宣帝即位，宫中倒下的一棵柳树长出新枝。宋仁宗诞生时，瑞霭之气聚集在宋朝的宫廷中，宋仁宗母亲的榻下长出一棵灵芝草。

【注释】 祥：吉兆。钟：聚。禁中：宫中。卧柳生枝：《汉书·五行志》："昭帝时，上林苑中大柳树断仆地，一朝起立生枝叶，有虫食其叶成文字曰：'公孙病已立'。"病已即汉宣帝的名字。瑞霭(ǎi)：吉祥的云气。灵芝生叶：宋邵伯温《邵氏闻见后录》："仁皇帝诞降，章懿后榻下生灵芝一本，四十二叶以应享国四十二年之瑞云。"

说鼓悬钟，千古仰夏王之乐善；
释旄结袜，万年钦西伯之尊贵。

【译文】 夏朝禹王善于听取忠告，他在朝中架设谏鼓，悬挂金钟，千百年以来他都受到人们的敬仰；周文王礼贤下士，解开旗旄、结系袜带，他永远得到人民的尊敬。

【注释】 设鼓悬钟：据《史记》载，禹治天下，悬钟、鼓、铎、鞀(yáo)(古代轻便马车)。意思是："教以义者击钟，启以忧者击磬(pán)，论以道者击鼓，告以事者振铎，有诉讼者摇鞀。"以示乐闻谏言，择善而从。释旄(máo)：解开旗旄。旄：古时旗头以旄牛尾作的装饰。结袜：指周文王敬重下属，不让他们系袜带。钦：敬佩。西伯：周文王。

信天命攸归，驰王骤帝；
知人心爱戴，冠道履仁。

【译文】 三王五帝兴衰更替，相信这是天命所归；把道德当帽带，把仁义当鞋穿，一定要懂得人心爱戴。

【注释】 信：诚，真。天命攸(yōu)归：天命有所归属。攸：所。驰王骤帝：班固《白虎通》："三皇步，五帝骤，三王驰，五霸骛。"驰：疾走。骤：缓走。指三皇五帝的兴衰更替，如同马一样或驰或骤。冠道履仁：以道为冠，以仁为履。王充《论衡》："人君冠道德，履纯仁。"冠：帽子。履：鞋。

帝尧用心，哀孺子又哀妇人；
武王伐暴，廉货财还廉女色。

【译文】 尧帝用心治国，既怜爱小孩又爱护妇人；周武王讨伐残暴的商纣王，既不贪财也不好色。

【注释】 孺子：小孩子。廉：廉洁。据《史记》载：武王克商，将堂上的玉归

还诸侯，天下人都说武王对财货是廉洁的；将室内的女人送归诸侯，天下人都说武王对女色也是廉洁的。

六宫无丽服，玄宗罢织锦之坊；
百姓有余粮，周祖建绘农之阁。

【译文】 唐玄宗停止了织锦的作坊，他的六宫佳丽都没有华丽的衣服；周世宗重耕种，建了绘农之阁，百姓都有余粮。

【注释】 六宫：统指皇后妃嫔及其居处。罢织锦之坊：据《唐书》载：玄宗初年，诏后妃以下，皆无得服珠玉锦绣，于是罢两京织锦之坊。周祖：后周世宗。绘农之阁：据《五代史·周世宗本纪》：显德三年，周世宗留心农业，建一阁，在阁上绘画农夫蚕女的形象以示重视农耕。

仁宗味淡而撤蟹，
晋武尚朴而焚裘。

【译文】 宋仁宋保持口味清淡，撤去昂贵的新蟹，晋武帝崇尚俭朴而焚烧了昂贵的裘服。

【注释】 撤蟹：《宋书》：仁宗食新蟹，有二十八枚，问左右人需多少钱，答：二十八千。仁宗说："一下箸二十八千，朕不忍也。"令撤去不食。味淡：旨趣淡泊，不爱奢侈。晋武：晋武帝司马炎。焚裘：《晋书·武帝纪》："太医司马程居献雉头裘，帝以奇技异服，典礼所禁，焚

之于殿前。诏内外敢有犯者罪之。"

汉文除肉刑，仁昭法外；
武王分宝玉，恩溢伦中。

【译文】 汉武帝废除了肉刑，他的仁义昭示于法律之外；周武王把宝玉分赐给伯叔之国，他的恩惠普及同族人。

【注释】 仁：仁德。昭：感昭。肉刑：古有墨（在犯人脸上刺刻涂墨）、劓（yì。割鼻）、刖（fèi。断足）、宫（割生殖器）等惨酷刑罚，后汉文帝废之。分宝玉：周武王把宝玉分给叔伯同姓诸侯，恩惠普及族中。伦中：五伦之中。封建宗法社会以君臣、父子、夫妇、兄弟、朋友为"五伦"，亦称"五常"。

更知唐王颂成功，舞扬七德；
且仰汉高颁令典，约法三章。

【译文】 更加应该知道的是唐太宗颂扬禁暴、戢兵、保大、定功、安民、和众七种功德；并且要敬仰汉高祖颁布律令法典，立下三条章程。

【注释】 唐王：唐太宗。未为帝时为秦王。舞扬七德：《唐书》说："秦王破陈乐，名七德舞。"汉高：汉高祖刘邦。约法三章：指高祖破秦入关，与民约法三章。《史记·高祖本纪》："与父老约，法三章耳：杀人者死，伤人及盗抵罪。余悉除去秦法。"后泛指订立简单条款。

祖孙父子

何谓五伦，
君臣、父子、兄弟、朋友、夫妇；
何谓九族，
高、曾、祖、考、己身、子、孙、曾、玄。

【译文】 什么是五常？是指君臣、父子、兄弟、夫妇、朋友五种关系。什么叫九族？是高祖、曾祖、祖父、父亲、自己、儿子、孙子、曾孙、玄孙等九代亲属。

【注释】 五伦：指封建社会的五种等级关系。伦，秩序等级。九族：指自高祖至曾孙的九层宗族。族：宗族。

始祖曰鼻祖，远孙曰耳孙。

【译文】 最先得到姓氏的祖先，叫鼻祖，离高祖很远的孙，叫耳孙。

【注释】 鼻祖：即始祖。相传人之怀孕，鼻先受形，故称鼻祖。耳孙：即远孙。距高祖很远，只是耳闻而已。

父子创造，曰肯构肯堂；
父子俱贤，曰是父是子。

【译文】 父亲创造事业，儿子能够继承父亲的事业，叫做肯构肯堂；父亲与儿子都贤能，就说有这样的父亲，一定有这样的儿子。

【注释】 肯构肯堂：肯构屋，肯建成厅堂，比喻子能继父业。《尚书》："若考作室，既底法，厥其子乃是弗肯堂，矧(shěn，况且)肯构！"构：盖屋；堂：立堂基。是：好。

祖称王父，父曰严君。

【译文】 祖父长过父亲一辈，所以叫王父；父亲治家严谨，所以称为严君。

【注释】 王父：指祖父。《尔雅》："父之考曰王父。"考，父亲。严君：指父亲。《周易》："家人有严君焉，父母之谓也。"

父母俱存，谓之椿萱并茂；
子孙发达，谓之兰桂腾芳。

【译文】 父母亲都健在，叫做椿萱并茂；子孙飞黄腾达，叫做兰桂腾芳。

【注释】 存：活着，健在。椿萱并茂：椿树和萱草都茂盛。椿(chūn)，椿树。《庄子·逍遥游》："上古有大椿者，以八千岁为椿，以八千岁为秋。"萱(xuān)：萱草。《诗·卫风·伯兮》："焉得萱草，言树之背。"因为古时母亲居北堂，故借萱草以指母亲。兰桂腾芳：兰花和桂树的芳香向上腾升。兰桂，兰草和桂树，古人以此喻子孙。

乔木高而仰，似父之道；
梓木低而俯，如子之卑。

【译文】 乔木高而且挺拔，好像父亲的威仪；梓木低矮而且下垂，好像儿子的卑屈样。

【注释】 道：父道的尊严。

不痴不聋，不作阿家阿翁；
得亲顺亲，方可为人为子。

【译文】 不扮傻扮痴，不装聋作哑，就做不好阿家阿翁；能够得到父母的欢心，顺从父母的心意，才可以做好儿子。

【注释】 阿家(gū)阿翁：婆婆公公。赵磷《因语录》卷一载：唐郭子仪之子郭暧娶唐代宗之女升平公主。一次，二人口角，公主上奏父亲，代宗劝其回去。郭子仪囚禁郭暧以待代宗惩罚，代宗说："不痴不聋，不作阿家阿翁，儿女闺帏之言勿听。"得亲顺亲：得到双亲的欢心顺从双亲。《孟子·离娄上》："不得乎亲，不可以为人；不顺乎亲，不可以为子。"

盖父愆，名为干蛊；
育义子，乃曰螟蛉。

【译文】 掩盖父亲的过失，叫做干蛊；抚育别人的儿子，叫做螟蛉。

【注释】 愆(qiān)：过失，罪过。干蛊(gǔ)：能干好父亲的事，父亲才无罪。《周易·蛊》："干父之蛊，有子，考无咎。厉，终吉。"蛊，事。螟蛉(míng líng)：一种幼虫。《诗·小雅·小宛》："螟蛉有子，螺蠃负之。"

生子当如孙仲谋，曹操羡孙权之语；
生子须如李亚子，朱温叹存勖之词。

【译文】 生子当如孙仲谋，这是曹操羡慕孙权的话；生子须如李亚子，这是朱温赞叹李存勖的词语。

【注释】 孙仲谋：三国时吴主，字仲谋。曹操见他治军严谨，叹道："生子当如孙仲谋，如刘景升儿子，豚犬耳。"李亚子：五代时李存勖(xù)，小名亚子，破梁夹寨。后梁太子朱温赞叹说："生子当如李亚子，吾儿豚犬耳。"

弑父自立，隋杨广之天性何存；
杀子媚君，齐易牙之人心何在。

【译文】 谋杀父亲，篡夺皇位，隋朝杨广的天性何存。杀掉自己的儿子，向君王献媚，齐国易牙的人心何在。

【注释】 隋杨广：隋炀帝。易牙：春秋时期齐国人易牙。他曾将儿子的两手断下来给齐桓公吃了。

分甘以娱目，王羲之弄孙自乐；
问安惟点颔，郭子仪厥孙最多。

【译文】 把甘美的食物分给孙子，以取得眼前的快乐，这是指王羲之逗孙子玩，从中得到乐趣；郭子仪有八个儿子七个女婿，孙数十人，每次孙子们向他问安时，他不能全部分辨清楚，只有点头回答。

【注释】 分甘以娱目：把好吃的东西分给小孩来欢度眼前。据说王羲之常把东西分给小孩吃，为的是弄孙玩耍，娱乐眼前。问安惟点颔：孩子们请安，只是点点头。郭子仪：唐代大将。《旧唐书·郭子仪传》载：他的子孙很多，孙子们问安，往往不能分辨清楚，只有点头而已。

和丸教子，仲郢母之贤；
戏彩娱亲，老莱子之孝。

【译文】 和丸教子是赞仲郢母亲很贤慧；老莱子七十三岁时还穿着彩色的服装做游戏，以博取父母的欢心，表达自己的孝心。

【注释】 仲郢母：唐朝柳仲郢的母亲。她曾将熊胆调和成丸，让儿子夜里咀嚼，激励他吃苦读书。老莱子：春秋末年楚国隐士，据《列女传》，他本已73岁，为了使双亲高兴，常穿彩衣作些少儿的动作。

毛义棒檄，为亲之存；
伯俞泣杖，因母之老。

【译文】 毛义高兴地捧着檄文应召，是因为的母亲健在，为了使母亲高兴才这样做；伯俞泣杖，是因为他感到自己的母亲年老了。

【注释】 毛义棒檄(xí)：毛义，唐朝人。《后汉书》载：毛义的母亲健在时，他接到檄文，十分高兴，当他的母亲亡故后，他即辞官。伯俞泣杖：据《说苑·建本》载：有一天，伯俞的母亲用手杖打他，伯俞感到不像以前那样疼了，他认为这是母亲年老力衰的原故，因而哭泣起来。

慈母望子，倚门倚闾；
游子思亲，陟岵陟屺。

【译文】 慈祥的母亲盼望儿子从远方回来，常倚在家门口，站在里巷去等待；漂流在外的人思念亲人时，都会登上高山遥望远处的家乡。

【注释】 倚(jǐ)：靠。闾(lú)：古代巷里的门。陟(zhì)岵(hù)陟屺：登上有草木的山，登上没有草木的山。陟：登。岵：有草木的山。屺：没有草木的山。

爱无差等，曰兄子如邻子；
分有相同，曰吾翁即若翁。

【译文】 疼爱人没有等级和差别，

232

是说对兄长的儿子和邻人的儿子一样；你我的情分相同，我的父亲就是你的父亲。

【注释】 兄子如邻子：对待邻居的孩子就像对待兄长的孩子。分：情分。

长男为主器，令子可克家。

【译文】 长子主管祭祀的神器，能干的儿子可以操持家业。

【注释】 主器：主掌宗庙祭祀。克家：能够担当家事。克：能。

子光前曰充闾，子过父曰跨灶。

【译文】 儿子可以光耀祖宗叫充闾，儿子的能力超过父亲叫跨灶。

【注释】 子光前曰充闾：儿子光大前人叫做光大门庭。跨：跨越。灶：马的足迹。

宁馨英畏，皆是羡人之儿；
国器掌珠，悉是称为之子。

【译文】 宁馨英畏是羡慕人家子弟的话，国器掌珠都是称赞人家儿子。

【注释】 宁馨英畏：这样的杰出英武的儿子。宁馨，古江浙一带俗语，"这样的"。今作安宁馨香解。据《晋书·王衍传》载：西晋大臣王衍少年时极为英武，有一个叫山涛的赞道："何物老妪，生此宁馨儿。"国器：具有治国才能的人。

可爱者子孙之多，若螽斯之蛰蛰；
堪羡者后人之盛，如瓜瓞之绵绵。

【译文】 令人爱慕的是子孙众多，好像螽斯那样蛰居；值得羡慕的是后代的昌盛，如同瓜瓞那样大大小小，连绵不断。

【注释】 螽斯之蛰蛰：螽斯一样众多。螽(zhōng)斯：一种昆虫。蛰蛰(zhé)：很多。《诗经·周南·螽斯》："螽斯羽，揖揖兮，宜尔子孙蛰蛰兮。"瓜瓞(dié)：小瓜。《诗经·大雅·绵》："绵绵瓜瓞。"

兄 弟
天下无不是的父母，
世间最难得者兄弟。

【译文】 天下没有不是的父母，人世间最难得的是兄弟之情。

【注释】 无不是：没有不对的。

须联同气之光，毋伤一本之谊。

【译文】 一定要保留兄弟间同根生的缘分，不要伤害兄弟之间的感情。

【注释】 同气：指同父母的兄弟。一本：同一根源。

玉昆金友，羡兄弟之俱贤；
伯埙仲篪，谓声气之相应。

【译文】 玉昆金友，是羡慕兄弟都谦和贤能；伯埙仲篪，是说兄弟之间同声相应、同气相求的和谐生活。

【注释】 玉昆金友：金玉般的兄弟。昆、友：兄弟。伯埙(xūn)仲篪(chí)：比喻兄弟和睦。埙，土制乐器。篪，竹制乐器。

兄弟既翕，谓之花萼相辉；
兄弟联芳，谓之棠棣竞秀。

【译文】 兄弟能够和谐相处，称为花瓣与花蒂交相辉映；兄弟一起流芳百世，称为棠棣竞秀。

【注释】 翕(xī)：相合；和顺。棠棣竞秀：棠花和棣花争着开放。

患难相顾，似鹡鸰之在原；
手足分离，如雁行之折翼。

【译文】 兄弟在患难时互相照顾，就好像鹡鸰在平地上向同类呼救；兄弟分开，就好像飞行的雁折断了翅膀。

【注释】 鹡鸰之在原：好像鹡鸰落在平地。《诗经》："脊令在原，兄弟急难。"鹡鸰(jí líng)：水鸟，亦作脊令。

元方季方俱盛德，
祖太邱称为难弟难兄；
宋郊宋祁俱中元，

当时人号为大宋小宋。

【译文】 元芳季方兄弟都具有高贵的品德，他们的儿子争论谁的父亲优秀，互不相让，结果问到元芳季方的父亲那里，太丘说："元芳难做兄，季方难做弟，二人不分高下。"宋郊、宋祁两兄弟都中了状元，当时的人称他们为大宋小宋。

【注释】 元方季方俱盛德：元方季方都有盛德。元方季方，兄弟俩，东汉人。难弟难兄：指两人都不错，水平很高，因此，弟弟难做哥哥的弟弟，哥哥难做弟弟的哥哥。

荀氏兄弟，得八龙之佳誉；
河东伯仲，有三凤之美名。

【译文】 荀家八兄弟，个个都有才干，得到了八龙的美誉；河东的薛攸与从兄元敬、族兄德音三兄弟，有三凤的美名。

【注释】 荀氏兄弟：据《后汉书·荀淑传》，荀淑有八个儿子，并有才名，时人称为"八龙"。河东伯仲：《旧唐书》载，薛攸与堂兄元敬，族兄德音齐名，世称河东三凤。河东，地名。

东征破斧，周公大义灭亲；
遇贼争死，赵孝以身代弟。

【译文】 周公出师东征，大义灭亲，杀死管叔、蔡叔以明正典刑；汉朝王莽末年，赵孝的弟弟赵礼被贼人捉住，准备杀掉他煮了吃，赵孝自缚前往，愿意替弟去死。兄弟的深情感动了贼人，贼人把两人都放了。

【注释】 周公：西周初政治家。在他摄政期间，其兄弟管叔、蔡叔等人不服，周公东征，平定叛乱，杀死二人。赵孝：《后汉书·赵孝传》，汉末年，因饥饿人争相食，孝的弟弟赵礼被贼人抓住，准备杀掉，赵孝愿以身代弟。

煮豆燃萁，谓其相害；
斗粟尺布，讥其不容。

【译文】 煮豆燃萁，指兄弟之间互相残害；斗粟尺布，讥笑兄弟之间互不相容。

【注释】 斗粟(sù)尺布：《汉书》载，汉文帝弟淮南厉王谋反被免去官职，自杀而死。当时有民歌唱道："一尺布，尚可缝；一斗粟，尚可舂(chōng)。兄弟二人不相容。"

一家之桐木称荣，千里之龙驹谁匹。

【译文】 一家桐木是说韩子华兄弟二人都做宰相，家庭荣耀；千里龙驹是称赞北朝的卢思道少年英俊，当时没有人比得上。

【注释】 桐木：梧桐树。千里之龙驹(jū)：能跑千里的小马。《晋书·陆之

传》载，陆云"六岁，吴尚书闵鸿见之，曰：'此儿若非龙驹，当是凤雏'"。

上留田何如廉让江，
闭户挝亦当唾面受。

【译文】 上留田这个地方的人，父母死后，兄长不抚恤孤弟，是不能与廉让江这个慈爱的地方相比。闭门挝、唾面受是说兄弟之间要互相忍让。

【注释】 上留田：崔豹《古今注》载，上留田，是地名，那地方的人父母死后，兄长不抚养弟弟，所以人们作《上留田》以讽刺。廉让江：江名，在交州。《交州记》载，该地有李祖仁兄弟十人，都廉让慈孝，所以人们称那一带的江水为廉让江。闭户挝(zhuā)：《后汉书》载，缪彤兄弟四人各自娶妻后，诸弟及媳妇要求分家，争吵不已，缪彤深为愤叹，便掩户自挝说："汝修身谨行，学圣人之法，将以齐整风俗，奈何不能正其家乎！"兄弟及媳妇们听到后，都叩头谢罪。全家和好。唾面受：别人吐唾沫在脸上，不揩干。这是唐娄师德教给弟弟的。见《新唐书·娄师德传》。

推田相让，知延寿之化行；
洒泪息争，感苏琼之言厚。

【译文】 兄弟互相推让田地，这是百姓明白韩延寿教化而被感化的结果。兄弟洒泪停止斗争，是因为苏琼厚

〔幼学琼林〕

言相劝。

【注释】 推田相让：兄弟间互相推田相让。《汉书·韩延寿传》载，韩延寿任郡守时，见有兄弟为争田打官司，很伤感，认为是由于自己没有宣明教化，于是闭门思过。兄弟深受感动，愿以田相让，永不复争。

三孔既推鼎立，五张亦号明经。

【译文】 孔文仲三兄弟名扬天下，推为鼎位。张知蹇五兄弟是通晓经书的贡生。

【注释】 三孔：文仲与弟武仲、平仲皆以文才名扬天下，黄鲁直有诗"三孔分立鼎。"五张：《旧唐书·良史》载，张知蹇(jiǎn)五人都因明经书而达高官。

爱敬宜法温公，恭让当师延寿。

【译文】 尊敬兄长应该向司马温公学习，对兄长谦让、恭顺应该以杨延寿为师。

【注释】 温公：即北宋司马光，传说他与其兄感情深厚，其兄年将八十，他奉之如慈父。延寿：北朝人杨椿。《北史》载，他们兄弟相互谦让，相处如同父子。

师 生

马融设绛帐，前授生徒，后列女乐；
孔子居杏坛，贤能七十，弟子三千。

【译文】 马融在学堂设立紫色的帏帐，前面教授学生诵读经书，后面教的是女伶鼓乐。孔子在杏坛讲学，一共有三千子弟，其中德才兼备的有七十多人。

【注释】 马融：《后汉书·马融传》载，他常设绛色帷帐，前面向生徒授业，后面陈列女乐演唱。孔子居杏坛：孔子常在杏坛地方讲学。

称教馆曰设帐，又曰振铎；
谦教馆曰糊口，又曰舌耕。

【译文】 称别人设立教馆教学叫设帐，又叫振铎；开设教馆授徒，谦称为糊口，又叫舌耕。

【注释】 振铎：摇动木铃。古代宣布政教法令时，用到它。舌耕：古代指教书，因为老师靠用嘴讲课谋生。

师曰西宾，师以函丈；
学曰家塾，学俸曰束修。

【译文】 教书先生叫西宾，先生坐的席位叫函丈。在家设立读书的学校叫家塾，教书先生的薪水叫束修。

【注释】 西宾：古代坐客，以西位为尊，老师常坐此，故称之。函丈：包函一丈。《礼记·曲礼上》说，如果不是饮食之客，则讲问相对一丈，以便指画。家塾(shú)：古代巷首门边设家塾。束修：十条干牛肉，代指学生给老师的酬金。

桃李在公门，称人弟子之多；
苜蓿长阑干，奉师饮食之薄。

【译文】 桃李在公门，称赞人家的弟子很多；苜蓿长阑干，是比喻老师的生活清苦。

【注释】 桃李在公门：《资治通鉴》载，唐朝大臣狄仁杰所荐的十多个人都成名臣，有人对他说："天下桃李悉在公门矣。"苜蓿(mù xu)长阑干：苜蓿，一种植物，嫩茎叶可做劣质的蔬菜。阑干，纵横的样子。这一句形容教师生活之苦。

冰生于水而寒于水，
比学生过于先生；
青出于蓝而胜于蓝，
谓弟子优于师傅。
未得及门，曰宫墙外望；
称得秘授，曰衣钵真传。

【译文】 冰是由水变的，却比水寒冷，这是比喻学生的能力超过了先生；青是从蓝草中提炼出来，却比蓝草的颜色更青，这是说弟子胜过师傅。没能到先生的馆里当面请教，叫做在宫墙外面眺望；得到先生的秘密传授，称为衣钵真传。

【注释】 未得及门：没有到达门下。宫墙外望：在宫墙外张望。《论语·子张》："子贡曰：'……夫子之墙数仞，不得其门而入。'"

人称杨震为关西夫子，
世称贺循为当世儒宗。

【译文】 人们称呼杨震为关西夫子，世人称贺循是当世儒家学派的宗师。

【注释】 杨震：东汉人。《后汉书·杨震传》载，他博览群书，当时人们称他为"关西孔子"。贺循：晋朝人。《晋书·贺循传》载，晋元帝刚即位时，以贺循为当世宗儒。儒宗：儒学的宗主。

负笈千里，苏章从师之殷；
立雪程门，游杨敬师之至。

【译文】 东汉的苏章背着书籍，行走千里去求学，这是他拜师的殷勤；北宋的游酢和杨时去拜见老师程颐先生，看见先生在闭目养神，不敢惊动，于是二人站在雪地里等候，这足以说明二人对老师的敬爱。

【注释】 负笈千里：背着书籍，步行千里。苏章：东汉人。游杨：北宋学者游酢(zuò)、杨时，二人从程颐，一日，二人去拜师，恰巧老师在养神，二人于是立在外面的雪地里，直到先生醒来。

弟子称师之善教，曰如坐春风之中；
学业感师之造成，曰仰沾时雨之化。

【译文】 弟子称赞老师善于教

［幼学琼林］

导,就如自己坐在春风中沐浴;自己学业有成,感谢老师的教学,说是承接及时雨的温润。

【注释】 如坐春风之中:《伊洛渊源录》载,宋朱光庭去拜见程颢,回来后对人说:"光庭在春风中坐了一个月。"

朋友宾主

取善辅仁,皆资朋友;
往来交际,迭为主宾。

【译文】 取得善良的东西来辅助自己的仁爱,靠的是朋友帮助;交际中你来我往,主人与客人的位置是经常相互更替的。

【注释】 取善辅仁:择取好的,相互辅助成为有仁德的人。

尔我同心,曰金兰;
朋友相资,曰丽泽。

【译文】 你我的心息相通,叫金兰。得到朋友的帮助,叫丽泽。

【注释】 金兰:深交。《周易·系辞》:"二人同心,其利断金;同心之言,其臭如兰。"资:通咨,咨问商量。丽泽:连接两个沼泽,比喻朋友间相互学习。《易经》:"丽泽,兑,君子以朋友讲习。"

东家曰东主,师傅曰西宾。

【译文】 古时以东家叫东主,师傅叫西宾。

【注释】 东家:古代佣人、幕僚、老师对主人的称呼。

父所交游,尊为父执;
己所共事,谓之同袍。

【译文】 父亲的朋友,尊称为父执;与自己一起做事的,叫做同袍。

【注释】 执:志同道合的人。同袍:指极有交情的友人。《诗经·无衣》:"岂曰无衣,与子同袍。"

心志相孚为莫逆;
老幼相交曰忘年。

【译文】 彼此心意相通,能互相信任的称为莫逆之交,年老的与年幼的做朋友,叫忘年之交。

【注释】 孚:信任。莫逆:彼此心意相通,无所违逆。《庄子·大宗师》:"相视而笑,莫逆于心,遂相与为友。"忘年:忘记年龄,指不拘年龄辈份。

刎颈交,相如与廉颇;
总角好,孙策与周瑜。

【译文】 刎颈之交,指的是相如与廉颇这样的朋友;总角之好,指孙策与周瑜的友谊。

【注释】 刎颈交:刎,割颈。指同生死共患难的朋友。《史记·廉颇蔺相如传》:"卒相与欢,为刎颈之交。"总角:古时儿童发式,将头发梳拢编结成髻向上分开如角,后称未成年时为总角。《三国志》载东吴君主孙策说:"周公瑾与孤有总角之好,骨肉之分。"

胶漆相投,陈重之与雷义;
鸡黍之约,元伯之与巨卿。

【译文】 胶与漆互相融合,指的是陈重与雷义的友情;不违背鸡黍之约,是元伯与巨卿的友情深厚,能互相信任。

【注释】 胶漆相投:比喻情意相投,亲密如间。《后汉书》载:雷义举茂才,要让给好友陈重,刺史不准许,雷义便佯装疯病,不应命。乡里为语之曰:"胶漆自谓坚,不如雷与陈。"鸡黍之约:鸡黍,杀鸡为黍,指待客的饭菜。汉朝人张元伯与范巨卿是好朋友,同游太学。分手时,巨卿说两年之后去拜望元伯的母亲。届时,元伯之母备鸡黍等待。巨卿果然如约而至。

与善人交,如入芝兰之室,
久而不闻其香;与恶人交,
如入鲍鱼之肆,久而不闻其臭。

【译文】 同善良的人交往,就好像进入有芝兰的房子,在里面呆的时间

长了,就闻不出香味。同坏人交朋友,自己都变坏了,就好像进了卖鲍鱼的市场,时间久了而闻不到臭味。

【注释】 芝兰之室:放置了兰芝的房间。鲍鱼之肆:卖干鱼的市场。鲍鱼:干鱼。

肝胆相照,斯为腹心之友;
意气不孚,谓之口头之交。

【译文】 肝胆相照指能够推心置腹的朋友;意气不相投,只能称为口头上的朋友。

【注释】 肝胆相照:肝和胆都可以拿来互相察看。比喻真诚相待。意气不孚:志趣性格不相投合。

彼此不合,谓之参商;
尔我相仇,如同冰炭。

【译文】 彼此性格不投和,称为参商二星,这两颗星是永远都不会走到一起。你我有了仇恨,就好像冰与炭一样互不相容。

【注释】 参商:参、商二星。

民之失德,干糇以愆;
他山之石,可以攻玉。

【译文】 人做错了事情,朋友仅仅送去食物安慰他,而不帮助他改正错误是远远不够的。其他山上的石头,可

以借来磨制玉器。

【注释】 干糇（hóu）：干粮。愆（qiān）：过失。《诗经》："民之失德，干糇以愆"。意思是，人民犯错误，朋友感情破裂，是因为饮食不分给他人的原因。他山之石，可以攻玉：别的山上的石头，可以用来雕琢宝玉。见《诗经》，比喻朋友可以帮助自己。

落月屋梁，相思颜色；
暮云春树，想望丰仪。

【译文】 "落月屋梁，相思颜色"，这是杜甫写自己梦见李白的诗。"暮云春树，相望丰仪"，是杜甫写的怀念李白的诗句。

【注释】 落月屋梁，相思颜色：月光照在屋梁上，思念着朋友的脸色。杜甫："落月满屋梁，犹疑见颜色。"暮云春树，想望丰仪：江东日暮时的云彩，渭北春天的树，想望朋友的丰仪。杜甫："渭北春天树，江东日暮云。"

王阳在位，贡禹弹冠以待荐；
杜伯非罪，左儒宁死不徇君。

【译文】 王阳做了官之后，他的朋友贡禹弹冠相庆，等待王阳举荐自己去做官。杜伯本没有罪，他的朋友左儒为他辩，宁死不屈从周宣王的命令。

【注释】 王阳：汉朝人。他当上益州刺史后，他的好朋友贡禹弹去帽上的

灰尘，向他祝贺，等待着他推荐自己。杜伯：春秋时人。他无罪，周宣王要杀他。他的朋友左儒为他申辩，宁死不肯曲从。徇：曲从。

分首判袂，叙别之辞；
拥彗扫门，迎迓之敬。

【译文】 分首和判袂，都是告别的意思。拥彗和扫门，都是欢迎朋友来访的敬词。

【注释】 分首：分别。判袂（mèi）：离别。袂，衣袖。拥彗：拿着帚把。古人迎客，常拿帚把，表示扫地迎客，以示尊敬。扫门：打扫门庭。迎迓（yà）：迎接。

身 体
周公反握，作兴周之相；
重耳并胁，为霸晋之君。
此皆古圣之英姿，不凡之贵品。

【译文】 周公的手能反方向握拳头，做了强盛时周的丞相。晋文公重耳的两块肋骨紧紧地连在了一起，他后来成了春秋五霸中的霸主。这些人都是古代圣人的英姿，不是凡人所拥有的尊贵的品貌。

【注释】 周公：周公姬旦，周成王时宰相。重耳：晋文公，"春秋五霸"之一，曾逃亡，后为晋国国君。

至若发肤不可毁伤，
曾子常以守身为大；
待人须当量大，
师德贵于唾面之干。

【译文】 至于头发、皮肤都来自父母，不能损伤，所以曾子常常把守护自己的身体当做头等大事。娄师德待人接物的气量大，别人把唾味吐在他的脸上，他说："让它自动风干。"

【注释】 发肤：毛发肌肤。师德：娄师德，唐代宰相，曾对其弟说，他们受皇帝恩宠太多，会遭人忌恨，人们唾他俩的面，最好是任其自干，并微笑地让别人唾。

谗口中伤，金可铄而骨可销；
虐政诛求，敲其肤而吸其髓。

【译文】 谗言最能伤人，它可以使黄金熔化，使骨头销毁；暴虐的政治，像是敲破皮肤吸吮骨髓一样残酷地剥削人民。

【注释】 铄：熔化，众口铄金，积毁销骨。诛求：索取。

受人牵制曰掣肘，
不知羞愧曰厚颜。

【译文】 受到别人的牵制叫做掣肘，不知道羞耻叫做厚颜。

【注释】 掣肘(chè zhǒu)：被人牵制。掣，拉、拽，肘指胳膊。

好生议论，曰摇唇鼓舌；
共话衷肠，曰促膝谈心。

【译文】 喜欢议论别人，叫摇唇鼓舌；一起坦诚交谈，叫做促膝谈心。

【注释】 好：爱好。衷肠：内心的情意。

怒发冲冠，蔺相如之英气勃勃；
炙手可热，唐崔铉之贵势炎炎。

【译文】 愤怒得头发都竖起来，是形容蔺相如英气勃勃地在秦王面前据理力争的样子；炙手可热是形容唐朝崔铉权势大。

【注释】 蔺相如之英气勃勃：战国时，秦昭王许诺用15座城来换赵国的和氏璧，但见璧后无交城之意，蔺相如(赵臣)怒发冲冠，威胁说，若不给城，他就撞碎和氏璧。炙手可热：手一靠近就热，喻权势大。崔铉：唐朝人，任官左仆射，权势熏天。

貌虽瘦而天下肥，唐玄宗之自谓；
口有蜜而腹有剑，李林甫之为人。

【译文】 唐玄宗安慰自己说："我的面颊变'瘦'了，但是天下的百姓却变'肥'了。"唐朝宰相李林甫为人狡猾，口里讲的话像蜜糖一样甜，心里想的却像剑一样锋利。

【注释】 唐玄宗：唐朝皇帝，曾言自己虽然面瘦，而天下人民却富裕了。李林甫：唐一奸相，为人表面友好，暗中却陷害别人。

赵子龙一身都是胆，
周灵王初生便有须。

【译文】 蜀国大将赵子龙胆气过人，周灵王刚生下来就有胡须。

【注释】 赵子龙：三国蜀的大将，胆量过人。周灵王：周朝国君，一生下来就有胡须。

来俊臣注醋于囚鼻，法外行凶；
严子陵加足于帝腹，忘其尊贵。

【译文】 唐朝酷吏来俊臣曾经往囚犯的鼻子里灌醋，严刑逼供，这是法外行凶；严子陵与光武帝刘秀同睡，睡觉时，严子陵忘了自己的低贱和皇帝的尊贵，把自己的脚放在刘秀的肚子上。

【注释】 来俊臣：唐朝侍御史，每次审犯人时，都用醋往犯人的鼻子里灌。严子陵：汉朝的严光，小时与汉光武帝刘秀一同读书，刘秀称帝后，去馆舍看他，同睡一处，严把自己的脚放在刘秀的肚子上。

久不屈兹膝，郭子仪尊居宰相；
不为米折腰，陶渊明不拜吏胥。

【译文】 唐朝田承嗣占据魏地，郭子仪做了宰相后，派人去魏地办事，承嗣面向西遥拜说："我这双膝已十几年没向人弯屈了，今天因为尊重宰相郭子仪才弯屈的。""不为五斗米折腰"，是说晋朝陶渊明不肯下拜衙门的小吏，辞职回家隐居的事。

【注释】 郭子仪：唐代朔方节度使，平定"安史之乱"。当时魏地的田承嗣说，他双膝有十多年不向人弯屈，而今只向郭公弯屈，表示对郭子仪之尊重。陶渊明：晋诗人，不为五斗米折腰而拒做官。吏胥：衙门里的小官吏。

断送老头皮，杨璞得妻送之诗。

【译文】 "断送老头皮"，是说隐士杨璞被宋真宗召去，杨璞临行时，他妻子送给他的诗句。

【注释】 杨璞：宋朝著名隐士。宋真宗在宫里会他时，他说妻子送了首诗给他："更无落魄贪杯酒，切莫猖狂爱作诗。今日捉将宫里去，这回断送老头皮。"真宗听后大笑，将他放回。

纤指如春笋，媚眼若秋波。

【译文】 手指纤细，好像春笋一般。眼光妩媚，如同秋天被风吹起的水波一样。

【注释】 秋波：秋水，比喻美女的眼睛。

丁谓与人拂须,何其谄也;
彭乐截肠决战,不亦勇乎。

【译文】 丁谓将沾在寇准胡须上的羹汤擦掉,是多么地谄媚啊!彭乐在战场上将流出的肠子割掉再战,是多么地英勇啊!

【注释】 丁谓与人拂须:据《宋史》载:丁谓因寇准推荐,作了参知政事。在一次宴会上,他把沾在寇准胡须上的羹汤擦掉,寇笑着说:"你是国家大臣,怎能给人擦胡须呢?"丁非常羞愧。彭乐截肠决战:《北史·彭乐传》记,彭乐在交战中肚子刺破,肠子流了出来,他就把肠子割掉,返身再战。

尹继伦,契丹称为黑面大王;
傅尧俞,宋后尔为金玉君子。

【译文】 尹继伦被契丹族人称为黑面大王;傅尧俞被宋后称为金玉君子。

【注释】 尹继伦:宋朝大将,面容发黑。傅尧俞:宋朝侍郎,敢于直言,死后被尊称为金玉君子。

土木形骸,不细妆饰;
铁石心肠,秉性坚刚。

【译文】 土木形骸是比喻自己不修边幅的形体,像木雕泥塑一样;铁石心肠比喻人生性坚强刚毅。

【注释】 土木形骸:形象如土木,不加以修饰。秉性:一个人的个性。

叙会晤曰得挹芝眉,
叙契阔曰久违颜范;
请女客曰奉迓金莲,
邀亲友曰敢攀玉趾。

【译文】 与朋友见面叙旧情,叫做得挹芝眉,与朋友叙说阔别之情叫久违颜范。邀请女客人叫奉迓金莲,邀请亲友叫敢攀玉趾。

【注释】 挹(yì):作揖。芝眉:紫芝的眉宇。契阔:聚散离合。颜范:范是陶冶用的模子,有道之人,貌可为模,故曰颜范。奉迓(yà)金莲:迎接女客人。迓是迎接。玉趾:指人高贵,两脚如玉。

侏儒谓人身矮,魁梧称人貌奇。

【译文】 侏儒是说身材矮小,魁梧是指身体强壮高大。

【注释】 侏儒:身材矮小的人。魁梧:身体强壮高大。

龙章凤姿,廊庙之彦;
獐头鼠目,草野之夫。

【译文】 龙章凤姿是形容人的相貌像龙凤一样,这种人是朝廷杰出的人才。獐头鼠目是形容那些作奸犯科,相貌猥琐的人。

【注释】 龙章凤姿：神采非凡，如龙似凤。章：采色。姿：姿容。廊庙：朝廷。彦：吏士。獐头鼠目：獐的头小而尖，鼠的眼小而圆，形容人外表粗鄙。

　　恐惧过甚，曰畏首畏尾；
　　感佩不忘，曰刻骨铭心。

【译文】 非常害怕叫做畏首畏尾。感激佩服别人，永世不忘，叫做刻骨铭心。

【注释】 畏首畏尾：怕前怕后，胆小多疑。刻骨铭心：牢记在心。

　　貌丑曰不扬，貌美曰冠玉；
　　足跛曰蹒跚，耳聋曰重听。

【译文】 相貌丑陋叫其貌不扬，相貌美叫美如冠玉。走路一瘸一拐叫蹒跚。耳聋叫重听。

【注释】 不扬：相貌不好看。冠玉：帽子上的玉，形容貌美。蹒跚：走路一瘸一拐。重听：听觉失灵。

　　期期艾艾，口讷之称；
　　喋喋便便，言多之状。

【译文】 期期艾艾是指说话不清楚。喋喋不休地说话，是指说话多。

【注释】 期期：口吃。艾艾：口吃

的人吐辞重复。喋喋：形容话多。便便（biàn biàn）：同"辩"，善于谈论。

　　可嘉者小心翼翼，可鄙者大言不惭。

【译文】 值得赞扬的是举止小心谨慎的人；说大话而不觉得惭愧的人最让人鄙视。

【注释】 小心翼翼：恭敬的样子。大言不惭：说大话而不感到惭愧。

　　腰细曰柳腰，身小曰鸡肋。

【译文】 腰身细弱叫杨柳腰；身体弱小，叫鸡肋。

【注释】 鸡肋：鸡的肋骨。

　　笑人齿缺，曰狗窦大开；
　　讥人不决，曰鼠首偾事。

【译文】 讥笑别人牙齿脱落，叫狗窦大开；嘲笑别人遇事犹豫不决，叫鼠首偾事。

【注释】 狗窦（dòu）：窦，孔穴。《晋书》记，张玄祖八岁缺齿，有人笑他为何大开狗窦，他说正等别人穿进去。鼠首偾（fèn）事：办事不果断，如胆小的老鼠畏畏缩缩。偾：败。

　　口中雌黄，言事多而改移；
　　皮里春秋，胸中自有褒贬。

【译文】　口中雌黄是指讨论事情不守信用。皮里春秋是说胸中自有褒贬标准。

【注释】　口中雌黄：随口更改说过的话。古人用黄纸写字，写错了用雌黄（一种染料）涂掉，故曰雌黄。皮里春秋：藏在心里不说出来的评论。春秋：代表批评，相传孔子作《春秋》而自有褒贬。

唇亡齿寒，谓彼此之失依；
足上首下，谓尊卑之颠倒。

【译文】　唇亡齿寒是比喻彼此之间失去了依靠；脚上头下，是说尊贵与卑贱颠倒了。

【注释】　唇亡齿寒：嘴唇没有了，牙齿就会感到寒冷。比喻利害相关。

所为得意，曰吐气扬眉；
待人诚心，曰推心置腹。

【译文】　做了得意的事，叫吐气扬眉；对待别人诚心诚意，叫做推心置腹。

【注释】　吐气扬眉：吐出心中的志气，眉宇高扬，形容心情舒畅。推心置腹：比喻待人极其真诚。

婢膝奴颜，谄容可厌；
胁肩谄笑，媚态难堪。

【译文】　奴颜谄媚的样子，让人生厌；耸起肩膀，谄媚地笑，让人感到羞耻。

【注释】　婢膝奴颜：卑鄙无耻地巴结奉承。婢：婢仆；奴：奴才。胁肩谄笑：巴结奉承，耸起肩膀，装出笑脸。胁：耸起。谄：巴结。

忠臣披肝，为君之药；
妇人长舌，为厉之阶。

【译文】　忠臣肝胆相照，是替君主治病的良药；妇人多嘴多舌，是祸害的阶梯。

【注释】　披肝：开诚相见。披：打开。药：药石，治病救人。为厉之阶：引发祸害。厉：祸害。阶：阶梯。

事遂心曰如愿，事可愧曰汗颜。

【译文】　事情合自己的心意叫如愿，事情做不好，感到惭愧叫汗颜。

【注释】　遂心：称心。汗颜：因羞愧而出汗，泛指惭愧。

人多言曰饶舌，物堪食曰可口。

【译文】　人的言语太多，叫饶舌；食物的味道好，叫可口。

【注释】　饶舌：多嘴。堪食：值得吃。

衣 服

冠称元服，衣曰身章。

【译文】　帽子又叫元服，衣服叫身章。

【注释】　元服：帽子。元为头，冠是头上戴的，故称元服。身章：身上的纺织品，即衣服。

曰弁曰冔曰冕，皆冠之号；曰履曰舄曰屣，悉鞋之名。

【译文】　弁、冔、冕都是帽子的别称。履、舄、屣都是鞋的别称。

【注释】　弁(biàn)：用皮革做的帽子。冔(xǔ)：殷代的帽子。冕(miǎn)：贵族所戴的礼帽。履(lǚ)、舄(xì)、屣(xǐ)：鞋子。

上公命服有九锡，士人初冠有三加。

【译文】　皇帝钦命的服饰上有九种器物，士人初次行冠礼，有三加的名称。

【注释】　命服：皇帝钦命的服饰。九锡：古代帝王赐给大臣的九种器物：车马、衣服、虎贲(bēn，勇士)、乐器、纳陛、朱户、弓矢、斧钺、秬鬯(jù chàng，香酒)。初冠：古代男子20岁加冠，叫初冠。三加：即三次加冠，初加布冠，再加皮冠，三加爵冠。

簪缨缙绅，仕宦之称；章甫缝掖，儒者之服。

【译文】　簪、缨、缙、绅是指仕宦人家穿的服饰，后用以代指仕宦；章甫、缝掖都是儒生的衣服。

【注释】　簪：发卡。缨：帽带子。缙绅：古代官吏的装束。章甫：殷代的帽子。缝掖：古代的一种宽袖单衣。

布衣即白丁之谓，青衿乃生员之称。

【译文】　布衣是称呼普通老百姓；青衿是对有功名的读书人的称呼。

【注释】　白丁：普通老百姓。青衿：古代读书人穿的一种衣服。生员：古代的秀才。

葛屦履霜，诮俭啬之过甚；绿衣黄里，讥贵贱之失伦。

【译文】　古代的人冬天穿草鞋去踏霜雪，这是讥讽过分节俭的人；低贱的人穿绿衣，黄色显示高贵，如果用绿色做衣面，黄色做衣里，这是讥讽那些颠倒贵贱秩序的人。

【注释】　葛屦(jù)：用葛制成的鞋。绿衣黄里：古代以黄为正色，代表尊贵。绿代表低贱。绿衣黄里，是颠倒了位置。

上服曰衣，下服曰裳；
衣前曰襟，衣后曰裾。

【译文】 穿在上身的衣服叫衣，穿在下身的衣服叫裳；衣服的前面叫襟，衣服的后面叫裾。

【注释】 裾：上衣的后幅。

敝衣曰褴褛，美服曰华裾。

【译文】 破衣服叫褴褛，华丽的服装叫华裾。

【注释】 褴褛：衣服破烂。华裾：华丽的衣裾。

襁褓乃小儿之衣，弁髦亦小儿之饰；
左衽是夷狄之服，短后是武夫之衣。

【译文】 襁褓是小孩的衣服，弁髦也是小孩的服饰。衣襟开在左边的是少数民族的服装，衣服前面长后面短的是武夫的衣服。

【注释】 襁褓：婴儿的被子。弁：帽子。髦：儿童的垂发。左衽：古代少数民族的服装，前襟向左掩，异于中原民族的右衽。短后：衣服前面长后面短。

贵者重茵叠褥，贫者桓褐不完。

【译文】 富贵人的凳子上总要放几重垫子，睡的床上总要放几重褥子；贫穷人连粗布衣服都破烂不堪。

【注释】 茵：垫子。褥：褥子。桓褐：粗布衣。

卜子夏甚贫，鹑衣百结；
公孙弘甚俭，布被十年。

【译文】 卜子夏很贫穷，他穿的衣服很破烂，有很多补丁；公孙弘很俭朴，一床布被盖了十年。

【注释】 卜子夏：孔子的弟子，家徒四壁，衣服上打满补丁。公孙弘：汉朝博士。

南州冠冕，德操称庞统之迈众；
三河领袖，崔浩羡裴骏之超群。

【译文】 司马德操称庞统是南州士人的首领，因为庞统的才智出众。崔浩羡慕裴骏智慧超群，称他为三河地区士人领袖。

【注释】 南州冠冕：《三国志》载：司马德操赏识庞统的才识，说他将来一定会做南州人的冠冕（首领）。三河领袖：北魏太祖爱听裴骏的陈述，对崔浩说："裴骏是三河地区的领袖人物。"

虞舜制衣裳，所以命有德；
昭侯藏敝裤，所以待有功。

【译文】 虞舜根据不同人的德行，制造不同颜色和等级的衣服；昭侯把破裤子藏起来，留着赐给有功的人。

【注释】 命有德：把命服赐给有德行的人。昭侯：春秋时韩昭侯，有一条破裤子，不给仆人，而等待赐给有功的人，故先把它藏起来。

唐文宗袖经三浣，晋文公衣不重裘。

【译文】 唐文宗的衣服洗了三次还穿，晋文公从不穿厚皮衣。

【注释】 唐文宗李昂很俭朴，衣服洗过三次还穿。晋文公重耳为纠正奢侈浪费风气，自己率先不穿厚皮衣。

衣履不敝，不肯更为，世称尧帝；
衣不经新，何由得故，妇劝桓冲。

【译文】 衣服鞋子破了都不愿意更换新的，世人都称赞尧帝。衣服不经过新的阶段，哪里有旧衣服，这是桓冲的妻子劝他抛弃对新服的偏激的观念。

【注释】 尧帝：上古圣君。桓冲：晋朝大臣。

姜氏翕合，兄弟每宵同大被；
王章未遇，夫妻寒夜卧牛衣。

【译文】 姜氏兄弟和睦相处，每天晚上睡觉都用一床大被，一起睡觉；王章没有考中时，夫妻两人在寒冷的夜里共盖一张盖牛用的草衣。

【注释】 姜氏：汉朝人姜肱一家。翕合：和谐。王章：汉朝人，少时家贫，后来做了京兆尹。

缓带轻裘，羊叔子乃斯文主将；
葛巾野服，陶渊明真陆地神仙。

【译文】 羊叔子统领襄阳军时，经常扎着宽松的衣带，穿着轻暖的皮裘，他想做一个斯文的主将，用仁义来统领军队；陶渊明戴着用粗布织成的头巾，穿上农夫穿的衣服，算得上是陆地的神仙。

【注释】 羊叔子：晋朝荆州都督。陶渊明：晋朝文学家。

服之不衷，身之灾也；
缊袍不耻，志独超欤。

【译文】 衣服不合身体，会给身体带来灾难。子路穿着用麻织成的袍与穿着皮袍的人在一起，不觉得羞耻，是因为子路的志向与众不同。

【注释】 衷：适当。缊袍：麻袍。

人 事

大学首重夫明新,小子莫先于应对。

【译文】 《大学》的内容,首先要求明白什么是美德,怎样从小培养做一个有美德的人。小孩子应首先学习有礼貌地应答长辈的问话。

【注释】 《大学》:《礼记》四十六篇中的一篇,后人认为是孔子的书。明新:明德与新民,引申为做人的美德。"新"本作"亲"。小子:小孩子,小学生。莫先于应对:学习应对回答询问为最重要。具体指不打断长辈的话,应对有礼貌等。

其容固宜有度,出言尤贵有章。

【译文】 做人的仪表、容貌固然要有法度,但说话则贵在有章法。

【注释】 容:仪表。度:法度,指符合礼法。贵:可贵,重要。章:章法。

智欲圆而行欲方,
胆欲大而心欲小。

【译文】 人要灵活变通,品行要方正,做事情要胆大心细。

【注释】 圆:灵活变通。行:品行。方:方正,正直。心:心思。

阁下足下,并称人之辞;
不佞鲰生,皆自谦之语。

【译文】 阁下、足下是对别人的尊称;不佞、鲰生都是对自己的谦称。

【注释】 阁下足下:古代尊称别人的敬词。不佞(nìng):不才,没有才能之意。鲰(zōu)生:无知小人。

贺入学,曰云程发轫;
贺新冠,曰元服初荣。

【译文】 祝贺别人进入学校读书,叫云程发轫。祝贺别人刚刚举行了加冠礼,叫元服初荣。

【注释】 云程发轫:意指远大前程开始起步了。轫,指刹住车轮转动的木头,车启动称发轫。新冠:古时男子年满二十行加冠礼,表示成年。元服:加冠所穿的衣服。

贺人荣归,谓之锦旋;
作商得财,谓之稇载。

【译文】 祝贺别人衣锦还乡叫做

锦旋。在外面经商发了财回来叫稇载。

【注释】 锦旋:衣锦归乡的简称。稇(kǔn)载:稇指用绳子捆束,稇载指满载。

谦送礼,曰献芹;
不受馈,曰反璧。

【译文】 谦称自己送给人家的礼物微薄叫献芹;不接受人家赠送的礼物叫反璧。

【注释】 献芹:表示所送礼物菲薄。反璧:指不受别人礼物。

谢人厚礼曰厚贶,
自谦礼薄曰菲仪。
送行之礼,谓之赆仪;
拜见之赀,名曰贽敬。

【译文】 感谢人家送给自己丰厚的礼物叫厚贶;谦称自己送的礼物微薄叫菲仪。送礼给即将要走的人叫赆仪;初次拜见长者送的见面礼叫贽敬。

【注释】 贶(kuàng):赐;赠。菲仪:菲薄的礼物。赆(jìn)仪:赠给远行人的路费、礼物。赀(zī):钱财。贽(zhì)敬:初次拜见时所送礼物,表敬意。

贺寿仪曰祝敬,吊死礼曰奠仪。

【译文】 祝贺别人过生日送的礼物叫祝敬。吊唁死者送的礼物叫奠仪。

【注释】 祝敬:祝贺别人过寿的寿礼。奠仪:奠指祭奠,吊唁时送的礼物称奠仪。

请人远归,曰洗尘;
携酒送行,曰祖饯。

【译文】 邀请从远方归来的人吃饭叫洗尘,拿着酒为远行的人送行叫祖饯。

【注释】 洗尘:洗涤一路上的风尘,也叫濯足。祖饯:又可称为"饯行",因古时出门远行要祭祀的路神称祖。

具名帖曰投刺,发书函曰开缄。

【译文】 准备好名帖去拜访别人叫投刺;开启书信的封函叫开缄。

【注释】 名帖:拜谒时的名片。投刺:古时没纸,字是刻刺在木片上,故叫投刺。发:拆开。缄:书信等的封口。

思慕久,曰极切瞻韩;
想望殷,曰久怀慕蔺。

【译文】 唐代的荆州刺史韩朝宗礼贤下士,李白敬仰他,说:"生不愿封万户侯,但愿一识韩荆州。"这是对人思念久而又极想见面时的说法;如果极想见到一个人叫久怀慕蔺,像汉代的司马相如心里很羡慕蔺相如,把自己的名字

中华蒙学精华

都改成了相如。

【注释】 瞻韩：瞻指瞻望，往上看；韩指唐时韩朝宗，喜推举贤能之士，士人多渴望与之一识。殷：深切。慕蔺：仰慕蔺相如。

相识未真，曰半面之识；
不期而会，曰邂逅之缘。

【译文】 认识一个人时间不长，了解不深，叫半面之识；没有约定时间见面，偶然碰到一起，叫邂逅之缘。

【注释】 真：真切，深厚。半面之识：东汉应奉记忆力极强，十多年后还能认出只见过半面的人。邂逅(xiè hòu)：偶然相逢。

曾经会晤，曰向获承颜接辞；
谢人指教，曰深蒙耳提面命。

【译文】 曾经见过面，就说以前曾经有机会承颜接辞；感谢别人对自己的教诲，叫做深深地感受到耳提面命。

【注释】 向：从前。承颜接辞：承幸见面交谈。耳提面命：附在耳旁指教，当面命令教诲，形容恳切地教导。

求人涵容，曰望包荒；
求人吹嘘，曰望汲引。

【译文】 请求别人宽容自己，叫

做希望包荒；求助别人吹捧自己，叫做希望汲引。

【注释】 涵容：包涵，包容。包荒：荒指荒秽，包荒意指度量宽厚，能容纳鄙陋之事。吹嘘：吹扬，说好话，比喻揄扬推荐。汲引：比喻提拔，汲本是从下往上打水。

求人荐引，曰幸为先容；
求人改文，曰望赐郢斫。

【译文】 请求别人引荐自己，叫做幸为先容；求别人批改自己的文章，叫望赐郢斫。

【注释】 先容：先加以修饰，这里引申为事先介绍。郢斫(yǐng zhuó)：郢为春秋战国时楚的都城，斫为削、砍之意。有一郢人鼻尖沾上白粉，木匠使斧将其削去而丝毫不伤鼻子。旁观者莫不失色，形容技术高超。

借重鼎言，是托人言事；
望移玉趾，是浼人亲行。

【译文】 借重鼎言，是说请托别

人说合事情;望移玉趾,是央求别人亲自走一趟。

【注释】 鼎言:像鼎一样重的语言。鼎是古代一种青铜制成的器皿,多烹煮用,后比喻国家政权,社稷帝业。玉趾:脚,这是一种敬称。浼(měi):请求。

多蒙推毂,谢人引荐之辞;
望为领袖,托人首倡之说。

【译文】 多蒙推毂,是多谢别人引荐的言辞;望为领袖,是推选某人领头倡议的话。

【注释】 推毂(gǔ):毂是车轮中心可插轴的圆木, 推毂即推车使之前进,比喻引荐举荐人才。倡:倡议。

言辞不爽,谓之金石语;
乡党公论,谓之月旦评。

【译文】 言辞准确, 没有一点出入,像金子一样坚硬,永不更改,叫金石语。汉朝的士人们,每月聚在一起,评论世人的贤良和国家大事叫月旦评。

【注释】 爽:差错。金石语:指说的话如金石一般坚硬,不可更改。乡党:泛指乡里的组织。月旦:月旦日,每月初一。评:品评人物。月旦评是东汉许劭始创的一种评论人物的风俗。

逢人说项斯,表扬善行;
名下无虚士,果是贤人。

【译文】 唐代的项斯,清奇雅正,超凡脱俗,杨敬之写诗表扬他的好品质,中间一句是:"到处逢人说项斯。"北齐薛道衡的诗写得很好, 他写的一首《人日诗》,让人看后赞叹不已,果然名不虚传,是个有才干的人。

【注释】 项斯:唐代人,写诗拜谒杨敬之,后者逢人就为之宣扬。虚士:虚有其名的人。

党恶为非,曰朋奸;
尽财赌博,曰孤注。

【译文】 与坏人结党去干为非作歹的事,叫朋奸。用尽自己所有财产下赌注,叫孤注。

【注释】 党恶:与邪恶之人结党。朋奸:互相勾结作恶。孤注:并为一注来赌。

小过必察,谓之吹毛求疵;
乘患相攻,谓之落井下石。

【译文】 别人犯小错误都要去追究,叫吹毛求疵;在别人有危难时乘机攻击,叫做落井下石。

【注释】 吹毛求疵:疵指小毛病。吹开皮上的毛而故意挑剔毛病。患:灾难。

欲心难厌如溪壑,
财物易尽若漏卮。

【译文】 人们的欲望很难满足，像河沟一样难填平；人的钱财货物很容易耗尽，就像漏酒的器皿。

【注释】 厌：满足。溪壑(hè)：溪谷河沟。漏卮(zhī)：漏的盛水的杯子。

望开茅塞，是求人之教导；
多蒙药石，是谢人之箴规。

【译文】 请别人指导自己叫望开茅塞；感谢别人的劝告叫多蒙药石。

【注释】 茅塞：被茅草堵塞，喻人心被蔽。药石：泛指药物，喻规劝进言。箴规：劝告规谏。

芳规芳躅，皆善行之可慕；
格言至言，悉嘉言之可听。

【译文】 好的行为规范，好的足迹都是指好的品行，值得仰慕。有教益的话，至理名言，都是值得听的美好言词。

【注释】 芳规：美好的法度。芳躅(zhú)：贤人美好正直的行径。格言：具有教育意义的言论。至言：恳切的言论。

无言曰缄默，息怒曰霁威。

【译文】 不开口说话叫缄默，平息怒气叫霁威。

【注释】 缄默：沉默不语。霁(jì)威：消释怒气。

事有大利，曰奇货可居；
事宜鉴前，曰覆车当戒。

【译文】 做一件事情可以赢得很多利益叫奇货可居；做事应当借鉴前面的事，避免错误重新发生。

【注释】 奇货：稀罕少见的货物。居：积蓄、存。奇货可居用来比喻利用好的条件作为将来谋求发展获得的本钱。覆车：翻倒的车，引申为失败。戒：警惕，引申为鉴戒，吸取教训。

外彼为此曰左袒，
处事两可曰模棱。

【译文】 因为这一方面而排斥反方叫左袒；处理事情这样也行，那样也好叫模棱。

【注释】 外彼：见外或疏远那个。左袒：袒露出左臂，意思为偏护一方。模棱：处理问题的观点含糊，既可这样，也可那样。

敌甚易摧，曰发蒙振落；
志在必胜，曰破釜沉舟。

【译文】 敌人容易被打败叫发蒙振落，下定决心要取得胜利叫破釜沉舟。

【注释】 摧:挫败,摧垮。发蒙振落:揭去蒙盖物,摇落树叶,形容威猛,办事轻而易举。破釜沉舟:釜是饭锅。砸烂饭锅,沉掉渡船,比喻断绝后路,下定决心干到底。

管中窥豹,所见无多;
坐井观天,知识不广。

【译文】 从竹管的小孔看豹子,只能看到豹子身上的一块斑纹。坐在井里看到的是一块很小的天空,比喻知识不广博。

【注释】 管中窥豹:透过竹管的小孔偷偷地看豹,比喻对事物了解不多,只是片面地知道。窥:偷偷地看。

无势可乘,英雄无用武之地;
有道则见,君子有展采之思。

【译文】 没有势力可以凭借,就算是英雄也没有施展才能的地方;有道的时代,可以看见有德智的人都会有施展自己才思的机会。

【注释】 势:形势,环境。乘:利用,凭借。有道:指社会承平的时代。展采:采指才华或事业的光采。施展其才华,创建业绩。

求名利达,曰捷足先得;
慰士迟滞,曰大器晚成。

【译文】 求取名利,兴旺发达叫捷足先得;安慰读书人取得功名缓慢叫大器晚成。

【注释】 利达:便利通达。捷足先得:又作捷足先登,形容动作迅速敏捷的人先行达到目的。迟滞:缓慢而不通达。大器晚成:大的材器要琢磨长时间才可以造就,不容易速成。比喻担当大事的人要经过长期的磨炼,成就较晚。

不知通变,曰徒读父书;
自作聪明,曰徒执己见。

【译文】 处理事情不知道变通,就像战国的赵括,只知道读父亲赵奢的兵书,却不知灵活运用;自以为聪明的人,总是固执地坚持自己的意见。

【注释】 通变:灵活变通。徒读父书:只知览读前人的书本,比喻那些空谈书本知识而不能领会变通的人。徒执己见:坚持自己的意见,固执逞能。

浅见曰肤见,俗语曰俚语。

【译文】 见识浅陋叫肤浅;民间通俗的方言叫俚言。

【注释】 肤见:只看见皮肤那样的见识,引申为见识浅显。俚语:通俗或地方色彩浓厚而不广泛流行的言词。

识时务者为俊杰,
昧先几者非明哲。

【译文】 能认清当前的形势或事物发展趋势的人，才称得上豪杰；不能事先观察细微的先兆变化，算不上圣明贤哲的人。

【注释】 昧：愚昧无知。几：事物的隐微状态，指苗头或征兆。明哲：洞察明晓事理的人。

村夫不识一丁，愚者岂无一得。

【译文】 山野村夫连一个字都不认识；虽然是笨人，却总有一点可取之处。

【注释】 不识一丁：不认识一个丁字，指人没有一点文化。愚者岂无一得：指愚昧之人也会有他正确的时候。得：心得，正确的见解。

拔去一丁，谓除一害；
又生一秦，是增一仇。

【译文】 除掉丁谓这样的祸害，叫做为民除去了一害；又生一秦是说又增加了一个仇敌。

【注释】 拔去一丁：丁指宋仁宗时期专权的丁谓，以陷害忠良而被百姓痛恨。又生一秦：又产生一个秦国。《史记·张耳陈余列传》上说，陈胜起兵后，部将武臣破赵，自立为赵王，陈胜听后大怒，想发兵攻赵，部属房君劝道："秦国还没灭亡就去诛灭武臣等人，这是又生一个秦国了。"意即又增加一个敌人。

戒轻言，曰恐属垣有耳；
戒轻敌，曰勿谓秦无人。

【译文】 告诫人们不要随便说话，是恐怕隔墙有耳；告诫人们不要轻视敌对势力，是说不要以为秦国无人。

【注释】 属垣(zhǔ yuán)有耳：属垣指墙，有人附墙窃听人言。勿谓秦无人：《左传》记载，晋国大夫士会投奔秦国，晋人怕秦任用士会，就派魏寿余假装叛晋到秦，请命和士会同往魏(寿余的封地)，其实说服士会回国。临行的时候，秦大夫绕朝看出士会的心思，赠他以马鞭说："你不要说秦国无人才，只是秦王没采用我的计谋而已。"

同恶相帮，谓之助桀为虐；
贪心无厌，谓之得陇望蜀。

【译文】 帮助恶人干坏事，就好像帮助夏桀做残暴的事；贪心无比，从不满足，就好像已经得到了陇，还希望占领蜀。

【注释】 助桀为虐(zhù jié wéi nüè)：桀，夏朝最后一个君主，是暴君。虐：残暴，干坏事。意思是帮助恶人做恶。得陇望蜀：陇指甘肃一带，蜀指蜀地，即四川。得到了陇地，还祈望占有蜀，比喻人心贪得无厌，不知满足。

当知器满侧倾，须知物极必反。

【译文】 应当知道器皿中的东西装满了就会倾斜，应当知道事物发展到了极点，就会向相反的方向转化。

【注释】 器满：器皿里东西装得太满。物极必反：事物达到了极限，无法发展，就会向相反的方面转化。

饮 食

甘脆肥脓，命曰腐肠之药；
羹藜含糗，难语太牢之滋。

【译文】 甘甜酥脆，肥美的食物被叫做腐烂肠胃的毒药；终日用藜藿二野菜做汤喝，用米麦充饥的人很难与他一起谈论牛、羊、猪肉的滋味。

【注释】 甘脆肥脓：指食物：甜的，脆的，肥的，厚的。腐肠：腐烂肠胃。羹藜：用藜煮的羹，指糊状食物。含糗（qiǔ）：含乃口含，糗是米麦饭，表示吃干粮。语：谈论。太牢：古代指猪、羊、牛这三种家畜。

御食曰珍馐，白米曰玉粒。

【译文】 皇帝吃的食物，像豹胎、熊掌、白鹌胸、猩唇、紫驼峰、蝤髓、素麟脂、金鲤鱼尾，都是珍贵的食物，所以叫珍馐；白米像玉一样晶莹透亮，所以叫玉粒。

【注释】 御：代表帝王，封建社会里凡与帝王有关的事物，都加上"御"字，以示尊崇。珍馐（xiū）：珍奇美味的食物。

好酒曰青州从事，
次酒曰平原督邮。

【译文】 好的酒叫青州从事，次酒叫平原督邮。

【注释】 青州从事：青州为山东一地名，有齐郡，齐与脐（肚脐）同音，好酒喝下后可以到脐下。从事：官名。平原督邮：平原这里有个鬲县，鬲与膈音同，是说次酒喝下后，只能到胸膈膜之间。

鲁酒茅柴，皆为薄酒；
龙团雀舌，尽是香茗。

【译文】 鲁酒、茅柴都是薄酒；龙团雀舌都是指上等的茗茶。

【注释】 鲁酒：指酒味淡薄。《庄子·胠箧》中说，楚宣王召集诸侯，鲁恭公很晚才来，敬献的酒又很味薄，令宣王十分愤怒。茅柴：指酒味如茅柴一般粗涩。龙团：茶名。宋代制茶上印有龙凤纹样，进贡帝王饮用。龙团即指"龙凤团"。雀舌：亦是茶名，用新出的嫩茶芽制成，形状象鸟雀的舌头，是最上等的茶叶。

待人礼衰，曰醴酒不设；
款客甚薄，曰脱粟相留。

【译文】 招待别人礼仪懈怠叫醴酒不设；款待客人食物菲薄叫脱粟相留。

【注释】 礼衰：礼节怠慢不恭。醴(lǐ)酒：甜酒，泛指好酒。脱粟相留：脱粟指粗糙的米，用这种米来招待挽留客人，说明款待淡薄。

竹叶青，状元红，俱为美酒；
葡萄绿，珍珠红，悉是香醪。

【译文】 竹叶青、状元红都是美酒名；葡萄绿、珍珠红都是好酒。

【注释】 竹叶青：酒名，产于苍梧地方。状元红：酒名，来自古诗"持杯醉饮状元红"。葡萄绿：酒名，用葡萄酿酒，积年不坏，味美醇久。珍珠红：酒名。醪(láo)：醇厚的美酒。

五斗解酲，刘伶独溺于酒；
两腋生风，卢仝偏嗜乎茶。

【译文】 刘伶只沉迷于美酒，一次要喝五斗酒才能缓解酒瘾；卢仝偏偏爱好喝茶，喝了茶之后觉得腋下生风，十分舒服。

【注释】 五斗解酲(chéng)：要饮五斗酒才能解酒瘾。据《世说新语·任诞》记载，晋朝诗人刘伶特能喝酒，常沉溺于饮酒中，其妻相劝，他向神发誓说："天生刘伶，以酒为名，一饮一斛，五斗解酲。"两腋生风：唐代诗人卢仝嗜好喝

茶，作诗曰"唯觉两腋习习清风生"。

安步可以当车，晚食可以当肉。

【译文】 慢慢地行走当做坐车，悠然舒服；推迟吃饭等到饿了才吃，就算吃很差的食物，味道也像吃肉一样。

【注释】 安步：平和安稳地走路。当车：当做坐了车子一般舒服。晚食：很晚才进食，指肚子饿了才吃。

饮食贫难，曰半菽不饱；
厚恩图报，曰每饭不忘。

【译文】 生活贫穷，经常吃不饱，常在米里掺上半数的菽，叫半菽不饱；想要报答别人的大恩大德，时刻都记挂，叫每饭不忘。

【注释】 贫难：贫苦困难。半菽不饱：菽：大豆，引为豆类。吃的饭里有一半是豆子，粗劣的饭菜无法吃饱。

谢扰人，曰兵厨之扰；
谦待薄，曰草具之陈。

【译文】 感谢因为饮食带给别人的麻烦叫兵厨之扰。谦虚地说自己招待淡薄叫草具之陈。

【注释】 扰：叨扰，受人款待而表示谢意的词。兵厨之扰：晋朝的阮籍颇爱喝酒，听说步兵厨的人善于酿酒，藏

了三百斛,便请求去当步兵校厨。草具之陈:表示食物粗劣。草:指代一般的蔬菜。具:餐具,引申为一盘菜。陈:陈列,摆出来。

白饭青刍,是待客之厚;
炊金爨玉,谢款客之隆。

【译文】 用上等的米饭招待客人,用青草喂马,这是很周到地招待客人的方法;用像黄金一样黄的稻,用像玉一样白的米去招待客人,这是感谢主人隆重地招待客人。

【注释】 白饭青刍(chú):用白米饭待客,用青草喂养他的马,比喻招待周到。炊金爨(cuàn)玉:爨,书面语,烧火煮饭之意。金、玉在这里比喻食物精美,表示饮宴珍贵豪奢,是感谢用语。

家贫待客,但知抹月披风;
冬月邀宾,乃云敲冰煮茗。

【译文】 家里贫穷的人招待客人,只能用风、月做菜肴,这是苏东坡的做法。冬天邀请客人,只能敲开冰块取水煮茶。

【注释】 抹月披风:抹、披,切菜方式,细切为抹,薄切为披。意思是把

风、月当作菜肴,表示家贫无以招待客人的戏词。北宋苏轼诗有“家贫无以娱客,但知抹月披风。”冬月邀宾:冬天邀请客人朋友。敲冰煮茗:敲开冻冰,煮水作茶招待客人。《开元天宝遗事·敲冰煮茗》中记载,隐逸人士王休居太白山下,常在冬天敲取精莹的溪冰,煮成建溪茶来款待宾客。

君侧元臣,若作酒醴之麴蘖;
朝中冢宰,若作和羹之盐梅。

【译文】 君主身边的大臣就好像酿酒用的酒曲;朝中的宰相好像用作调和汤用的盐和梅。

【注释】 君侧元臣:君王身边的大臣。麴蘖(qū niè):即曲蘖,酿酒用的发酵剂,比喻大臣的辅佐作用。冢(zhǒng)宰:宰相。和羹:调和制成的羹汤品。盐梅:调味品,梅有酸味,表示醋之类的东西。

卷 四

文 事

多才之士,才储八斗;
博学之儒,学富五车。

【译文】 才华横溢的士人,夸奖他们才高八斗;博学的儒生,他的学识比五车书还多。

【注释】 才储八斗:语出《南史·谢灵运传》:"天下才共一石(dàn),曹子建独得八斗,我得一斗,自古及今共用一斗。"学富五车:语出《庄子·天下》:"惠施多方,其书五车。"形容学识丰富。

《三坟》《五典》,乃三皇五帝之书;
《八索》《九丘》,是八泽九州之志。

【译文】 三坟五典是三皇伏羲、神农、黄帝和五帝颛顼、高辛、少昊、尧、舜写的书。八索九丘是记载八泽和九州的山川地理风物的志书。

【注释】 《三坟》《五典》:见孔安国《尚书序》"伏羲、神农、黄帝之书,谓之三坟,言大道也。少昊、颛顼(zhuān xū)、高辛、唐、尧之书,谓之五典,言常道也。"《八索》《九丘》:语出孔安国《尚书序》"八卦之说,谓之八索,求其义也。九州之志,谓之

九丘。丘,聚也,言九州所有,土地所生,风气所宜,皆聚此书也。"

《书经》载上古唐虞三代之事,
故曰《尚书》;
《易经》乃姬周文王、周公所系,
故曰《周易》。

【译文】 书经是记载上古唐尧、虞舜及夏商周三代的事情,所以书经又叫《尚书》;《易经》中的卦辞为周文王所作,爻辞为周公所作,他们都姓姬,所以《易经》又叫《周易》。

【注释】 《尚书》:语见《汉书·艺文志》:"故书之所起远矣,至孔子撰焉,上断于尧,下讫于秦,凡百篇,而为之序,言其作意。"《周易》:易有易简(易知、易行)、变易(变化)、不易(不变)三义,所以叫做易。

缣湘黄卷,总谓经书;
雁帛鸾笺,通称简札。

【译文】 缣缃与黄卷,都是经书的称号;雁帛、鸾笺都是简札的别称。

【注释】 缣缃(jiān xiāng):写书用的黄色细绢。这儿借指书籍。黄卷:书籍。雁帛(bó):书信。鸾笺:彩笺。

锦心绣口，李太白之文章；
铁画银钩，王羲之之字法。

【译文】 锦心绣口，是指李白的文章显示他才思横溢；铁画银钩，指王羲之的书法笔画刚劲有力。

【注释】 锦心绣口：彩锦般的心，绣花一样的口，比喻构思奇妙，措辞瑰丽。铁画银钩：比喻笔法像铁画银钩，形容笔锋有力。

雕虫小技，自谦文章之卑；
倚马可待，羡人作文之速。

【译文】 雕虫小技，是自己谦称自己的文才低下；倚马可待，是羡慕别人写文章的速度很快。

【注释】 这句话是自谦自己的文章卑微，不足道。倚马可待：《世说新语·文学》：桓宣武北征时，叫袁虎靠着马作文章。袁虎一气呵成，一会工夫写了七页。后用以指人才思敏捷。

称人近来进德，曰士别三日，
当刮目相看；羡人学业精通，
曰面壁九年，始有此神悟。

【译文】 称赞别人近段时间道德进步很快，就说士人分别只有三天，就要用新的眼光来看他；羡慕别人学业精通，就说自己面壁潜心奋斗九年才有这

样惊人的悟性。

【注释】 士别三日，当刮目相看：《三国志·吴书·吕蒙传》"士别三日，即更刮目相待，大兄今论，何一称穰侯乎！"面壁：佛称坐禅，面向墙壁，端坐静修。《景德传灯录·三菩提达摩》："达摩遇西天二十七祖般若多罗得法止于嵩山少林寺，面壁而坐，终日默然，谓之壁观。越九年以法传惠可。"

五凤楼手，称文字之精奇；
七步成诗，羡天才之敏捷。

【译文】 五凤楼手，这是称赞文字的精彩奇妙；七步就可以作一首诗，这是羡慕天才曹植才思敏捷。

【注释】 五凤楼手：《谈苑》说：韩浦、韩洎都会古文。韩洎经常看不起韩浦，对人说："我哥哥的文章就像绳枢草舍，只能庇庇风雨，而我的文章，可造五凤楼手。"喻能写漂亮文章的人。

誉才高，曰今之班马；
羡诗工，曰压倒元白。

【译文】 称誉别人文才高超，把他比喻为班固和司马迁。羡慕别人的诗写得工整，就说他的诗可以压倒元稹和白居易。

【注释】 班马：班固和司马迁。班固完成父亲班彪的《汉书》，司马迁著《史记》，为我国第一部纪传体史书。《史

记》《汉书》既是史学巨著，又是文学巨著，故以班马并称。元白:指著名诗人元稹和白居易。《全唐诗话·杨汝士》:"元白俱在,赋诗席上,汝士诗后成,元白览之失色。其日大醉归,谓其子弟曰:'吾今日压倒元白。'"

惊神泣鬼,皆言词赋之雄豪;
遏云绕梁,原是歌音之嘹亮。

【译文】 使神害怕,使鬼哭泣,是说词赋的雄壮豪放;阻遏云彩,余音绕梁,指的是歌声嘹亮优美。

【注释】 惊神泣鬼:比喻词赋雄壮豪迈。杜甫:"昔年有狂客,号尔谪(zhé)仙人。笔落惊风雨,诗成泣鬼神。"遏(è)云绕梁:《列子·汤问》:"抚节悲歌,声振林木,响遏行云。""余音绕梁欐(lí),三日不绝。"

涉猎不精,是多学之弊;
咿唔占毕,乃读书之声。

【译文】 广泛涉猎但不精细,指的是学习贪多所造成的弊病;咿唔占毕是指读书的声音。

【注释】 占毕:《礼记·学记》:"今之教者,呻其占毕。"后泛称读书吟诵为占毕。

连篇累牍,总说多文;
寸楮尺素,通称简札。

【译文】 连篇累牍,总的说是文章长而且罗嗦;寸楮尺素都叫做书简、信札。

【注释】 寸楮(chǔ):一寸纸,借代书信。

以物求文,谓之润笔之资;
因文得钱,乃曰稽古之力。

【译文】 用钱物向人索取文章,称作润笔用的资费;用文章去换取钱物,就说这是读书所取得的效果。

【注释】 润笔之资:写文章或书画的酬金。语出《隋书·郑泽传》:"出为方岳,权策言归,不得一钱,何以润笔。"稽古之力:研读古书的功效。《后汉书·桓荣传》:"以荣为少傅,赐以辎(zī)车、乘马。荣大会诸生,陈其车马、印绶,曰:'今日所蒙,稽古之力也,可不勉哉!'"

文章全美,曰文不加点;
文章奇异,曰机杼一家。

【译文】 文章写得完美,就说文不加点;文章写得新颖奇特,叫做文章构思布局自成一家。

【注释】 文不加点:《后汉书·文苑传》:黄射要祢衡以鹦鹉为题作诗,祢衡拿起笔,"文无加点,辞采甚丽"。机杼《北史·祖莹传》:祖莹很重视文学,经常对人说:"文章须出自机杼,成一家风骨,何能共人同生活也。"

应试无文,谓之曳白;
书成绣梓,谓之杀青。

【译文】 参加考试但写不出文章,叫做曳白;文章写成后拿去刻版印刷,叫杀青。

【注释】 曳(yè)白:交白卷。《旧唐书·苗晋卿传》:天宝二年春,考试官员为取悦于唐玄宗的宠臣张倚,把张倚的儿子张奭(shì)录为甲科,而张奭是个不学无术之人。唐玄宗知道后,召集所有登科人员面试,"而奭手持试纸,竟日不下一字,时谓之曳白。"绣梓:古代刻版印刷书籍叫绣梓,或付梓。杀青:经过炙烤去青的竹简能防蠹(dù)虫,故称杀青。

花样不同,乃谓文章之异;
潦草塞责,不求辞语之精。

【译文】 文章的写法和风格不同,是说文章新异;潦草塞责,是说文章不追求词语的精炼。

【注释】 花样不同:《卢氏杂言》:唐诗人卢仝赴京考试未中,在一家旅馆住宿,见一人背诗:"学织缭绫功未多,乱投机杼错抛梭。若教官锦行家见,把似文章笑杀他(tuō)。"卢仝问他为何发此感慨,那人说:"昔隶宫锦坊,近似薄技投本行,如今花样不同,且东归也。"潦草塞责:做事或写文章不认真,敷衍了事。

邪说曰异端,又曰左道;
读书曰肄业,又曰藏修。

【译文】 邪说叫异端,又称为旁门左道;读书尚未毕业叫肄业,又叫藏修。

【注释】 异端:古代儒家称持不同见解的学派为异端。后泛称不正当的言论或学说。藏修:《礼记·学记》:"故君子之于学也,藏焉修焉息焉游焉。"

作文曰染翰操觚,
从师曰执经问难。

【译文】 古代没有纸,都是在木简上写字,所以作文又叫染翰操觚;跟随老师,请教求学,拿着经书向老师请教问题,叫执经问难。

【注释】 染翰:指用笔蘸(zhàn)墨写作。《文道》:"于是染翰操纸,慨然而赋。"操觚(cāo gū):指写作。问难:反复辩问。

求作文,曰乞挥如椽笔;
羡高文,曰才是大方家。

【译文】 请求别人写文章,叫乞挥如椽笔;羡慕别人的文章写得高超绝妙,就说这才是具有学问的大方家。

【注释】 如椽(chuán)笔:《晋书·王珣传》:王珣梦见有人把像椽一样大

的毛笔给他，醒后，他告诉别人说："此当有大毛笔事。"后称著名作家或文人高手为大手笔。大方家：有学问的人。《庄子·秋水》："今我睹子之难穷也，吾非至于子之门则殆矣，吾长见笑于大方之家。"

江淹梦笔生花，文思大进；
杨雄梦吐白凤，词赋愈奇。

【译文】 江淹小时候梦见别人给他五色笔，从此文思大进。扬雄梦见自己口中吐出白色的凤凰，从此他的词赋写得更加奇妙。

【注释】 梦笔生花：《南史·江淹传》：江淹小时梦见别人给他五色笔，从此文思大进。梦吐白凤：《西京杂记》"杨雄著《太玄经》，梦吐白凤凰于《玄》上，顷而灭。"

李守素通姓氏之学，
　敬宗名为人物志；
虞世南晰古今之理，
　太宗号为行秘书。

【译文】 李守素精通姓氏家族的学问，被敬宗称作活的人物谱，又叫人物志。虞世南明白古今的很多道理，唐太宗赐给他"行秘书"的称号。

【注释】 李守素：《旧唐书·李守素传》：李守素与虞世南共论天下人物，李对各地人物了如指掌，被虞世南和许

敬宗誉为"行谱"，即能行走的"人物谱"，又誉为"人物志"。虞世南：唐初书法家。《太唐新语·聪敏》："太宗尝出行，有司请载书以从。太宗曰：'不须，虞世南在，此行秘书也。'"

科　第
士人入学曰游泮，又曰采芹；
士人登科曰释褐，又曰得隽。

【译文】 读书人进入学宫学习叫游泮，又叫采芹；读书人登科考中叫释褐，又叫得隽。

【注释】 游泮(pàn)：明清科举制度，经州县考试录取入学的叫入泮，或游泮。采芹：出自《诗经·鲁颂·泮水》："思乐泮水，薄采其芹。"后人借用该诗句中的泮水和采芹代指入学。登科：唐科举考试，考中后经复试任为官吏，叫做登科，以后把应试取中均叫登科。释褐 (hè)：脱去布衣，换上官服。得隽(jùn)：应试中获胜之人。

宾兴即大比之年，
贤书即试录之号。

【译文】 宾兴指的是三年一次的乡试大考。贤书指的是乡试中考试录取的名册。

【注释】 宾兴：科举时代的乡试。大比：周代实行的在每一乡中选举贤能人才的办法，后把乡试也叫大比。贤书：

又叫登贤书。古代在乡中选举贤能人才后,将贤能者的名单献给皇帝,名册叫贤书。科举时代称乡试中考中的举人已被录取叫登贤书。

鹿鸣宴,款文榜之贤;
鹰扬宴,待武科之士。

【译文】 鹿鸣宴是款待文进士的宴会,鹰扬宴是款待武进士的宴会。

【注释】 鹿鸣宴:科举考试后举行的宴会,会上要奏鹿鸣之歌,故名。《诗经·小雅》中有《鹿鸣》一章。鹰扬宴:清代,对考中的武举人赐宴慰劳,叫鹰扬宴。考中之人如鹰飞扬,有威德,故名。

文章入式,有朱衣以点头;
经术既明,取青紫如拾芥。

【译文】 文章符合考试的格式要求而被选中,就好像有一个穿朱衣的老人在暗中示意;经书搞明白了,获取官职就像拾取芥子一样容易。

【注释】 入式:合式。朱衣点头:喻科举考中。《侯鲭录》:"欧阳公知贡举,每阅卷时,坐后尝觉有一朱衣人时复点头,然后其文入格。"经术:科举考试中要考的四书五经。青紫:汉代,丞相、太尉皆金印紫绶,御史大夫银印青绶,后因以青紫代指做官。拾芥:拾芥子,喻拾来容易。

其家初中,谓之破天荒;
士人超拔,谓之出头地。

【译文】 有一个地方或有一户人家长时间后才开始有人考中叫做破天荒;读书人出类拔萃叫出人头地。

【注释】 破天荒:喻首次应考录取。《唐摭言》载:荆州多年送举人进京会试,无人中,叫"天荒"。宣宗时,终于有刘蜕进为进士,荆州刺史奖给七十万贯,名"破天荒钱"。

中状元,曰独占鳌头;
中解元,曰名魁虎榜。

【译文】 考中状元叫独占鳌头,考中了解元叫名魁虎榜。

【注释】 状元:科举考试殿试第一名。独占鳌(áo)头:即中状元。解元:科举时代的乡试第一名。名魁虎榜:名字列在虎榜第一。

琼林赐宴,宋太宗之伊始;
临轩问策,宋神宗之开端。

【译文】 在琼林苑赐宴庆贺新考中的进士,这是从宋太宗才开始有的;亲临轩栏边提问应试的士人治理国家的对策,是从宋神宗开始的。

【注释】 琼林赐宴:皇帝赐新科进士的宴会。临轩问策:古代皇宫正殿前设有栏杆，皇帝亲自在栏边策试。皇帝亲自考试应考的士人，叫临轩策士，或临轩问策。

同榜之人，皆是同年；
取中之官，谓之座主。

【译文】 在同一榜中取录的人都是同年；录取考生的主考官叫座主。

【注释】 同年：科举时代，同年入考并在同一榜上录取的人。座主：会试主考官。

应试见遗，谓之龙门点额；
进士及第，谓之雁塔题名。

【译文】 参加应试而未被录取的叫龙门点额，参加殿试而被录取的进士，都会在雁塔题名，所以进士及第又叫雁塔题名。

【注释】 龙门点额：应试落榜。《水经注》上说，鲤鱼跃上龙门的将成为龙，未能跃上的称"点额而还"。进士及第：科举时，应进士中选者。雁塔题名：唐中宗时，新进士有题名雁塔之举。

贺登科，曰荣膺鹗荐；
入贡院，曰鏖战棘闱。

【译文】 祝贺别人考中登科，叫荣膺鹗荐；进入贡院参加贡士考试，就好像参加一场激烈的战斗，所以又叫鏖战棘闱。

【注释】 荣膺鹗荐：荣幸地获得登科做官的荐举。《后汉书·文苑传》：祢(mí)衡有才华，孔融推荐他："鸷(zhì)鸟累百，不如一鹗。使衡立朝，必有可观。"后来把举荐人叫鹗荐。贡院：科举时代考贡士的地方。鏖战棘闱：在考场激烈战斗。棘闱：科举考试，用棘围住考场四周，以维持考场尊严。闱：科举考场，后把棘闱代指考场。

金殿唱名曰传胪；
乡会放榜曰撤棘。

【译文】 殿试结束后，在金殿上唱读录取的举人名单，又叫传胪。乡试和会试结束后公布录取的名榜叫撤棘。

【注释】 传胪(lú)：科举时代殿试后宣读皇帝诏命唱名叫传胪，语见《朝野类要·唱名》。乡会：乡试和会试。撤棘：撤除考场四周的围棘，即考试结束。

攀仙桂，步青云，皆言荣发；
孙山外，红勒帛，总是无名。

【译文】 攀折桂枝、平步青云都是指考试被录取，荣耀发达。名落孙山外，用大朱笔在锦帛上勾勒批注，总是指那些未被录取，榜上无名的人。

【注释】 攀仙桂：《晋书·郤诜传》：郤诜(xì shēn)在举贤良对策中最

有名，当晋武帝问他自以为如何时，他说："臣举贤良对策，为天下第一，犹桂林之一枝，昆山之片玉。"后把登科称为折桂或攀桂。步青云：旧多指科举中选。孙山外：名落孙山。《过庭录》：孙山同乡人的儿子去省城赶考，放榜时，孙山名列最后，孙山先回家，乡人问他儿子的情况，孙山说："最后一名是我，而你儿子还在我后面。"后用"名落孙山"表示考试未被录取。红勒帛：《梦溪笔谈·人事》：欧阳修讨厌刘几写的用语险怪的文章，一次欧阳修主考时，看见一份卷上写"天地轧，万物茁，圣人发。"判定必为刘几所写，欧阳修为续上"秀才刺，试官刷"，又用大朱笔横抹试卷，批上"大纰缪"三字。这就是"红勒帛"。后用"红勒帛"表示考试未中。

英雄人吾彀，唐太宗喜得佳士；

桃李属春官，刘禹锡贺得门生。

【译文】 天下的英雄都进入我的范围，这是唐太宗通过科举考试得到人才心情愉悦时说的话；满园桃李都归于礼部春官的名下，这是刘禹锡祝贺考试放榜，收了得意门生时做的诗句"一日声名遍天下，满园桃李属春官"中的话。

【注释】 英雄人吾彀(gòu)：五代王定保《唐摭言·述进士》载，太宗有次见到新录取的进士时说："天下英雄人吾彀中矣！"彀中：弓弩射程所及的范围，比喻在掌握之中。桃李：所教的学生。春官：礼部的名称。武则天曾把礼部改为春官。刘禹锡有诗："一日声名遍天下，满园桃李属春官。"

龙文鞭影

说　明

　　《龙文鞭影》，初名《蒙养故事》。从书名便可以看出编纂者的意图，是把这本书作为蒙学教育的教材。龙文，传说中一匹骏马的名字，它不用鞭策，只要看见鞭子的影子，就奔驰、腾跃起来。这是编纂者勉励青少年借助此书的帮助脱颖而出。

　　本书编撰者萧良有，字以占，号汉冲，明代汉阳人。他自幼聪慧异常，被人称为神童。明万历会试第一，进修撰，任国子监祭酒，在史局15年，有较高的学术造诣，有《玉堂遗稿》存世。增订者杨臣诤，明代安徽人，坊间先生，有《禹贡笔》、《礼经会元》等著作，皆不传。

　　此书成于明代中晚期，盛行于清代中叶以后，清末光绪年间又有李恩绶增删校订一次，遂成为定本，屡屡刊行。塾师常常利用正课的闲暇让儿童背诵《龙文鞭影》，"聪慧者日可数十事，迟钝者亦日可数事"，可见蒙童从此书受惠不浅。又因为书中的"字句不棘口""不似声杂无伦者之难可强记"，所以能收到"逸而功倍"的效果（以上引语出自原书杨臣诤叙、李恩绶跋）。

　　《龙文鞭影》的内容，以人物、历史掌故、各种典故为主，题材选自二十四史以及古代神话传说、小说、野史、笔记。举凡在中国历史上有影响的人、事，或在民间广为流传的材料，尽被汇集到书中。因此可以

说,《龙文鞭影》是一部故事总集。在此广采博收、选粹摘英的基础上,编纂者用精炼的四字韵语,严密地编排起来,从而使人读之朗朗上口,为青少年与成年读者所喜闻乐见。因此又可以说,《龙文鞭影》是一部典故辞典。全书正编共包括四卷 30 韵近 1100 个条目,如此大容量、精组织的结构,在一定程度上集中体现了中国古老文化的优良传统。我们把这部书整理、出版,正是出于对其所包容的文化价值、史学价值,和它对于启蒙教育、普及民族历史文化常识作用的考虑。

　　本书在整理、注释过程中,依据通行本为底本,也参阅近人的一些解说。对原文中有一些错误的地方,已尽力参校正史、信本加以改正。编撰者有时出于对韵律的考虑,不惜重复,比如"李白骑驴""贾岛推敲"之类的人事都不只出现过一次,但是避免伤筋动骨,注释者无法进行删改。当然更有大量的内容,从史的方面看来未必信,从文的方面看来未必雅,从选取材料来看未必典型和有意义,对于这些,请读者审慎分辨。

一 东

粗成四字,海尔童蒙;
经书暇日,子史须通。

经:指《五经》,或《六经》,或《十三经》。书:指《四书》,包括《大学》《中庸》《论语》《孟子》。经书暇日:攻读经书之余暇。子史须通:也要把子、史弄通。子:指子部著作,如老子、庄子、墨子、荀子、列子等的著述。史:指史部著作,如"春秋三传"、《史记》、《汉书》、《廿五史》和《资治通鉴》等。

重华大孝

(见《史记·五帝本纪》)

重(chóng)华:即舜。相传舜的生母死后,其父又娶。父与后母偏爱后母之子,虐待舜,曾让他修仓凿井,想纵火下石害死他。他不但不怨恨,而且极尽子道,孝敬父母。因贤名远扬,所居之民多随之。尧举使摄政。

武穆精忠

(见《宋史·岳飞传》)

武穆:指岳飞。飞字鹏举,河南汤阴人,宋抗金名将。相传其母在他背上刺字"精忠报国"以激励他。

尧眉八彩

(见《宋书·符瑞志》)

传说尧母名庆都,年十八(一说二十九)未嫁。一天在黄河边看见一条赤龙背着张图画,图中画着一人,穿红衣,有红须,眉呈八彩。后来庆都怀孕14个月生下尧,尧的长相正和图中人一样,眉间也有八色。

舜目重瞳

重瞳(chóng tóng):一只眼球有两个瞳仁。《史记·项羽本纪》:太史公曰:"吾闻之周生曰:'舜目盖重瞳子'。又闻项羽亦重瞳子,羽岂其苗裔耶?"苗裔:后代。

商王祷雨

(见《荀子·大略》)

商王:指成汤,殷商的建立者。汤即天子位后,国内一连七年旱。太史占之,认为要用活人向上天献祭以求雨。汤不同意,他剪下自己的头发,砍断自己的手指,在桑林向上天求雨。他自责地说:"是政事不俭吗?民失其职守吗?宫殿太高了吗?宫女越位弄权了吗?贪污贿赂盛行吗？谗佞之人多了吗？"话刚说完，天降大雨。

汉祖歌风

（见《史记·高祖本纪》）

汉祖：指汉高祖刘邦。风：指《大风歌》，汉十二年（公元前195年），刘邦还乡，在沛宫举行盛大酒宴款待乡亲。酒酣，刘邦自己敲起了筑（一种乐器），吟出一首《大风歌》："大风起兮云飞扬，威加海内兮归故乡，安得猛士兮守四方。"雄浑、悲凉，流露了事业成就的踌躇满志，对国家前途命运的忧虑和一种深深的生之迷惘。

秀巡河北

（见《后汉书·光武帝纪》）

秀：汉光武帝刘秀。王莽末年，农民起义爆发，刘秀乘机起兵，活动于河北一带。他以恢复汉室为号召，取得中下层官僚、地主的支持，镇压收编了农民队伍，削平各地割据势力，统一了全国，建立了东汉政权。

策据江东

（见《三国志·孙策传》）

策：孙策。孙策少有大志，18岁与周瑜定计渡江收复群盗。其父孙坚被刘表部将黄祖射杀后，他依附袁术，收编孙坚残部，渡江转战，封吴侯，遂定江东之地，建立了孙氏政权。建安八年（200

年）遇刺死。

太宗怀鹞

（见《太平御览·羽族部》引《唐书》）

太宗：唐太宗李世民。在位23年，社会安定，经济繁荣，军事强盛，史称"贞观之治"。魏征为谏议大夫，以勇于犯颜直谏闻名。李世民酷爱一只鹞，一次正持鹞玩赏，恰好魏征来，便慌忙把鹞藏在怀里，怕魏征责备他玩物丧志。魏征却已瞧见，便故意拖延奏事时间。及他汇报完毕出去，鹞已在李世民怀中闷死了。

桓典乘骢

（见《后汉书·桓典传》）

桓典：汉灵帝时侍御史，执法不避权势。他常乘骢马（骢：cōng，青白色相杂的马）出行，因此京师权贵流传着"行行且止，避骢马御史"的说法。后世有以"骢马"代"御史"的用法。

嘉宾赋雪

（见谢惠连《雪赋》）

司马相如（汉代著名辞赋家）雪天到梁孝王的宫苑中去，参加有枚乘、邹阳等著名辞赋家饮酒赋歌的盛会。席间司马相如奋笔疾书，顷刻便完成了《积雪之歌》《白雪之歌》等作品。众人无不叹服。枚乘为其作品写了"乱辞（结束语）"。

圣祖吟虹

（见《明诗纪事》）

圣祖：明太祖朱元璋。一次朱元璋微服出行，遇到平民彭友信。朱元璋口占两句诗："谁把青红线两条，和风甘雨系天腰？"命彭友信续之。彭应声续道："玉皇昨夜銮舆出，万里长空架彩桥。"朱元璋大喜，第二天便封彭友信为布政使。

邺仙秋水

（见《唐书·李泌传》）

邺仙：指李泌。李泌七岁能文，张九龄称他为"小友"，贺知章夸他："这孩子目如秋水，必拜卿相。"唐玄宗召试禁中，命他和张说观棋。张说为了试他的才能，就说："方若棋局，圆若棋子，动若棋生，静若棋死。"李泌应声答道："方若行义，圆若用智，动若骋才，静若遂意。"张说认为他是神童，李泌后被封邺侯，常游嵩、华、终南山，求神仙不死之术，人称为"邺仙"。

宣圣春风

（见《尚友录》）

宣圣：指孔子。孔子是中国古代伟大的思想家、教育家。孔子有个弟子叫颜渊，具有很优异的德行，孔子称赞他能"三月不违仁"。汉武帝曾问东方朔："孔子、颜渊的道德谁更高呢？"东方朔答道："颜渊如桂馨（香）一山，孔子如春

风，至则万物生。"

恺崇斗富

（见《世说新语·汰侈篇》）

恺：指王恺。王恺是国戚，官至龙骧将军，散骑常侍。性豪奢，日用无度。崇：指石崇。石崇常与王恺斗富，王恺以糖渧锅，石崇以蜡代薪；王恺作紫丝步帐四十里，石崇作锦布帐五十里。晋武帝为帮助王恺夸富，赐珊瑚树高二尺。石崇用铁如意将其击碎，王恺十分生气，石崇说："不足恨，今还卿！"让人取出许多珊瑚树，高三四尺，条干绝世，光彩溢目者六七株。王恺自惭不如。

浑浚争功

（见《晋书·王浑传·王浚传》）

浑：王浑。浚（jùn）：王浚。二人皆为西晋大将。咸宁五年（279年）王浑击败吴军，但迟迟不敢渡江。王浚则于次年攻克武昌，烧断吴军锁江的铁链，直取建康，接受吴主孙皓的投降。第二天王浑渡江，却表奏王浚不受节制及其它罪状，为时人讥笑。

王伦使卤

（见《宋史·王伦传》）

卤（lǔ）：通"虏"。宋高宗建炎元年（1127年），王伦出使金国，被扣留至绍兴二年（1132年）放还。绍兴七年第二次使金，次年携金使回临安，约定和议。绍兴

九年第三次赴金,被兀术扣留,不屈死。

魏绛和戎

(见《左传》)

春秋时晋国大夫。戎狄侵晋,悼公欲伐之。魏绛主和,陈说和戎有五利,晋乃与西戎诸部结盟。晋从此国势日振,八年之中,九会诸侯,成就霸业。

恂留河内

(见《后汉书·寇恂传》)

恂:寇恂。河内:今河南省黄河以北地,旧称河内。刘秀北征时,邓禹举荐寇恂留守河内。敌将苏茂来攻,寇恂大破之,刘秀喜道:"我知道子翼(寇恂)可以委以重任了。"拜恂为颍川太守,后封雍奴侯,邑万户。

何守关中

(见《史记·萧相国世家》)

何:指萧何。关中:指函谷关以西秦川地。萧何辅佐刘邦。楚汉战争中,萧何以丞相身份留守关中,为刘邦输送士卒粮饷,并为刘邦举荐了韩信为大将。天下既定,以萧何功劳最大,封酂侯。

曾除丁谓

(见《宋史·王曾传》)

曾:指王曾。丁谓:宋真宗宰相,与王钦若、林特、陈彭年、刘承珪狼狈为奸,时人称"五鬼"。京师百姓说:"欲得

天下好,莫如召寇老(寇准,北宋名相);欲得天下宁,拔去眼前丁。"仁宗即位,王曾为相,贬丁谓为崖州司户参军,死于光州,人皆称快。

皓折贾充

(见《三国志·吴书·孙皓传》卢弼集解)

皓:指孙皓,吴末帝。贾充:西晋大臣。贾充在曹魏时曾任要职,参与杀害魏帝曹髦,协助司马氏篡魏。孙皓降晋,拜见晋武帝时,贾充问孙皓:"你挖人眼,剥人面皮,这是些什么刑罚?"孙皓回答:"臣下弑(shì)君,奸邪不忠的人,该受这种刑罚。"贾充无地自容。

田骄贫贱

(见《庄子·田子方》《史记·魏世家》等)

田:指田子方,战国时魏人,魏文侯之师。田子方曾和太子击路上相遇,击对田很恭敬,田子方却不还礼。击发怒地说:"富贵者更有资格傲慢一些呢,还是贫穷者更有资格傲慢呢?"田子方答道:"当然是贫穷者更有资格,富贵者怎么敢对人傲慢呢?国君傲慢就会亡国,大夫傲慢就会灭家。贫穷的人如果不被主人任用,行为不合,可以拔腿就走,到哪里会保持不住贫穷呢?"

赵别雌雄

(见《汉书》)

赵:指赵温,东汉人。赵温有雄心大

志,但仅被任命为长安京兆丞。他叹息道:"大丈夫应当雄飞(奋发猛进),安能雌伏(寄人篱下)!"遂弃官而去。

王戎简要

(见《晋书》)

王戎,西晋人,"竹林七贤"之一。简要:俭约。晋文帝问钟会,谁可任吏部,钟会说:"王戎简要,裴楷清通,都是合适的人选。"于是二人都被任命为吏部郎。

裴楷清通

(见前注)

清通:清明通达。

子尼名士

(见《晋书》)

子尼:指蔡克,晋代名士。王澄路过陈留郡(今开封东),问地方官吏:"此郡谁是名士?"吏答江应无、蔡子尼。王澄问."陈留作大官的人不少,为什么只提这二人呢?"吏答道:"您问的是名士,不是问官位呀!"

少逸神童

(见《宋诗纪事》)

少逸:刘少逸,北宋文人。年十一,文辞精微。他的老师潘阆带他去见名士王元之、罗思纯,呈上所作诗文。二公当即让少逸联句,以试其才。罗说:"无风烟焰直",少逸对:"有月竹阴寒";罗又说:"日移竹影侵棋局",少逸对:"风送花香入酒卮";王说:"风雨江城暮",少逸对:"波涛海寺秋";王又说:"一回酒渴思吞海",少逸应声对道:"几度诗狂欲上天"。后来朝廷听说了少逸的名声,赐他进士及第。

巨伯高谊

(见《世说新语·德行》)

巨伯:荀巨伯,汉代人。谊:义。荀巨伯远道去看望生病的朋友,正遇上有寇攻城。朋友说:"我今天就要死了,你快逃走吧。"荀说:"我专程来看你;扔下你自己逃走,是不义的。"寇攻入城后,问荀:"大军入城,所有的人都逃走了,你为何不跑?"荀说:"我不忍让重病的友人受害,愿替他死。"敌军为他的义气感动而撤走,全城获救。

许叔阴功

(见《宋史翼》《独醒杂志》)

许叔:许叔微,南宋人,医家。南宋建炎初年,瘟疫流行,许走街串巷,救治了不少人。传说他曾梦见神人对他说:"上帝因你有阴功,赐你作官。"并留下四句偈语:"药市收功,陈楼间阻。堂上呼庐,喝六作五。"后来他参加科考,以第六名登第,皇帝把他改为第五名,在陈祖言、楼林九二人之间,应验了梦中的偈语。

代雨李靖

（见《续幽怪录》）

李靖：唐人。李靖年轻时射猎山中，晚上到一大户人家借宿。夜半，一老太来，对李靖说："这里是龙宫，天符命行雨，两个龙子都不在，想麻烦你代劳。"随即命人牵来青骢马，又取一小瓶，嘱咐李靖，马鸣叫时，蘸瓶水一滴，滴到马鬃上，不可多滴。李靖想到本乡十分干旱，行雨时连滴三十余滴。雨毕，骑马归。老夫人哭道："怎么得了！本来定了滴一滴，你却滴了三十多滴。这一滴，地上就下一尺雨。你们家乡还会有人活下来吗？"

止雹王崇

（见《魏书》）

王崇：后魏人，以孝称。相传其丧父母，痛不欲生，感动天地。夏日下大冰雹，禽兽草木砸死无数，到了王崇田界，冰雹骤停，十顷豆麦丝毫无损。过了王崇田界，雹势如初。

和凝衣钵

和凝：五代人。梁贞明二年（916年）举进士，名第十三。后他知贡举，选范质为进士，亦名居十三。和凝对人说：范质能继承老夫衣钵。后来范质所作官职果然都与和凝相同。范作诗说："从此庙堂添故事，登庸衣钵亦相传。"衣钵：原指僧人袈裟和饭碗，后喻老师的学问技能。

仁杰药笼

（见《旧唐书·元行冲传》）

仁杰：狄仁杰，唐宰相。一次，元行冲对狄说："您门下宾客如美味佳肴，我愿做药一味，在您门下备用，可以吗？"狄说："你是我药笼中不可或缺的药呀！"后人以"药笼中物"喻预先储备的人材。

义伦清节

（见《尚友录》）

义伦：沈义伦，北宋人，为官清正廉洁。初为四川转运使，随军入蜀，独居寺院，粗茶淡饭。有献佳肴珍宝者，一律不收。后入朝，箱中仅有数卷图书而已。

展获和风

（见《列女传》《孟子·万章下》）

展获：即柳下惠，春秋时鲁国贤大夫。去世后，门人要写悼词，他的妻子认为自己最了解其为人，便为其写悼词，并在悼词中说他待人温和诚信，蒙耻救民等，称得上"惠"字。

占风令尹

（见《史记·老子韩非列传）

尹：尹喜，周人。相传尹为函谷关令时，望见紫气东来，占风而知有神仙过，不久老子果然骑青牛过来。老子传给尹喜炼气内修吐纳之法，又授他《道德经》

五千言。

辨日儿童
（见《列子·汤问》）

孔子东游，见两个小孩在争论，就问争论什么。一个孩子说："我认为太阳初出时离人近，因为它大如车盖；中午则离人远，因为它小如盘。"另一个孩子说："我认为刚好相反，因为早晨的太阳没有多少热量，而到中午则滚烫滚烫的。"孔子听了也无法决断。

敝履东郭
（见《史记·滑稽列传》）

东郭先生：西汉人，被曹参引为上宾。东郭先生贫困饥寒，衣履不全，行走雪中，因为鞋无底而赤脚踏地。别人都笑他，他却不以为意。

粗服张融
（见《南齐书》）

张融，仕于齐。性清俭。齐高帝曾送给他一套衣服，说："见你穿粗衣，虽是节俭，却有损朝廷声望。今送你一身旧衣，虽旧胜新。衣服是我穿过的，已按你的身材重新剪裁过了。"

卢杞除患
（见《新唐书·奸臣下》）

卢杞，唐人。卢杞为虢（guó）州刺史时向皇帝奏言："虢州有 3000 头官猪，成为民患。"皇帝命赶到外州去。卢杞又说："外州也是陛下的臣子呀！还是就地杀吃了好。"皇帝说："人说卢杞奸邪，我看不出来。"李泌说："这正是卢杞最奸邪的地方呀！"

彭宠言功
（见《后汉书·彭宠传》）

彭宠：东汉人。有功，欲望甚高，并发兵谋反。幽州牧朱浮给他写了一信："辽东有猪，生白头仔，主人要献给皇上，行至河东，见一群白猪，怀惭而归。你的功劳在朝中和人相比，像辽东猪一样。你和天子为敌，是用捧土去堵黄河，不自量力！"彭宠益怒，攻下蓟城，自称燕王。不久被部下杀死。

放歌渔者
（见《尚友录》）

一渔翁在楚江钓鱼，钓到鱼就去换酒喝，一边放声歌唱。崔铉就问他："你是隐士吗？"渔翁答道："姜子牙、严子陵才是借钓鱼而钓名的隐士呢！"头也不回地走了。

鼓枻诗翁
（见《夷坚志》）

枻（yì）：船桨。宋卓彦过洞庭，见一老翁月下泛舟，就问："有鱼吗？"老翁答道："没有鱼倒有诗。"用桨敲着船舷唱道："八十沧浪一老翁，芦花江上水连空。世间多少乘除事，良夜月明收钓筒。"问他姓名，老翁不答而去。

韦文朱武

（见《晋书》）

韦文：韦逞母有文化修养，为苻坚臣一百二十人隔纱帐讲授《周官》《礼仪》，号宣文君。

朱武：朱序母深通军事，苻坚攻打襄阳时，朱母登城察看敌情后说："城西北角当先受敌。"率百余名婢女和城中女子在西北角筑墙二十多丈。苻坚兵久攻不下而退，号夫人城。

阳孝尊忠

（见《汉书·王尊传》）

阳：王阳；尊：王尊。汉代王阳为益州刺史，行至邛崃（qióng lái）九折坂，道路崎岖险峻。王阳说："奉先人遗体，怎么可以走这种路？"返车而回。王尊接任，又到九折坂，问："这不是王阳害怕的地方吗？"催人奋力前行，赶去赴任。世人称王阳为孝子，王尊为忠臣。

倚闾贾母

（见《战国策·齐策》）

闾（lǘ）：门。战国时，齐闵王被楚将淖齿杀死，太子法章隐匿。王孙贾年十五，事闵王，闵王死，他便回家了。他母亲责备他："你早出晚归，我倚门而望；你晚上出去，我倚里门而望。你今事奉国王，国家有事，你回家干什么呢？"王孙贾转身到城里，大喊：淖齿祸乱齐国，欲跟我杀他的人，请袒露右臂。从者400人，终于杀死淖齿，迎立太子为齐王。后以"倚门倚闾"形容母亲盼子心切。

投阁扬雄

（见《汉书·扬雄传》）

扬雄：西汉文学家。王莽当政时，扬雄校书天禄阁。刘芬从其学，后犯罪。扬雄听到消息，害怕连累自己，就从阁上跳下去，差点儿摔死。

梁姬值虎

（见《鹤林玉露》）

梁姬：梁红玉。初为京口歌伎，五更入府，见一虎卧廊下。过了些时候再去看，却是一小卒睡在那里，摇醒问其姓名，叫韩世忠。梁母认定韩世忠将来定是贵人，便把梁红玉嫁给了他。

冯后当熊

（见《汉书·外戚传下》）

一天，汉元帝同傅、冯二妃在御园里观兽，突然一只熊跑过来，傅妃吓得躲起来，冯妃却跑上去挡住熊。事后，冯妃更得皇帝宠幸。

罗敷陌上

（见《陌上桑》）

采桑女罗敷年青貌美，当一个太守

过来调戏她时,她盛夸夫婿,严辞拒绝太守,表现出坚贞的品质和她的聪明机智。

通德宫中

(见《赵飞燕外传》)

通德:樊通德,西汉成帝时伶人玄之妾,赵飞燕的使女。她常给玄讲赵飞燕的事情,玄说:"这都不过是一时的繁华,人们穷奢极欲,岂知谁都要变作荒田野草啊!"通德听了,凄然泪下。

二　冬

汉称七制

(见《小学绀珠》)

隋朝王通以"七制"评价汉代七个有作为的皇帝。

唐羡三宗

(见《新唐书·太宗纪赞》)

史家有"唐羡三宗"说,认为唐皇帝之太宗、玄宗、宪宗功业最为显赫。

杲卿断舌

(见《新唐书·颜杲卿传》)

杲(gǎo)卿:颜杲卿,唐人,玄宗时常山太守。天宝十四载(755年)起兵讨伐安禄山,次年常山为史思明攻破,颜杲卿被缚安禄山处,他骂贼不已,被肢解断舌,喷血而死。

高祖伤胸

(见《史记·项羽本纪》)

高祖:刘邦。楚汉战争,汉四年(前203年),刘邦与项羽战于河南文武。刘邦于阵前列项羽十大罪状,项羽大怒,伏弩射中刘邦胸部,为稳定军心,刘邦佯装摸脚部,镇定地说:"敌人射伤了我的脚趾。"

魏公切直

(见《宋史·韩琦传》)

魏公:韩琦,宋魏国公。切直:直率刚烈。韩历事三朝,于大事不避危疑,敢说敢做。

师德宽容

(见《新唐书·娄师德传》)

师德:娄师德,武则天宰相。为人深沉,宽容大度。其弟守代州,临行前师德反复嘱其要宽容。弟说:"有人把痰唾到我脸上,我自己揩掉就是了。"师德说:"不行,那还表示你不高兴,应该等它自己干掉。"师德曾荐狄仁杰为宰相,而狄却排挤他,武则天拿出荐书给狄看。狄退而叹道:"娄公盛德,我受了他的恩德却不知道,太不如他了。"

祢衡一鹗

(见《后汉书·文苑·祢衡传》)

祢(mí)衡:汉末人。鹗(è):猛禽。孔融爱惜祢衡的才华,上曹操《荐祢衡表》说："鸷鸟累百，不如一鹗；使衡立朝，必有可观。"但祢却称有狂疾，不愿见曹。曹召祢为鼓吏，让他穿鼓吏衣服，想羞辱他。祢衡当众更衣，击鼓骂曹。曹操想杀之，又恐担害贤之名，就把祢送到刘表处，刘表又送给黄祖。祢衡终被黄祖杀害。

路斯九龙

传说，唐时宣城令张路斯夫人石氏生九子，张尝钓于焦氏台，回家后又湿又冷。夫人问他。他说："我本是龙，六安县郑祥远也是龙。今天与我争钓鱼宝殿，明天决战，让九个儿子为我助战，我率绛色兵，郑率青衣兵。"第二天，绛衣兵胜，九个儿子化龙而去。

纯仁助麦

（见《尚友录》）

纯仁：范纯仁，范仲淹次子。有一次纯仁运五百斛(hù)小麦回家。船泊丹阳，遇诗人石曼卿。石说："家中连有三起丧事，无钱安葬。"范就把麦子全送给了石。石又说两个女儿待嫁，无钱办嫁妆，范就把船也送给了石。回家后向父亲汇报，话没说完，仲淹就说："你做的和我想的完全相符呀！"

丁固梦松

（见《三国志·吴书·孙皓传》注）

丁固：三国吴人。曾梦松生其腹上，

对人说："松字十八公，18年后我会位列公卿吗？"后来真应验了。后世用"丁固梦"谓宦途荣达。

韩琦芍药

（见《宋人轶事汇编》）

宋时江都芍药32种，名金带围的最难得。韩琦为郡守时，金带围偶开四枝，这时下属王珪、王安石、陈升之来拜见，韩琦即命人设宴花下，每人带一朵金带围。后来四人相继拜相，应了花的祥瑞。

固言芙蓉

（见段成式《酉阳杂俎》）

李固：唐人。李固遇一老太，对他说："你明年芙蓉镜下及第。"第二年，李果中状元，试卷中有"人镜芙蓉"之语。老太乃金天神。

乐羊七载

（见《后汉书·列女传》）

乐羊子出外求学，一年而归，妻问其故，乐说："在外常想家。"妻子就拿着剪刀到织机前，说："这织物来自蚕茧，一根根抽成丝，一丝丝一寸寸织成成丈成匹的布。学习也只有不半途而废，才会有所成呀！如果此时剪断布匹，就难以成为丈匹了。"乐羊子很受启发，立即回去求学，七年后学成而归。

方朔三冬

（见《汉书·东方朔传》）

方朔：东方朔，汉武帝时名臣。在上皇帝书中说："臣朔少失父母，长养兄嫂。年十二学书，三冬文史足用；十五学击剑，十六学诗书，诵二十二万言。十九学孙吴兵法，战阵之具，钲鼓之教，亦诵二十二万言……"

郊祁并第

（见《宋史》）

郊：宋郊；祁：宋祁。二人兄弟，同举进士，宋祁试礼部第一名，太后以弟不可以先兄，改宋郊为第一。祁即"红杏枝头春意闹"词的作者，被称为"红杏尚书"。

谭尚相攻

谭：袁谭；尚：袁尚。皆袁绍之子。袁绍死后，谭、尚兄弟自相攻杀。

陶违雾豹

（见《列女传》）

陶：陶答子，周人。治陶三年，毫无政绩，却家富三倍。妻子劝他："才疏官高，无功家富，都是祸害。南山有豹，在大雾中隐居七个月而不下山觅食，为了润泽皮毛长成斑纹，所以藏身避害。猪不择食，肥壮而死。你要注意呀！"陶不听劝告，反把妻子休了。一年后，陶被诛，母年迈免死，陶妻又返回家中，供养婆母天年。

韩比云龙

韩：韩愈。在《醉留东野》诗中，韩把自己和孟郊比作云和龙，表示他对孟郊的倾慕。

洗儿妃子

（见《资治通鉴纲目》）

唐玄宗宠信安禄山。安生日，唐玄宗、杨贵妃赐厚礼，三日后，召入宫中，杨贵妃以锦绣裹安，使宫人以彩轿抬着，名为洗儿，玄宗赐杨贵妃洗儿银钱，又厚赏安禄山，尽欢而罢。从此安禄山出入宫禁无所顾忌。

校士昭容

（见《嘉话录》等）

昭容：此指唐代上官婉儿。传说其母怀孕时，梦巨人给她一杆大秤，说："用它秤量天下文士。"后婉儿人宫，为武则天掌诏命。

彩鸾书韵

（见《尚友录》）

彩鸾：吴彩鸾，晋人。从丁秀英学道，嫁给文箫。文家贫，彩鸾每日写韵书一部，卖钱度日，十年之后，双双往吴越王山，乘虎升天。

琴操参宗

（见《类林杂俎》）

琴操：宋时杭州歌伎。参宗：参悟禅意。琴操在西湖被苏轼点拨悟禅，削发为尼。

三　江

古帝凤阁

（见《太平御览》《尚书·中侯》）

古帝：黄帝。黄帝问凤象于天老，天老说："凤出东方君子的国家，翱翔于四海之外，它的出现，说明天下太平。"黄帝便在殿中斋戒，凤凰遮日而来，落在梧桐树上，食竹实。

刺史鸡窗

（见《幽明录》）

刺史：宋处宗，晋代人。他曾得一长鸣鸡，养在窗前，一天鸡忽作人语，与宋谈论，很有玄妙之处。宋从此玄学大进。时人称鸡为"窗禽"。

亡秦胡亥

（事见《史记·秦本纪》）

胡亥：秦始皇次子，相传秦始皇时有符谶说："亡秦者胡也。"后胡亥统治期间陈胜、吴广首义，秦亡。

兴汉刘邦

（见《史记·高祖本纪》）

汉高祖刘邦击败项羽，建立汉朝。

戴生独步

（见《后汉书·逸民传》）

戴生：戴良，东汉人。议论恢宏，不同流俗。有人问他："天下有谁可与你相比呢？"他说："我如孔丘长东鲁，大禹出西羌，独步天下，谁与为偶？"

许子无双

（见《后汉书·儒林列传》）

许子：许慎，东汉人。《说文解字》作者。时人有"五经无双许叔重（慎）"之誉。

柳眠汉苑

（见《三辅故事》）

其中说："汉苑有柳，状如人，号曰人柳，一日三眠三起。"人柳，即柽柳。

枫落吴江

（见《新唐书·崔信明传》）

崔信明自矜其诗文。一次郑世翼问他："听说你有'枫落吴江冷'诗句，可以拜读别的诗篇吗？"崔高兴地拿出自己的许多诗篇，郑没看完就说："真是所见不如所闻啊！"将诗稿投于水中，摇船而去。后世用"枫落句"称诗文警句。

四 支

王良策马

（见《淮南子·览冥训》《史记·天官书》）

王良：古之善御者，又演化为呈名。

傅说骑箕

（见《庄子·大宗师》）

傅说(yuè)：商代贤相。传说傅说升天，成为跨于东维、箕尾之间的傅说星。后世多以"骑箕尾"指人臣死亡。

伏羲画卦

伏羲：中国上古神话中的人类始祖。卦：八卦，乾、坤、震、巽、坎、离、艮、兑。相传为伏羲所制。

宣父删诗

（见《史记·孔子世家》）

宣父：孔子。按此说，《诗》为孔子删定。

高逢白帝

（见《史记·高祖本纪》）

高：刘邦。刘邦夜行泽中，有大白蛇当道，便拔剑斩之。后人过此地，见一老妪哭，说："我儿，是白帝子，化为蛇，被赤帝所杀。"后人告诉刘邦，刘邦更加自负，跟从的人也更加敬畏他。

禹梦玄彝

禹继承父业治水，来到衡山，杀白马祭神。夜梦一纹身人自称玄彝，为苍水使者，说："欲得我简书，斋于黄帝之宫。"禹斋戒三日，得到金简玉牒，知道治水要旨。

寅陈七策

（见《宋史·儒林·胡寅传》）

寅：胡寅，宋人。金人南侵，胡向高宗上千言书，进七条策略，力主北伐，反对议和。遭秦桧、吕颐浩等主和派的排挤。

光进五规

（见《宋史·司马光传》）

光：司马光，宋宰相。仁宗时，上奏书三札，进谏五规："保业、惜时、远谋、谨微、务实。"

鲁恭三异

（见《汉书·鲁恭传》）

鲁恭：东汉人，汉章帝时，鲁为中牟令。当时全郡蝗灾，独中牟未受其害。河南尹袁安派人到中牟察访。来人与鲁在桑树下休息，见野鸡从儿童身边过去，来人问："为什么不抓它呢？"儿童说："野鸡将要孵化小鸡了。"来人临走时对鲁恭说："虫不入境、化及禽兽、童子有仁心：三异也。"还报袁安，举荐鲁恭。

中华蒙学精华

杨震四知

（见《后汉书·杨震传》）

杨震：东汉人。杨震路过昌邑，他举荐的王密在此任职，夜间怀十金来献。杨说："我了解你，你却不了解我。"王说："深夜没人知道。"杨说："天知、神知、你知、我知，怎么说没人知道呢？"王羞惭而退。

邓攸弃子

（见《晋书·邓攸传》）

邓攸：晋人。邓担着儿子和侄子逃永嘉之乱，路遇贼兵，料不能两全，乃弃子携侄逃。邓弃子后，再无子嗣，时人为之鸣不平："天道无知，使邓伯道（攸）无儿。"

郭巨埋儿

（见《搜神记》）

郭巨：晋人。家贫，事母至孝，为节约粮食打算埋了儿子。掘地三尺，见黄金一釜，上面丹书曰："天赐孝子郭巨，官不得夺，人不得取。"

公瑜嫁婢

（见《东轩笔录》）

公瑜：钟离瑾，字公瑜，宋人。钟将嫁女，买一婢，乃前任县令女。钟又办一套嫁妆，同自己的女儿一块打发出嫁了。夜里他梦见一个绿衣男子来道谢："已向上帝请示，赐你十郡太守，让你子

孙世代受禄。"

处道还姬

（见《本事诗·情感》）

处道：杨素，隋人。陈亡前，陈太子舍人徐德言与妻子乐昌公主破镜为二，各持其一，以为日后相见的凭证。后乐昌公主为杨素所得。杨素知道了徐德言二人情事，深为同情，便把乐昌公主还给了徐。后世用"破镜重圆"喻夫妻离散后的重新团聚。

允诛董卓

（见《后汉书·王允传》）

允：王允，东汉人。董卓：东汉奸臣。王任司徒时，董卓擅权，专横残暴。王佯装依附董卓，而暗结吕布，密谋诛杀了董卓。

玠杀王夔

（见《宋史·余玠传》）

玠：余玠，南宋人，理宗时任四川安抚处置使，司吏都统王夔（kuí）凶悍残忍，不受节制，百姓深受其害，余玠与亲将杨成定计，让杨代领王部下，召王议事，即斩之。

石虔趫捷

（事见《晋书·桓彝传》）

石虔：桓石虔，晋人，勇力过人，随伯父去围猎，一只猛虎中箭伏地，诸将

让石虔去拔箭。拔一箭，猛虎负痛跳，石虔也跳，比虎跳得还高；虎伏下，石虔又拔一箭。桓冲与苻坚大战兵败被围，石虔跃马横刀，在千军万马中救出桓冲。据说有人生虐疾，一听"石虔来了"，病都吓好了。

朱亥雄奇

（见《史记·魏公子列传》）

朱亥：战国魏勇士。秦围赵之邯郸，晋鄙率魏兵往救而不敢遽进。信陵君窃得兵符，晋鄙打算不把兵权移交信陵君，朱亥掏出袖中四十斤的铁锤，击杀晋鄙，遂救赵。

平叔傅粉

（见《世说新语·容止》）

平叔：何晏，三国魏人，面皮白嫩，人称"傅粉何郎。"魏明帝以为他真搽了粉，在大热天给他热汤饼吃。吃着，何晏大汗淋漓，撩起红衣擦脸，脸色更加光洁。

弘治凝脂

（见《世说新语·容止》）

弘治：杜乂(yì)，晋人，面目俊美。王羲之夸道："面如凝脂，眼如点漆，神仙中人也。"

伯俞泣杖

（见《说苑》）

伯俞：韩伯俞，汉代人，至孝。有一次做错了事，母亲杖责他，他痛哭不止。母亲说："从前多次杖责，都不曾哭，这次为何哭了？"韩答："从前儿都痛，知道母亲健康；这次不痛了，知道母亲年迈力衰，为此痛哭啊！"

墨翟悲丝

（见《墨子·所染第三》）

墨翟(dí)：墨子。他看见染丝的人，曾叹道："染于苍则苍，染于黄则黄，五人则为五色，不可不慎啊！非独染丝，治国亦然。"

能文曹植

（见《世说新语·文学》）

曹植：三国魏人，10岁能文，才敏七步，时人目为："绣虎。"谢灵运曾说："天下才共一石(dàn)，曹子建(植)已得八斗。"

善辩张仪

（见《史记·张仪列传》）

张仪：战国魏人，事秦。相传他曾陪楚宰相饮酒，被诬偷了玉璧，打得死去活来，回家后问妻子："我舌头是否还在？"答："在。"他说："只要舌在，就可以善辩。"

温公警枕

（见《尚友录》）

温公：司马光。他读书刻苦，担心夜

间熟睡耽误了读书，就用一圆木为枕，圆木一滚动，他就醒来，继续读书。

董子下帷

（见《史记·儒林列传》）

董子：董仲舒。古文经学大师，汉景帝时为博士，在室内放下帷幕讲授，三年不出门窥园，学士皆师尊之。

会书张旭

（见《旧唐书·张旭传》）

张旭：唐代著名书法家，善草书，时人称为"张颠""草圣"。

善画王维

王维：盛唐山水田园派杰出诗人，兼擅音乐、绘画，苏轼称其"诗中有画，画中有诗"，明董其昌推为南宗之祖，"文人之画，自右丞（王维）始。"

周兄无慧

（见《左传·成公十八年》）

周：晋悼公名周子。晋臣杀死晋厉公，而迎立十四岁的周子为国君。周子有兄，不能辨菽麦，故不立。

济叔不痴

（见《晋书·王湛传》）

济：王济，晋人。其叔王湛，少时有识度，少言语，雅抱隐德，人以为痴。王济去看他，见案头置《周易》，与之谈，则剖析入微；又与之乘马，驰骋步骤，不亚于济。济叹道："家有名士，三十年而不知！"

杜畿国士

（见《三国志·魏书·杜畿传注》）

杜畿（jī）：三国魏人，从荆州回许昌，拜见侍中耿纪，交谈终夜。荀彧隔墙听见，很惊佩，次日晨对耿说："有国士而不单荐，是渎职啊！"荐杜于曹操。

郭泰人师

（见《后汉书·郭泰传》）

郭泰：东汉人，绝意仕途，居家教授，弟子数千人。及死，蔡邕撰碑文，对卢植说："我为人写碑文很多了，但大多人是称不上的，只有郭泰可以无愧地受我称颂啊。"

程颐传易

（见《宋史·道学·程颐传》）

程颐：北宋理学家，著有《易传》《春秋传》等。

觉范论诗

觉范：宋僧人，善论诗，其弟名超然也善论诗，极风趣。一次，超然论诗说："诗贵得于天趣。"觉范说："何以识其天趣？"超然说："能知萧何所以识韩信，则天趣可识矣。"

董昭救蚁

(见《三国志》)

董昭:三国魏人。董昭渡钱塘江,见江中一苇上浮着一只惶恐不安的大蚂蚁,就把芦苇拉到岸上。晚上得了一梦,一黑衣人说:"我是蚁王,为你所救。今后倘有难,可告诉我,一定相救。"后董昭被诬告下余杭狱,便通过两个小蚂蚁把冤情告诉了蚁王,蚁王派大队蚂蚁咬断刑械,挖掘洞穴,救出了董昭。

毛宝放龟

(见《晋书·毛宝传》)

毛宝:晋人。在武昌,军人有买一白龟者,渐养大,放回江中。后军人战败投江,忽觉堕一石上,视之乃从前放生的白龟。

乘风宗悫

(见《宋书·宗悫传》)

宗悫(què):南朝宋人。少时,叔父问其志向,他回答说:"愿乘长风破万里浪。"

立雪杨时

(见《宋史·杨时传》)

杨时,北宋人。四十岁时去拜见老师程颐,程瞑目而坐,杨不敢打扰,侍立门外。待程醒来,门外雪已积了一尺厚,杨时仍然侍立在那儿。"程门之雪"后世用为尊师重道的典故。

阮籍青眼

(见《晋书·阮籍传》)

阮籍:三国魏人"竹林七贤"之一。才藻艳逸,倜傥不羁。与人相处,情意相投者,便青眼相迎;见俗者,便以白眼相对。

马良白眉

(见《三国志·蜀志·马良传》)

马良兄弟五人,并有才名。马良眉际有白毫,乡里谚曰:"马氏五常,白眉最良。"后为刘备所用。

韩子孤愤

(见《史记·韩非列传》)

韩子:韩非。曾建议韩王变法图强,不被用,乃著《孤愤》《说难》等十余万言。为秦王所赏识。

梁鸿五噫

(见《后汉书·梁鸿传》)

梁鸿:东汉人,作《五噫歌》讽刺皇帝侈丽:"陟彼北芒兮,噫!顾览帝京兮,噫!辽辽未决兮,噫!宫室崔嵬兮,噫!人之劬(qú)劳兮,噫!"与妻孟光恩爱,举案齐眉。

钱昆嗜蟹

(见《东都事略·钱昆传》)

钱昆:北宋人,爱吃螃蟹,想离京外任,问他想去哪里,他说:"但得到有螃蟹无通制(官名)处可矣。"

286

崔谌乞麋

（见《北史·李涂传附李绘》）

崔谌：北齐人，巧取豪夺，曾向李绘乞求麋角、鸽羽，李不从，说："鸽有六羽，飞则冲天；麋有四足，走便人海。下官手足迟钝，不能追捕飞禽走兽，所以无法取媚于人。"

隐之卖犬

（见《晋书·良吏传》）

吴隐之，晋人，为官清贫，将嫁女，无钱购置嫁妆，只好牵狗卖之。

井伯烹雌

（见《风俗通》）

井伯：百里奚，战国时秦相。与妻离散，后其妻以一首歌曲相认："百里奚，五羊皮。忆别时，烹伏雌，炊扊（yán）扅（yí，门栓）；今日富贵，忘我何为？"

枚皋敏捷

（见《汉书》）

枚皋，西汉人，才思敏捷，杨雄说："军旅之际，戎马之间，飞书驰檄则用枚皋。"司马相如则下笔稳重，故时人有："枚速马迟"的说法。

司马淹迟

（见《汉书·司马相如传》）

司马：司马相如。其为文，首尾温丽，但构思淹迟，为《子虚》《上林》，几百日而后成。杨雄说："庙廊之下，朝廷之上，高文典册，则用相如。"

祖莹称圣

（见《北史·祖莹传》）

祖莹，后魏人。八岁能通诗书，经常藏火夜读，恐为家人所觉。时号为"圣小儿"。

潘岳诚奇

（见《晋书·潘岳传》）

潘岳，西晋人，少时被目为奇童。文与陆机齐名，人称"陆才如海，潘才如江"。

紫芝眉宇

（见《新唐书·卓行·元德秀传》）

紫芝：元德秀，唐代人，品行高洁，房琯说："见紫芝眉宇，使人名利之心都尽。"

思曼风姿

（见《南史·张裕传》）

思曼：张绪，南朝齐人，谈吐风雅，听者忘饥，见者肃然如在宗庙。齐武帝曾以柳喻之："此柳风流可爱，似张绪当年时。"

毓会窃饮

（见《世说新语·言语》）

毓（yù）：钟毓；会：钟会。两人兄弟，幼时偷喝父亲的药酒。毓拜而后饮，会

饮而不拜。问他们，毓说："酒以成礼，不敢不拜。"会说："偷本非礼，所以不拜。"

谌纪成糜

谌：陈谌；纪：陈纪。两人兄弟，父陈寔。糜：粥。谌、纪在煮饭时，听父亲与客人的谈话入了迷，把饭煮成了粥。父亲问："你们听了有什么收获？"两兄弟把来客的话丝毫不差地复述了一遍。父亲高兴地说："这样的话，喝粥也很好嘛。"

韩康卖药

（见《汉书·逸民列传》）

韩康：东汉人，在长安卖药三十余年，口不二价。有一女子买药，韩守价不二。女子怒曰：公是韩伯休（康），只会不二价。"韩因而隐居霸陵山中，以避名声。

周术茹芝

周术，秦末汉初人。曾作《采芝歌》："莫莫高山，深谷逶迤；晔晔紫芝，可以疗饥。唐虞世远，吾将何归？驷马高盖，其忧甚大。富贵之畏人兮，不如贫贱之肆去。"茹：食。

刘公殿虎

（见《宋史·刘安世传》）

刘公：刘安世，北宋人。为谏议大夫，知无不言，言无不尽，皇帝发怒则执简却立，等皇帝态度稍有缓和，又近前反复进谏，满朝文武皆汗流满面，胆颤

心惊，称刘世安为"殿上虎"。

庄子涂龟

（见《庄子·秋史》）

楚王想任用庄子。庄子说："如果是一只神龟，它宁愿快快活活地住在烂泥中，也不愿死去被供奉在庙堂上。而我就宁愿生活在泥涂中啊！"

唐举善相

（见《荀子·非相》）

唐举：战国善相术者。

扁鹊名医

（事见《史记·扁鹊仓公列传》）

扁（biǎn）鹊，战国时名医。天下尽以为扁鹊能使死人复生。

韩琦焚疏

（见《石林燕语》）

韩琦为山陵使时，皇室奸佞充斥，一日近夜，有中使持帘帷御封至，韩持之久不发，忽起身用烛焚之。使者惊道："有事当别论奏，安可辄焚御笔？"韩说："这是我的事，不用牵累你，你回去后据实禀报就是了。"过了一会儿，有使者又来了，说："奉旨收回前封御旨。"韩说："已经烧了。"两个使者回去报告，皇帝叹息道："韩琦见识远，有决断。"

「中华蒙学精华」

贾岛祭诗

（见《隋唐嘉话》）

贾岛：唐诗人。贾岛赴举京师，马上得诗两句："鸟宿池边树，僧敲月下门。"敲又作推，沉吟未定，不觉冲撞了韩愈，韩问明情由，沉思片刻，说敲字更好。传说，贾岛每年除夕捡集一年所作诗，祭以美酒肉脯，说："劳我精神，以此补之。"

康侯训侄

（见《宋史·儒林·胡寅传》）

康侯：胡安国，宋人。侄胡寅，少时桀黠难制。胡安国将其禁于空阁，置杂木，寅尽刻成人形。又置书数千卷，年余，寅悉能诵。

良弼课儿

（见《延平府志》）

良弼：余良弼，宋人。课：教育。曾为诗教子："白发无凭吾老矣，青春不再汝知乎？年将弱冠非童子，学不成名岂丈夫。……"

颜狂莫及

（见《南史·颜延之传》）

颜：颜延之，南朝宋人。皇帝召见，他却在酒店中饮酒放歌，不予理睬。酒醒后才去见皇帝。性激直，言无所忌讳，时人称为"颜彪"。

山器难知

（见《世说新语·赏誉篇》）

山：山涛，西晋人。王戎评其："如璞玉浑金，人们都看重它是宝物，却难以名其器。"

懒残煨芋

（见《太平广记·懒残》）

懒残：唐僧明瓒。唐德宗派使者征召他时，他正用牛粪火煨芋吃，清涕流到胸前，劝他拭去也不理会，他说："我岂有工夫为俗人拭涕！"终未受召。

李泌烧梨

（见《太平广记·李泌》）

李泌在做辟谷绝食时，唐肃宗亲自烧梨赐给他吃。

乾椹杨沛

（见《三国志·魏书》）

杨沛：东汉人。为新郑长时，教民蓄积桑椹、野绿豆，得千余斛。曹操兵千余人断了口粮，路过新郑，杨沛命将储备的桑椹，野绿豆供给曹军。

焦饭陈遗

（见《世说新语·德行篇》）

陈遗：晋人。其母好食锅底焦饭，陈每天煮饭都积贮一些焦饭献给母亲。后遇郡乱，陈遗带几斗焦饭参战，兵败逃入山泽，很多人饿死了，陈独以焦饭得活。

文舒诚子

（见《三国志·王昶传》）

文舒：王昶（chǎng），三国魏人，性谨慎忠厚，为其侄二人起名：默、沉，为自己四子起名：浑、深、沦、湛，希望他们能深沉稳重。

安石求师

（见《初潭集·教子》引）

安石：王安石。为儿子求师，必须是博学品德高尚的名师，有人问："小儿启蒙何必那么认真？"王说："先入者为主，启蒙时十分重要。"

防年未减

（见《尚友录》）

防年：汉代人。继母陈氏杀其父，遂杀继母，被廷尉以大逆定死罪，后为武帝释放。

严武称奇

（见《新唐书·严挺之传》）

严武：唐代人。八岁时，其父严挺之虐待其母裴氏，宠爱姜玄英。严武夜里袖藏铁锤到玄英屋，趁其熟睡，将其头击碎。左右惊骇，说："是小儿游戏误杀吧！"严武说："哪有朝廷重臣宠妾而辱夫人的道理！所以我把她杀了，不是误杀。"

邓云艾艾

（见《世说新语·言语》）

邓艾，三国魏将。邓艾口吃，自称时常说："艾……艾。"晋文王戏之说："卿云艾艾，定是几艾？"邓答："'凤兮凤兮'，故是一凤。"

周曰期期

（见《史记·张丞相列传》）

周：周昌，西汉人，敢直言。刘邦欲废太子，周昌口吃盛怒说："臣口不能言，然臣期期知其不可。陛下虽欲废太子，臣期期不奉诏。"刘邦欣然而笑，太子始定。

周师猿鹤

（见《抱朴子》）

周师：周穆王的军队。周穆王南征，三军之众，一朝尽化，君子为猿为鹤，小人为虫为沙。

梁相鹓鸰

（见《庄子·秋水》）

梁相：惠施，战国宋人。鹓（yuān）：鹓鸰，传说中和凤凰同类的鸟；鸱（chī）：鸱鸮，猫头鹰。有人对惠施说："庄子要来取代你的相位了。"惠担心起来，在国中搜庄子三天三夜。庄子便自己去见惠，说："南方有鹓鸰鸟，从南海飞往北海，停于梧桐，食竹实，喝醴泉。有一只鹓鸱抓了只老鼠，以为飞过的鹓鸰来夺自己的食物了，仰头恐吓道：

'吓！'你想这么吓唬我吗？"

临洮大汉

（见《水经·河水注》）

始皇二十六年，有12巨人身着夷服，出现在临洮。于是秦国铸了12铜人以像之，各重24万斤，立于宫门之外，谓之狄人，又叫翁仲。

琼崖小儿

（事见《洞微志》）

宋朝李守忠奉使至琼州，遇杨避举，邀至其家，其父名连叔，年122岁。其祖名宋卿，年195岁。说话间屋梁鸡窝里有一小儿正往下看，宋卿说："这是我的九代祖宗，不语不食，不知其岁数，每月初一、十五取下，子孙列队叩拜。"

东阳巧对

（见《玉堂丝语·凤慧》）

东阳：李东阳，明人。幼举神童，入朝，跨不进门槛。明英宗玩笑道："神童足短。"李对："天子门高。"英宗把他抱在膝上，其父伏在阶下，皇帝说："子坐父立，礼乎？"李对："嫂溺叔援，权也。"皇帝又说："螃蟹浑身甲胄"，对曰："蜘蛛满腹经纶。"

汝锡奇诗

（见《南宋制抚年表》）

汝锡：陈汝锡，宋人，幼颖悟，有人将

其诗"闲愁莫浪遣，留为痛饮资"，呈黄庭坚，黄击节称奇，说："真乃我辈人啊！"

启期三乐

（见《列子·天瑞》）

启期：荣启期。以生而为人，生而为男人，享天年为人生三乐。

藏用五知

（见《宋史·李若拙传》）

藏用：宋代李若拙。"五知"实为李若拙子李绎作：知时、知难、知命、知退、知足。

堕甑叔达

（见《后汉书·郭符许列传》）

叔达：孟敏，东汉人。甑(zèng)：煮饭陶器。孟刚直果断。荷甑落地，不顾而去。郭泰看见，问他为何不回头看看，他说："甑已破矣，视之何益？"

发瓮钟离

（见《后汉书·钟离意传》）

钟离：钟离意，东汉人，为鲁相时，出私钱一万三千修孔庙，有张伯除堂下草，得玉璧七枚，便偷藏一枚，把六枚交给钟，但钟离意早已从堂下一悬瓮中的谶记中知"璧有七，张伯怀其一"，问张伯，使全数交出。

一钱诛吏

(见《鹤林玉露》)

宋代张咏任知县时,有一吏偷库府中一枚小钱。张咏命杖之,吏不服,说:"一钱何足道,你能杖我,却不能杀我。"张提笔写道:"一日一钱,千日千钱,绳锯木断,水滴石穿。"亲手斩吏首。

半臂怜姬

(见《东轩笔记》)

半臂:短衣袖。宋祁风流,多宠姬,尝宴于锦江,天气微寒,命取半臂,诸姬各进一件,共十余件。宋祁恐有厚此薄彼之嫌,竟不穿,忍冻而归。

王胡索食

(见《世说新语·方正篇》)

王胡:王胡之,晋人,少有声誉,贫困无依。陶胡奴慕其名,送一船米给他,王拒不受,回信道:"王某若饥,当就谢仁祖索食,不须陶胡奴米。"

罗友乞祠

(见《世说新语·任诞》)

罗友:晋人,嗜酒,喜欢到人家祠堂里乞讨祭奠后的酒食。有时去的早,就隐在门侧,直到天亮得到酒食才回来。不以为羞。

召父杜母

(见《后汉书·杜诗传》)

召:召信臣,西汉人,大兴水利,造福一方,人们尊称他"召父"。杜:杜诗,东汉人,诛暴立威,广开田地,使郡内殷足,民誉为"杜母"。

雍友杨师

南宋时,张浚为川陕宣抚处置使,在兴元(今陕西南郑)一带考察官吏,问杨用中:"你常来往于梁、深水之间,此间可有可交结从游的贤士?"杨用中答:"扬冲远可以为师,雍退翁可以为友。"

直言解发

(见《新唐节·列女传》)

直言:贾直言,唐人。代宗时,其父犯罪,直言代父饮毒酒,死而复生,被免死,随父流放南海。临行,与妻董氏诀别说:"生死不可期,我走后你就改嫁吧。"妻含悲不语,引绳束发,以帛封扎,说:"非君手不解。"直言居南海二十年还,妻发以帛封扎如故。

京兆画眉

(见《汉书·张敞传》)

京兆:京兆尹张敞,西汉人。为妻子画眉,主管官吏奏闻汉宣帝。他回答皇帝说:"臣闻闺房之内,夫妇之私,更有过于画眉的。"皇帝不再责怪他了。"张敞画眉"成为夫妇恩爱的典故。

美姬工笛

（见《晋书·石崇传》）

石崇妾绿珠，美而艳，善吹笛。赵王司马伦嬖臣孙秀求绿珠不得，谮于司马伦，矫诏杀石崇，一门皆死。甲士入门逮石崇时，绿珠跳楼自杀。

老婢吹箎

（见《洛阳伽蓝记·城西法云寺》）

后魏王琛婢女朝云，善吹箎（chí，竹制乐器）。诸羌叛，屡讨不降，琛令朝云乔装为贫妪，吹箎行乞，诸羌闻之，流涕相谓："为了什么我们要背井离乡在山里当强盗呢？"遂投降。秦州百姓说："快马健儿，不如老婢吹箎。"

五　微

敬叔受饷

（见《尚友录》）

敬叔：何敬叔，南朝齐人。饷：馈赠。何为政清廉。有一年任所有灾，端午那天，何突然府门大开，接受馈赠。一连数日，得米二千八百石，全部替贫民交了租子。以后有人馈赠，仍不受。

吴祐遗衣

（见《后汉书·吴祐传》）

吴祐：东汉人，胶东相。遗（wèi）：赠。吴为政清廉，所属官吏也不敢欺压百姓。有一孙姓小吏，私取民财买衣献给父亲，父亲责备他："你的长官这样清廉仁惠，你怎么能欺诈百姓呢？"小吏遂向吴祐自首。吴说："你为孝敬父亲而污了声名，要观过而知仁啊！"让他回去向父亲道谢，并把衣服重新赠给父亲。

淳于窃笑

（见《史记·滑稽列传》）

淳于：淳于髡（kūn），战国齐人。楚攻齐，齐质淳于髡求救于赵，发金百斤，车十辆。髡仰天笑："假如有人用一只猪蹄，一杯酒祈上天赐五谷丰登，家中富足，不是太不般配了吗？"齐王乃出金千镒，白璧十双，车马百驷。赵发精兵十万，革车千乘。楚闻之，连夜退兵。

司马微讥

（见《新唐书·卢藏用传》）

司马：司马承祯，唐道士。卢藏用为求官而假隐于终南山，司马说："终南山是作官的捷径啊！""终南捷径"一词由此出。

子房辟谷

（见《史记·留侯世家》）

子房：张良。辟谷：一种道家养生术。张良辅佐刘邦定天后，功成身退，处处表示知足以期自保。

公信采薇

（见《史记·伯夷列传》）

公信：伯夷。与弟叔齐劝止周武王伐纣不遂，周灭商，二人义不食周粟，逃进首阳山采薇食之，终于饿死而全节。

卜商闻过

卜商：子夏，孔子弟子。丧子，哭之失明，曾子吊丧，子夏哭道："天啊！我无罪过，为什么这样不幸呢？"曾子说："你怎么没有罪过呢？一、河西之民以为你是孔子先师；二、你儿子死了，却不让外人知道；三、你哭瞎了眼睛。"子夏扔下拐杖拜谢曾子说："我的罪过！我的罪过！我离群索居太久了。"

伯玉知非

（见《淮南子·原道训》）

伯玉：蘧（qū）瑗，孔子弟子。年五十而知四十九年非。

仕治远志

（见《世说新语·排调》）

仕治：郝隆，西晋人。谢安有意归隐却仍出仕。有人送草药来，桓温问谢安："此药名小草，又名远志，为何一物而二名？"郝抢着说："不出就是远志，出来就是小草。"意在讽刺谢安。

伯约当归

（见《全上古三代秦汉三国六朝文》）

伯约：姜维，三国蜀将。与母远别，后得母亲信，令求当归，即要他回家，姜维回信说："良田有顷，不在一亩；但有远志，不在当归。"表达了他的志向。

商安鹑服

商：子夏。鹑（chún）服：贫者之服。言子夏安于贫贱。

章泣牛衣

（见《汉书·王章传》）

章：王章，汉代人，少贫，疾病无被，卧牛衣中，泣与妻诀别。妻劝道："京师人品学问谁能超过你？不思激昂奋飞，涕泣何用？"后王章为京兆尹。

蔡陈善谑

（见《倦游录》）

蔡：蔡襄，北宋人。陈：陈亚，曾作药名诗百余首。蔡尝以陈名戏之："陈亚有心终是恶"，陈随即对曰："蔡襄无口便成衰"，闻者拍案叫绝，以为名对。

王葛交讥

（见《晋书·诸葛恢传》）

王：王导。葛：诸葛恢。皆东晋人。二人开玩笑，论姓氏先后，王说："王姓在前，为什么不说葛王，而说王葛呢？"诸葛恢说："譬如人称驴马，不称马驴，习惯而已。"

陶公远甓

(见《晋书·陶侃传》)

陶公:陶侃,东晋人。甓(pì):砖。陶任广州刺史时,每天早晨运百砖于斋外,晚上又运进斋内。人间其故,他说:"我要致力收复中原,久过优越安逸生活,恐将来不能担当大事!"

孟母断机

(见《列女传》)

孟:孟子。孟子少时逃学,母亲正织布,问孟子:"学到什么程度了?"孟子说:"差不多了吧?"母亲持刀割断布匹,说:"你这样废学,象我割断织布一样啊!"孟子惧,旦夕勤学不已。

六 鱼

少帝坐膝

(见《世说新语·夙惠》)

少帝:晋明帝司马绍,元帝长子。绍小时坐在父亲膝上,接见从长安来的使者,使者问明帝:"长安和太阳哪个远?"答曰:"太阳远,没听说有人从太阳那里来。"元帝很惊奇。第二天元帝在群臣宴上谈及此事,又问:明帝却答道:"太阳近。元帝怪问:"为什么和昨天说的不一样呢?"明帝说:"抬头见日(指元帝),却不见长安啊!"

太子牵裾

(见《晋书·愍怀太子列传》)

太子:司马遹。少聪慧,五岁时,宫中夜失火,其祖父晋武帝登楼观火,遹牵帝衣裾,拉到暗处,问其故,对曰:"暮夜仓卒,宜备非常,不宜亲近火光,令照见人主。"

卫懿好鹤

(见《左传·闵公二年》)

卫懿:卫懿公。卫公好鹤,鹤有坐大夫车的。狄人入侵,将士们说:"让鹤去打仗吧,鹤享有官禄官位,我们哪里能打仗!"狄人因灭卫国。

鲁隐观鱼

(见《左传·隐公五年》)

鲁隐:鲁隐公。他准备到棠地看人捕鱼,臧僖伯劝道:凡物品不能用到讲习祭祀和兵戎的大事上,它的材料不能制作礼器和兵器,国君对它就不会关注,您不应该涉足打鱼啊。隐公撒谎道:"我是打算视察边境啊!"臧推说有病不肯随行。

蔡伦造纸

(见《后汉书·蔡伦传》)

蔡伦:东汉人。于元兴元年(105年)改进、发明了造纸技术。

294

刘向校书

（见《汉书》）

刘向：西汉人，其《别录》是我国最早的图书分类目录。

朱云折槛

（见《汉书·朱云传》）

朱云：西汉人，初以任侠闻名，后为槐里令，上书说愿借上方剑，斩佞臣张禹。帝怒，欲诛之，令御史将朱云拿下。朱手攀殿槛，槛折，朱大呼："臣得以从龙逢，比干游于地下足矣。"左将军辛庆忌叩头至流血疏救，朱才得免一死。后修复殿槛时，帝让保持原样，以表彰直臣。

禽息击车

（见《后汉书·循吏·孟尝传》）

禽息：春秋秦大夫，荐百里奚而不见纳，穆公出，禽以头击车，脑浆外流，说："我活着无补于国，不如死。"穆公感悟，起用百里奚，秦国大治。

耿恭拜井

（见《后汉书·耿弇列传》）

耿恭：东汉人，任西域戊已校尉，由金蒲城移驻疏勒城，匈奴围之，断绝水源，耿率部凿井十五丈不见水，乃整衣冠拜井，水泉涌出。扬水以示敌，敌以为神，解围而去。

郑国穿渠

（见《史记·河渠书》）

郑国：战国时人，主持开凿西引泾水，东注洛河的灌溉渠，长达300余里，灌田4万余顷，名郑国渠。

国华取印

（见《尚友录》）

国华：曹彬，北宋大将。相传他一岁时，父母以百种玩具列其前，他左手拿起兵器，右手拿起祭器，隔了一会儿，又取一印，其他玩具看也不看。

添丁抹书

（见《尧山堂外纪》）

唐诗人卢仝(tóng)生子名添丁，韩愈寄诗贺道："去岁生儿名添丁，黄令与国充耘耔。"添丁喜以墨涂抹诗书，往往使书纸全黑，卢仝为诗说："忽来案上翻墨汁，涂抹诗书如老鸦。"

细侯竹马

（见《后汉书·郭伋传》）

细侯：郭伋，东汉人，为官威信远著，民逢迎之，更有儿童数百，骑竹马迎于道旁。

宗孟银鱼

（见《宋史·蒲宗孟传》）

宗孟：蒲宗孟，宋人。常常以无人才为叹，蒲曰："人才多半为司马光邪说所坏。"帝不悦,迁其官,曾上书道:"翰林职清地近,而官仪未宠,自今宜佩鱼。"学士佩鱼自蒲始。唐宋五品以上官员,依品级不同佩带金、银、铜制鱼符为饰物。

管宁割席

（见《世说新语·德行》）

管宁:三国魏人。与华歆友,曾同席读书,有乘轩服冕的官吏从门前过,华丢下书去看,管把席一割为二,说:"你不再是我的朋友。"

和峤专车

（见《晋书·和峤传》）

和峤,西晋人。西晋制度,监令同车,和为中书令,鄙夷其监荀勖为人,遂自己专车而坐。

渭阳袁湛

（见《晋书·谢安传》）

渭阳:典出《诗经·渭阳》,表甥舅。晋代谢绚在众人前对其舅袁湛无礼,袁气愤地说:"你父亲过去就轻视舅舅,现在你又对我无礼,真可谓世无渭阳情啊!"

宅相魏舒

（见《晋书·魏舒传》）

魏舒少时在外婆家,外婆家盖房子,有风水先生说:"此房必出贤甥。"魏也自负地说:"我一定不辜负外婆家的好风水。"后官至司徒。

永和拥卷

（见《尚友录》）

李谧(mì):字永和,南朝人,好学,曾说:"大丈夫拥书万卷,胜似有百城之官啊!"初,拜孔璠为师,数年后,孔反过向他求教,同学者相语曰:"青成蓝,蓝谢青;士何常,在明经。"

次道藏书

（见《尚友录》）

次道:宋次道,晋人。藏书皆校雠三五遍,时人皆以其藏为善本。士人喜读书者多愿与其为邻,以向他借书,因此他家附近房价比他处常高出一倍。

镇周赠帛

（见《尚友录》）

镇周:张镇周,唐人。任都督,召集亲朋故旧酣宴十日,又分赠金帛,流泪说:"今日还能与故人欢饮,明日就要为官了。王法私情不能两重,犯了王法,就要以法治罪了。"后为政严谨,境内肃然。

宓子驱车

（见《说苑》）

宓(fú):宓不齐,春秋鲁人,孔子弟子,为单父宰。赴任时去拜访阳昼,问有何指教。阳说:"我从小贫贱,不懂治民的方法,有钓鱼法两则相赠:投钓丝放鱼饵后,马上来咬钩的是白鱼,肉薄而

296

中华蒙学精华

味不美。若即若离,似吞饵似不吞饵是鲂,体厚而味美。"宓说:"你说的太好了。"上任那天,一些官吏远道迎接,宓说"快赶车,快赶车,白鱼来了!"到任后亲近有名望的长者,尊敬有知识的贤者,政绩显著,孔子称其才任霸王之佐。

廷尉罗雀

(见《史记·汲郑列传》)

廷尉:指翟公。始,翟为廷尉,宾客盈门;及废,门可设罗雀。翟复为廷尉,宾客欲往,翟乃在门上写着:"一死一生,乃知交情;一贫一富,乃知交态;一贵一贱,交情乃见。""门可罗雀"成语本此。

学士焚鱼

(见《尚友录》)

学士:张褒,南朝梁人,任学士,御史弹劾他不尽学士之职,他说:"青山不辜负我。"把佩鱼烧了,长啸而去。

冥鉴季达

(见《尚友录》)

季达:杨仲希,宋人,客居时主人家少妇向他调情,为他正色拒绝。其妻在家夜梦一人告诉他:"你丈夫独处他乡,不欺暗室,神明知之,当魁多士。"后京考中第一名。

预识卢储

(见《尚友录》)

卢储:唐人。卢考进士,将自己所作呈给李翱请求指教。翱长女阅其文章说:"此人必为状元。"李翱招卢为婿,第二年中状元。新婚夜,卢作《催妆》诗:"昔年曾向玉京游,第一仙人许状头。今日已成秦晋约,早教鸾凤下妆楼。"

宋均渡虎

(见《后汉书·宋均传》)

宋均:东汉人,任所有虎患,尝募人设陷井,而虎患不绝。宋说:"现在虎患害民,罪责在贪官酷吏。一定要斥退奸贪,任用忠善,拆去陷井,也能杜绝虎患。"猛虎果然渡江东去。

李白乘驴

(见《青琐高议》)

李白尝骑驴过华阴县,县令命其下驴步行。李白索笔写道:"予生西蜀,身寄长安,天上碧桃,惯餐数颗,月中丹桂,曾折高枝。曾使龙巾拭唾,御手调羹,贵妃捧砚,力士脱靴。想知县莫大于天子,料此地莫大于皇都。天子殿前,尚容我走马,华阴县里,不许我骑驴?"县令大惊,谢罪放行。

苍颉造字

苍颉(jié):传说为黄帝史臣,初创汉字者。

虞卿著书

（见《史记·平原君虞卿列传》）

虞卿：战国时人，著《节义》《称号》《政谋》等八篇，以讥刺国家得失，世传之曰《虞氏春秋》。

班妃辞辇

（见《汉书·外戚传》）

班妃：班婕好，汉宫人。皇帝赏游后庭，欲与班同辇，班辞道："观古图书，贤圣之君，皆有名臣在旁；只有三代亡国之君，身旁才有嬖妾。皇上要与我同辇，不是不祥之象吗？"皇帝因此作罢。

冯诞同舆

（见《后魏书》）

冯诞：北魏人，孝文帝陪读，备受优待。后娶乐安公主，升驸马都尉。帝与他同车而载，同具而食，同席而眠，知遇之隆，罕有其比。

七　虞

西山精卫

（见《山海经》）

精卫：神话中鸟名。炎帝女渡东海溺死，化为精卫，居发鸠之山，常衔西山之木石，以填东海。又名含冤禽。

东海麻姑

（见《神仙传》）

麻姑：神女名。传说她修道于姑余山，东汉时，应仙人王方平之召到蔡经家，年已八十九，仍貌美非常，手似鸟爪，对王说："自接待以来，已见东海三次变为桑田，蓬莱之水浅于旧时，或许将变为平地。""沧海桑田"语本此。

楚英信佛

（见《后汉书·刘英传》）

楚英：东汉楚王刘英。佛教在东汉时传入中国，最早见于官方记载是公元65年。刘英是王公贵族中较早崇信佛教的人。

秦政坑儒

（见《史记·秦始皇本纪》）

秦政：始皇嬴政。始皇三十四年(前13年)采纳李斯建议焚私藏书籍，次年坑杀儒生、方士460多名于咸阳。

曹公多智

曹公：曹操。曾与马超、韩遂等相持于渭南，马等请和，曹伪许之。议和时，马、韩部下纷纷前来围观，里三层外三层，曹笑道："你们想看看曹公吗？他也是普通人啊，只是多智罢了。"

颜子非愚

颜子：颜渊，孔子弟子。孔子和他谈

论学问，他从不提出意见，像个愚人；但回去后便深入研究，有所发挥。是孔子弟子中最优秀者，被后世尊为"复圣"。

伍员覆楚

（见《史记·伍子胥列传》）

伍员：伍子胥(xū)，春秋吴将。父兄为楚王所杀，伍员逃于吴，佐吴王伐楚，五战而入楚都郢。时楚王已卒，乃鞭尸三百下，以报父兄之仇。伍与申包胥为友，伍说："我必覆(消亡)楚。"申说："我必存之。"此时申求救于秦，楚存。

勾践灭吴

（见《史记·越王勾践世家》）

前494年吴大败越，勾践率残部五千栖会稽山，用范蠡、文种计求和于吴，卑事吴王，卧薪尝胆，十年生聚，十年教训，终于由弱而强，前473年兴兵灭吴。

君谟龙片

（见《石林燕语》）

君谟：蔡襄，宋人。龙片：龙凤团茶，贡品。"建州岁贡大龙凤团茶，仁宗时，君谟择茶之精者为小龙团十斤以献，一斤为十饼。"值金二两。

王肃酪奴

（见《洛阳伽蓝记》）

王肃，北魏人，父兄为齐所杀，肃逃

至魏。初至，不吃羊肉，而吃鲫鱼羹；不饮酪浆，而喝茶。与孝文帝一起进餐，他吃羊肉，饮酪浆。帝问味道如何？他说："羊好比齐鲁大邦，鱼好比邾莒小国，茶味不行，只能与酪奶比。"后世以"酪奴"称饮茶。

蔡衡辨凤

（见《太平御览》）

蔡衡：东汉人。辛缮隐居华阴，光武帝征召不至。有大鸟高五尺，五色备而多青，栖于辛家槐树上，旬日不去。大家都以为是凤，蔡衡却辨出此是鸢而非凤。

义府题鸟

（见《旧唐书·李义府传》）

义府：李义府，唐人。初见太宗，太宗试其才学，令作题鸟诗，义府说："日里扬朝彩，琴中伴夜啼。上林多少树，不借一枝栖。"太宗解其意，说："当全树借汝，岂惟一枝！"遂拜为监察御史。

苏秦刺股

（见《战国策·秦策》）

苏秦：战国人，夜读太公兵书，为防打瞌睡，用锥子自刺大腿，血流至足。一年后学成，以合纵学联六国以抗秦。

李勣焚须

（见《新唐书·李勣传》）

李勣(jī)：唐大将。相传，他对姐姐

非常好,姐姐病了,他亲自煮粥,而燎了胡须。姐姐说:"仆妾很多,你何必亲自动手。"他说:"不是没有人侍奉你,现在你老了,我也老了,为姐姐煮粥还能有几次呢?"

介诚狂直

(见《宋史》)

介:石介,北宋人,庆历中,范仲淹、韩琦、富弼同时执政,欧阳修、余靖等为谏官,石介作《庆历圣德诗》,说:"众贤之进,如茅斯拔;大奸之去,如距斯脱。"称范仲淹等为大贤,而斥夏竦等为大奸。人皆目为狂直。

端不糊涂

(见《宋史·吕端传》)

端:吕端,北宋人,帝欲封他为相,有人说他为人糊涂,太宗说:"端小事糊涂,大事不糊涂。"后太宗病危,王维恩等预谋废太子,太宗死后,皇后遣王召吕端,吕知有变,乃把王骗入书阁锁之,亲扶真宗登极,揭帘审视而后下拜。

关西孔子

(见《后汉书·杨震传》)

东汉人杨震明经博学,从游者千人,因其籍贯华阴,人称"关西孔子"。

江左夷吾

(见《晋书·温峤传》)

晋代王导才智过人,为晋相,励精图治,政务清静,国力大增。温峤曾忧心时事,及与王导共谈,欢喜地说:"江左自有管夷吾(春秋齐相管仲),吾复何虑?"

赵抃携鹤

(见《宋史·赵抃传》)

赵抃(biàn):北宋人,刚正立朝,时称铁面御史。出知成都,以一琴一鹤自随,为政清简,颇有贤声。

张翰思鲈

(见《晋书·张翰传》)

张翰、西晋人,纵任不拘,时号"江东步兵(阮籍世称阮步兵)"。为大司马东曹掾,因见秋风起,思吴中菰菜、莼羹、鲈鱼脍,叹道:"人生贵得适去,何能羁宦数千里,以要名爵?"乃命驾归。后人称乡思为莼鲈之思。

李佳国士

(见《后汉书·李膺传》)

李:李膺,东汉人,性行简亢,风彩峻整,人说:"天下楷模李元礼(膺)"。士被容接者称登龙门。同县荀季宝倾慕李,因出身低微不敢求见。杜周甫为其引见。两人一交谈,李便称荀:"此人当作国士。"后果如其言。

聂悯田夫

聂：聂夷中，唐诗人，体察民情，诗多伤俗悯时之作，如《伤田家》："二月卖新丝，五月粜新谷。送得眼前疮，剜去心头肉。我愿君王心，化作光明烛。不照绮罗筵，只照逃亡屋。"

善讴王豹

(见《孟子·告子下》)

王豹：战国卫人，善讴歌，乡人皆受其感化。

直笔董狐

(见《左传·宣公二年》)

董狐：春秋晋史官。赵盾逃晋灵公陷害，未出境，族人赵穿杀灵公，盾返回拥立成公。董狐认为赵盾"亡不出境，返不诛国乱"，灵公死的责任在赵盾，乃书史曰："赵盾弑其君。"孔子以为古之良史。

赵鼎倔强

(见《宋史·赵鼎传》)

赵鼎：南宋大臣，两度为相，主战，荐岳飞收复襄阳，金人每见宋使必问："李纲、赵鼎安否？"以示敬畏。后被贬岭南，他上谢表说："白首何归，怅余生之无几；丹心未泯，誓九死以不移。"秦桧见后说："此老倔强犹昔。"三年后绝食而死。

朱穆专愚

(见《后汉书·朱穆传》)

朱穆：东汉人，性刚直，官至刺史。少时锐意于学，不谙世事，有时衣冠丢失也不知道，父亲曾以为他"专愚"，连马有几条腿也不清楚。

张侯化石

(见《博物志》)

张侯：张颢，汉人。一日雨后，张见一鸟如山雀，坠地，化为圆石。张捶破圆石，内有一金印，书曰："忠孝侯印"。相传尧舜时有此官，从此复置之。

孟守还珠

(见《后汉书·循吏列传》)

孟守：孟尝，汉时任合浦太守。合浦不产粮谷，而海中多珍珠。前任滥采无度，珍珠渐少，人们说珍珠迁到邻郡交趾去了。孟到任后，革除弊制，珍珠又渐渐多了起来，人们以孟为神明。

毛遂脱颖

(见《史记·平原虞卿列传》)

毛遂：战国赵人，在平原君门下三年而不闻，后为求救于楚，自荐曰："使遂早得处囊中，乃颖(锋芒)脱而出，非特其未见而已。至楚，平原君与楚王谈判终日而无结果，毛按剑劫楚王，说以利害，楚王乃发兵救赵。平原君说："毛先生以三寸之舌，强于百万之师。"

终军弃繻

（见《汉书·终军传》）

终军：西汉人。繻(rú)：帛制符信。终军入关，关吏给他一符信，终军说："大丈夫西游，终不复转还。"弃符信而去。后来他作为使者，到各郡国，持节出国，关吏认出了他，说："此使者乃前弃繻生也。"

佐卿化鹤

（见《太平广记·徐佐卿》）

佐卿：徐佐卿，唐道士。玄宗猎于沙苑，见孤鹤，射之，鹤带箭西飞。徐佐卿归山中，对弟子说："我今日出游，为飞矢所中。"挂箭于壁，说："等箭主人至此交还他。"安史之乱玄宗入蜀，游观中，见此箭，乃知前射中的鹤乃徐所化。

次仲为鸟

（见《水经注·漯水》）

次仲：王次仲，秦道士。变仓颉旧文为今隶书，为始皇采用。后连征召三次，王不至，乃令槛车传送。槛车至，王化为大鸟(上"乌"为押韵而改)，翻飞而去，落下三根羽毛，一根为使者拎回，二根化为大翮山、小翮山。

韦述杞梓

（见《唐语林》）

韦述：唐人。杞梓：良材。韦幼年聪敏，遍览群书。举进士时，为宋之问赏识。有兄弟五人，张说曾对人说："韦家兄弟，人之杞梓。"

卢植楷模

（见《后汉书·卢植传》）

卢植：东汉人。性刚毅，有大节，常怀济世志。曹操曾说："植名著海内，学为儒宗，士之楷模，国之桢干。"

士衡黄耳

（见《晋书·陆机传》）

士衡：陆机，西晋人。黄耳：犬名。陆机有犬名黄耳，甚爱之。陆居京师，久无家信，乃笑话犬曰："吴中久绝家音，汝能往取消息否？"犬摇尾作声，似通人意。陆遂修书一封，以竹筒盛之，系于犬颈。犬寻路南走，一月而返，带回家书一封，以后便经常靠犬送信。及犬死，葬之，名"黄耳冢"。

子寿飞奴

（见《开元天宝遗事》）

子寿：张九龄，唐人。少年时，家养群鸽，每有书信往来，则系鸽足上，依所教之处，飞往投之，曰为"飞奴"。

直笔吴兢

（见《新唐书·吴兢传》）

吴兢：唐史学家，号为良史。初与刘子玄撰《武后实录》，叙张宗昌诱张说诬

陷魏元忠事,不讳。后张说为相,屡以私情恳求更改,吴说:"如果徇私更改,又何称实录"。卒不改。

公议袁枢

(见《宋史·袁枢传》)

袁枢:南宋史学家,史学上开创"纪事本末"的体裁。同乡章惇,婉转请求润饰其传,袁拒绝说:"吾为史官,法难隐恶,宁负乡人,不可负天下后世公议。"赵雄总史事,闻而叹道:"无愧于良史称号啊!"

陈胜辍锸

(见《史记·陈涉世家》)

锸(chā):挖土农具,陈胜年青时帮人佣耕,辍耕时,叹道:"苟富贵,无相忘。"大家都笑话他,他说:"燕雀安知鸿鹄之志哉!"

介子弃觚

(见《西京杂记》)

介子:傅介子,西汉人。觚(gū):写字用的木简。傅年十四,读书时尝弃觚叹道:"大丈夫当立功绝域,何能坐屋,下为老儒生!"后从军,以汉使赴楼兰,斩楼兰王首。

谢名蝴蝶

(见《冷斋夜话》等)

谢:谢逸,宋人。尝作蝴蝶诗300多首,颇多佳句,人称"谢蝴蝶"。

郑号鹧鸪

(见《唐诗纪事》)

郑:郑谷,唐诗人,因七律《鹧鸪》名动一时,有"郑鹧鸪"之称。

戴和书简

(见《云仙杂记》)

戴和:汉代人,每得密友,焚香告于先祖,并书写在简册上,名:"金兰簿"(取《易》"二人同心,其利断金;同心之言,其臭(xiù)如兰"之意)。

郑侠呈图

(见《宋史·郑侠传》)

郑侠:北宋人。王安石新法过于苛酷,适逢大旱,民不堪。郑绘《流民图》奏之。宋神宗览图嗟叹,下诏自责,废青苗法,罢王安石相。

瑕丘卖药

(见《列仙传》)

瑕丘:瑕丘仲,仙人,卖药百余年,死于地震,有人把他的尸体扔入水中,把他的药据为己有。不料瑕却披着皮袄找上门来取药。那人吓得叩头哀求,瑕说:"不过让人知道我罢了,我不恨你。"人称他为"谪仙"。

邺令投巫

(见《史记·滑稽列传》褚少孙附记)

邺令:西门豹,战国魏邺令。邺素信巫,岁敛钱选民女投河中,谓为河伯娶亲,民以为苦。西门到位后，亲为河伯选妇，视其女曰："此女丑，烦大巫往报河伯。"投大巫于河中，继又投二巫，邺之陋习遂消失。

冰山右相

（见《通鉴》）

张彖：唐人。有人劝他依附权臣杨国忠，他说："你们都以为杨丞相（国忠）如泰山，我却以为是冰山。若太阳出，你们还能依恃什么呢？"

铜臭司徒

（见《后汉书·崔寔传》）

东汉崔烈，以五百万钱买得司徒职。问其子崔钧："吾为三公，外面有何议论？"子说："论者嫌你身有铜臭。"

武陵渔父

（见陶渊明《桃花源记》）

晋代陶渊明在《桃花源记》中描述这样一个故事：一个武陵渔夫沿桃花源捕鱼，从一个小山口到了村庄，村人自给自足，恬然自乐，说是秦时避乱来此，不知道有汉代魏代晋代。渔夫回来后，再去寻找却找不到此地。

闽越樵夫

（见《榴花洞记》）

唐代，樵夫蓝超遇一白鹿于榴花洞，逐之，见鸡犬人家，乃避秦而来此。有王翁劝蓝也留下来，蓝答应回家和亲

人告别。王于是赠蓝一枝榴花。既出，蓝恍若梦中，竟不知洞之所在。

渔人鹬蚌

（见《战国策·燕策》）

鹬（yù）：鸟名。有蚌出水晒太阳，鹬啄其肉，蚌合而夹住鹬嘴。鹬说："今日不雨，明日不雨，就有死蚌！"蚌说："今日不出，明日不出，即有死鹬。"渔人见而两得之。

田父魏卢

（见《战国策·齐策》）

韩子卢是最善跑的狗；东郭魏是天下至狡猾的兔子。韩追东郭，围着山转了三圈，跑上跑下五个来回，终于都累死了，种地的人不劳而得了两个猎物。

郑家诗婢

（见《世说新语·文学》）

郑：郑玄，东汉著名经学家。其家奴婢皆读书。一次郑罚一婢女跪在泥里，另一婢来问："胡为手泥中？"（见《诗经·式微》）前婢答道："薄言往诉，逢彼之怒。"（见《诗经·柏乐》）

郗氏文奴

郗：郗愔（yīn），晋人。有仆人，善知文章，王羲之很喜欢他，多次在刘恢面前称赞他，刘问："和郗愔比如何呢？"王说："他不过是小人懂得文章罢了，怎比得上郗公？"刘说："不如郗，所以才为奴啊！"

八 齐

子晋牧豕

（见《太平御览》）

汉代有一老人名子晋，喜欢吹竽，以放猪为生，年七十还没有娶妻，也不苍老。吃的是菖蒲根，饮些水而已。晋代孙绰曾为之铭赞。

仙翁祝鸡

（见《列仙传》）

祝鸡：祝鸡翁，传说中晋代善养鸡的仙人。居尸乡北山，养千余只鸡，长达百余年。

武王归马

（见《史记·周本纪》）

武王：周武王。建立周朝后，励精图治，休养生息，归马华山之阳，放牛桃林之野，倒载干戈，车甲入库，以示不再征战劳民。

裴度还犀

（见《新唐书·裴度传》）

裴度：唐大臣。曾有相面者预言他会饿死。一天他游香山寺，遇见一位妇女向别人借了一条犀带，想贿赂法官以减轻对她父亲的判刑。进香祷告完，她把犀带挂在栅栏上忘了拿回去。裴拾得后还给了她。相面者再看到裴度，说："你积阴德救人，前程远大，无法估量。"后裴果然显贵。

重耳霸晋

（见《左传》《史记·晋世家》）

重耳：春秋晋文公，在位9年，任用狐偃、赵衰、贾佗、先轸为辅佐，尊周室，胜楚国，称霸诸侯。

小白兴齐

（见《左传》《史记·齐世家》）

小白：春秋齐桓公，在位42年，任用管仲，尊周室，攘夷狄，九合诸侯，一匡天下，为春秋五霸之首。

景公禳彗

（见《晏子春秋》）

景公：春秋齐景公。禳（ráng）：迷信的人祈祷消除灾殃。彗：扫帚星，古人以为不祥之兆。景公时出现扫帚星，晏子主张要从更新君德，革新政治入手禳除灾害。

「中华蒙学精华」

窦俨占奎

（见《宋史·窦俨传》）

窦俨：宋人。历任史官。奎：奎星，二十八宿之一。窦观察星象，对同事说："丁卯年，五星聚奎，自此天下太平，你们能看到，我却看不到了。"宋果然统一全国。

卓敬冯虎

（见《溶溪杂记》）

卓敬：明人。冯（píng）：依靠，这里作骑。卓十五岁时在宝香山读书，一晚风雨大作，他在回家的路上，迷了路，碰上一个动物，以为是牛，就骑着它回来。进家门放它走时，才发现那竟是只老虎。

西巴释麑

（见《太平御览》）

西巴：周朝秦人。麑（ní）：小鹿。西巴在孟孙手下做事，一次打猎，捕获一头幼鹿。孟命西巴把鹿带回去交给其母，但幼鹿不愿随他去，西巴可怜它，就放了它。孟孙听后怒而逐西巴。过了三个月，孟又把西巴召回，请他做儿子的教师，说："你不忍心幼鹿受委屈，说明你有仁心；请您教我儿子，我就更放心了。"

信陵捕鹞

（见《太平御览》）

信陵：信陵君无忌。一次他正在屋内吃饭，有一惊鸠飞到他的桌案下，追来一只鹞鹰。信陵君把鸠从案下赶出来，鹞上前把鸠咬死了。晚上，信陵君为此而内疚，次日便捕鹞300只，气愤地问："谁把鸠咬死了？"一只鹞低头走出，似认罪状。信陵君把这只鹞杀了，其余的全放了。

祖逖闻鸡

（事见《晋书·祖逖传》）

祖逖（tì）：东晋名将，常怀收复失地，统一山河的志向。夜里听见鸡鸣，便起身舞剑。后收复黄河以南失地。

赵苞弃母

（见《后汉书·独行传·赵苞传》）

赵苞：东汉人。任辽西太守，派人去家乡迎养母亲。道经柳城，遇鲜卑入侵，把他母亲劫为人质。两军对垒时，他在阵前对母哭诉："本想以微薄的俸禄奉养您，只是儿为王臣，又不当顾私恩。"其母深明大义，说："人各有命，怎能因为顾我而使大节有亏呢？"赵苞进兵打败了鲜卑，母亲遇害，而他不久也呕血而死。

吴起杀妻

（见《史记·孙子吴起列传》）

吴起，战国卫人，初为鲁将，妻子齐人。齐攻打鲁国，鲁欲用吴起而顾虑其

妻。吴起为了让鲁人信任自己,竟杀死了自己的妻子。

陈平多辙

(见《汉书·陈平传》)

陈平:汉大臣。少时家贫,在穷巷住,挂条破席作门。同村富裕的张姓人家有一孙女,嫁过五个丈夫,都死了。没人敢再娶她。陈平想娶她。张家人说:"陈平虽穷,但他门外多长者来访的车轮印痕。"嫁孙女时叮嘱道:"不要因为夫家贫穷就对丈夫侍奉不恭啊!"

李广成蹊

(见《史记·李将军列传》)

李广:西汉名将,号"飞将军",与匈奴战,功勋卓著,而品德高尚,与士卒同甘共苦。虽口不善言,仍深得天下人仰慕,正如谚语所说:桃李不言,下自成蹊(xī,小路)。

烈裔刻虎

(见《拾遗记》)

烈裔:秦画工,始皇元年,他刻了两只白玉虎,毛色神态有如真虎,就是没有点出眼睛。始皇叹道:"刻画之形,何得飞走!"乃使画工以淳漆各点两玉虎一只眼睛,旬日虎不知所在。第二年,西方献两只虎,各无一目。始皇疑是前所失者,乃刺杀之,捡看胸前,真是前所刻玉虎。

温峤燃犀

(见《晋书·温峤传》)

温峤(qiáo):东晋人,相传他都督江州军事,过牛渚矶时,水深不可测,世传下多水怪。温燃犀牛角照江水,里面奇形怪状的水怪,有骑马穿红衣的,水族把火给灭了,当夜托梦给温说:"阴间人世,各自有别,你何故前来侵犯?"不久温即中风而死。

梁公驯雀

(见《新唐书·狄仁杰传》)

梁公:狄仁杰,唐人,以善断疑案,平冤狱著称。相传其母去世后,有白雀自动飞来,聚于墓室,似由人驯育出来的一样。

茅容割鸡

(见《后汉书·茅容传》)

茅容:东汉人,家贫而有气节,事母至孝。相传,一次下大雨,大家都在树下避雨,别人东倒西歪,独他挺身危坐。恰郭林宗路过,见此情景,很钦佩。茅邀郭留宿,到家后,茅杀鸡奉母,自以蔬菜做饭,与客同食,郭赞道:"你真是个有孝心的人!"后终于成了一个有学问的人。

九　佳

禹钧五桂

（见《新五代史·窦禹钧传》）

五代后周窦禹钧重视家教，五个儿子相继登科，号为窦氏五龙，同代诗人冯道送诗一首："燕山窦十郎，教子有义方，灵椿一株老，丹桂五枝芳。""五子登科"指此事。

王祜三槐

（见《宋史·王旦传》）

王祜，宋人，他曾在院中栽了三棵槐树，预言："我的子孙必有能做三公的。"后来他的儿子王旦果然在真宗朝为相，并建三槐堂。

同心向秀

（见《晋书·向秀传》）

向秀：魏晋之际人，"竹林七贤"之一，与嵇康，吕安志同道合，后嵇被杀，向秀写了一篇《思旧赋》，情真意切，以寄托哀思。

肖貌伯楷

（见《太平御览》）

伯楷：张伯楷，唐人，与张仲楷孪生。肖(xiào)：像。仲楷娶妻，妻梳妆出来见到伯楷说："你看我打扮得好不好呢？"伯楷连忙说："我是伯楷呀！"仲楷妻羞惭地躲开了。为让旁人辨得出来，二兄弟特意穿颜色不同的衣服。

袁闳土室

（见《后汉书·袁闳传》）

袁闳：汉代人，陈蕃荐他可任三公，桓帝以安车征召。东汉朋党之祸后，陈蕃被害，袁便筑土室，藏身蜗居了18年，谢绝会见一切客人，早晚都在土室中向母亲礼拜，兄弟妻子不得见，后死于土室。

羊侃水斋

（见《南史·羊侃传》）

羊侃：南北朝梁人，性豪侈，赴任衡州时，曾在两只错开的小船间造起三间通梁水斋，用锦绣作围屏，其中列歌女乐工，置酒宴，乘潮解缆，随波泛舟，岸边围观者无数。

敬之说好

（见《唐诗纪事》）

敬之：杨敬之，唐人。项斯善写诗，杨雅爱其诗作，赠诗道："几度见君诗尽好，及观标格胜于诗。平人不解藏人善，到处逢人说项斯。"后以"说项"言为人扬誉、说情。

郭讷言佳

（见《尚友录》）

郭讷：晋人，常到洛阳听歌舞戏曲，

回来后便夸说唱得真好。石季伦问他唱的什么曲子，他说不知道。石讥笑道："你根本不懂曲，怎知唱得好呢？"郭答："譬如见西施，何必要先识其姓名，然后才知其美呢？"

陈瓘责己
（见《野老纪闻》）

陈瓘(guàn)和范祖禹同舍而居，因语及颜子不迁怒不贰过，范说："惟伯淳先生能之。"陈问："伯淳是谁？"范默然良久，说："君乃不知有程伯淳乎？"陈谢曰："生长东南，实未知之。"后陈常以寡陋为愧。伯淳：程颢。

阮籍咏怀
（见《晋书·阮籍传》）

阮籍容貌奇异，志气宏放，写诗做文思虑敏捷，率尔便成，作《咏怀诗》82首，为世所重。人称其体为正始体。

十 灰

初平起石
（见《神仙传》）

初平：黄初平，又叫赤松子，晋人。相传十五岁时，去放羊，遇道士，引他入金华山石室中，四十多年没有回家。其兄初起在山林中到处找寻，终于见了面，兄问："你的羊呢？"弟说："在山的东面。"兄到山东但见满山白石，初平在山只大声喝道："羊起！"于是白石变成了数万只羊，兄大为折服，也跟弟弟学道了。

左慈掷杯
（见《抱朴子》）

左慈，三国时方士。有一天，曹操宴请宾客，提出要吃松江的鲈鱼。左用铜盘贮水，从盘中钓出松江鲈鱼，举座惊叹。又以箸划杯中，酒杯断，一半给曹操，一半掷屋栋之上，似飞鸟。曹想杀他，他逃入壁中。

名高麟阁
（见《汉书·苏健传附苏武》）

麟阁：麒麟阁，内有汉代功臣像。后多以"麒麟阁""麐阁"表示建立了卓越的功勋或获得最高荣誉。

功显云台
（见《汉书·朱祜等传论》）

云台：汉在洛阳南宫修的宫殿，画了32名功臣图像。

朱熹正学
（见《宋史·朱熹传》《宋元学案》）

朱熹发展二程理气说，建立了一个完备的理学体系，世称程朱学派，明、清两代被视为儒学正宗；日本德川时代"朱子学"也颇为流行。

苏轼奇才

（见《随手杂录》）

嘉佑中，苏轼为翰林学士，召对便殿，宣仁太后说："先帝每诵卿文章，必叹曰奇才！"苏轼感泣失声。

渊明赏菊

（见《艺文类聚》等）

陶渊明《饮酒》诗其一有"采菊东篱下，悠然见南山"句。

和靖观梅

（见《林和靖诗集》）

宋诗人林和靖梅妻鹤子，咏梅诗中有"疏影横斜水清浅，暗香浮动月黄昏"句。

鸡黍张范

（见《后汉书·独行传·范式》）

张：张劭；范：范式。汉代人，二人交好，分手时相约两年后范去拜见张母。到了约定的日子，张对母说："准备鸡黍，招待范式。"母亲说："千里之外，两年前的期约，哪有那么准呢？"张说："范巨卿（式）是讲信用的人，一定会如期而至。"范果如约而来，升堂拜见张母，尽欢而别。

胶漆陈雷

（见《后汉书·独行传·雷义》）

陈：陈重；雷：雷义。汉代人。州刺史荐雷为茂才，他非让给好友陈重不可，刺史不允，他就装疯披发出走，不应命。后与陈同举孝廉，同拜尚书郎，时人赞道："胶漆自谓坚，不如陈与雷。"

耿弇北道

（见《后汉书·耿弇传》）

耿弇（yǎn）：东汉人，汉光武兵至邯郸，耿进谒。后跟光武北至蓟州，闻邯郸兵方到，部下都说："就是死也要死在南方，怎么往北走钻到人家口袋里呢？"光武指着耿说："他是我的'北道主人'呀。"后平定齐国。光武又说："将军前在南阳，建北大策，当时部属不理解，常以为落落难合。有志者事竟成呵！"

僧孺西台

（见《尚友录》）

僧孺：牛僧孺，唐人，官拜西台。西台：中书省。

建封受贶

（见《尚友录》）

建封：张建封，唐人。贶（kuàng）：赠，赐。张未发迹时，尚书裴宽罢郡守西归，天色晚，系舟岸边，见一人坐树下，衣服破旧。裴与之交谈之下，大为惊奇，说："以君之才，哪能一直贫穷。"把船及船上的财帛奴婢都送给了他。张也不谦让，上船，把凡是怠慢的奴婢鞭打一顿。

后果拜徐、泗、濠节度使。

孝基还财

（见《厚德录》）

张孝基娶同村一富女。富户有子不成器，被赶了出去。富人临死时把全部财产留给了张。这时富户子已沦为乞丐。张问他能种菜园吗？他说能；又问他能管仓库吗？也说能。都干得很认真，张于是把全部财产归还了他。

准题华岳

（见《尚友录》）

准：寇准，宋人。华岳：西岳华山。寇小时聪明，8岁时吟《华山诗》，有云："只有天在上，更无山与齐。"老师对其父说："令郎如此胸襟，怎会不为宰相？"

绰赋天台

（见《世说新语》）

绰：孙绰，东晋人。听人说天台山神秀可以长住，便请画工画了一幅天台景色画。他看画解意，遥为《天台赋》，写成后，给范荣期看，说："你试着扔到地上，会发出金石声来的。"

穆生决去

（见《野客丛书》）

穆生：汉代人，曾与楚元王、申公同学《诗》于浮丘伯。后元王为中大夫，穆生不喜酒，元王置酒，常为生设醴。元王死，他的儿子即位，初也设醴以待，后忘设，穆说："醴酒不设，王之意怠。"遂称病辞去。

贾郁重来

（见《尚友录》）

贾郁：五代人。为仙游主簿届满，走时见一小吏在公务时间醉酒，便说："我若再来，定要治你以渎职。"小吏不以为然。后贾郁果复任仙游主簿，发现前醉吏盗窃国库铜钱，遂将其正法。

台乌成兆

（见《汉书·朱博传》）

朱博，西汉御史大夫。家中列种柏树，有乌鸦数千栖息其上，晨去暮来，号曰朝夕乌，后称御史台为"乌台"或"乌府"。

屏雀为媒

（见《新唐书·太穆窦皇后传》）

窦毅：北周人。其女极聪明，读《列女传》过目不忘，窦常说："此女有奇相，目识不凡，何可妄与人？"乃使人在屏风上画两孔雀，暗中约定，射中孔雀眼睛者则娶此女。射者数十，皆不中。李渊（唐高祖）最后射，各中一目，遂娶之，为窦皇后。

平仲无术

（见《宋史·寇准传》）

平仲：寇准。张咏与寇关系密切。张

在成都时听说寇要为相，便说："寇公奇才，可惜学术不足。"后张咏从成都回，老友重逢，十分愉快。临别，寇问张有何见教，张说："《霍光传》不可不读。"寇到家立即找出《汉书·霍光传》，从头读到尾，才发现"光不学无术"一句，恍然大悟，笑着说："此张公谓我矣！"

安道多才

（见《宋史·张方平传》）

安道：张方平，宋人。家贫无书，借人"三史"，十天便读完归还，说："我已得其详。"凡书皆一阅不再读，宋绶、蔡齐以为天下奇才。

杨亿鹤蜕

（见《宋名臣言行录》）

杨亿：宋名儒，相传其母生亿时，梦丹衣人自言武夷君托化，既诞，则一雏鹤。全家惊骇万分，将其弃于江。他叔父有胆识，说凡特殊人物都"其生必异"，追至江边，打开一看雏鹤已蜕为婴儿，身上有尺长细毛，月余才落。

窦武蛇胎

（见《后汉书·窦武传》）

窦武：东汉人，出生时有一蛇同产，只好将蛇送到林中。后其母去世，葬时有蛇从林中出，以首触枢，涕血皆流，十分哀痛的样子，过了许久才离开。

湘妃泣竹

（见《列女传》）

舜南巡死于苍梧，娥皇、女英二妃往寻，泪染青竹，竹上生斑，后称湘妃竹。

钼麑触槐

（见《左传·宣公二年》）

钼麑(chú ní)：春秋晋力士。晋灵公不君，赵盾多次直谏。灵公竟派钼麑往杀之。麑清晨前去，见赵盾盛服将朝，由于起来过早，便坐而假寐。麑退而叹道："不忘恭敬，民之主也；杀民之主，不忠；弃君之命，不信。有一于此，不如死也。"触槐而死。

阳雍五璧

（见《搜神记》）

阳雍伯，汉代人，在门口设义饮给行人饮，三年。一天，一就饮人给他一斗石子，让他于高平好地有石处种之，说玉当生其中；阳尚未娶，那人又说："汝后当得好妇。"阳乃种其石，数岁，玉生石上。向徐氏女求婚，徐戏言曰："得白璧一双来，当允婚。"阳至种玉处，得白璧五双，以聘，娶徐氏。其种石处，后称"玉田"。

温峤一台

（见《世说新语·假谲篇》）

温峤姑母有一女。姑托温择婿，温

说:"佳婿难得,像我这样的人如何呢?"姑母答道:太好了,我早就巴不得呢。"后温送给姑母一件玉镜台为聘礼,不久便与表妹成亲了。

十一 真

孔门十哲

(见《旧唐书·礼仪志》)

孔子祭典,有孔门十贤徒列侍于侧,称"十哲"。

殷室三仁

(见《史记·殷本纪》)

殷纣王时,朝中有三位大贤:微子、箕子、比干,孔子称他们为"三仁"。

晏能处己

(见《世说新语·夙慧篇》)

晏:何晏。七岁时何晏就聪明过人,因其在曹府长大,曹操想收养为子。何在地上画一个方框,自己站在里面。别人问这是什么意思,他说:"这是何氏的房子呵!"曹操明白了他的心意,就送他回了何家。

鸿耻因人

(见《太平御览》)

鸿:梁鸿,汉代人。小时失双亲而独居,不与人同食,邻居先做得了饭菜,招呼他趁锅灶还热来做饭。梁说:"我不是借人余热的人。"便灭了灶重新生燃。

文翁教士

(见《汉书·循吏传·文翁》)

文翁:西汉人,景帝时任蜀郡太守,在成都设立官学,以司马相如、张叔等为教师,招收属县子弟入学,入学者可免除徭役,成绩优异者聘为郡吏。武帝时下令全国仿此制。

朱邑爱民

(见《汉书·循吏传·朱邑》)

朱邑:汉代人,为政清廉。得病将死时,对其子说:"我原是桐乡吏,民实爱我。我死后必葬桐乡,后世子孙祀奉我者不如桐乡民。"朱死后其子葬其桐乡西郊外,民立祠祀之。

太公钓渭

(见《史记·齐太公世家》)

太公:姜尚、吕望、姜子牙。早先十分贫困,年八十仍在渭水边钓鱼,得一块玉,上刻:"周受命,吕佐之。"后以太师辅佐周武王灭殷,封于齐。

伊尹耕莘

(见《史记·殷本纪》)

伊尹,殷贤相,奴隶出身,耕于莘(shēn)野。后助汤攻灭夏桀。太甲即位，怠于政事，被伊尹放逐于桐，三年后迎归。

皋惟团力

（见《新唐书·太宗诸子·李皋》）

皋：李皋，任江西道节度使时，教习所部以秦兵团力法，联其赏罚，弛张如一。他的军队训练有素，多有战功。

泌仅献身

（见《邺侯家传》）

泌：李泌。一年端午，文武百官纷纷向唐代宗进贡奇珍异玩，独李不献。代宗问其故，李答："臣从头巾到鞋履，都是陛下所赐，所余仅一个身子了。而此身早属陛下。"代宗顿悟。

丧邦黄皓

（见《三国志·蜀志》）

黄皓：三国蜀宦官，善于逢迎，百般教唆后主刘禅寻欢作乐、为非作歹、屏逐姜维，致使魏灭蜀。

误国章惇

（见《宋史·奸臣传》）

章惇（dūn）：宋大臣，参与王安石新法，后为相，恢复了被废止的新法，被司马光派视为误国。

鞅更秦法

（见《史记·商君列传》）

鞅：商鞅，在秦主持变法达20年之久，秦因此国富民强，称霸诸侯，为统一天下奠定了基础。

普读鲁论

（见《宋史·赵普传》）

普：赵普，宋相。鲁论：《论语》。赵普少学军事，寡学术，太祖常劝以读书。晚年手不释卷，每回家，闭门读书竟日。次日临政，处决如流。死后，家人查他所读书，是《论语》二十篇。曾有语曰："臣以半部论语佐太祖定天下，以半部佐太宗定天下。"

吕诛华士

（见《韩非子·外储说上》）

吕：吕望。齐有华士，立议不敬天子，不友诸侯，不事仕而事力，吕望至营丘，使吏执而杀之。

孔戮闻人

（见《孔子家语》）

孔：孔子。闻人：指少正卯。少与孔子观点相左，孔子为鲁相七日而诛之。

暴胜持斧

（见《尚友录》）

暴胜：暴胜之，西汉人，汉武帝任其为直指使者，着绣衣，持金斧，去治安不好的泰山琅玡等地，惩治贪官污吏。

中华蒙学精华

张纲埋轮

（见《后汉书·张纲传》）

张纲：汉代人。顺帝派八名大臣巡察州郡，惩恶扬善，七人为知名宿儒，都赴任，唯张纲年少，官次最微，他埋其车轮于洛阳都亭，说："豺狼当道，安问狐狸！"遂劾大将军梁冀及其弟河南尹梁不疑罪恶十五事，京师为之震惊。

孙非识面

（见《尚友录》）

孙：孙抃，宋人。举荐吴敦复、唐介为御史，从未见过二人，后二人都以刚直耿介闻名。

韦岂呈身

（见《新唐书·韦贯之传附韦澳》）

韦：韦澳，唐人，为官十年不升。御史中丞曾暗示他拜在自己门下以获升迁，韦说："恐无呈身御史。"坚守清名。

令公请税

（见《晋书·裴楷传》）

令公：裴楷。晋武帝时，裴令权倾当时的梁王、赵王每年交租钱数百万于国家，以补恤国中贫者。有人说他太过分了，他说："损有余补不足，天之道也。"不改初衷。

长孺输缗

（见《宋元学案》）

长孺：杨长孺，宋人。缗（mín）：成串铜钱，每串千文。为广东经略时，将自己的俸钱代贫户交租。宋宁宗问当世廉吏，人说杨长孺。

白州刺史

（见《纂异记》）

指薛稷，唐大臣。善书法、绘画，画鹤犹生动，时称一绝。

绛县老人

（见《左传·襄公三十年》）

绛县：在今山西侯马市东北。鲁襄公三十年晋悼公夫人赐役卒饭，绛县有一老而无子者也去就食，别人怀疑他早过了服役年龄，问他，他说："我是下等人，不记年龄，只记得正月初一甲子日生日，已过了445个甲子日零20天。"后经师旷推算，老人已七十三了。后以"绛老"泛指老年人。

景行莲幕

（见《南齐书》）

景行：庾杲（gǎo）之，南齐人，出为王俭卫军长史。肖缅与王俭书曰："盛府元僚，实难其选，庾景行若绿水芙蓉，何其丽也。"时人称莲花幕。

谨选花裀

（见《开元天宝遗事》）

谨选：即许慎，唐人，以文会友，在自己花园里和朋友欢宴，不张幄帐，不设桌椅，只让仆人们聚落花铺地，说："我自有花裀，何须坐具！"

郗超造宅

（见《世说新语·栖逸篇》）

郗超：东晋人，喜交游，每闻高尚隐退者，就筹资百万为之造住宅，曾为名画家戴逵造宅，极其壮观。

季雅买邻

（见《南史·吕僧珍传》）

宋季雅在吕僧珍家旁买了一所住宅，吕问房价，他说："一千万。"吕认为太贵，他说："一百万买宅，一千万买邻。"后吕举荐宋为壮武将军、衡州刺史。

寿昌寻母

（见《宋史·孝义传·朱寿昌》）

寿昌：朱寿昌，北宋人。他7岁时，其父把已有身孕、侍妾身份的母亲嫁给他人，从此不知下落。朱辞官不做，千里寻母，刺血写《金刚经》，终于在蜀中找到分别50年的母亲。苏轼曾以诗相贺。

董永卖身

（见《搜神记》）

董永：相传为后汉人，自幼丧母，独养父。父死无力葬，遂卖身为奴，以供丧事，守丧3年后，欲赴奴职，途遇天女，结为夫妻，助董赎身。黄梅戏《天仙配》本此。

建安七子

（见《典论·论文》《三国志·魏书》）

建安：汉献帝年号。这一时期诗歌志深而笔长，梗概而多气，后人称"建安风骨"，代表诗人除三曹外，另有孔融、王粲、陈琳、徐干、阮瑀、应玚、刘桢，世称"建安七子"。

大历十人

（见《新唐书·艺文·卢纶传》）

大历：唐代宗年号。卢纶、吉中孚、韩翃、钱起、司空曙、苗发、崔峒、耿湋、夏侯审、李端等10诗人号为"大历十才子"。

香山诗价

（见《新唐书·白居易传》）

香山：白居易。他的诗是鸡林（新罗，今朝鲜）商人的抢手采购品，据他们说，回去卖给他们的宰相，一金换一篇。

孙济酤缯

（见《苍梧杂志》）

孙济：东汉人，好喝酒，家财挥霍殆尽，屡屡欠酒钱而被人讥笑，却毫无愧色，还常对人说："寻常行坐处，欠人酒债，想出卖这身旧袍子还可抵债呢！"

令严孙武

（见《史记·孙子吴起列传》）

孙武：春秋时著名军事家。吴王选180个宫女让孙武试演兵法。孙令其排两队，以吴王二宠姬为各队队长，都执着戟。他说明要求后发出命令，宫女们却嘻嘻哈哈不听将令，孙便令斩二宠姬首。再发鼓号，进退左右，皆合乎法度。吴王知其能用兵，用为将。

法变张巡

（见《新唐书·忠义传·张巡》）

张巡：唐名将。用兵不拘守成法，而强调随机应变。有人问其缘由，他说："古代人情淳朴，故军有前后左右，而统帅居中，三军可以望见，以统一进退，现在敌人是善骑战的胡人，能奔驰突击，时而云合，时而鸟散，变化百出。所以我让兵识将意，将知兵情，上下相知，人自为战。"

更衣范冉

（见《后汉书·独行传·范冉》）

东汉范冉能洁身自好，甘于贫苦。

少时与同郡尹包相交，由于贫穷，外出办事两人合穿一件衣服，去时尹包穿，返回时范冉穿。

广被孟仁

（见《三国志》注引《呈录》）

孟仁：三国时人，少时从李肃学，同学多贫穷，其母作厚褥大被，人问其故，母说："小儿没有招揽宾客的修养，而同学又多贫穷，所以做一床大被，也好让别人沾点温暖呵！"

笔床茶灶

（见《新唐书·隐逸传·陆龟蒙》）

唐文学家陆龟蒙与诗人皮日休相唱和，人称"皮陆"。陆贫无所依，饥饿不堪，食茶充饥。自设篷席，茶灶笔床，浪迹江湖，自号"江湖散人""天随子"等。

羽扇纶巾

（见《三国志·诸葛亮传》）

纶（guān）巾：用丝带做的头巾。诸葛亮和司马懿在渭水作战，诸葛乘素舆、戴纶巾、执羽扇，指挥三军，调节有度，司马叹道："真名士也！"

灌夫使酒

（见《史记·魏其武安侯列传》）

灌夫：西汉人，为人刚直不阿，任侠好使酒，家财千万。他和魏其侯窦婴要好,窦置酒请丞相田蚡,灌为田侵夺窦的田产鸣不平,使酒骂座,得罪田,后为所劾,以不敬罪族诛。

刘四骂人

（见《新唐书·刘子翼》）

刘四:刘子翼,唐人,性耿直,常当面说朋友、同事的短长,不在背后说人坏话。李百药曾对人说:"刘四虽复骂人,人都不恨。"

以牛易马

（见《晋书·元帝纪》）

传司马懿在世时,有《玄石图》,上写"牛继马后"的谶语,此后,便深忌姓牛的人。有一次,设计毒死了部将牛金。但王妃夏侯氏和姓牛的小吏私通,生司马睿,是为司马懿曾孙,后即帝位,应了牛易马的谶言。

改氏为民

东汉的民仪,本姓氏,在吴做官,孔融笑道:"氏字民无上,可改为民。"

圹先表圣

（见《新唐书·卓行传·司空图》）

圹(kuàng):唐代司空图给自己预先挖好墓穴,在其中待客,赋诗对饮。有人责备他,他反倒指责别人心胸不豁达,不能视死生为一致。

灯候沈彬

（见《尚友录》）

唐人沈彬临终指葬地以示家人,挖穴得石莲花灯三盏,有铜牌篆文:"佳城今已开,虽开不葬埋,漆灯犹未灭,留待沈彬来。"

十二 文

谢敷处士

（见《世说新语》注引《续晋阳秋》）

谢敷:晋隐士。一次,月犯少微星,即处士星,占相术士认为不久要死一名士。大家都以为戴逵将死,但死的却是谢敷。人们就说:"吴中有高士,求死不得死。"

宋景贤君

（见《史记·宋微子世家》）

宋景:宋景公,春秋宋国君。有一次火星位于宋的分野,不祥。景公问星师如何是好,星师答:"可移祸给宰相。"景公说:"宰相是我的重臣,怎能祸延及他?"星师说:"可移祸于百姓。"景公说:"君该厚待百姓啊!"星师又说:"那就移祸于年景吧!"景公说:"荒年百姓困苦,我又做谁的君主呢?"星师说:"君有如此仁慈至德之言,火星必退。"当晚火星果然退出宋的分野。

景宗险韵

（见《南史·曹景宗传》）

景宗：曹景宗，南朝梁人。破魏军凯旋，武帝设宴光华殿，宴饮连句，令沈约赋韵，曹不得韵，意色不平，起求赋诗。帝说："你使能甚多，人才英拔，何必止在一诗。"曹已醉，求作不已。时只剩"竞""病"二字，便以此为韵立作一诗："去时儿女悲，归来笳鼓竞。借问行路人，何如霍去病。"举座叹服。

刘辉奇文

（见《梦溪笔谈》）

刘辉：宋人。作文好为险怪之语，学者效之，而欧阳修深以为患，主考时以朱笔自首至尾涂刘文，大批一个"谬"字。后数年，刘以刘几名应试，其文为欧阳修赞赏，撰为第一，及唱名，乃刘辉，欧阳修愕然。

袁安卧雪

（见《汝南先贤传》）

袁安：东汉人。一年大雪，积丈余深，洛阳令出府巡行，见人家皆除雪出，有讨食的。到袁门前，雪没扫，也没行迹，以为袁已死。令人扫雪入户，见袁冻僵了躺着，问他为什么不外出，他说："大雪天许多人都饥饿，不好再去打扰别人！"

仁杰望云

（见《新唐书·狄仁杰传》）

狄仁杰偶登太行山，见白云孤飞，说："我的双亲都在河南，那白云下面啊！"徘徊良久，直到彩云飘走，他才归去。

貌疏宰相

（见《宋史·王钦若传》）

指北宋王钦若，他相貌疏瘦，颈有疣，为人奸邪。

腹负将军

（见《五总志》）

民间传说，某大将军食饱抚腹："我不负你呵！"左右说："将军不负此腹，此腹负将军，未尝少出智虑之万一。"

梁亭窃灌

（见贾谊《新书》）

相传战国梁大夫宋就曾为边境县令，与楚邻。两国边亭都种瓜，梁人勤灌溉，瓜长得好，楚人嫉妒，偷偷扰乱。梁人想报复，宋不许，让梁人晚上偷偷去为楚灌溉，使他们的瓜也长得好。楚王知道后，用钱物答谢，并与梁结好。

曾参误耘

（见《孔子家语》）

曾参：孔子弟子。一次耕瓜地，误伤了瓜根，其父用大杖打得他仆倒在地，半天才苏醒。孔子知道后，还训斥他不该束手挨父亲的大杖，以免被打死反使父亲落于不义的境地。

张巡军令

（见《新唐书·忠义传·雷万春》）

张巡守雍丘，偏将雷万春与敌将令狐潮对话时，伏兵连发六箭中雷的面部，雷一动不动，令狐潮疑为木刻人，后间谍侦知确是雷万春，乃大惊，遥向张巡说："向见雷将军，可见你军令严明啊！"

陈琳檄文

（见《三国志·陈琳传》注引《典略》）

陈琳：汉末人，初为袁绍典文笔，曾作檄骂曹操，后归曹。曹不咎既往，使管记室，军国书檄，多出其手。一次，曹犯头风病，卧读陈写的檄文，翕然而起，说："此文能治我病。"

羊殖益上

（见《说苑》）

羊殖，春秋晋大夫。赵简子问成博："听说羊殖是贤大夫，他品行如何呢？"成答："他十五岁时廉洁而不隐瞒自己的过失，二十岁时仁而讲义，三十岁时勇而善仁，五十岁能使远者归之。"赵说："真是贤大夫啊！总是越变越好！"

宁越弥勤

（见《吕氏春秋》）

宁越，战国赵人，发愤读书，别人休息，他不休息；别人睡觉，他少睡，15年后成了周威王的老师。

蔡邕倒屣

（见《三国志·魏志·王粲传》）

蔡邕(yōng)：东汉人。一次，博学多识的王粲来访，蔡十分高兴，倒屣(xǐ，鞋)相迎。王尚年少，身材也矮小，进门后一座皆惊。蔡说：这是位奇才，我自愧不如，将来所藏书都可赠他。

卫瓘披云

（见《晋书·乐广传》）

卫瓘(guàn)：西晋人，曾赞乐广："他是人中之水镜，见他，犹如拨开云雾见青天。"

巨山龟息

（见《芝田录》）

巨山：李峤，唐人。相传他几兄弟三十岁就死了。母亲忧虑，向裴天罡问李峤寿，裴说："神清气秀，故不能长寿。"又要求与李同床而睡，发现李鼻息乃由耳出，便向李母贺喜："他鼻息像龟一样，必将不贵大寿。"

遵彦龙文

（见《南史·杨愔传》）

遵彦：杨愔(yīn)，南北朝人，6岁受史书，11岁受《诗》《易》《左传》。从兄说："此儿驹齿不落，已是吾家龙文骏马。更十年，求之千里之外。"

十三 元

傲倪昭谏
（见《唐才子传》）

昭谏：罗隐，唐诗人，少即负盛名，性格傲岸不群，议论时政，讥讽公卿，故十考进士不中，遂改名为"隐"。著《谗书》。

茂异简言
（见《宋诗纪事》）

简言：吴简言，宋人，才智茂异。相传一次经巫山神女庙，题诗一首："惆怅巫娥事不平，当时一梦是空戎。只因宋玉闲唇吻，流尽长江洗不清。"当夜神女前来致谢："君诗雅正，当以顺风相谢。"明日登船，一路顺风。

金书梦珏
（见《太平广记》）

珏(jué)：李珏，唐人。有一天他梦入洞府，见石壁藏有金书，姓名中有李珏，不胜欢喜，有两小童出来对他说："这是指另一个平民李珏啊，他为商不求发财，只求奉养父母，将活一百多岁。"

纱护卜藩
（见《太平御览》）

藩：李藩，唐人，宪宗时相。据说他曾问卜于葫芦生，生说："你是纱笼中人。"李不解其意，后有新罗僧人对他说："凡位当宰相者，冥司必暗中以纱笼护其名姓，恐为异物所害。"

童恢捕虎
（见《后汉书·循吏传·童恢》）

童恢，东汉人。相传一农夫被虎吃了，童命人捕获两只老虎，对它们说："论王法杀人者必处死。你们吃人者低头认罪，没吃人者叫一声。"一老虎低头瞑目，似有愧色；另一只哀叫一声。于是杀一只，放一只，吏民称颂。

古冶持鼋
（见《晏子春秋·谏下》）

古冶：古冶子，春秋齐力士。从景公渡河，鼋(yuán)衔一马入水，古仗剑追去，逆流百步，顺流九里，至于砥柱之下，左手持鼋头，右手挟马，如燕雀一跃而出水面，仰天大叫，随之河水便倒流三百步。

何奇韩信
（见《史记·淮阴侯列传》）

何：萧何。他了解了韩信的卓越才能，便向刘邦荐举，不为所用。韩就逃跑了。萧月夜下将其追回，又向刘邦力荐，乃拜韩为大将，击败项羽，建立了汉。

香化陈元
（见《后汉书·循吏传·仇览》）

香：仇(qiú)览，东汉人。任蒲亭长

时,陈元母告陈不孝,仇说:"你守寡养这么一个儿子,怎忍心让他受法律制裁呢!"又到陈家去给陈元讲孝顺老人的道理,后陈元居然成了孝子。化:开导,点化。

徐干中论

徐干:建安七子之一。曹丕说:"徐干抱文怀质,恬淡寡欲,有箕山之节,可谓彬彬君子。"著有《中论》。

杨雄法言

(见《汉书·杨雄传》)

杨雄仿《论语》体作有《法言》。

力称乌获

(见《史记·秦本纪》)

乌获:战国秦力士,力能扛鼎,与力士任鄙、孟说同为秦武王宠用。

勇尚孟贲

(见《孟子·公孙丑上》)

孟贲(bēn):齐勇士。能生拔牛角,水行不避蛟龙,陆行不避兕虎。

八龙荀氏

(见《后汉书·荀淑传》)

荀淑有八子皆有名,时人称为"八龙"。

五豸唐门

(见《小学绀珠》)

豸(zhì):引申为御史,宋代唐肃祖孙五人相继任御史,人称"一门五豸"。

张瞻炊臼

(见《酉阳杂俎》)

江淮有王生善卜,有个叫张瞻的客商回家前做了一梦,梦见自己用臼做饭。向王生问吉凶,王说:"臼中炊,没有釜(锅,谐音"妇"),你回去见不到妻子了。"果然张妻已亡。

庄周鼓盆

(见《庄子·至乐》)

庄子妻死了,惠子来吊唁,庄子正箕踞鼓盆而歌。后人称丧妻为"鼓盆之戚"。

疏脱士简

(见《南史·张率传》)

士简:张率,南朝梁人,嗜酒疏脱。任新安太守时,派家僮运米三千斛回家。途中耗失大半,问其原因,家僮说是麻雀、老鼠偷吃了。张感叹说:"真厉害的雀、鼠啊!"竟不再追究。

博奥文元

(见《朝野金载》)

文元:萧颖士,唐人,博学多才。他有一仆名杜亮,常无故遭萧笞打,有人劝杜离去,杜说:"我岂不知?只是爱其

才学博奥,才恋恋不去啊!"

敏修未娶

(见《尚友录》)

敏修:陈敏修,宋人,进士中第时年七十三,未娶,皇帝便把三十岁的施氏嫁给他,陪嫁十分丰厚,当时人说:"新人若问郎年纪,五十年前二十三。"

陈峤初婚

(见《尚友录》)

陈峤:宋人,60岁进士及第。一书香大户将女儿许配之,合卺之夕,有人作诗:"彭祖尚闻年八百,陈郎犹是小孩儿。"

长公思过

(见《汉书·韩延寿传》)

长公:韩延寿,西汉人。任左冯翊时巡察高陵,有兄弟争田。韩为之悲伤,自责道:"为郡表率,不能宣明教化,致使有骨肉争田,责任在我!"闭门思过。争讼者闻而惭愧,愿以田相让,终死不敢争讼。

定国平冤

(见《汉书·于定国传》)

定国:于定国,西汉大臣,审慎决断,从轻发落疑案,哀恤鳏寡,治狱公平,宽简,曾为东海孝妇平冤。

陈遵投辖

(见《汉书·游侠传·陈遵》)

陈遵:西汉人,性好客。辖:固定车轮的销钉。他为了留客,常把客人所乘车的车辖丢到井里,使客人不得归。

魏勃扫门

(见《史记·齐悼惠王世家》)

魏勃,汉代人,欲见齐相曹参,贫,无以通报,乃早起扫齐门宅,门人怪而问之,答道:"愿见相君,无有瓜葛,故为扫门,藉门自通。"因此得见曹,被荐为齐内史。后世以"扫门"作求谒权贵讲。

孙琏织屦

(见《宋李忠义录》)

孙琏,宋人,家贫,爱读书,淡泊明志,躬耕织屦(用麻、葛而成的鞋)度日,享年百岁。

阮咸曝裈

(见《世说新语·任诞篇》)

阮咸:"竹林七贤"之一,阮籍侄。曝(pù):晒。裈(kūn):裤子。阮咸居道南,其他阮姓家族住道北,北阮富,南阮贫。七月七日,道北阮氏晒衣服,都是纱罗锦绮,道南阮咸用竹竿挂大布犊鼻裤于庭,说:"未能免俗,做个样子吧!"

晦堂无隐

（见《罗湖野录》）

晦堂：宋僧，与黄庭坚友善。黄不能理解《论语》中孔子所说："吾无隐乎尔"，便去请教晦堂。当时暑退凉生，秋香满院，晦堂问："你闻到木樨香了吗？"黄答："闻到了。"晦堂说："这就是'吾无隐乎尔'了。"黄欣然领悟。

沩山不言

（见《景德传灯录》）

沩(wěi)山：唐灵祐和尚。香岩禅师未出家时，参见沩山禅师，沩山欲激发其灵光，说："吾不问汝平生学解及经卷册上记得者，汝未出胞胎，未辨东西时，本分事，诚道一句来。"香岩不解，沩山亦不言。香岩告辞，路过南阳时芟除草木，偶然抛瓦砾击竹发出声响，忽然醒悟。便沐浴焚香，遥拜沩山，赞道："和尚大慈，恩逾父母，若为说破，今日何有。"

十四 寒

庄生蝴蝶

（见《庄子·齐物论》）

庄子梦见自己变成了一只蝴蝶，一觉醒来，发现自己是庄子。但醒来亦是梦着。不知是庄子梦见自己变成了蝴蝶，还是蝴蝶梦见自己变成了庄子。

吕祖邯郸

（见《枕中记》）

吕祖：吕洞宾，八仙之一。卢生过邯郸遇吕，便叹自己贫困，吕给他一个枕头，说卢睡着就可得到荣华富贵。这时店主正煮黄粱饭。卢生枕着枕头在梦中经历了种种荣华富贵，醒来才发现黄粱饭还没煮熟。"一枕黄粱"本此。

谢安折屐

（见《晋书·谢安传》）

东晋谢安与人对弈时，收到淝水之战的捷报，但不动声色，依然下棋，旁人问他，他轻描淡写地说："小儿辈已破贼。"棋下完后，过房门时，他终于按捺不住喜悦，把木屐的齿都给碰掉了。"折屐"后人用以说狂喜。

贡禹弹冠

（见《汉书·王吉传》）

贡禹：西汉人，好友王吉为刺史后，贡弹冠相庆，等待王举荐自己。后世以"王阳(吉)在位，贡禹弹冠"嘲讽依靠关系谋求官位的人。

颛容王导

（见《晋书·周颛传》）

颛(yǐ)：周颛，东晋大臣。王敦之乱，刘隗主张尽除王姓，周极言王导之忠，王导乃免。后王敦攻入建康问："周

颛怎么样？"王导没有回答,王敦遂杀周。后王导知周曾救过自己,追悔:"我虽不杀伯仁(周颛),伯仁因我而死。"

浚杀曲端

（见《宋史·曲端传》）

浚:张浚,宋大将。曲端,亦宋将,与夏金战皆有功。然性刚愎。张欲用之。吴玠与曲有矛盾,说用曲必不利于张,遂不用。王庶又以曲诗"不向关中兴事业,欲来江上泛渔舟"来指斥皇上,曲遂为下狱,绍兴元年死。

休那题碣

（见《国朝耆献类征》）

休那:姚康,明人,恬淡寡欲,惟好读书,不求仕进。70岁作诗自祭,有陶靖节风。自题墓碑:"吊有青蝇,几见礼成,徐孺子赋无白风,免得书称莽大夫。"76岁卒。

叔邵凭棺

叔邵,方叔邵,明人,善书法。一个夏天,他忽觉身体不适,遂自整衣冠,坐入棺中,从容写道:"千百年之乡而不去,争此瞬息而奚为? 无干戈剑戟之乡而不去,恋此枳棘而奚为? 清风明月如常在,翠碧丹崖我尚归,笔砚携从棺里去,山前无事好吟诗。"写罢就寝,遗嘱勿殓。

如龙诸葛

（见《尚友录》）

诸葛亮号卧龙先生。其兄诸葛瑾事吴,弟诸葛诞事魏,人说:"蜀得龙,吴得虎,魏得狗。"

似鬼曹瞒

（见《三国志·魏书·武帝纪》卢弼集解）

曹操小名阿瞒。苏轼祭诸葛亮文:"视亮如龙,视操如鬼。"

爽欣御李

（见《后汉书·李膺传》）

爽:荀爽,东汉人。李膺有高名,荀爽曾拜见李,并为之驾车,回家后,他高兴地说:"今日才得为李君驾车！"

白愿识韩

（见李白《与韩荆州书》）

白:李白。韩:韩会,任荆州刺史。李白在《与韩荆州书》称颂他:"白闻天下谈士相聚而言曰:'生不用封万户侯,但愿一识韩荆州'。"后世用"识荆"为初次见面的敬语。

黔娄布被

（见《高士传》）

黔娄:春秋齐人,守贫不迁。死时,布被不能蔽体,盖头则露脚,盖脚则露头。曾子对黔妻说,把被子斜盖如何?其妻说:"斜而有余,不若正而不足。先生以不斜之故，能至于此，死而斜之，非先生意也。"

优孟衣冠

（见《史记·滑稽列传》）

优孟：春秋楚人。楚相孙叔敖知其贤，与之交厚。孙死，其子贫困，优孟着孙衣冠，模仿其神态，往楚王前祝寿，王大惊，以为孙复生，欲以为相。优孟因讽谏，言孙为官廉洁，妻子贫苦不堪。王感悟，召孙之子，封于雍丘。

长歌宁戚

（见《吕氏春秋·举难》）

宁戚：春秋齐人，怀才不遇，隐于商贾。齐桓公外出，宁正喂牛，叩牛角而歌于康衢："南山烂，白石灿，生不逢尧与舜禅，短布单衣适至，从昏饭牛薄夜半，长夜漫漫何时旦。"公闻，命管仲迎为农官。

鼾睡陈抟

（见《宋史·隐逸传·陈抟》）

陈抟（tuán）：五代道人，初隐武当山，后移少华山，喜鼾睡，常百余日不起。

曾参务益

（见《说苑》）

曾参得病，二子在旁侍候。他说："我没有颜渊的才能，没有更多的道理告诫你们，但有一条'君子务益'你们要牢记：鸟以山为低，把巢筑在山顶；鱼鳖以滩为浅，而深挖其穴，最终都为贪食而被捕获。君子如能不以利害身，又哪儿会受侮辱呢？做官的往往有成绩后便懈怠，病往往在稍好后又加重，祸害由懒惰而生，孝道的衰微从妻、子开始啊。"

庞德遗安

（见《后汉书·逸民传·庞公》）

庞德：庞德公，东汉人，不为仕进，刘表问："先生居乡间不肯为官，以什么留传子孙呢？"庞答："世人皆留传下危害来，我却留传下安宁来，遗产不同，不能说我没给后世子孙留下些什么。"

穆亲杵臼

（见《后汉书·吴祐传》）

穆：公沙穆，东汉人。家贫，好读书，无钱入太学，便受雇为吴祐春米，吴与之交谈，才知他品学超人，遂结为知己。

商化芝兰

（见《史记·仲尼弟子列传》）

商：商瞿，春秋鲁人，孔子多次赞扬他："与善人居，如入芝兰之室，久而不闻其香，即与之化香。"

葛洪负笈

（见《晋书·葛洪传》）

葛洪，晋道士。他家穷得连篱笆墙

都没有，出入披荆排草，几次遭火灾，典籍都烧光了。他干脆闭门不出，绝少交往。但有疑问，则不远千里求教。常常背着书箱，借书抄写，砍柴卖了买纸笔以抄写背诵。笈(jí)：书箱。

高凤持竿

（见《后汉书·隐逸传·高凤》）

高凤：东汉人，贫而好学。一次家里晒麦子，高凤持竿赶鸡，天突然下暴雨，他持着竿子仍在背诵经书，麦子被雨水冲走了还不知道。

释之结袜

（见《汉书·张释之传》）

释之：张释之。任廷尉时，有次请客，来了个叫王生的老者，在院子里把袜子脱下再让张为他穿上，张便跪下为他穿上了袜子。有人问王生，他答："我年老力衰，名微言轻，不能给廷尉帮什么忙，这次不是可以给他增加贤名吗？"

子夏更冠

（见《汉书·杜钦传》）

子夏：杜钦，家富而盲一目。有杜邺与其同姓字，俱以才能著称。士大夫把杜钦叫做"盲杜子夏"，他讨厌别人以疾称己，乃戴小冠，人们遂叫他"小冠杜子夏"，杜邺叫"大冠杜子夏"。

直言唐介

（见《宋史·唐介传》）

唐介直言敢谏，他弹劾文彦博结交后宫，窃取相位。仁宗发怒，要处罚他。唐从容说："臣忠愤所激，鼎镬不避，何怕远谪！"

雅量刘宽

（见《后汉书·刘宽传》）

刘宽：东汉人，温仁多恕。要上朝时，一奴婢端肉汤出，洒在他的朝服上，他神色不异，慢慢说道："烫着你的手了吗？"又一次有人误把刘的牛当做自己的牛了，刘也不辨说，下车步行回家，过了一会儿那人找回了自己的牛，便来找刘还牛认错，刘反而慰问他。

捋须何点

（见《南史·何点传》）

何点：南朝梁人，与武帝有交情。帝赐鹿皮巾，欲拜何为侍中，何用手去捋武帝胡须，说："你想让我向你称臣吗？不干！不干！"终身不仕。

捉鼻谢安

（见《晋书·谢安传》）

谢安为布衣时，兄弟中已有富贵者。刘夫人对谢说："大丈夫不当如此吗？"谢掩鼻说："恐不免耳。"

张华龙鲊

（见《晋书·张华传》）

张华：西晋人。鲊（zhǎ）：腌鱼类，陆机送鲊给张华，张惊道："这是龙肉啊！"众人不信。张说："试以苦酒灌之，必有异。"以苦酒浇，五色光起，真龙肉也。

闵贡猪肝

（见《后汉书·闵仲叔传》）

闵贡：东汉人。家贫无钱买肉，每天仅买一片猪肝，屠夫嫌他寒酸，有时不愿卖给他。

渊材五恨

（见《冷斋夜话》）

渊材：彭渊材，宋人，平生喜游。常说平生有五恨：一恨鲥鱼多骨，二恨金桔带酸，三恨莼菜性冷，四恨海棠无香，五恨曾子固不能诗。

郭奕三叹

（见《晋书·郭奕传》）

郭奕：晋人。邀羊祜相见。初见后叹道："羊并不比我差。"便请羊暂住，再见之下叹道："羊比一般人高出多了。"羊祜离去时，郭送至百里之外，叹道："羊子比颜渊也不差啊！"

弘景作相

（见《南史·隐逸传·陶弘景》）

弘景：陶弘景，南朝齐人，隐于句曲山，皇帝每有吉凶征讨大事，无不咨请，人称其为"山中宰相"。

延祖弃官

（见《新唐书·元结传》）

延祖：元延祖，唐人，矢志不仕，常说："人生衣食温饱就行了，不宜再有更多的要求。"

二疏供帐

（见《汉书·疏广传》）

疏广：西汉人，其侄疏受。广任太子太傅，受亦任少傅；皆以病辞官，回乡之日，公卿大夫设供帐钱行，皆称是两位贤大夫。

四皓衣冠

（见《史记·留侯世家》）

秦末东园公、甪（lù）里先生、绮里季、夏黄公隐于商山，都八十多岁，时称"商山四皓"。刘邦想废太子更立，吕后便请四皓陪太子。刘邦见四人须眉皆白，衣冠甚体，觉得太子有这四人辅佐，羽翼已成，遂打消了更立太子的念头。

曼卿豪饮

(见《归田录》)

曼卿:石延年,宋人,喜痛饮,每至酒酣,披发跣(xiǎn)足,酒饮完有醋一斗并饮之。

廉颇雄餐

(见《史记·廉颇蔺相如列传》)

廉颇,战国赵将,因赵王任用乐乘,廉跑到魏国。后赵王想起用廉颇,就派人去魏。廉特意在使者前一顿吃一斗米、十斤肉,穿上铠甲,跨上战马,表示自己虽老仍健,可堪重任。但使者为人所收买,在赵王前说了廉的坏话,于是越王遂不用廉。

长康三绝

(见《晋书·顾恺之传》)

长康:顾恺之,晋画家,画人物,重点睛传神。当世称他才绝、画绝、痴绝。有《女史箴图》等作品。

元方二难

(见《世说新语·德行篇》)

陈宴与二子陈纪、陈谌时号"三君"。纪之子长文、谌之子孝光,各论其父功德,相争不决,只好求之于祖父。宴说:"元方(纪)难为兄,季方(谌)难为弟。"

曾辞温饱

(见《尚友录》)

曾:王曾,宋人,为布衣时曾说:"平生志不在温饱。"为《梅花》诗:"雪中未问调羹事,先向百花头上开。"

城忍饥寒

(见《新唐书·卓行传·阳城》)

城:阳城,唐人,隐居中条山,遇灾年,足迹不超过邻里,扫榆叶煮粥,讲学不停。有人同情他,给食物他不要,给糠则接受,后为谏议大夫,有直声。

买臣怀绶

(见《汉书·朱买臣传》)

买臣:朱买臣,西汉大臣。少贫好学,卖薪自给,其妻弃之另嫁。后任会稽太守,他着旧衣,胸怀印绶,步归故里,郡吏醋饮,都不理他。守门小吏见其印绶,乃知太守到,忙请守丞拜谒。

逄萌挂冠

(见《后汉书·逄萌传》)

逄(páng)萌:东汉人,往长安求取功名,王莽杀其子,逄说:祸将及我了,遂挂冠东城门上,携家浮海,客居辽东。后言辞官为"挂冠"。

循良优湛

(见《后汉书·优湛传》)

优湛:东汉人。更始时,天下兵起,

优为平原太守,捐俸禄赈济饥民,一郡百姓免遭涂炭。

儒雅倪宽

(见《汉书·倪宽传》)

倪宽:西汉人,为政廉洁有方,深得吏民信爱。曾因课税多而免职,百姓知道纷纷献粮,输租反最多,皇帝于是敬重他。

欧母画荻

(见《宋史·欧阳修传》)

欧:欧阳修,4岁丧父,母亲亲自教育他。家贫,常以荻草画地教学。

柳母和丸

(见《新唐书·柳公绰传附柳仲郢》)

柳:柳仲郢,唐人,其母常和熊胆丸,让儿子长夜咀嚼以助勤读。

韩屏题叶

(见《青琐高议》)

相传唐僖宗时,宫女韩屏偶题诗于红叶:"流水何太急,深宫尽日闲。殷勤谢红叶,好去到人间。"学士于祐拾得,也题诗道:"曾闻叶上题红怨,叶上题诗寄阿谁?"复送御沟,风送叶流进宫中。后僖宗放宫人三千,丞相作媒,于祐与韩屏结为夫妻,两人各出红叶,相视而笑曰:"事岂偶然哉?"

燕姞梦兰

(见《左传·宣公三年》)

郑文公有妾叫燕姞(jí),梦见天使给自己兰花,并说:"我是你的祖先,以兰花为你的孩子。"后生穆公,取名为兰。

漂母进食

(见《史记·淮阴侯列传》)

韩信未得志时,常在河边钓鱼,一位洗衣大娘就常分些饭给他吃。后韩封淮阴侯,赐漂母千金为报。

浣妇分餐

(见《吴越春秋》)

伍子胥逃难至溧阳,又饿又乏,向一洗衣妇乞食,那妇人就分了些给他吃。他叮嘱妇人不要向任何人说及他的去向,那妇人答应了。他走没多远,回头看,那妇人已投水自尽,以示不负所托。

十五 删

令威华表

(见《搜神后记》)

令威:丁令威,相传汉辽东人。在灵虚山学道成仙,化鹤归,栖城门华表柱上。有少年举弓欲射之,鹤飞,作人言说:"有鸟有鸟丁令威,去家千年今始归。城郭如旧人民非,何不学仙冢累累。"

杜宇西山

（见《华阳国志·蜀志》）

杜宇：古蜀帝，遇水灾，自以为德薄，禅位其相开明，往西山隐居，死后，其魂化为杜鹃鸟，又叫子规。

范增举玦

（见《史记·项羽本纪》）

范增，项羽谋士。鸿门宴上数次举身佩玉玦(jué，与"决"同音，暗示决断)示项羽杀刘邦，项不听。

羊祜探环

（见《晋书·羊祜传》）

羊祜(hù)：晋大将。5岁时，令乳母取所弄金环，乳母说："你原先没有这个。"羊即到邻人李氏园桑树上，探取金环，李说那是他死去的儿子的遗物。因此才知羊乃李氏子的托身。

沈昭狂瘦

（见《南史·沈庆之传附沈昭略》）

沈昭：沈昭略，南齐人，性狂隽，使酒任气。有一晚酒醉，遇王约，便说："你为何肥而痴？"王反唇相讥："你为何瘦而狂？"沈抚掌大笑："瘦已胜肥，狂又胜痴，奈何，奈何，王约奈汝痴何？"

冯道痴顽

（见《新五代史·冯道传》）

冯道：五代人，事十君，视丧君亡国不以为意。契丹灭后晋，冯见契丹主耶律德光于京师。耶律讥冯："尔是何等老子？"冯卑躬屈节说："无才无德痴顽老子。"

陈蕃下榻

（见《后汉书·徐稚传》）

陈蕃：东汉人，任豫章太守时，杜门谢客，只有郡中名士徐稚来，陈为设一榻，徐一走就把榻挂起来。后称接待宾客处为"下榻"。

郅恽拒关

（见《后汉书·郅恽传》）

郅恽(zhì yùn)，光武帝时任东门侯。皇帝出猎，郅拒关不开，皇帝只好从中东门入。第二天郅上书谏道："陛下远猎山林，夜以继日，置宗庙社稷于何地呢？"

雪夜擒蔡

（见《新唐书·李愬传》）

唐将李愬请讨叛将吴元济。开始李表面上不肃军政，以麻痹敌人，暗中抚养士卒，善待降人。第二年冬，乘夜降大雪突袭吴元济据之蔡州，俘吴，平淮西之乱。

灯夕平蛮

（见《尚友录》）

北宋皇祐四年，狄青宣抚广西，逢

上元灯节，壮族首领侬智高守昆仑关叛。狄青在宾州，第一夜大张灯火，宴将佐，第二天晚宴参军，二更时分狄忽称疾离席，数遣左右行酒，犒劳三军，至天明席未散，忽报三鼓已破昆仑关，侬高智已兵败逃遁。

郭家金穴

（见《后汉书·皇后纪·光武郭皇后》）

郭：郭况，郭皇后弟，赏赐不计其数，积金数亿，京师称其家"金穴"。

邓氏铜山

（见《汉书·邓通传》）

邓氏：邓通，西汉人。因善划船而为黄头郎，曾用口为文帝吸脓汁而得宠，被赏蜀严道铜山，自铸铜钱，由是大富，邓氏钱流行天下。景帝立，以事怨之，尽没其钱入官，邓竟贫饿死。

比干受策

（见《后汉书·何敞传》注引《何氏家传》）

比干：何比干，汉代人。相传有一老太到何家说："你家积了不少阴德，天赐简策，以广后世。"取出99枚简策，说："你的子孙将来佩印者有此数。"

杨宝掌环

（见《后汉书·杨震传》注引《续齐谐记》）

杨宝，汉代人。相传他9岁时曾救一黄雀，当夜，有一黄衣童子自称西王母的使者，给杨四枚白玉环，祝他子孙有大好前程。

晏婴能俭

（见《史记·管晏列传》）

晏婴，春秋齐人，执政15年，以节俭力行，食不重肉，妾不衣帛，一狐裘13年。尽忠补过，名显诸侯。

苏轼为悭

（见《群谈采余》）

悭(qiān)：吝啬。苏轼不好奢侈，力求简朴，曾自评："仆行年五十，始知作活，大要是悭耳，文以美名，谓之俭素。"曾有"三养"的说法：安分以养福；宽胃以养气；省费以养财。

堂开洛水

（见《宋史·文彦博传》）

宋人文彦博任将相50年，名闻四夷。曾集洛中公卿年高德著者富弼、司马光等13人置酒赋诗，名"洛阳耆英会"，座中唯司马光不到70岁。

社结香山

(见《新唐书·白居易传》)

香山:白居易。白晚年放意诗酒,曾与数年高不事者结香山社,时人有"香山九老"之称。

腊花齐放

(见《全唐诗话》)

武则天天授二年冬,群臣诈称花发,请武后幸上苑观花,武后准奏,又怀疑群臣另有企图,便派使者宣诏说:"明朝游上苑,火急报春知。花须连夜发,莫待晓风吹。"次日凌晨,上苑果百花竞放,群臣咸服其异。

春桂同攀

相传明代仪征地方有蒋、王二书生,元旦同游庙,闻桂花香。当时游者如云。二人分别到左右树下各折桂花一枝。众人都很惊奇。持花出门,一群孩子唱:"一布政,一知府,掇高魁,花到手。"问孩子究竟,他们说是信口而唱,后蒋、王二人同中进士,蒋官知府,王官布政。

卷　三

一　仙

飞凫叶令

（见《太平广记》）

凫(fú)：野鸭。叶令：王乔，东汉人。王每月初一、十五自县来朝总不乘车骑，太史暗地察看，每当王来时，都有双凫从东南飞来，等凫飞到，举网捕之，得鞋一双，是先时所赐官鞋。

驾鹤缑仙

（见《太平广记》）

缑(gōu)：缑氏山。相传周灵王太子晋，好吹笙，作风鸣声，游于伊洛间。道士浮邱生接他到嵩山，修炼仙术。30年后遇见桓良，让桓转告家人，七月七日在缑氏山顶等他。到了那天，他果然乘白鹤，驻山头，可望见而不能接近他。他低头谢在场的人，数日后离去。

刘晨采药

（见《神仙记》）

相传东汉剡人刘晨，阮肇到天台山采药迷路，被两仙女邀至家中，结为夫妻。半年后回家，子孙传了七代，这才明白自己所遇的是仙女，再去天台山寻访她们，却踪迹全无了。

周颐观莲

周颐：周敦颐，宋人，著有《爱莲说》，称莲为"花之君子"，赞美其"出淤泥而不染，濯青涟而不妖"的品质。

阳公麾日

（见《淮南子·览冥训》）

阳公：鲁阳文子，春秋楚人。麾(huī)：指挥。相传鲁与韩战，日色已暮，鲁便引弋而挥日，日为之退避三舍。

武乙射天

（见《史记·殷本纪》）

武乙：殷王名，无道，曾作偶人，称为天神，并与之赌，天神输了，武乙便侮辱它。又造一皮袋，内盛血，武乙朝天射它，名"射天"。后武乙狩于河渭间时，雷殛而死。

唐宗三鉴

（见《旧唐书·魏徵传》）

唐宗：李世民。净臣魏徵死，李世民为之罢朝五天，叹道："以铜为镜，可以正衣冠；以古为镜，可以见兴替；以人为镜，可以知得失。魏徵殁，朕亡一镜矣！"

鉴：镜。

刘宠一钱

（见《后汉书·刘宠传》）

刘宠：东汉人，为官清廉。离太守任时，有五六个乡老各赠百钱为他送行，并赞他："自君来以后，犬不夜吠，民不见吏，今闻当见弃去，故自扶奉。"刘宠感其厚情而受他们每人一钱，人称为"一钱太守"。后以此作为廉吏的别称。

叔武守国

（见《左传·僖公二十八年》）

叔武：春秋卫成公弟，成公因晋而逃楚，留叔武守国。后信谗言，以为叔武自立为君。成公回国时，叔武正在洗发，听说国君来到，很高兴，握着头发跑出来迎接，却被成公前驱射死了。

李牧备边

（见《史记·廉颇蔺相如传》附《李牧传》）

李牧，战国赵良将，镇守赵之北境，使匈奴十余年不敢犯边。赵王迁三年（前233）大破秦军，南拒韩、魏。后被谗杀。

少翁致鬼

（见《史记·封禅书》）

少翁：西汉方士。武帝宠妃王夫人死后，帝思念不已。少翁诡称能夜召鬼神，令王夫人再现。帝令召王夫人。是夜，少翁以其方术召来王夫人，又显灶鬼容貌。后因迎招天神骗术败露，被杀。

奕大求仙

（见《史记·封禅书》）

奕大：西汉方士，曾对武帝夸口说："臣常往来于海中，与安期、羡门等仙人会面。"又说："臣师告诉我：'黄金可用药炼成，河水溃决可以堵塞，长生不死药可以觅得，仙人也可招请来'。"武帝以卫长公主妻之。后因骗术败露被杀。

彧臣曹操

（见《三国志·荀彧传》）

彧（yù）：荀彧，曹操谋士。少时被何颙称为"王佐才"，曹把他比做张良。参与军国决策，多出奇谋。

猛相苻坚

（见《晋书·苻坚载记》）

猛：王猛，前秦大臣。早年隐居华阴山，后应苻坚招请，两人相契如刘备之与诸葛亮，一年五次升迁，官至丞相。临终劝苻坚不可攻晋，苻不听，致淝水之败。

汉家三杰

（见《史记·高祖本纪》）

指张良、萧何、韩信。刘邦曾论到："夫运筹策帷帐之中，决胜于千里之外，吾不如子房（张良）；镇国家，抚百姓，给馈饷,不绝粮道,吾不如萧何;连百万之军,战必胜,攻必取,吾不如韩信。此三者,皆人杰也,吾能用之,此吾所以取天下也。"

晋室七贤

（见《世说新语·任诞篇》）

七贤,指"竹林七贤"。

居易识字

（见《与元九书》）

居易:白居易。早慧,出生六七个月时,乳母抱他到书屏下,指"无""之"二字教他,他虽口未能言,但已默记在心,百试而不差。

童乌预玄

（见《法言》）

童乌:扬雄子,早夭。9岁时参与杨雄《太玄》的创作。后人以"童乌"称早慧或幼殇的孩子。

黄琬对日

（见《后汉书·黄琬传》）

黄琬:东汉黄琼孙。桓帝建和元年(147年)日食,在长安看不到。黄琼从魏郡把情况向京师报告,太后问:"日食所食多少?"黄琼不知如何回答。7岁黄琬对祖父说:"何不说日食之余,如月之初?"

秦宓论天

（见《三国志·蜀志·秦宓传》）

秦宓(mì):三国蜀人,与东吴使者张温辩难。张问:"天有头吗?"秦答:"有。岂不闻《诗》云:'乃眷西顾'。"张问:"天有耳吗?"秦答:"有。岂不闻'鹤鸣于九皋,声闻于天'。"又问:"天有足吗?"答:"有。岂不闻'天步艰难'。"又问:"天有姓吗?"答:"姓刘。"问:"何以知之?"秦从容答:"因为当今天子姓刘。"

元龙湖海

（见《三国志·陈登传》）

元龙:陈登。许汜曾对刘备论陈登:"陈元龙湖海之士,豪气不除。"

司马山川

（见《太史公自序》《报任安书》）

司马:司马迁。他从20岁开始漫游,足迹遍及全国各地,掌握了大量材料,为写作《史记》作了充分的准备。

操诛吕布

（见《三国志·武帝纪》）

操:曹操。吕布初从丁原,后杀丁附董卓,又与王允谋,杀董卓。建安三年(198年),曹攻吕于下邳,用荀攸、郭嘉计,决水、沂水灌城,月余,擒吕布斩于下邳。

膑杀庞涓

（见《史记·孙子吴起列传》）

膑：孙膑，战国齐军事家。曾为庞涓所陷害，梁惠王二十八年（前342），庞为魏将，攻韩。韩求救于齐，齐以田忌为将，孙膑为军师攻魏。庞回军救魏，孙知庞尾随追来，遂用减灶计，在马陵道设伏，又派人把树皮削去，上书"庞涓死于此树之下"，令万名善射士兵于晚间见树下点火，便万箭齐发。庞当晚赶到，见树上有字，令人点火照看，齐军万弩齐发，魏兵溃败，庞自刎死。

羽救巨鹿

（见《史记·项羽本纪》）

羽：项羽。宋义为楚军统帅前往救巨鹿，在安阳逡巡46天不敢进兵。项羽因杀宋义，引兵渡漳河，破釜沉舟，带三日粮，以示死战。终于大破秦军，解巨鹿围。

准策澶渊

（见《宋史·寇准传》）

准：寇准。宋真宗景德元年（1004年），辽攻宋，十一月进至澶（chán）州，真宗欲南逃，寇力主皇帝亲征，终于为真宗接受。辽提出议和，宋真宗遂许以和约，输银纳绢，史称"澶渊之盟"。

应融丸药

（见《尚友录》）

应融：汉代人。祝恬途京时，过邺而染病，求告于朋友邺令谢著，谢却避而不见。至汲县时，汲令应融很同情祝，为他安排住处，亲手为他制作丸药让他服用。十几天后，祝康复，分手时两人依依惜别。

阎敞还钱

（见《太平御览》引《汝南先贤传》）

阎敞：汉代人。曾有人托其保管130万钱，后那人全家病死，只有一9岁的孙子。孙子长大后来找阎敞，阎遂还其130万钱。孙怪道："祖父说只有30万，不是130万啊。"阎说："那是你祖父病重时说错了，请郎君查收勿疑。"

范居让水

（见《南史·范柏年传》）

范居：南朝宋人。让水：一名逊水，在陕西，源出濂水。范进谒皇帝时，谈及广州贪泉，帝问："你们那地方也有贪泉吗？"范说："梁州家乡只有文川武乡，廉泉让水。"帝又问："你们家住什么地方？"答："在廉让之间。"后以"廉泉让水"喻风土醇美。

吴饮贪泉

（见《晋书·吴隐之传》）

吴：吴隐之，晋人。为人正直耿介，操守清廉。贪泉：水名，在今广州南海县。吴为广州刺史，到贪泉前，酌而饮之，赋诗曰："古人云此水，一歃怀千金。试使夷齐饮,终当不易心。"他饮此泉后,不仅不曾变贪,清操愈厉。离任时夫人带了沉香一片,被他投在湘亭之水中。

薛逢赢马

(见《新唐书·薛逢传》)

薛逢:唐人,会昌进士,晚年宦途不佳,常骑一匹瘦骨突露的老马赴朝。一次正值新进士入朝谢恩,见薛行李简陋,前导便呼:"回避新郎君。"薛说:"别贫而暴离,不脱寒伧相,你老祖宗三五少年时,也曾东涂西抹来着。"

刘胜寒蝉

(见《后汉书·觉铟传》)

刘胜:东汉人。罢官回家后闭门谢客,不问政事。一次王昱对杜密称赞刘胜清高之士,杜答:"刘胜位为大夫,知善不举,闻恶无言,隐情惜己,自同寒蝉,此罪人也。"

捉刀曹操

(见《世说新语·容止篇》)

曹操要接见匈奴使者,却自认为相貌丑陋,不足以威对远方国家,于是让仪表堂堂的崔琰替自己接见使者,自己却持刀站在一边假充侍卫。接见过后,曹派人去问使者:"你看魏王如何?"使者答道:"魏王雅望非同一般,但床边握刀人,才是真英雄啊!"曹听说后,就派人追杀了匈奴使者。

拂矢贾坚

(见《太平御览》引《燕书》)

贾坚:北燕人,以善射显名,力能开三百石弓。一次烈祖恪要试他射技,便牵了一头牛,置于百步之外,让贾射牛,问:"能射中吗?"贾答:"少壮之时可能射不中,今已年老,正能射中。"恪大笑。贾第一箭从牛脊上拂过,第二箭擦着牛肚皮穿过,都射落一点牛毛。恪问:"还能中吗?"贾说:"所贵者不中,射中有什么难?"一箭中牛。时贾年过六十,观者无不佩服他的箭法高妙。

晦肯负国

(见《旧唐书·徐晦传》)

晦:徐晦,唐人,为杨凭举荐入仕。后,杨得罪被贬,亲友无人敢为杨送行,徐却送其至蓝田而别,以报知遇之恩。后李夷简荐徐为监察御史,徐问:"平素和你没有交情,何以举荐我呢?"李说:"听说你不顾受牵连而送杨凭,难道你肯有负于国家吗?"

质愿亲贤

(见《宋史·王祐传附王质》)

质:王质,宋人。范仲淹贬饶州,举朝文武及好友亲朋无一敢送,独王携酒与范饯别,有人笑他,他说:"范公贤者,能成为他的同党是一件幸事啊!"

罗友逢鬼

（见《世说新语》）

罗友，东晋人，桓温辟为掾。一次桓为晋升郡守的部下饯行，群僚宴集，罗迟到，问他原因，他说："我半路上遇见鬼了，鬼笑话我说：只见你送人作郡守，不见人送你作郡守。"后桓荐罗任襄阳太守。

潘谷称仙

（见《仇池笔记》等

潘谷：宋人，善造墨。一天他忽然把所有的债券烧掉，饮酒三日，发狂落井而死。后人下井察看，见他手持念珠坐在井中。苏轼称他为"墨仙"。

茂弘练服

（见《晋书·王导传》）

茂弘：王导，东晋相。练：粗丝织成的布。东晋初年，国库应竭，唯练数千端。王便让朝中有名望的大臣都穿用练布做的衣服。士人们纷起模仿，于是练的价格暴涨。出卖国库中的练，居然每端一金。

子敬青毡

（见《晋书·王羲之传附王献之》）

子敬：王献之，东晋人。一个夜里，王睡在房中，见几个偷儿进来，把东西都偷走了。待偷儿要卷走他家的青毡时，他不紧不慢地说："偷儿，青毡是我家旧物，可

持置之。"偷儿一听全吓跑了。

王奇雁字

（见《赣州府志》）

王奇：宋人。少时为县掾史，一次县令在屏风上题《雁诗》一联："只只衔芦背晓霜，昼随鸳鹭之寒塘。"王见后乃续两句："晚来渔棹掠飞去，书破遥天字一行。"县令惊异其才，勉励他继续学习。

韩溥鸾笺

（见曾慥《类说》）

韩溥：五代人。鸾笺：彩笺，亦称易笺。韩溥与弟韩洎皆有文采，洎轻视溥，曾说："吾兄为文，譬如绳抠草舍，聊避风雨。子之为文，如造五凤楼手。"溥遂以蜀笔题诗一首寄洎："十样鸾笺出益州，寄来新自浣溪头。老兄得此全无用，助尔添修五凤楼。

安之画地

（见王说《唐语林·政事篇》）

安之：严安之，唐人，以政令严肃著称。一次，玄宗设宴勤政楼，任士人百姓观看百戏。人群拥挤，喧声鼎沸，卫士也不能制止。玄宗问高力士："你有什么办法制止？"高说："臣没有办法。请召严安之来，定能维持好秩序。"严来察看了形势，用随身带的手板在地上画线说："逾此者必死！"众人指着那线说："这是严公的界境。"三日饮宴中，无人敢越画

线一步。

德裕筹边

（见《新唐书·李德裕传》）

德裕：李德裕。大和四年（830年）任剑南四川节度使，建筹边楼，把南面与西南少数民族接壤的山川险要地形图放置左边，把西面与吐蕃接近处的山川地面图置于右边，他对军情了如指掌，恩威并施，边患得以平息。

平原十日

（见《史记·范雎列传》）

平原：战国赵平原君胜。范雎与魏奇交恶，范为秦相，魏避于平原君府第。秦昭王要为范报仇，写信给平原君：“听说公子情重义高，愿结友。请你到秦国来，与我作十日欢饮。”雎至秦被扣押，不交出魏齐则不得归国。后魏齐自刎。

苏章二天

（见《后汉书·苏章传》）

苏章：东汉人，执法严明公正。有故人任清河太守，贪酷。苏查知其恶行。太守设宴招待苏，说：“人都只有一天，我却有两个天。”苏说：“今天我与你饮酒是故人交情，明天我办案循的是公法。”第二天定清河太守罪，州境肃然。

徐勉风月

（见《梁书·徐勉传》）

徐勉：南朝梁人。一次，与客夜坐，有求官者，徐正色道：“今夕只可谈风月，不宜及公事。”曾说：“别人给子孙留下财产，我给子孙留下一身清白。”

弃疾云烟

（见《宋史·辛弃疾传》）

弃疾：辛弃疾，闲居信州瓢泉时曾赋《西江月》：“万事云烟忽过，百年蒲柳先弯。而今何事最相宜？宜醉宜游宜睡。早趁催科了纳，更量出入收支。乃翁依旧管些儿：管竹管山管水。”词见《稼轩长短句》）

舜钦斗酒

（见《中吴纪闻》）

舜钦：苏舜钦。北宋诗人，好饮。一晚，读《汉书·张良传》，读至张与客狙击始皇，误中副车，抚案大叫：“惜乎击之不中！”遂喝酒一大杯。又读到张良说“始臣起下邳，与皇上会于留，这是天让我辅翼陛下。”又抚案说：“君臣相遇，竟如此难！”又饮了满满一杯。杜衍笑道：“有这样的下酒物，喝一斗也不算多！”

法主蒲鞯

（见《旧唐书·李密传》）

法主：李密，唐初人。蒲：蒲草。鞯(jiān)：马鞍下的衬垫。一次李行路，骑

黄牛,披以蒲鞯,牛角上挂《汉书》,边走边读。见杨素,问:"何处书生,这样用心学问?"又问李读何书,答:"项羽传。"杨大为惊奇。

绕朝赠策

(见《左传·文公十三年》)

绕朝:春秋秦大夫。晋大夫士会欲从秦回晋,但妻儿都在秦国,他便诈做不愿回晋,使秦王发誓不杀其妻儿。绕朝谏秦王不可放士会走,秦王不听。士会临行,绕朝赠以马鞭,说:"你不要以为秦国没人识得你的用心,只是我的计谋恰没获采纳罢了。"

苻卤投鞭

(见《晋书·苻坚载记》)

卤:同"虏"。苻卤:苻坚。伐晋时曾扬言:"我有百万之众,投鞭于江,足以阻断江水,还有什么攻克不了的地方呢?"至淝水,为谢玄所败。

豫让吞炭

(见《史记·刺客列传》)

豫让:春秋晋刺客,为智伯报仇谋刺赵襄子,被抓获。赵感其义,放了他。但豫让报仇之心不死,漆身吞炭,毁容变声,行乞于市,伺机再次谋刺。后再被抓,他请赵襄子脱衣,在衣上刺了三剑,然后自刎而死。

苏武餐毡

(见《汉书·苏武传》)

苏武:西汉人,出使匈奴,被拘押十九年,在北海以雪为水,吞毡为食,坚贞不屈。

金台招士

金台:黄金台。相传战国燕昭王筑台,于其上置千金,以延请天下人才。

玉署贮贤

(见《宋史·苏易简传》)

宋太宗曾以轻绡飞白书"玉堂之署"赐苏易简,令其悬于厅额。一日太宗赐酒,说:"君臣千载会。"苏对道:"忠孝一生心。"大得太宗欢心。

宋臣宗泽

(见《宋史·宗泽传》)

宗泽:北宋名将,屡败金兵,金人闻之丧胆,呼之"宗爷爷"。临终前连呼三声"过河"而无一语及家事。

汉使张骞

(见《汉书·张骞传》)

张骞:西汉人,出使西域,与中亚各国通好,对中原与西域的交流做出了巨大贡献。

胡姬人种

(事见《晋书·阮咸传》)

阮咸爱上了其姑母的一个胡人婢

女。后阮母去世，姑母准备移居远方，并带走胡女。阮知道后，穿着孝服骑驴追上，终于带回胡女，纳为妾，生阮孚。

名妓书仙

（见《丽情集》）

长安名妓曹文姬姿艳绝伦，善书法，为闺阁中第一，时人称为"书仙"。后嫁任生，5年后，相偕登仙。

二　萧

滕王蛱蝶

（见《宣和画谱》）

唐滕王李元婴喜画蜂蝶，能巧之外，曲尽精理。

摩诘芭蕉

（见《梦溪笔谈》）

摩诘：王维。画《袁安卧雪图》，有雪里芭蕉，妙趣无穷。

却衣师道

（见《宋史·陈师道传》）

师道：陈师道，北宋人，高介有节气，素恶赵挺之。一次参加郊祀，天气太冷，陈无棉衣，妻子从赵家借了一件，他坚决不穿，送回，遂忍冻得疾而死。

投笔班超

（见《后汉书·班超传》）

班超：东汉人，有大志，初为文书，一次投笔于地说："大丈夫没有别的本事，也该像傅介子、张骞那样立功异域，以取功名，怎能久在笔砚上消磨时光呢？"后随窦固出击匈奴，又出使西域，多次平定边乱，以功封定侯。

冯官五代

（见前"冯道痴顽"）

季相三朝

（见《史记·鲁世家》）

季：季孙行父，春秋鲁人，任宣公、成公、襄公三朝宰相，廉洁而有忠心。

刘蕡下第

（见《新唐书·刘蕡传》）

刘蕡(fén)：唐人，太和二年(829年)参加贤良方正考试，在对策中切论宦官败政，当时考官深为叹服，但宦官当途，畏之不敢取。刘下第，正人君子为其不平。被取的李命说：刘蕡下第，我辈登科，实厚颜矣。"

卢肇夺标

（见《唐摭言》）

卢肇：唐人。会昌中与黄颇一同赴进士考，郡守设宴为黄饯行。后卢状元及第归来，郡守大惭。时值端午，郡守请

卢观竞渡，卢赋诗："向道是龙人不信，果然夺得锦标归。"

陵甘降虏

（见《汉书·李陵传》）

陵：李陵，西汉将领。天汉二年（前99）率部五千击匈奴，深入敌地千里，势如破竹。后遇敌骑八万，由于孤军无援，奋战八天，粮尽箭绝，战败而降。汉武帝族李一家。

蠋耻臣昭

（见《史记·田单列传》）

蠋(zhú)：王蠋，战国齐人。燕昭王大破齐，攻取临潘，齐王出逃。昭王闻王贤，令军队勿扰其城邑，并入对王说："我请你为将，封万户，如不答应则屠城。"王答："忠臣不事二君。"遂自刎。

隆贫晒腹

（见《世说新语·排调集》）

隆：郝隆，晋人。古俗七月七日晒经书、衣服。郝跑出来袒腹仰卧，有人问他干什么，他说："晒腹中书。"

潜懒折腰

（见《陶渊明传》）

潜：陶渊明。为彭泽令时，督邮至，县吏说："应束带见之。"陶叹道："吾不能为五斗米折腰向乡里小儿耶！"便辞官而去。

韦绶蜀锦

（见《新唐书·韦贯之传附韦绶》）

韦绶：唐人，为德宗宠信。一次帝与韦妃到翰林院，恰好韦在睡觉，学士郑絪想叫醒他，帝不许。时天大寒，帝就把韦妃的蜀锦袍盖在韦绶身上，悄悄离去。

元载鲛绡

（见《杜阳杂编》）

元载：唐人，极其奢华，他所住门窗内挂紫绡帐，绡薄而密，风不能入，盛暑自凉，卧内隐隐有紫气。

捧檄毛义

（见《后汉书·毛义传》）

毛义：东汉人，以孝闻名。张奉慕名来看他，恰府中有文书到，任命毛义为安阳令。毛捧着文书进来，喜形于色。张便有些看不起他。后毛母去世，毛辞官服孝，再以后官府征辟皆不就。张奉叹道："贤者深不可测啊！毛义往日的喜形于色，是为了宽慰亲人啊！"

绝裾温峤

（见《世说新语·尤悔篇》）

一次温峤去执行公务，母亲阻拦，扯住他的衣裳。温乃挣断了衣服上路。后政局动乱，温母去世。温为自己无法归葬而憾恨终生。

郑虔贮柿

（见《新唐书·文艺传》）

郑虔：唐书画家。常苦于无纸，乃在慈恩寺贮存柿叶数屋，每天取柿叶练笔。唐玄宗命其书、诗、画为"郑虔三绝"。

怀素培蕉

怀素：唐僧人，以狂草闻名，与张旭并称"颠张狂素"。相传他广植芭蕉万余株，以蕉叶代纸练字。

延祖鹤立

（见《世说新语·容止篇》）

延祖：嵇绍，晋人，有人评论他："嵇延祖器宇轩昂，如野鹤立鸡群之中。"

茂弘龙超

（见《太平御览》）

茂弘：王导，风采超群，令人羡慕。一次桓彝在路边见王导走过，叹道："人言阿龙（王导）出众，阿龙确实出众。"不知不觉竟随着他走到官府门口。

悬鱼羊续

（见《后汉书·羊续传》）

羊续：东汉人，为官清廉。有人给他送鱼，他就把鱼挂在庭堂；不久那人又送鱼来，羊就把先前的鱼拿来给那人看，以断绝其巴结之心。后以"悬鱼"称官吏廉洁。

留犊时苗

（见《三国志》注引《魏略·清介传》）

时苗，三国魏人。赴寿春令任时，驾牛车往。一年后，牛生一犊。及离任，时把牛犊留下，说："我来时，本无此犊，犊生于此，应留于此。"有人说："牲畜不识其父，自当随母。"时终留犊而去。

贵妃捧砚

一天唐玄宗游沉香亭，见牡丹盛开，乃召李白作诗歌咏。时李白酩酊大醉，玄宗命人用水洒其面，以醒醉意；又让杨贵妃捧砚。李白援笔立就《清平调》三章，婉丽精切。

弄玉吹箫

（见《太平广记》）

弄玉：神话中秦穆公的女儿。有一个叫萧史的，善吹箫作鸾凤之声，弄玉也好吹箫，后嫁给萧，萧遂教弄玉作凤鸣。十几年后，弄玉吹箫似凤鸣，常有凤凰闻声而来，落在房上。秦穆公乃筑凤凰台，让萧史夫妇居住。数年后，萧史乘龙，弄玉乘凤，升仙而去。

三 肴

栾巴救火

（见《太平御览》引《神仙传》）

栾巴：东汉人。有一年正月初一，桓帝大宴群臣，栾迟到，并面带酒容，皇帝赐酒，他又不饮，含酒向西南喷去，问其故，答道："刚才看到成都有火灾，所以用酒去灭火，不是敢有所不敬。"后成都来奏，果然有大火灾，并报有大雨三阵，从东北来，火乃止，雨中弥漫着酒气。

许逊除蛟

（见张金《朝野金载》）

许逊：晋人，曾得道豫章西山。江中有蛟为患，水淹旌阳，许剑斩蛟龙除害。

诗穷五际

诗：《诗经》。此说《诗经》表达了君臣、父子、兄弟、夫妇、朋友五种人际关系。

易布三爻

（见《三国志·虞翻传》）

易：《周易》。爻（yáo）：组成卦的符号。三国虞翻注《周易》，自称梦见道士烧三爻给他喝下，以示受命于天。

清时安石

（见《晋书·谢安传》）

安石：谢安，晋人。时人称其高洁，

孙承公说："谢公清于无奕（谢无奕），润于道村（支遁）。"

奇计居鄛

（见《史记·项羽本纪》）

居鄛：地名，项羽谋士范增故里。范屡为项羽出奇计，后受刘邦离间，愤而离项。

湖循莺脰

（见《苏州府山川》）

脰（dóu）：鸟脖颈。莺脰，湖名，在江苏吴县，刑似莺脰。

泉访虎跑

（见《武林旧事》）

虎跑泉：在杭州虎跑寺中，泉水清冽异常。

近游束皙

（见《晋书·束皙传》）

束皙：晋人，博学善文，曾作《近游赋》。

诡术尸佼

（见《史记·荀卿列传》）

尸佼：战国鲁人，思想驳杂，属诡辩一派。

翱狂晞发

（见《宋遗民录》）

翱：谢翱，自号晞（xī）发子，南宋末

人,有民族气节。

嵇懒转胞

（见《与山巨源绝交书》）

嵇：嵇康,晋人。辞山涛荐己官,称生性疏懒,"每常小便而忍不起,令脬中略转,乃起耳"。

西溪晏咏

（见《渑水燕谈录》）

晏：晏殊,北宋词人。官海陵西溪盐场时,曾亲手植一牡丹,并题诗勒石。后范仲淹于此有酬唱之作。

北陇孔嘲

南朝齐孔稚圭曾作《北山移文》,讽刺那些假隐求名的人士。

民皆郑字

（见《三国志·郑浑传》）

郑：郑浑,三国魏人。任邵陵令时,课民耕桑,广开稻田,又加重处罚弃子不育的现象。百姓感激其政绩,所生子无论男女,多以"郑"为字。

羌愿姓包

（见《甲申杂记》）

羌(qiāng)：西北少数民族。包：包拯。相传西羌于龙呵归顺宋被引见时,对人说："平生闻包公朝廷忠臣,某既归汉,乞赐包姓。"宋神宗遂赐其姓包。

骑鹏沈晦

（见《春渚纪闻》）

沈晦：宋人,相传曾梦骑鹏而飞,醒而作《大鹏赋》)不久,沈大魁天下。

射鸭孟郊

（见《建康志》）

唐诗人孟郊任溧阳尉时建堂名"射鸭堂"。

戴颙鼓吹

（见《何氏语林》）

戴颙(yóng)：东晋人。鼓吹：宣扬。戴于春日带两只柑一壶酒出门,人问他去哪儿,他答："去听黄鹂啼唱,那是诗肠鼓吹,可以激发我们诗兴的呀！"

贾岛推敲

（见前"贾岛祭诗"）

四　豪

禹承虞舜

（见《史记·夏本纪》）

说相殷高

（见《史记·殷本纪》）

说(yuè)：傅说。参见前"傅说骑箕"条。

韩侯敝袴

(见《韩非子·内储说》)

韩侯:韩昭侯,战国韩君,在位25年。相传他曾命侍从把他的破旧套袴珍藏起来,侍从建议他赐人,他说:"英明的君主不苟言笑,颦眉发笑都十分慎重,这袴子又不同于颦笑,更要慎重。我要把它赐给有功的人。"

张禄绨袍

(见《史记·范雎列传》)

张禄:范雎,战国魏人,秦相。绨(tí):厚而光艳的丝织品。范一次有意穿一身破衣裳去见须贾,须贾很可怜他,就留他同坐吃酒,并送他一件绨袍。事后须贾才知范雎是秦相。后人以"绨袍"喻不忘故旧之情。

相如题柱

(见《华阳国志》)

相如:司马相如。成都北十里有升迁桥,司马相如题桥柱道:"不乘驷马高车,不复过此桥!"后果为中郎将,乘驷马高车出使西夷,并回乡探视。

韩愈焚膏

(见《新唐书·韩愈传》)

膏:灯烛。韩愈描写自己勤学的情景:"焚膏油继晷(日光),恒兀兀以穷年。"

捐生纪信

(见《史记·项羽本纪》)

纪信:刘邦部将。项羽围刘邦于荥阳,刘不得脱,纪信乃假充刘邦,吸引项羽,掩护刘邦逃走,而纪为项杀。

争死孔褒

(见《后汉书·孔融传》)

孔褒:汉代人,孔融兄。张俭逃难到孔家,褒不在,其母与弟融藏起了张,后事情败露,孔氏兄弟被收入狱,要一人抵罪,褒、融与其母三人争死,后由皇帝下诏由孔褒抵了罪。

孔璋文伯

(见《三国志·张纮传》注引《吴书》)

孔璋:陈琳,建安七子之一,擅长章表书记。伯(bà):即霸。陈琳对张纮的赞美表示谦逊,称自己文章让于王朗、张纮、张昭等,难称文霸。

梦得诗豪

唐诗人刘禹锡字梦得,白居易称他为"诗豪"。

马援矍铄

(见《后汉书·马援传》)

马援:东汉将军。矍铄(jué shuò):老年人精神旺盛的样子。马曾说:"丈夫为志,穷当益坚,老当益壮。"62 岁时请缨征五溪蛮夷,皇帝以其老,未允。马援披挂上马,据鞍顾盼,精神抖擞,皇帝赞道:"矍铄哉,是翁也!"乃遣马援率 4 万兵出征。

巢父清高

(见《高士传》)

巢父:尧时隐士。尧欲让天下于他,不受。让许由,许逃至箕山,到颖水洗耳;巢父正牵一牛犊饮水,见此情状,就不让牛在这儿喝水而走了开去。

伯伦鸡肋

(见《晋书·刘伶传》)

伯伦:即刘伶,竹林七贤之一。相传有一次他与人争吵。那人举拳要打他,刘不紧不慢地说:"鸡肋不足以安尊拳。"那人乃一笑而止。刘言谓自己极瘦弱。

超宗凤毛

(见《南史·谢灵运传附谢超宗》)

超宗:谢超宗,南朝宋人。凤毛:珍贵少见之人物。宋孝武帝妃死,谢作诔,奏之,帝大加赞赏,说:"超宗殊有凤毛,灵运(谢灵运)复出。"

服虔赁作

(见《世说新语·文学篇》)

服虔:东汉人。将注《春秋》,听说崔烈讲《春秋》,便隐姓埋名,为崔的门生

打杂。每次偷听崔讲课,觉得所讲不能超过自己,便与崔门生议论各家长短。崔疑心他是服虔,乃于一早服还朦胧时叫他的名字,服无意中应答出来,两人从此结交。

车胤重劳

(见《世说新语·言语篇》)

车胤(yìn):晋人。晋孝武帝要讲讨《孝经》,谢安、谢石兄弟就与众人先在家里讨论学习。车提出一些疑难问谢氏兄弟,并对袁羊说:"不问,则怕漏掉精湛的言论;问多了,又怕加重二谢的辛劳。"袁说:"必无此嫌。何曾见过明镜因连续照影而疲劳,清澈的流水会害怕微风的?"

张仪折竹

(见《拾遗记》)

张仪未成名时曾替人抄书,每遇圣人之文,则用墨抄在手掌、大腿上,晚上回家,再连夜折竹誊到竹片上,久而久之,积累成书。

任末燃蒿

(见《尚友录》)

任末:宋人,少好学,曾依林木之下编茅为屋,削荆为笔,夜则借星月之光,无星月则燃蒿照明。每有所得,则写在衣服上或手掌上。门生慕其勤学,常以干净的衣服换他写有文字的衣服。

贺循冰玉

（见《晋书·贺循传》）

贺循：晋人，人品气质高洁清白，晋元帝诏奖他说："循冰清玉洁。"

公瑾醇醪

（见《三国志·周瑜传》）

公瑾：周公瑾，即三国吴将周瑜。程普曾以自老而凌侮周，周终不计较，程大受感动，对人说："与公瑾交，若饮醇醪，不觉自醉。"醪（láo）：酒。

庞公休畅

（见《水经注·沔水》）

庞公：庞德公，东汉人。休畅：吉顺的意思。庞与司马徽友善，隔河而居，"望衡对宇，欢情自接，泛舟褰裳，率尔休畅"。关系十分亲密。

刘子高操

（见《南史·刘怀珍传附刘讦》）

刘子：刘讦，南朝人，风神颖峻，意气弥远，人以为神仙。刘孝标称其"超然越俗，如天半朱霞。"

季札挂剑

（见《新序》）

季札：春秋吴公子。他出使鲁国时途经徐国，徐君很爱慕他的佩剑，季札看了出来，但因公务在身，当时没有送给徐君。季札从鲁国回，徐君已死，季札乃挂剑于徐君墓前的树上而去。

吕虔赠刀

（见《晋书·王祥传》）

吕虔：三国魏人。曾有人说他的佩刀只有位至三公的人才可佩带，吕乃把刀赠给王祥，说："你有公辅的才能，以此刀相赠。"王祥临终时又把此刀赠给弟弟王览。

来护卓荦

（见《隋书·来护儿传》）

来护：来护尔，隋大臣。卓荦（luò）：卓越出众。来少时就有奇气，一次读《诗经》到"击鼓其钟，踊跃用兵"，"羔裘豹饰，孔武有力"时，弃书叹道：大丈夫生当如此，为国灭贼以取功名，安能久事陇亩！"

梁竦矜高

（见《后汉书·梁统传附梁竦》）

梁竦：东汉人，负才而不得志。一次登高远眺，叹息道："大丈夫居世，生当封侯，死当庙食。如其不然，闲居可以养志，诗书足以自娱，州郡之职，徒劳人耳。"多次授官，不就。

壮心处仲

（见《晋书·王敦传》）

处仲：即王敦，晋人。每酒后辄以如

意敲击唾壶为节拍，咏曹操诗："老骥伏枥，志在千里；烈士暮年，壮心不已。"以抒其壮志。

操行陈陶

（见《唐诗纪事》）

陈陶：唐人，隐于洪州西山。咸通时，严守节度豫章，遣小妓莲花往西山侍奉陈，陈不顾。莲花赋诗道："莲花为号玉为腮，珍重尚书遣妾宋；处士不生巫峡梦，虚劳神女下阳台。"陈也赋诗为答："近来诗思清于月，老大心情薄似云。已向升天得门户，锦衾深愧卓文君。"

子荆爽迈

（见《晋书·孙楚传》）

子荆：孙楚，晋人，才藻卓绝，爽迈不群。少时曾隐居，在对王济说话时错把"漱流枕石"说成"漱石枕流"，王说："流可作枕，石可漱口吗？"孙机敏地答道："枕流是要洗耳，漱石是为了磨尖牙齿呀！"

孝伯清操

（见《晋书·王恭传》）

孝伯：王恭，晋人，姿容俊美，人见之说："濯濯如春月柳。"曾披鹤氅行走雪中，孟咏见了赞道："真神仙中人！"

李汀六逸

（见《新唐书·文艺传》）

李：李白。居任城时，与孔巢父等六

人居徂徕山下，纵酒酣饮，号"竹溪六逸"。

石与三豪

（见《志林》）

石：石介，宋人，曾作《三豪诗》，说："曼卿（石曼卿）豪于诗，永叔（欧阳修）豪于文，杜默师豪于歌。"

郑弘还箭

（见《会稽记》）

郑弘：东汉人。初，曾打柴于白鹤山，拾得一箭，一会儿，有人来寻，郑还之。那人是神人，问郑有何求，郑说："愿早上南风，傍晚北风，助我行船。"后若邪溪中果然有此风，人称"郑公风"。

元性成刀

（见《何氏话林》）

元性：蒲元性，三国蜀人。为诸葛亮铸刀三口，刀成，说汉水质钝弱，不堪淬火，蜀江水爽烈，是大金之元精，足堪淬刀。命人去成都取蜀江水，既归，蒲说："此水杂有涪水，不可用。"取水者坚言不杂。蒲以刀画水说："有杂水八升。"取水者才承认："在涪水渡口，不小心把水洒了一些，遂取涪水八升掺入。"蒲所制刀锋利无比，人称"神刀"。

刘殷七业

（见《晋书·孝友传·刘殷》）

刘殷有七子，五子授"五经"，一子

授《史记》,一子授《汉书》,七业具备。

何点三高
(见《南史》)

何点:南朝宋人,与兄何求,弟何胤皆归隐不仕,世谓"何氏三高"。

五 歌

二使入蜀
(见《后汉书·方术传·李邻》)

汉和帝即位后,遣使者往各州微服巡察,二使去益州。李邻仰观天象,遂问二人:"二君从京师来,可知朝廷遣二使来益州吗?"二使者惊奇地问:"你怎么知道?"李指天上星说:"有二使星向益州方向移动,所以知道。"

五老游河
(见《竹书记年·帝尧陶唐氏》)

五老:传说中的五星之精。一日尧领舜等登首山,游河渚,见五个老人在河中戏游,此即五星之精,准示舜的受禅天下。

孙登坐啸
(见《晋书·隐逸传·孙登》)

孙登:三国魏人,隐于苏门山。与阮籍遇而不语,阮长啸而去,至半山,突闻有声若鸾凤之音在山谷中传响,正是孙的啸声。

谭峭行歌
(见《续仙传》)

谭峭:唐人,好黄老之术,曾隐于嵩山、衡山,后入青城山仙去,曾行吟作歌说:"线作长江扇作天,极鞋抛向海东边。蓬莱信道无多路,只在谭生拄杖前。"

汉王封齿
(见《史记·留侯世家》)

汉王:刘邦。齿:雍齿,曾叛刘邦。汉王六年(前 20 年)刘邦大封功臣,一些尚未被封的将领议论不已。刘问张良:"他们在说什么?"张说:"在谋反。"刘问原因,张说:"你封的尽是亲近的人,杀的尽是你所怨恨的人。那些气愤不能被封和担心被杀的人只有谋反。"刘问计,张良说:"你最恨的是雍齿,即刻封赏他,人心就安定了。"刘于是封雍为什方侯,至此人人安心。

齐王烹阿
(见《史记·回敬仲完世家》)

齐王:齐威王。阿:阿城大夫。齐王听到许多关于即墨大夫的流言,派人调查,发现即墨治理得很好,但其大夫石曾巴结齐王左右,因而被人毁谤,于是,齐王封赏即墨大夫食万家。而阿城大夫只知巴结,政事废弛,威王就烹杀阿城大夫。齐国大治,无人再敢文过饰非。

丁兰刻木

（见《逸士传》）

丁兰:东汉人,少丧母,便刻木为像,事之若生。一次邻人张叔妻来丁家借东西,丁妻即问木像,木像不悦,则不借。张叔不满,借酒醉詈骂木像,并以杖击木像头。丁兰知道了,遂杀张叔。郡吏来拘捕丁兰时,木像为之垂泪。

王质烂柯

（见《述异记》）

王质:晋人,入石室山打柴,见几个童子一边下棋一边唱歌。王便放下柴斧,站下来观棋听歌。一童子给他一枚似枣核的东西含进嘴里, 他便不觉饿了。过了一会儿,童子对他说:"为什么还不离去?"王质回头一看,斧柄已全烂了,原来他离家已数十年。后以"烂柯"喻时间流逝,世事变迁。

霍光忠厚

（见《汉书·霍光传》）

霍光:汉大臣,为人沉静详审,出入宫禁20年没有过错,为武帝信任,托孤辅佐昭帝。

黄霸宽和

（见《汉书·循吏传》）

黄霸:西汉人,为人明察内敏,温良

有让。为政用宽和之策,力行教化而后诛罚,深得民心,后为相。

桓谭非谶

（见《后汉书·桓谭传》）

桓谭:东汉人,主张形毁神灭,反对当时流行的谶(chèn)纬神学,曾因此触怒皇帝,几致杀身。

王商止讹

（见《汉书·王商传》）

王商:汉代人。建始三年(前30年)秋,关内大雨四十余日,京师谣传大水将至,城中大乱。廷议让百姓上城墙以避水患。而王商认为所谓大水将至是谣言。不久,城中安定下来,果然是谣言。

隐翁龚胜

（见《汉书·龚胜传》）

龚胜:汉代人,为汉光禄大夫,守右扶风。王莽秉政后辞归故里,号隐翁,不受征召,绝食十四日死。

刺客荆轲

（见《史记·刺客列传》）

荆轲:战国侠士,为燕太子丹遣去刺杀秦王,未遂,惨遭杀死。

老人结草

（见《左传·宣公十五年》）

春秋晋魏武子临死命儿子魏颗让

婢妾殉葬。魏颖认为父死前已糊涂，乃嫁了那个婢妾。后，魏与秦将杜回战，见有位老人把草拧在一起，绊倒杜回，使魏生擒之。当晚魏梦见老人对他说："我是你所救的那个婢妾的父亲。"后人以"结草"为报恩的典故。

饿夫倒戈

(见《左传·宣公二年》)

晋灵公厌烦赵盾多次直谏，派卫士刺杀赵盾。卫士中一个叫灵辄的却突然倒过来保护着赵盾，使免于难。原来，赵盾以前见过灵辄，那时见他饿得厉害，便送食物给他吃，并另准备一份食物让他带回去孝敬母亲。灵辄救出赵盾后，对赵说："我就是原先受了你恩惠的那个饿人呀！"

奕宽李讷

(见《南部新书》)

李讷：唐人。奕：同"弈"，围棋。李性情急躁，但一到下棋便心平气和。家人每见他急躁发火，便把棋具摆在他面前，他就火气顿消，高高兴兴下起棋来。

碑赚孙何

(见《涑水纪闻》)

孙何：宋人，好古文。赚：骗。孙任转运使，为政苛急，属下都惧怕他，便想了一个办法，故意搜集一些字迹模糊的古碑字帖钉在馆中墙上。孙一到，便站在墙下读碑文，辨识文字，也就不再有时间追究责备属下了。

子猷啸咏

(见《晋书·王羲之传附王徽之》)

子猷(yóu)：王徽之，性卓荦不羁，爱竹。曾素居空宅中，令人种竹。人问其故，他啸咏不答，后指竹说："怎可一日无竹？"吴中有一人家有好竹，王便坐车去观赏，在竹下啸咏良久，连主人家的筵请都不加理睬。

斯立吟哦

(见《蓝田县丞厅壁记》)

斯立：崔立之，唐人，为蓝田丞。邑庭有老槐四行，南墙有巨竹千棵，屹然挺立相对。崔每天吟咏二树间，有人来问他，他说："我正有公事，请你先离开一下。"后世以"哦松"称县丞。

奕世貂珥

(见《汉书·金日磾传》)

奕世：累世，汉金日(mì)磾(dí)家自武帝至平帝七代为内侍，显赫非常。

闾里鸣珂

(见《新唐书·张嘉贞传》)

鸣珂：马身上的佩玉。唐张嘉贞，嘉祐兄弟皆朝中显要，二人上朝，车马侍从前导后拥，充塞里巷，时号所居坊为

"鸣珂里"。

昙辍丝竹
（见《晋书·谢安传》）

昙：羊昙，东晋人。少为谢安钟爱，谢死，羊极为悲痛，一年不听音乐，走路也避着谢的家门。一次酒醉，一路唱歌，不知不觉地走到谢家门口，随从告诉他后，他以鞭叩扉，诵曹植诗："生存华屋处，零落归山丘。"恸哭而去。

裒废蓼莪
（见《晋书·孝友传》）

裒（póu）：王裒，晋人。蓼莪：《诗经》篇名，后以指对亡亲的悼念。王父因直言被晋文帝所杀，王乃绝意仕进，隐居教授，读《诗经》每至《蓼莪》"哀哀父母，生我劬劳"，未尝不痛哭流涕，门人乃废此篇不学，以免触动他的悲思。

箕陈五福
（见《尚书·洪范》）

箕：箕子，商贤者。在洪范九畴中提出五福的说法，指寿、富、康宁、修好德、考终命。

华祝三多
（见《庄子·天地篇》）

华：今陕西华县。尧观游华地时，其封人对尧说："请为您祝福，祝有三多：圣人多寿、圣人多富、圣人多男子。"旧时以"华封三祝"为祝颂之词。

六 麻

万石秦氏
（见《后汉书·循吏传》）

秦氏：指东汉秦彭家，其家自汉兴后，世代相承，六世祖为颍川太守，诸子侄辈同时为二千石者五人，故号曰"万石秦氏"。

三戟崔家
（见《新唐书·崔义玄传附崔琳》）

唐崔琳家多登显贵，琳为中书舍人，迁太子少保，弟崔珪为太子詹事，弟崔瑶为光禄卿，俱列肇戟，世号"三戟崔家"。

退之驱鳄
（见《新唐书·韩愈传》）

韩愈任潮州刺史，潮州恶溪有鳄为患。韩乃以一羊一豕投溪水，为文祭祷。当晚，见暴风雷电起自恶溪，数日后溪水干涸，潮州自此再无鳄患。

叔敖埋蛇
（见《新序》）

叔敖：春秋楚相。少时出游，见两头蛇，杀而埋之。回家后便整日悲哭，母问其故，叔敖说："听说看见两头蛇的人必死，今天我看见了，恐怕要离母而去

了。"母亲又问："现在蛇在哪里？"答："怕别人再看见，我把它杀掉埋起来了。"母亲安慰道："有阴德的人，上天会赐福于他，你这样做正是积了阴德，不会死。"叔敖果然未死。

虞翻易服

（见《后汉书·虞翻传》）

虞翻：东汉人，有将帅才，任武都太守时有羌兵犯境，万余兵围赤亭。虞兵不满三千。为迷惑羌人，虞令所部从东门出，从北门人，反复多次改换服装。羌人不知其有多少部队，遂后退。

道济量沙

（见《续世说·假谲篇》）

道济：檀道济，南朝宋将。元嘉八年（431年）檀北伐，至历城粮尽南撤。有一卒降魏，向魏说出宋军绝粮，魏军乃追赶，宋军将溃，檀便在夜晚量沙，把仅有余粮覆在沙上，天明时，魏军见宋军粮有余，遂杀降卒，说他谎报了军情。

伋辞馈肉

（见《孔丛子·抗志篇》）

伋：孔伋，居贫，朋友送米给他，他收了两车。有人送他酒肉，他谢绝了。于是有人说他贪多嫌少，他答："我不幸居贫，怕断绝了先人的后祀。受米是缓解这种忧虑，酒肉却是用来享乐的，正居于贫困而贪求享乐，是不义的啊！"

琼却馈瓜

（见《北史·循吏传》）

琼：苏琼，北齐人，为官廉正。郡人赵颖八十多岁了，佩服苏的为人，便亲送新瓜两颗给苏。苏碍其年高情重，便收了下来，但一直挂在厅堂梁下。有人听说苏受瓜，便也想上门送礼，到其门一问，了解到那两颗瓜仍挂在厅梁上，都不好意思再送礼了。

祭遵俎豆

（见《后汉书·祭遵传》）

祭遵：东汉将，为人清廉恭俭，克己奉公。每有赏赐，他从不私留，都分给部下。带兵皆用儒术，虽在军旅，犹不忘俎豆祭祀之礼，可谓好礼悦乐。死后，光武帝曾叹息道："安得忧国奉公之臣以祭征虏（遵）者乎！"

柴绍琵琶

（见《新唐书·柴绍传》）

柴绍：唐将。与妻平阳公主拒吐谷浑、党项犯边。敌据高临下，万箭齐发，唐军混乱。而柴安坐军中，命人弹琵琶，二女子舞蹈。敌迷惑，乃停射观看。柴乘机挥兵掩杀，斩首五百，大败敌军。

法常评酒

（见《清异录》）

法常：宋僧人。嗜酒，醉则熟睡不

醒,醒则大声吟道:"优游曲世界,烂漫枕神仙。"曾对人说:"酒天虚无,酒地绵邈,酒国安恬,无君臣贵贱之拘束,无钱财利禄之图谋,无刑罚之避,乐陶陶,坦荡荡,无忧无虑,象蝴蝶一样忽而翻飞浩渺而不思觉也。"

鸿渐论茶

(见《新唐书·隐逸传》)

鸿渐:陆羽,唐人,著有《茶经》,被人奉为"茶神"。

陶怡松菊

陶:陶渊明。(见前"渊明赏菊"条)

田乐烟霞

(见《新唐书·隐逸传·田游岩》)

田:田游岩,唐人,隐箕山。唐高宗亲至其门,问:"先生身体可好?"田答:"臣所谓'泉石膏肓,烟霞痼疾'者。"可见其酷爱泉石烟霞。

孟邺九穗

(见《北史·循吏传》)

孟邺:北齐人,为政清廉宽惠,东郡太守任内,麦子有一茎三穗、四穗、五穗的,甚至有人呈上九穗之者,是一种祥瑞。

郑珏一麻

(见《记异录》)

郑珏(jué):后唐人,与李愚同为学士。一天李见郑家屋下长出一棵麻,遂向他祝贺道:"你要拜相了。"因当时拜相诏用白麻。当晚果然诏拜郑为相。

颜回练马

(见《续博物志》)

颜回:孔子弟子。练:白绢。孔子见闾门外有一匹白马,便让颜看,问:"你看见闾门了吧?"颜答:"看见了。有一匹白练样的东西。"颜不久便死了,时人谓是他精力比不上孔子而用力过度的缘故。

乐广杯蛇

(见《晋书·乐广传》)

乐广:晋人。他有一个朋友许久未来,乐问其故,那人说:"前次在你那儿喝酒,见杯子里有一条蛇,后来就病了。"乐便又一次在先前的地方置酒,问:"酒中还有些什么吗?"朋友说:"又有一条蛇。"于是,乐广告诉他,杯中的蛇其实是墙上挂着的弓在酒里的投影。朋友恍然大悟,病一下子好了。

罗珦持节

(见《新唐书·罗珦传》)

罗珦(xiàng),唐人,为官清廉,坚持操守,以治行闻名,修官学,施教化,颇有政绩。

王播笾纱

(见《摭言》)

王播：唐人。贫贱时曾居扬州惠昭寺木兰院，随人吃饭，后诸僧厌烦，就提前开饭，王来时，饭已开过了。王显贵后，重游故地，发现以前自己的题诗都被僧人恭敬地用碧纱罩上了。他感慨万端，又题二绝句于壁，一曰："二十年前此院游，木兰花发院新修。而今再到经行处，树老无花僧白头。"二曰："上堂已了各西东，惭愧阇黎（高僧）饭后钟。二十年来尘扑面，如今始得碧纱笼。"

能言李泌

(见《新唐书·十一诸宗子传》)

安史之乱后期，广平王收复两京，遣李泌入朝报捷。因广平王立大功，为皇后所忌。李泌乃借高宗事谏诫肃宗不可听信谗言。广平王因而平安。

敢谏香车

(见《新序》)

香车(jū)：战国齐大夫。齐王建大堂，百亩之广，堂上有屋 300 间，3 年而没建成，无人敢谏。香车乃问齐王："楚王放弃先王礼乐而为淫乐，楚国有明主吗？"答："没有。"又问："楚有贤臣吗？"答："没有。"又问："今大王建大室，3 年未成，无人敢谏，大王有贤臣吗？"答："没有。"香车说："连贤臣都没有的国无可留恋，我也走。"说着快步离去。齐王

急说："请你留下，为什么不早些进谏呢？"乃召尚书说："请记下，寡人不肖，好为大屋，香子止之。"

韩愈辟佛

(见《新唐书·韩愈传》)

唐宪宗崇佛，曾遣使往凤翔迎佛骨，韩愈上表谏止，劝宪宗把佛骨付之水火，永绝根本。因此触怒宪宗，贬韩潮州。

傅奕除邪

(见《新唐书·傅奕传》)

傅奕：唐人，极诋佛教，斥其无补于百姓而有害于国家。曾有一胡僧能以咒术令人死生，太宗问傅，傅说："此邪法也。臣闻邪不犯正，若使咒臣，必不得行。"太宗召僧咒傅，果然傅一如平常，而僧倒地自绝。

春藏足垢

(见《南史·阴子春传》)

春：阴子春，南朝梁人。平日懒于修饰，衣物数年不洗，而脚也是长久不洗，以为每洗则失财败政。

邕嗜疮痂

(见《南史·刘穆之传》)

邕：刘邕，南朝宋人，喜食疮痂。一次到孟灵休家去，孟正患灸疮，疮痂落在床上，刘一一捡起吃掉，孟大惊，遂把未脱落的疮痂一片片揭下给刘吃。后孟

写信给何勋："刘邕不久前来看我,把我吃得遍体流血。"

薛笺成彩

(见《资暇集》)

薛:薛涛,唐歌使。居西川百花潭,常写小诗,因惜纸,乃令匠人制彩色小笺,时称"薛涛笺"。

江笔生花

(见《南史·江淹传》)

江:江淹,南朝齐梁间人,善文章,有《别赋》《恨赋》等。后梦郭璞说:"我有笔在你处多年,可以归还了。"江从怀中取出一支五色彩笔还给了郭,从此再也写不出好诗文了。成语"江郎才尽"即说此。

班昭汉史

(见《后汉书·列女传》)

班昭:东汉人。兄班固修《汉书》,其八表与《天文志》未成而逝,由班昭续成。

蔡琰胡笳

(见《后汉书·列女传》)

蔡琰:蔡文姬,东汉人。因战乱而流落匈奴,12年后为曹操赎回。《胡笳十八拍》相传为她所作。

凤凰律吕

(见《国语·周语下》)

律吕:乐律的总称。黄帝令乐官伶伦去昆仑采竹,截为长短二管吹之,为黄钟之音;制12支管模拟凤凰鸣声,雄鸣谓六律,雌鸣为六吕,合为律本。

鹦鹉琵琶

(见《鸡肋编》)

宋代蔡确贬新州时,只带一妾名琵琶,又养一鹦鹉,蔡欲召琵琶,敲一小钟,鹦鹉便应声传呼琵琶。后琵琶死,蔡不再击钟。有一次误击小钟,鹦鹉遂呼琵琶,蔡十分感伤,赋诗道:"鹦鹉声犹在,琵琶事已非。伤心江汉水,同去不同归。"

渡传桃叶

(见《乐府诗集》)

桃叶:王献之爱妾。王曾在渡口唱歌送她,歌道:"桃叶复桃叶,渡江不用楫。但渡无所苦,我自迎接汝。"后命名此渡为桃叶渡。

村名杏花

唐诗人杜牧《清明》:"借问酒家何处有?牧童遥指杏花村。"后以"杏花村"泛指卖酒处。

七　阳

君起盘古

（见《述异记》）

传说盘古化开混沌,开天辟地,头为山岳,眼为日月,膏为江海,毛发为草木。

人始亚当

（见《圣经》,本书成书时基督教已传入我国）

西方传说,上帝用泥造亚当,用亚当的肋骨造夏娃,两人生活在伊甸园中,结为夫妻,为人类始祖。

唐宗花萼

（见《新唐书·让皇帝宪传》）

唐宗:玄宗,开元二年(714年)以旧邸赐宪与薛王,申、岐二王也居于宫侧。玄宗则于西、南建"花萼相辉之楼""勤政务本之楼",时时与诸王共乐。后常以"花萼"喻兄弟手足之情。

灵运池塘

（见《诗品》）

灵运:谢灵运,南朝宋诗人,《登池上楼》有"池塘生春草,园柳变鸣禽"句,传诵极广。

神威翼德

（见《三国志·张飞传》）

翼德:张飞。曹操入荆州,刘备逃江南,张飞率二十骑殿后,据水断桥,嗔目横矛大叫:"我是燕人张翼德,可来决一死战!"曹军无敢近者,号称"万人敌"。

义勇云长

（见《三国志·关羽传》）

云长:关羽。与刘备、张飞桃园三结义,不受曹操招降,千里走单骑,过五关斩六将回归刘备,后人一直把关作为"义"的典型,亦称"万人敌"。

羿雄射日

（见《淮南子·本经训》）

羿(yì):神话中的英雄,善射。尧时十日并出,人类无法生活,羿便上射九日,只留下一个太阳,由此天下安然。

衍愤飞霜

（见《初学记》）

衍:邹衍,战国齐人。在燕时曾蒙冤下狱,在狱中他仰天而哭,时值炎夏,天却突然为之降霜。

王祥求鲤

（见《晋书·王祥传》）

王祥:晋人,至孝。后母常欲加害他,他却不改恭敬。一年盛寒之月,后母想吃鲜鱼,王乃脱衣,将剖冰捕捞,一会儿冰开,有双鲤跃出。

叔向埋羊

（见《艺文类聚·羊门记》）

叔向:羊舌肸(xī),春秋晋人。有人

偷了羊，把羊头送到叔向家。叔向母没吃这个羊头，把它埋掉了。3年后，偷羊事发，牵连到叔向家，捕吏追问，叔向乃把羊头挖了出来，骨肉都已腐烂，只剩下一只羊舌。因人异之，叔向遂以羊舌为姓。

亮方管乐

（见《三国志·诸葛亮传》）

亮：诸葛亮；管：管仲；乐：乐毅，战国燕名将。方：比。诸葛隐居隆中时，好为《梁父吟》，常自比于管仲、乐毅。

勒比高光

（见《十六国春秋》）

勒：石勒，后赵帝；高：汉高祖刘邦；光：光武帝刘秀。石曾与群臣宴，酒酣，问徐光："我与自古以来的开国君主相比，是几等？"徐答："陛下神武筹边，略迈于高皇；雄艺卓荦，超绝魏祖，自三王以来，无可比也。其轩辕（黄帝）之亚乎？"石笑道："人岂不自知？卿言太过。我如遇高皇，当北面而事之，但可与韩信、彭越一争高下；我如遇光武，当和他逐鹿中原，而胜负难料。大丈夫行事，当磊磊落落，如日月光明，却不能像曹操、司马昭之类欺人孤儿寡母，狐媚以取天下。我在二刘之间，怎敢比拟轩

辕！"世南书监

（见《新唐书·虞世南传》）

世南：虞世南，唐人，工书法，善诗能文，为弘文馆学士，秘书监。曾受命写《列女传》于屏风，无原书，默记而写，无一字差错。太宗称他有五绝：德行、忠直、博学、文词、书翰。

晁错智囊

（见《史记·晁错传》）

晁错：西汉人，景帝时官至御史大夫，是朝廷重要谋臣，号称"智囊"。主张贵粟重农，加强中央集权，加强边备。

昌囚羑里

（见《史记·周本记》）

昌：周文王姬昌。羑（yǒu）里：地名。文王因盛有贤名，遭人陷害，被纣王囚于羑里。相传他于此推演八卦。

收遁首阳

（见《新唐书·薛收传》）

收：薛收，唐人。其父薛道衡为隋炀帝冤杀，他遂不肯仕隋，隐遁首阳山。

轼攻正叔

（见《宋史·苏轼传》）

轼：苏轼。正叔：程颐，宋理学家，鼓吹饿死事小，失节事大。苏轼与其不和，曾与顾临等弹劾程。

「中华蒙学精华」

浚诅李纲

（见《宋史·李纲传》）

浚：张浚。李纲，宋相。诅：败坏。张曾弹劾李以私意杀侍从，并擅招兵马。

降金刘豫

（见《宋史·刘豫传》）

刘豫：宋人，高宗建炎二年（1128年）降金，四年，建伪大齐国，七年，为金废，徙居临黄，死。

顺卤邦昌

（见《宋史·张邦昌传》）

邦昌：张邦昌。卤：同虏。张于靖康二年（1127年）降金，被册立为伪大楚皇帝。后为宋高宗赐死。

瑜烧赤壁

（见《三国志·周瑜传》）

瑜：周瑜。建安十三年（208年），孙权、刘备联军抗曹操于赤壁，周采纳部将黄盖的火攻计，大破操军，三足鼎立之势遂成。

轼谪黄冈

（见《宋史·苏轼赋》）

轼：苏轼，因"乌台诗案"被贬黄州任团练使。苏在此写作有前、后《赤壁赋》等作品。

马融绛帐

（见《后汉书·马融传》）

马融：东汉人，才高博学，性放达，不拘小节。他常坐在高堂，挂着深红色的帷帐，在帐前教授生徒，帐后坐着女乐。有弟子上千，著名者如卢植、郑玄等。

李贺锦囊

（见李商隐《李长吉小传》）

李贺：唐著名诗人。每出游，常带一小童，骑一驴，背一只锦囊，每得好句，立即写下投入囊中，回家后，再续写成篇。其母在他回家时，就取其囊，见写得很多，就叹道："这个儿子是要呕出心来才肯罢休啊！"

昙迁营葬

（见《尚友录》）

昙迁：南朝宋人，与范晔友善。范犯案被杀，知交无敢吊问，昙不畏牵连，全力营葬了范。孝武帝听说后对徐爰说："你写《宋书》，一定要把此事载入啊！"

脂习临丧

（见《后汉书·孔融传》）

脂习：东汉人，与孔融友善。孔为曹操所杀，无人敢收其尸，独脂习前往，抚尸痛哭，说："文举（孔融）舍我死，我还活着干什么？"曹感其待友之诚，也不曾加害他。

仁裕诗窖

(见《新五代史·王仁裕传》)

仁裕:王仁裕,五代汉人。曾梦神人以西江水涤其肠胃,从此文思汹涌,作诗万首,时人呼为"诗窖子"。

刘式墨庄

(见《海录碎事》)

刘式:宋人,藏书甚多。死后,其妻对几个儿子说:"你们父亲秉性清洁,别无积蓄,千卷书留给你们,叫做'墨庄',你们要发愤读书。"后,刘氏子皆学有成就。

刘琨啸月

(见《晋书·刘琨传》)

刘琨:晋人,有大志,负纵横之才。一次他转战至晋阳,为敌所围,窘迫无计,刘乃乘月登楼清啸。敌骑听了,皆凄然长叹。半夜,又奏胡笳,敌骑更起思乡之情,乃弃围而去。

伯奇履霜

(见《太平御览》)

伯奇:周代吉甫子,为后母谗害,被逐出家门,作《履霜操》而歌。后化为伯劳鸟。

塞翁失马

(见《淮南子·人间训》)

一老翁住边塞上,他养的一匹马走失了,邻人来安慰他,他却说:"这也许是件好事呢。"过了几个月,走失的马忽然带着胡人的良马回来了,邻人来恭贺他,他却说:"这也许是件祸事呢。"其子好骑马,结果把脚给摔断了。邻人又来安慰塞翁,他又说:"怎知这不是一件好事呢?"一年后,胡人犯境,青壮年都被征兵入伍,十之八九战死疆场。塞翁之子因残废了,倒保全了性命。成语"塞翁失马,焉知非福"本此。

臧谷亡羊

(见《庄子·骈拇篇》)

臧:男仆。谷:童仆。二人去放羊。回来羊都跑了。有人问男仆当时干什么,他说在读书;问童仆,答道在玩儿。尽管原因不同,结果却一样,并无优劣的区分。

寇公枯竹

(见《东轩笔录》)

寇公:寇准。他贬雷州途中过湖北公安,剪竹插于神祠前,祈祷说:"我如果有负于朝廷,这竹子必枯。若不负国家,此枯竹当再生。"那竹子果然生根长叶。

召伯甘棠

(见《史记·燕召公世家》)

召(shào)伯:周公弟。有一次巡行乡邑,见一甘棠树,便在那树下判决刑狱和处理政事,使上下各得其所,无有失职者。去世后,人们对那甘棠树倍加爱护,作《甘棠》诗以怀念他。

匡衡凿壁

（见《西京杂记》）

匡衡：西汉人，少好学，晚间读书无烛，便把墙壁凿一洞，借邻家烛光以读书。

孙敬悬梁

（见《太平御览》）

孙敬：汉人，好学，夜读书，恐睡去，就用绳把头发系到梁上，稍睡则被扯醒。

衣芦闵损

（见《太平御览》引《孝子传》）

闵损：春秋鲁人，孔子弟子，孝。少丧母，继母刻薄，给他做的棉衣不絮棉花而絮芦花。一次闵驾车，天寒冷，他冻得受不住，马车失去控制。父亲很生气，便用鞭子抽他，把棉衣打破了，露出了芦花。父抚其背，知其衣单，才知继母虐待他，便要去休后妻。闵哭着说："母在一子寒，母去三子单。"不让父亲休去后母。

扇枕黄香

（见《尚友录》）

黄香：汉人，至孝。9岁失母，家贫，事父甚孝，夏天为父亲扇枕席，冬天为父亲暖被子。博通经典，能文章，号称："天下无双，江夏黄童。"

婴扶赵武

（见《新序》）

婴：程婴，春秋晋人，赵朔门客。赵氏为屠岸贾灭族，遗腹子赵武为程与公孙杵臼救下。二人取一民间无力赡养之婴儿，由公孙带着跑到山中，再由程出首告发公孙隐匿处，屠岸贾遂杀公孙与其所带婴儿。而程婴带着赵武藏到深山中生活了15年，终于杀屠岸贾，灭其族。程乃自杀，以报赵朔、公孙杵臼。

籍杀怀王

（见《史记·项羽本纪》）

籍：项羽。怀王：熊心，被尊为义帝。汉王元年（前206年），项自立为西楚霸王，迁义帝于长沙，又暗中令九江王英布杀义帝于郴。

魏徵妩媚

（见《新唐书·魏徵传》）

魏徵进谏，太宗不听从时，魏便不搭理他。太宗说："你先答应我，然后再进谏，有什么不可以呢？"魏说："臣闻舜曾说不可表面应从。我心知你不对，嘴上却答应着，这哪像禹、皋臣事舜的样子呢？"太宗说："别人都说魏徵懒散傲慢，我只看见他十分妩媚。"

阮籍猖狂

（见《晋书·阮籍传》）

阮籍：竹林七贤之一，人多谓其

"痴"。常驾车不由路径,任马而行,直到无路可行,便痛哭而返。邻家少妇有美色,当垆卖酒,阮去饮酒,醉,便卧其侧,却毫不避嫌。

雕龙刘勰

（见《南史·刘勰传》）

刘勰(xié)：南朝梁人。撰有《文心雕龙》是我国第一部系统完整的文学批评著作。

愍骥应场

（见《三国志·应场传》）

应场(yáng)：三国魏人,建安七子之一。为文"和而不壮"。曾作《愍骥赋》,以良马不遇于时自喻。

御车泰豆

（见《列子·汤问篇》）

泰豆：古之善御者。造父拜他为师,三年,泰豆却什么也不教他。造父愈加恭敬,泰豆才告诉造父说："古人说善制弓箭者先学做簸箕；善冶铁的人先学做皮衣。你先看我快走,能像我一样快走,然后可以学御。"便立木为道,木宽只容一脚。泰豆在上面行走自如。造父学了三天,尽得其中奥妙。于是泰豆把驾车的技艺悉数教给了他。

习射纪昌

（见《列子·汤问篇》）

纪昌向飞卫学射箭。飞卫说："你先学会不眨眼的功夫,然后才能学射。"纪昌便回家在妻子的织机下看机蹑上下运动,两年,锥至眼前眼不眨。飞卫又说："你还得炼能视小为大,视微如著的功夫。"纪昌便用一根马尾把虱子吊起,每天盯着看,三年,看虱子如车轮,看别的东西如小山。这时他用箭射虱,箭穿虱心而马尾不断。飞卫满意地说："你已经学成了。"

异人彦博

（见《宋史·文彦博传》）

彦博：文彦博,宋人,历仁宗等四朝,任将相50年。元祐间,契丹使者来朝,在殿门外见文,仪表堂堂,精神矍铄,使者拱手说："天下异人啊！"

男子天祥

（见《宋史·文天祥传》）

天祥：文天祥,南宋人。以枢密使,都督诸路军马抗元,兵败被俘,不屈而死,元世祖临朝叹道："文丞相真男子,不肯归顺我朝,杀了他太可惜了！"文在狱中有《正气歌》,另有"人生自古谁无死,留取丹心照汗青"的传世名句。

忠贞古弼

(见《北史·古弼传》)

古弼：北魏将。一次，有人上书说皇家苑囿过大，应减其半以赐贫困者。古弼看后去转奏太武帝，恰帝与给事中刘树下棋，古侍坐良久，不见召问，急起，一把拉住刘头发把他从坐处拖下来，挥拳相加，怒斥："朝廷不理，实你之罪。"帝甚为赞赏古的公正刚直。

奇节任棠

(见《后汉书·庞参传》)

任棠：东汉人，隐居不仕。太守去拜访，任不说一句话，只把一大棵薤(xiè)，一盆水放在屏风前，自己抱孙儿在窗前。太守明白了："水，是让我清廉；拔大薤，是让我抑制豪强；抱孙当窗站着，是让我开门抚恤弱小。"

何晏谈易

(见《三国志·管辂传》)

何晏通《周易》，但说话不涉及《周易》的辞义，邓飏问他为什么，管辂代为答道："善易者，不论易。"何含笑说到："可以说要言不烦。"

郭象注庄

(见《晋书·郭象传》)

郭象：晋人，在白秀《庄子注》的基础上复注《庄子》。

卧游宗子

(见《宋书·宗炳传》)

宗子：宗炳，南朝宋人。好山水，爱远游，曾西游荆巫，南登衡岳，并打算长住衡山，因病返江陵，叹道："老病一块儿来了，名山恐难以游遍，只有澄怀观道，卧以游览了。"凡所游山水，都绘在家里，对人说："弹起琴，要让众山随音乐而振响。"

坐隐王郎

(见《世说新语·巧艺篇》)

王郎：晋人，好围棋，以为乐在其中，称"坐隐"。"坐隐"后成为下围棋的别称。

盗酒毕卓

(见《世说新语·任诞篇》)

毕卓：晋人，放达嗜酒，一次邻家酿酒成，毕乘醉至邻家酒瓮下盗饮，被主人捉住。但主人见是他，又为其松绑，与之共饮酒瓮下。

割肉东方

(见《汉书·东方朔传》)

东方：东方朔，西汉名臣，诙谐滑稽。一次武帝赐侍从官肉，大官丞未至，朔遂先割肉而归。第二天武帝令其自责。朔拜曰："东方朔呵东方朔，受赐不待诏，多么无礼！拔剑割肉，多么雄壮！割肉不多，多么廉洁！回去后送给家人，多么仁义！"武帝笑道："让你自责，反倒自夸起来。"又赐酒肉让他带回。

李膺破柱

（见《后汉·李膺传》）

李膺：东汉人，太学生称其为"天下楷模"，性刚直，疾恶如仇。内侍张让弟张朔贪残无道，后畏罪逃避于张让家的合柱中。李知道后，带吏卒到张让家，砸碎合柱，将张朔逮捕归案，依法处决，威震黄门长侍。

卫瓘扶床

（见《晋书·卫瓘传》）

卫瓘：晋人。司马衷被立为太子时，卫有异议，但一直没敢奏明。后，武帝宴会，卫佯醉跪武帝坐床前说："臣欲有所启。"武帝问他，他三次欲言又止，用手抚帝坐床，说："此座可惜！"武帝明白了，便说："你真的大醉了吗？"卫就不再说话了。后以此被贾后杀害。

营军细柳

（见《史记·绛侯周勃世家》）

汉文帝后元六年（158年），周亚夫屯军细柳仓，抵御匈奴。文帝犒劳诸军至细柳，因无军令，遂被士卒阻军营外，文帝乃派人持节传召周，兵卒才放文帝人营。进营后，文帝又被告知不可飞车驰马，须慢慢而行。后，文帝说："周亚夫真将军也！"

校猎长杨

（见《汉书·杨雄传》）

杨雄曾作《羽猎赋》《长杨赋》讽谏汉成帝奢华、劳民伤财。

忠武具奠

（见《宋史·岳飞传》）

忠武：岳飞。少负气节，有神力，不到20岁就能开300斤硬弓。曾拜周同为师习武。周死后，岳飞每月初一、十五，必亲具祭品，去祭奠周同，不忘教授之恩。

德玉居丧

（见《尚友录》）

德玉：顾德玉，唐人，曾向俞观光学习。俞死，顾为其料理后事，将其葬入自己先人墓旁，每年按时祭扫。

敖曹雄异

（见《北史·高昂传》）

敖曹：高昂，北魏人，曾说："男儿当

横行天下,自取富贵,谁能端坐读书作老博士!"其父说:"此儿不灭我族,便会光大我家。"后高为直阁将军,封侯。

元发疏狂

（见《却扫编》）

元发：滕元发,宋人,曾为范仲淹客,出入歌楼酒馆。一夜,范在滕房中挑灯读书,夜半,滕大醉回,范假装不知,以观其所为。而滕毫无愧色,长揖问："公读何书?""《汉书》"。又问："汉高祖何如人?"范无法,只得离去。

寇去例簿

（见《宋史·寇准传》）

例簿：记载录用官员条件,准则的册簿。寇准为相时,用人唯贤,不论资排辈,弃例簿不用。

吕置夹囊

（见《尚友录》）

吕：吕蒙正,宋相。常置一册子于夹囊中,有人来谒见,必问其有何人才,分门别类载于册中,求贤用人时,便取囊中册上所记人选而用之。

彦升白简

（见《文选·奏弹曹景宗》）

彦升：任昉,南朝梁人。白简：弹劾奏章为白简。任为官时,每弹奏上章,常用"臣谨奉白简以闻"一语。

元鲁青箱

（见《南史·王准之传》）

元鲁：王准之,南朝宋人。青箱：世传家学叫青箱。王家世传朝仪及江左旧事,世人谓为王氏青箱学。

孔融了了

（见《世说新语·言语篇》）

孔融：东汉人,建安七子之一。了了：聪明伶俐。孔10岁时拜访李元礼,说："我是李府君的亲戚。"李问："你和我有什么亲戚关系?"孔答："我的先人孔子曾拜你的先人老子(李耳)为师,我们不是老世交吗?"在座的人无不惊奇。陈韪来晚了些,别人以此告他,他说："小时了了,大未必佳。"孔应声说："你小时候一定是很聪明的了。"陈为之语塞。

黄宪汪汪

（见《后汉书·黄宪传》）

黄宪：东汉人。郭泰去见袁奉高,没等车卸驾,又去拜访黄,与之谈一日一夜。有人问他,他答："奉高的才量像泛滥大河,虽清澈却易把握;黄宪则如汪汪千顷波涛,澄之不清,淆之不浊,难以测度。"

僧岩不测

(见《南史·赵僧岩传》)

僧岩：赵僧岩，南朝齐人，为人寥廓无常，人不能测。后落发出家，栖迟山谷，常带一壶。一天对弟子说："我在今晚死。"果然死在这晚上。时人认为他知命。

赵壹非常

(见《后汉书·文苑传·赵壹》)

赵壹：东汉人。一次去见羊陟，羊还没起身，赵径直走入屋里，说："我僻居西州，早仰慕你的高风亮节，今日得见，你却死了，奈何！这是命啊！"说完大哭。羊知其非常人，马上起身，与他谈话，一谈之下大为敬佩。

沈思好客

(见《尚友录》)

沈思：宋人，能酿十八仙白酒，喜接待宾客。一次有道人求饮，自午到晚喝了数斗而不醉，饮后对沈说："久不游吴中，你有阴德，特留诗以赠。"写诗壁上："西邻已富犹不足，东老(沈思)虽贫乐有余。白酒酿成缘好客，黄金散尽为收书。"

颜驷为郎

(见《汉武故事》)

颜驷：西汉人，三朝为郎，不遇于时。武帝见其长眉白发，便问："老翁，你何时任的郎官，为什么这么老啊？"颜答："臣文帝时为郎。文帝好文而臣好武；景帝好美而臣貌丑；陛下则好少而臣已老。所以老于郎署。"

申屠松屋

(见《后汉书·申屠蟠传》)

申屠：申屠蟠，东汉人，至孝。后隐居，凭松树筑屋，关门读书，不与世人来往。

魏野草堂

(见《宋史·隐逸传·魏野》)

魏野：宋人，世代为农，不求闻达。居陕州东郊，种竹树，清泉环绕，景致幽绝。前筑草堂，弹琴其中以自娱，人多载酒肴与之游，啸咏终日。

戴渊西洛

(见《晋书·戴若思传》)

戴渊：东晋人。少为盗，一次劫掠陆机，指挥手下前行退止，井然有序，如指挥军队。陆机便说："你有这样的才能，还要做强盗吗？"戴感悟，流涕拜见陆，遂结为知交。

祖逖南塘

(见《世说新语·任诞篇》)

祖逖：晋人。南渡时国家、私人都很穷困。一次王导等去看祖，见皮袍一叠一叠的，珍宝服饰盈列，就问他，祖答："昨晚回了一趟南塘。"他常派健儿去劫掠富户，也无人追究。

倾城妲己

（见《史记·殷本纪》）

妲（dá）己：殷纣王宠妃，有倾城倾国之貌。纣王沉溺于她的美色，又加上受她的怂恿，滥施无道，天怒人怨，终于引发革命。

嫁虏王嫱

（见《汉书·元帝纪》）

王嫱：王昭君。自请嫁匈奴呼韩邪单于，复嫁复株累若鞮单于，生二子二女。和亲期间，边境安宁。

贵妃桃鬐

（见《天宝遗事》）

贵妃：杨玉环。御苑有千叶桃花，玄宗亲折一枝插在贵妃冠上，说："此花特别能助娇态。"

公主梅妆

（见《岁华纪丽》）

公主：南朝宋刘裕女寿阳公主。一天卧于含章殿下，有梅花落其额上，成五瓣花型，拂之不去，后世遂有梅花妆。

吉了思汉

（见《闻见前录》）

吉了：鸟名，即秦吉了。泸南长宁军有养秦吉了的，鸟能作人言。有一酋长打算用五十万钱买鸟，秦吉了说："我是

汉禽，不愿入夷地。"折颈而死。

供奉忠唐

（见《邻几杂志》）

唐昭宗畜一猴，赐以绯袍，随朝臣起居，号供奉，常在昭宗身旁。后梁太祖朱温夺位，设宴群臣，也让供奉坐在身边。供奉到了，突然撕扯朱全忠冠服。朱怒叱不止，令杀之。唐旧臣无不愧怍。

卷 四

八 庚

萧收图籍

（见《史记·萧相国世家》）

萧：萧何。秦二世元年（前209年）萧辅刘邦起义。攻人咸阳后，诸将都忙于取夺府库财物，独萧只取秦王朝的典籍文献收藏起来，以掌握全国山川险要、郡县户口及人民疾苦等社会情况。

孔惜繁缨

（见《左传·成公二年》）

孔：孔子。繁缨：古时天子、诸侯辂马用的饰带之类。仲叔于溪有大功于卫，卫定公欲赏其邑地，仲叔坚辞不受，而请求饰繁缨以朝见国君，卫公答应了。孔子听说后，十分惋惜地说："与其饰繁缨，不如多给他些邑地。名和器是不可以送人的啊！"

卞庄刺虎

（见《史记·陈轸传》）

卞庄：春秋鲁人。好勇，欲刺虎，馆竖子劝他："先不要急着去。两只虎才吃了牛，食甘必斗，大虎必伤，小虎必死，那时候你再去刺虎，一举可以两获。"卞听其言，果然获两虎。

李白骑鲸

（见《二老堂杂志》）

李白泛舟游采石，大醉，见水中月影，狂叫捉之，坠水而死。后人据此传说李白骑鲸上天而去。唐诗人徐仲华有诗："舟舣江干吊谪仙，吟风弄月笑当年。骑鲸直上天门去，诗在人间月在天。"

王戎支骨

（见《世说新语·德行第一》）

王戎：竹林七贤之一，服丧时瘦到了骨架要随时散落的地步，被称为"死孝"。

李密陈情

（见《晋书·李密传》）

李密：西晋人。早年丧父，母亲改嫁，与祖母刘氏相依为命，晋武帝欲征其为官，李作《陈情表》委婉拒之，情辞恳切，悲恻感人。

相如完璧

（见《史记·廉颇蔺相如列传》）

相如：蔺相如，战国赵人。赵得和氏

璧,秦王贪之,许以十五城换璧。赵弱秦强,赵王既不敢拒绝,又担心受骗。蔺便自愿担任出使任务。赴秦,见秦王果无意偿城,就说:"璧上有斑点,让我指给您看。"取回了和氏璧。又让秦王戒斋5天准备受璧,暗中让随从带着璧回到了赵国,自己留下,甘受秦王的惩罚,秦王终礼遇之。"完璧归赵"一词本此。

廉颇负荆

(见《史记·廉颇蔺相如列传》)

廉颇:战国赵将。对蔺相如位列上卿常怀不服,想当面羞辱他。蔺却总是回避他,说:"个人恩怨是小事,国家危难才是大事。秦不敢对赵用兵,就是因为有我和廉将军在,我们不能自相损耗啊!"廉知道后深受感动,袒背负荆条登门请罪,两人乃结为至交。

从龙介子

(见《说苑》)

介子:介子推,春秋晋人,曾随晋文公流亡,后赏赐随从者而没有介子推,介便与母隐居绵上。他的从者为他不平,在宫门上写:"有龙矫矫,遭天谴怒。三蛇从之,一蛇割股。二蛇入国,厚蒙爵士。余有一蛇,弃于草莽。"晋公感悟,求介子推,不出。便焚山迫其出,介子推竟抱树而死。相传寒食节就是为纪念他而沿袭下来的风俗。

飞雁苏卿

(见《汉书·李广苏建传》)

苏卿:苏武,被羁匈奴19年志不移。昭帝又遣使到匈奴,苏武手下常惠见使者,交代如此对单于说:"天子射于上林苑,一雁脚上系着帛书,说苏武等被扣押在一个大湖边。"单于这才放苏等归汉。

忠臣洪皓

(见《宋史·洪皓传》)

洪皓:南宋人,出使金国,金人迫其为汉奸刘豫做事,洪义正辞严地说:"我万里奉命而来,不能陪两宫南归,只恨自己无力杀死逆贼刘豫……"金人欲杀他,后免死而流放冷山,历尽万难才得回朝,又与秦桧不合,屡遭贬谪。

义士田横

(见《史记》)

田横,齐国人,秦末与兄田儋起兵,自立为王。后避刘邦,与部下五百人驻东海一岛上。刘派人去召他,田到离洛阳三十里时,因不愿朝见刘邦,自刎而死。五百部下听说田已死,也都自刎而死。人们都认为他们是义士。

李平鳞甲

(见《太平御览》)

李平:三国蜀人。诸葛亮出祁山,李负责运送粮草,因下大雨,粮食运不上

龙文鞭影

去，李便派人叫诸葛退军。等诸葛军退，李又说军粮丰足，向后主进谗言诬陷诸葛亮。诸葛乃将李前后写的书信给主过目，这才真相大白，于是贬李为平民。当时有乡谚说："难可狃，李鳞甲"，鳞甲：说李工于心计，以私废公。

苟变干城

（见《孔丛子》）

苟变：战国卫人。子思向卫君推荐他，认为是将才，卫君因为苟变随便吃了人家两个鸡蛋便弃之不用。子思说："当此列国纷争之际，正需重用人才。用人要用其所长，避其所短，岂可求全责备？"卫君被说服了。

景文饮鸩

（见《南史·王彧传》）

景文：王彧，南朝宋大臣。鸩（zhèn）：毒酒。明帝担心他不忠，赐其毒酒。敕令送达之夜，王正与人弈棋，看完敕令，仍平静地下棋。棋局结束后，收好棋子，王平缓地对朋友说明帝已赐我死。举起毒酒对客人说："这杯酒我就不再相劝各位了。"仰头一饮而尽。

茅焦伏烹

（见《尚友录》）

茅焦：秦人。始皇平息吕不韦、嫪毐（lǎo ǎi）政变，幽禁太后，进谏而被杀者27人，无人再敢进谏。茅焦进谏，始皇怒而欲烹之。茅毫无惧色，说："天下刚统一，陛下便车裂假父，囊扑两弟，迁母于雍，残杀谏士，桀纣也不能过此，天下会众叛亲离而没有人再拥护秦政了。"从容解衣接受酷刑。始皇感悟亲自扶起茅，封为上卿；又亲驾接回母亲，和好如初。

许丞耳重

（见《汉书·循吏传·黄霸》）

许丞：西汉人。任下层官吏，年迈多病且耳聋（耳聋又叫重听），有人欲辞退他。太守黄霸说："许丞是一个廉吏，虽老，还能做公务，耳聋有什么妨碍？只要好好协助他，仍不失为一个称职的官。治政换人太频是没有好处的。"

丁掾目盲

（见《三国志》）

丁：丁仪，三国魏人。曹操慕其才华，打算以女嫁之。曹丕说："丁仪瞎了一只眼"。曹操才不再作此打算。后丁为掾（官名）。曹操与之交谈，对其学识，才华愈加惊奇，责备曹丕道："丁仪即使两眼都瞎了，我也应该把女儿嫁给他。全是你误了我的决断！"

佣书德润

（见《三国志·阚泽传》）

德润：阚（kàn）泽，三国吴人，自幼好学，家贫，常为人抄书。每次抄完，就能诵读，博览群书，并通历数。官至太子

太傅。

卖卜君平

（见《汉书·王吉传序》）

君平：严遵，西汉人。曾卜筮于成都，每天收入百钱以自足，后闭肆下帘，研读《老子》，著有《老子指归》。

马当王勃

（见《唐才子传》）

王勃：唐诗人，初唐四杰之一。王去探望父亲时路过马当山，夜梦水神说："助你顺风一帆。"第二天早上就行700里到了南昌，正赶上九月九日滕王阁盛宴，王乃于宴上飞笔作《滕王阁序》，震惊四座。

牛渚袁宏

（见《晋书·文苑传·袁宏》）

袁宏：东晋人，少时家贫，以运租自业。一天至牛渚，当中秋之夜，遂自吟所作《咏史诗》，恰巧谢尚乘月泛江，便派人前来讯问，又迎到船上谈论通宵达旦，深为赏识他。从此，袁名誉日盛。

谈天邹衍

（见《史记·孟子荀卿列传》）

相传燕多谷地，气候寒冷，农作物难于生长。邹衍为天吹奏律吕，气候变暖，庄稼得以生长。邹衍好谈天事，创五德终始之说，号为"谈天衍"。

稽古桓荣

（见《后汉书·桓荣传》）

桓荣：东汉人。稽：考察。桓与人辩难，总以礼让相服，从不以言辞巧辩取胜。曾把皇帝所赐车马印绶陈列出来，对众人说："这一切收获，都依赖于考察古籍的功力。"

岐曾贩饼

（见《后汉书·赵岐传》）

岐：赵岐，东汉人。因贬议宦官，家属多被害，自己也改名换姓，在北海卖饼。孙嵩疑心他不是寻常人，让他坐上自己的车子，问："你有什么深仇大恨而逃命于此吗？我可以帮助你。"赵把实情告诉了孙，孙让赵藏在自己家中数年，后被赦才出来。

平得分羹

（见《明皇杂录》）

平：郑平，唐人，李林甫女婿。李见其须发皆白，便说："明天皇上要赐我甘露羹，你吃了，白发会变黑。"第二天，李就把皇帝赐的羹汤分给郑一些吃，过了一晚，郑的斑白须发全变黑了。

卧床逸少

（见《世说新语·雅量》）

逸少：王羲之。郝鉴派人到王导家选女婿。王导对来人说："你到东厢房中去随便挑选吧！”媒人回去后对郝说：“王家诸公子都不错，但一听说上门挑女婿，都很拘谨；只有一个袒着肚子躺在东床上吃东西，像没有事一样。”郝说：“这正是我要挑的女婿呀！”一打听，正是王羲之。

升座延明

（见《北史·刘延明传》）

延明：刘昞(bǐng)，后魏人，师从郭瑀，同学五百人。郭想在弟子中择婿，特设一席，供女儿挑选。他说：“我有一女，想觅一快婿，谁坐此席，我就把女儿嫁给他。”话刚说完，刘奋衣升座，郭遂将女儿嫁给了他。

王勃心织

（见《翰林盛事》）

相传王勃六岁能文，九岁见颜师古注《汉书》即能指出其不足之处，所到之处，人们请他写文章，金帛丰积，时人谓之“心织笔耕”。

贾逵舌耕

（见《后汉书·贾逵传》）

贾逵：东汉人，以教授为业，从学者不远千里而来，积粟盈仓。时人说：“贾逵不是力耕所得，而是诵经不倦，是舌耕。”

悬河郭子

（见《晋书·郭象传》）

郭子：郭象，富口才，王衍称他：“每听其演讲，如悬河泻之，久而不竭。”

缓颊郦生

（见《汉书·高帝纪上》）

郦生：郦食其(lì yì jī)，汉人，常为说客，曾为刘邦去劝魏豹，不成。缓颊：婉言相劝，或代人说情。

书成凤尾

（见《南史·萧锋传》）

凤尾：凤尾诺，文题的一种。萧锋4岁就在井栏旁学字，井台写满，洗去再写。晨起在窗台尘面上写字，写完再擦去灰尘。5岁时学凤尾诺，一学即工，皇帝大悦，以玉麒麟赐之，说：“麒麟配凤尾。”

画龙点睛

（见《神异记》）

南朝梁著名画家张僧繇 (yóu)曾于金陵安乐寺壁上画了四条龙，活灵活现，但都没画眼睛。人问其故，他说：“画上眼睛，龙就会飞去。”听者不信，请他试试。张便提笔给龙画眼，刚画完第二条龙的眼睛，忽然电闪雷鸣，响声大作，画壁顿时破裂，两条点睛之龙已经飞去，未点睛的两条仍停在壁上。

功臣图阁

（见《大唐新语》）

唐贞观十七年（643年）太宗命阎立本绘开国24功臣像于凌烟阁。

学士登瀛

（见《新唐书·褚亮传》）

登瀛（yíng）：士人得荣耀。唐祖武德四年（621年），李世民于宫城西开文学馆，以杜如晦、房玄龄等18人为学士，议论政事，讨论典籍，命阎立本绘像，褚亮为赞，谓之登瀛州。

卢携貌丑

（见《青箱杂记》）

卢携：唐人，曾以文章上尚书韦宙，韦氏子弟因其貌丑而瞧不起他，韦宙却说："卢虽其貌不扬，但他的文章，却有首有尾，章法井然，以后必有作为。"卢后中进士，宫中书侍郎等。

卫玠神清

（见《卫玠别传》）

卫玠：晋人，风神秀朗，姿容俊逸，见者以为玉人，死时27岁，时人说他是被看杀的。

非熊再世

（见《唐才子传》）

唐诗人顾况晚年得子，名非熊，忽暴亡，顾哀伤不已，作诗道："老人丧爱子，日暮泪成血。老人年七十，不作多时别。"感动了上天，又让非熊再生顾家。

圆泽三生

（见《琅琊代醉编》）

圆泽：唐僧人，与李源交善。二人同游三峡时见一妇人汲水，圆泽说："这是我投身下世的地方，13年后的中秋月夜你到杭州天竺寺外和我相见吧。"到晚圆泽死去，李如期访杭，果然见一牧童敲着牛角唱道："三生石上旧精魂，赏月吟风不要论。惭愧情人远相访，此身虽异性常存。"牧童就是圆泽的转世身。

安期东渡

（见《晋书·王承传》）

王承：字安期，晋人，虚怀寡欲。去官东渡，道路险阻，别人心怀惧，而王处之泰然，不显忧喜之色。

潘岳西征

（见《晋书·潘岳传》）

潘岳：西晋人，才名冠世，藻思如锦，曾作《西征赋》。

志和耽钓

（见《新唐书·隐逸传·张志和》）

志和：张志和，唐诗人，隐居江湖，自号"烟波钓徒"。作有《渔歌子》五首。

宗仪辍耕

(见《明诗综》)

宗仪：陶宗仪，元末人，客居松江时，亲身耕稼，闲了就在树荫下休憩，有所得，摘树叶以记之，贮于一个破瓮中，积了10余年，有一天拿出来加以整理，编为30卷，名《南村辍耕录》。

卫鞅行诈

(见《史记·商君列传》)

卫鞅：商鞅，战国秦相。伐魏，魏公子卬(áng)迎击。商鞅写信给公子卬，称愿罢兵结盟，公子卬信以为真，赴商鞅约，被商鞅伏甲兵捉住，大破魏军。

羊祜推诚

(见《晋书·羊祜传》)

羊祜(hù)：西晋人，督荆州军事时，与吴将陆抗对阵，不使偷袭之计。有人要献诡谲之计，羊就让他喝酒，不能说话。一次行军吴境，割谷为粮，事后计所侵扰，送绢偿还。陆抗送酒来，羊即饮不疑。陆病了，羊送药去，陆也立服不疑。

林宗倾粥

(见《太平御览》引《郭林宗传》)

林宗：郭泰，东汉名儒。一次装病，学生陈德公来服侍他，终夜煮粥，郭一连三次把粥倒在地上，呵斥陈："为老师作粥，里面可以有这么多沙子吗？"陈却更加恭敬精心。郭叹道："原先是见了你

的面，现在是认识了你的心。"便竭诚教授陈，使其终有所成。

文季争羹

(见《太平御览》引《齐书》)

文季：沈文季，南齐人，与祖思均受皇帝宠幸。一次，皇帝置酒为乐，羹脍献上之后，沈与祖相辩难，一个说这是北食，一个说是吴食，结果沈被皇帝称赏，争得头羹。

茂贞苛税

(见《新五代史·李茂贞传》)

茂贞：李茂贞，后唐人，任凤翔节度使时，苛捐杂税，名目繁多，连点灯也要征税。严禁松木入城，以防百姓燃以照明，不点灯，影响税收。一人讥他："臣请并禁月明。"

阳城缓征

(见《新唐书·卓行传·阳城》)

阳城：唐人，为官体恤民情，治民如治家。赋税往往缓征，观察使几次责备他，并派人来监督他，他干脆自囚于狱。后辞官。

北山学士

(见《宋诗纪事》)

指徐大正，宋人，与苏轼、秦观交游，筑室北山之下，号"闲轩"，时人以"北山学士"呼之。

南郭先生

（见《尚友录》）

指宋人雍存。他隐居不仕，文史自娱，居城南，号南郭先生，与曾巩等有文字之交。

文人鹏举

（见《北史·温子升传》）

鹏举：温子升，北魏人。王晖曾说："江南文人有颜延之、谢灵运、沈约、任防，而我们的温子升足以陵颜轹(lì，压)谢，含任吐沈。"曾作《韩陵山夺碑》。庾信出使北朝而还，说北朝文人情况："只有韩陵片石，是可以让我们正眼相待的。"

名士道衡

（见《隋书·薛道衡传》）

道衡：薛道衡，隋文学家。作《人日》诗，前两句："入春才七日，离家已二年。"写出后有人笑他低俗，不能写诗，等后两句"人归落雁后，思发在花前"一出，看法大变："名下固无虚士！"裴献比他为关西孔子。

灌园陈定

（见《尚友录》）

陈定：春秋楚隐士。楚王曾欲聘他为相，陈说："今日为相，明日车马成群，菜肴丰盛。"他的妻子却说："车马成群，不过坐一膝那么大的地方；菜肴丰盛，最好吃的不过是吃肉。但是却得担着全楚国的忧难，不值得呀！"于是夫妻两个逃走了，去给人家种菜园。

为圃苏卿

（见《宋史·隐逸传·苏云卿》）

苏卿：苏云卿，宋隐士，布褐草履，种蔬织鞋。张浚打算任用他，但到苏家园圃一看，苏已不知去向，聘他的金币书简仍在。

融赋沧海

（见《南史·张融传》）

融：张融，南齐人，曾作《海赋》，有句道："穷区没渚，万里藏岸。湍转则日月似惊，浪动则星河若覆。"徐凯之读后说："写得真是出神入化，只可惜没有写盐。"张就抓笔补写："漉沙拘白，熬波出素，积雪中春，飞霜暑路。"齐高帝评其才："此人不可无一，不可有二。"

祖咏彭城

（见《北史·祖莹传》）

祖：祖莹，后魏人。王肃咏《悲平城》："悲平城，驱马入云中，阴山常晦雪，荒松无罢风。"彭城王勰深为叹赏，让王肃再咏一首，而失口将平城说成彭城。当时祖莹在座，便说："悲彭城诗诸位没听过吗？"应声咏道："悲彭城，楚歌四面起，尸积石梁亭，血流淮水中。"众人都叹服。

温公万卷

（见《宋史·司马光传》）

温公：司马光。藏书万余卷，早晚阅读，几十年后书仍崭新，曾说："商人爱惜货物财宝，我们读书人要倍加爱惜书籍啊。我每年必晒书。看书前，先揩净案几，再铺好桌布，看书时每翻动，都用拇指轻轻衬起，再用食指翻过去，唯恐把书页损坏。"

沈约四声

（见《南史·沈约传》）

沈约：南朝梁人，作诗主四声八病之说，自认为独得其妙，诗体称"永明体"。

许询胜具

（见《世说新语·栖逸篇》）

许询：晋人，好游山水，而身体灵便，便于澄涉。当时人说他"不仅有雅情逸致，更加有胜具(先天便利条件)"。

灵运游情

（见《宋史·谢灵运传》）

灵运：谢灵运，常穿木屐(jī)登山，上山时去前齿，下山时去后齿。一次从宁南山伐木开道，直至临海，随从数百人。临海太守大惊，以为是山贼。知是谢等，才心安。

不齐宰单

（见《论语》）

不齐：宓不齐，孔子弟子。单(shàn)：地名。宓任单父宰时，任用贤能，有"身不下堂，鸣琴而治"之誉。

子推相荆

（见《说苑》）

子推：介子推，春秋楚人，15岁为相。孔子让人去探听他的政绩，使者回来对孔子说："他廊下有25位俊士，堂上有25位老人。"孔子赞道："合25人之智，智于汤武；并25人之力，力于彭祖。这样治理天下，是无忧的了。"

仲淹复姓

（见《宋史·范仲淹传》）

仲淹：范仲淹。范3岁孤，母改嫁朱氏，仲淹从其姓，稍大后辞母去亲戚家苦读。后中进士，遂恢复了原姓。

潘阆藏名

（见《青箱杂记》）

潘阆(láng)：宋人，号逍遥子。有诗句："发任茎茎白，诗须字字精。"又有："长喜诗无病，不愁家更贫。"曾避祸于潜山山谷寺，题钟楼："顽童趁暖贪春睡，忘却登楼打晓钟。"孙仅见后说："这是逍遥子的诗句。"让寺僧去叫，已遁去。

烹茶秀实

（见《五总志》）

秀实：陶谷，五代宋之间人。曾买得后周党太尉家故使，命掏雪水烹茶，说："党家有这种风味吗？"使说："他是粗人，哪有这种风味？只知道在镀金帐下，浅斟低唱，吃羊羔美酒。"陶听了，面有惭色。

漉酒渊明

（见《宋书·陶潜传》）

渊明：陶渊明。嗜酒，每有客来，都以酒招待，若他先醉，就对客人说："我醉了，想睡觉，你走吧。"邻家请他饮酒，酒中有渣滓，陶摘头巾漉（lù 过滤）酒，完了，又把头巾照旧裹在头上。

善酿白堕

（见《洛阳伽蓝记》）

白堕：刘白堕，晋人，善酿酒。6月以罂（yīng，一种容器）贮酒，在日光里晒十天酒味不变，醉了则经月不醒，一次青州刺史买酒归来，路遇盗贼，贼饮而醉，全部被擒。时人说："不怕张公拔刀，只怕白堕春醪。"

纵饮公荣

（见《世说新语》）

公荣：刘公荣，晋人，嗜酒，饮不论人，人常讥之。

仪狄造酒

（见《战国策·魏策》）

仪狄：禹时的造酒者。禹饮其酒说："后世必有以酒亡其国者。"于是疏远仪狄，禁酒。

德裕调羹

（见《新唐书·李德裕传》）

德裕：李德裕，唐人。奢侈，每食一羹，费钱三万，杂以珠宝、贝玉、雄黄、朱砂，三煎去其渣。

印屏王氏

（见《唐末遗史》）

相传唐玄宗宠幸的王氏数夜梦见有人召她饮酒，便告诉了玄宗。玄宗说："这必是左门旁道的术士所为，如再有这样的事，你可在暗中作个记号。"当晚王氏又梦有人来召，她就用手醮墨印在屏风上，醒后禀明玄宗。玄宗下令各处搜索，在东明观发现了王氏手纹，道士却跑了。

前席贾生

（见《史记·屈原贾生列传》）

贾生：贾谊，西汉人，年少多才，而不见任用。文帝曾召他入京，问鬼神之事到半夜，不知觉间向前移出了坐席，并且叹道："很久没见贾生，自以为超过了他，现在看来仍差很远啊！"

「龙文鞭影」

九 青

经传御史

(见《史记·儒林传》)

指西汉公孙弘,官至御史大夫,迁丞相,建议武帝设五经博士,尚教化,以广贤才。

偈赠提刑

宋郭祥正任提刑至舒州海会寺,梦神人赠偈给他以超度众生。

士安正字

(见《明皇杂录》)

士安:刘晏,唐人,8岁时献赋玄宗,玄宗赐游皇宫,杨贵妃抱他坐在膝上,亲自为他梳髻,官人争送花果给他。玄宗即授太子正字,问他:"卿作正字,正得几字?"答道:"天下事皆正,惟朋字不正(暗指朋党)。"

次仲谈经

(见《后汉书·儒林传·戴凭》)

次仲:戴凭,东汉人。有一次朝贺,帝令群臣能说经者相互辩难,经义有所不通者让席于精通者,结果,戴共占50余席。京师有语说:"解经不穷戴次仲。"

咸遵祖腊

(见《尚友录》)

咸:陈咸,西汉人。祖腊:祭名,腊月祭路神。王莽专政,陈遂弃官居家,闭门不出,沿用汉室祖腊。

宽识天星

(见《太平御览》)

宽:张宽,汉人。汉武帝祀甘泉,张宽从祀,至渭桥,见一女子浴于渭河,乳长七尺,帝怪而问,女答:"帝后七车侍中知我从何来。"张正在第七车,说:"这是天星主祭祀者。斋戒不洁,则女人星见。"

景焕垂戒

(见《留青日扎摘抄》)

景焕,宋人,隐于成都玉垒山,曾记一戒石碑中句:"尔俸尔禄,民膏民脂;下民易虐,上天难欺。"

班固勒铭

(见《后汉书·班固传》)

东汉和帝永元元年(89年),窦宪率精骑万余征匈奴,大破之,出塞三千里登燕然山,命班固刻石勒功,记汉威德而还。

能诗杜甫

(见《新唐书·杜甫传》)

杜甫诗风格沉郁,忧时即事,世称

"诗史"。

嗜酒刘伶

（见《世说新语·任诞篇》）

刘伶：西晋人，竹林七贤之一。嗜酒，其妻劝其戒，他答应说可以，于是妻准备了酒肉让他对神发誓，他便跪下誓道："天生刘伶，以酒为名；一饮一石，五年解酲。妇人之言，慎不可听。"饮酒吃肉，片刻又醉了。

张绰剪蝶

（见《桂苑丛谈》）

张绰：唐人，有道术，又嗜饮耽棋。有时饮酒兴起，便以纸剪蝴蝶二三十只，吹口气，成队飞舞，一会儿又落回手中。

车胤囊萤

（见《晋书·车胤列传》）

车胤：晋人。笃于学，家贫，无膏烛照明，夏天就用细布作袋盛萤火虫照明读书。

鸲鹆学语

（见《太平御览》）

鸲鹆(qú yù)：八哥。晋司马桓豁曾养一八哥，善学人语。一次大会宾客，八哥学四座客人音调，无不绝似。有一人鼻塞，声音很难学，八哥便把头伸人瓮中学，惟妙惟肖。

鹦鹉诵经

（见《法苑珠林》）

东都有人养鹦鹉，聪慧过人。一个僧人买下它，教它诵经，但它伫立架上不言不动，问其故，答道："身心俱不动，为求无上道。"

十 蒸

公远玩月

（见《神仙感遇传》）

公远：罗公远，唐方士。一年中秋月夜，罗陪玄宗赏月，忽取挂杖向空中掷去，化为一座大桥，光色如银，行数里，精光夺目，忽到城阙前，罗说："这是月宫门，叫广寒、清虚之府，有素娥数十名，白衣鸾歌舞于桂树下，曲子叫霓裳羽衣曲。"玄宗默记其调。后即复制其曲。

法喜观灯

（见《太平广记》）

法喜：叶法喜，唐道士。玄宗时元宵夜华灯如昼。叶对玄宗说："此处灯会之盛，天下无处能比。只有凉州灯会稍可匹敌。" 玄宗问："你去看过凉州灯会吗？"答："我刚从那儿来。"玄宗很惊异，也想去看看。叶遂用道术，带玄宗顷刻间到凉州，见那儿灯烛连绵十几里地。

燕投张说

（见《尚友灵》）

张说(yuè)：唐相。相传其母梦玉燕投怀而生张说。

凤集徐陵

（见《南史·徐陵传》）

徐陵：南朝陈人，传说其母梦五色云化为凤，集左肩，不久生下徐陵。他8岁能文，13岁通老庄，僧人宝志公曾摩他的头顶说："这是天上石麒麟啊！"

献之书练

（见《宋书·羊欣传》）

一次王献之夏月过县，见12岁的羊欣穿着新练裙睡午觉，就在裙上写了几幅字，走了。羊醒后反复揣摩学习王的字，书法大进。

夏竦题绫

（见《青箱杂记》）

夏竦：宋人。幼时有人说他日后必贵，便拿吴绫手巾向他乞为题诗。夏题道："殿上衮衮明日月，砚中旗影动龙蛇。纵横礼乐三千字，独对丹墀日未斜。"杨徽之见而叹道："真是宰相的器量啊！"

安石执拗

（见《宋史·王安石传》）

安石：王安石。他常自信所见，执意

不回，议论高奇，时称"拗相公"。

味道模棱

（见《旧唐书·苏味道传》）

味道：苏味道，唐相，为人圆滑，模棱两可，人称"苏模棱"。曾对人说："决事不欲明白，误，则有悔。但模棱持两端可也。"

韩仇良复

（见《史记·留侯世家》）

良：张良。张良韩人，秦灭韩，张结交刺客，椎刺始皇于博浪沙，误中副车。后项羽杀韩王成，张又助刘邦灭项，始报韩仇。

汉纪备承

（见《三国志·先主传》）

备：刘备。他是汉中山靖王之后，引兵入蜀后自立为汉中王，公元221年称帝，国号蜀汉。

存鲁端木

（见《史记·仲尼弟子列传》）

端木：端木赐，即子贡，孔子弟子，齐欲代鲁，子贡劝阻之，不行；又劝吴国救鲁，吴不听；他便劝越国出兵，联军于艾陵战齐，破之。

救赵信陵

（见《史记·信陵君列传》）

信陵：信陵君魏无忌。秦围赵之邯

郸,信陵君窃符将军救赵,秦军解围而去,赵存。

邵雍识乱

（见《宋名臣言行录》）

邵雍:宋理学家。一次散步至天津桥,听见杜鹃声愀然,便说:"天下将治,地气自北而南;将乱,地气自南而北。禽鸟得气之先。洛阳从无此鸟,今有之,是地气自南而北,国家必将用南人为相,从此多事矣。"后王安石行新法,邵反对。

陵母知兴

（见《汉书·王陵传》）

陵:王陵,西汉人。项羽知其归附刘邦,便把他母亲拘押军中,以招王。王使者至,其母泣道:"请转告王陵,好好辅佐汉王。汉王是长者,终将统一天下,让王陵不要因为我而有二心。"遂伏剑而死。

十一 尤

琴高赤鲤

（见《列仙传》）

琴高,战国赵人,为宋康王门人。人涿水中取龙子,与弟子约会道:"你们可斋洁在涿水边等我。"弟子们在河边建祠屋,没多久,琴高果然骑着赤鲤出现了。当时目睹这一场面的有万余人。琴

高过了一个多月后,又回到水中。

李耳青牛

见前"占风令尹"条。

明皇羯鼓

（见《羯鼓录》）

唐玄宗好羯(jié)鼓,不好琴。宫人正弹普琴,一曲未完,即叱去,叫:"马上召花奴取羯鼓来为我解秽。"花奴:王跋名,善羯鼓。

炀帝龙舟

（见《隋书·炀帝》）

隋炀帝杨广挥霍无度,好四出巡游。大业元年(605年)八月御龙舟游江都,众臣随行,取道大运河,舳舻相连达200余里。

羲叔正夏

（见《史记·五帝本纪》）

羲叔:尧时制历法者。此言羲叔掌夏,制历法授时。

宋玉悲秋

（见《九辩》）

宋玉:战国楚诗人,所作《九辩》中有句:"悲哉,秋之为气也。萧索兮草木摇落而变衰;鸠嗈嗈(yōng)而南游兮,鹍鸡啁哳(zhāo zhā)而悲鸣;独申旦而不寐兮,哀蟋蟀蟀宵征。"

才压元白

（见《唐摭言》）

此说唐杨汝士事。元：元稹；白：白居易。一次宴会，众人即席赋诗，杨最后完成，但写得最好，元、白也为之赞叹不已。杨大醉回家，对弟子说："我今日压倒元白。"

气吞曹刘

（见《唐故工部员外郎杜君墓系铭并序》）

曹：曹植；刘：刘桢。元稹评杜甫诗"上薄（逼近）风骚，下该沈宋，言夺苏李，气吞曹刘，掩颜谢之孤高，杂徐庾之流丽。"

信擒梦泽

（见《史记·淮阴侯列传》）

信：韩信。庚子六年（前201年），有人告韩谋反，刘邦伪游云梦泽，在陈地召会诸侯，韩来，被擒。韩叹道："人言狡兔死，走狗烹；飞鸟尽，良弓藏；敌国破，谋臣亡。"刘邦乃赦其罪。

翻徙交州

（见《三国志·虞翻传》）

翻：虞翻，三国吴人。情直爽，触怒孙权，流放交州，虽处罪放，仍讲学不倦，弟子数百人。

曹参辅汉

（见《汉书·萧何曹参传》）

曹参：西汉相，遵萧何旧制而无所变更，国定民安，有"萧规曹随"的说法。

周勃安刘

（见《汉书·高帝纪》）

周勃：西汉相，厚重少文，可任大事。刘邦评道："曹参可代萧何，王陵戆，陈平可佐之，但安刘者必周勃也。"后吕氏之乱，周持节人军中，说："为刘氏者左袒，为吕氏者右袒。"军中皆左袒，周率军捕诸吕斩之，汉室乃安。

太初日月

（见《世说新语·容止篇》）

指三国夏侯玄。为人清净和温，时人评道："夏侯太初（玄），朗朗如日月之入怀。"曾依柱作书，狂雷破柱，夏侯衣服被烧焦而神情不变。

季野春秋

（见《晋书·外戚传·褚裒》）

季野：褚裒（póu），晋人，少有盛名，桓彝评他"褚季野有皮里春秋"，指他外无臧否，而内有褒贬。

公超成市

（见《后汉书·张楷传》）

公超：张楷，汉代人，通《春秋》、《古文尚书》。各方人士慕名来访，车马塞

街。官宦贵戚便在附近筑室,收来访者过路费。张乃搬家,但人们马上又跟着来了,只要是他住的地方,马上就会成为繁闹的市镇。

长孺为楼

(见《尚友录》)

长孺:孙长孺,宋人,以嗜学藏书知名。经史百家悉备,建楼藏之,号"书楼"。

楚丘始壮

(见《新序》)

楚丘:战国齐人。一次他去见孟尝君,孟尝君说:"先生老了,记忆力差了,今日来有什么见教?"楚丘说:"你让我追车赶马,投石超距,那我不行;但深计远谋,我却正当壮年,怎么能说老了呢?"孟尝君便收下了他。

田豫乞休

(见《三国志·田豫传》)

田豫:三国魏人,曾上书道:"年过七十而居位,犹如钟鸣漏尽而夜行不休,是罪人也。"请求辞职。

向长损益

(见《后汉书·逸民传·向长》)

向长:东汉人。曾读《易》至损益卦,叹道:"我已知富不如贫,贵不如贱,但不知死生对比如何。"后儿女嫁娶毕,断了家事,便说:"当我已死了。"遂游五岳名山,不知所终。

韩愈斗牛

韩愈曾作《三星行》诗,说:"我生之辰,月宿南斗,牛奋其角,箕张其口。牛不见服箱,斗不挹酒浆;箕独有神灵,无时停簸扬。"

琎除酿部

(见《醉仙记》)

琎:李琎,唐人。性嗜酒,曾取云梦石瓮泛春渠以蓄酒,作金银龟鱼浮沉其中为酌酒之具,自称酿王兼曲部尚书。

玄拜隐侯

(见《尚友录》)

玄:王玄,西汉隐士。汉景帝就其所隐居之山封侯,山名侯山。

公孙东阁

(见《汉书·公孙弘传》)

参见前"经传御史"条。

庞统南州

(见《三国志·庞统传》)

庞统:刘备谋士,司马徽称他为南州士之冠冕。刘备曾派他任来阳令,政绩不佳。鲁肃致信刘备:"庞士元(统)非百里才,让他担任别驾,才能让他一展才能。"

386

袁耽掷帽

（见《晋书·彭怀传附袁耽》）

袁耽，晋人。桓温赌博输了，求救于袁。袁当时很有名气，却生活艰难。他答应了桓的要求，换布帽去与债主赌，下注很大，十万一掷，直上百万，终于赢回了桓输的钱。债主不识袁而知其名，问："你认识袁彦道（耽）吗？"袁将布帽掷于地，说："你现在认识袁彦道了吧？"

仁杰携裘

（见《集异录》）

仁杰：狄仁杰。武后赐张昌宗集翠裘，又令狄与张赌此裘。狄以紫纶袍为注，武后说："你此袍和集翠裘相比可差远了。"狄答："此乃大臣朝见、奏对之服，张屡屡败北，根本不配此裘。"后集翠裘终归狄所有。

子将月旦

（见《后汉书·许劭传》）

子将：许劭，常与兄许靖品评人物，每月评价一位，有"月旦评"之说。其评曹操为"清平之奸贼，乱世之英雄"。

安国阳秋

（见《晋书·孙盛传》）

安国：孙盛，晋人，所著《晋阳秋》，世称良史。

德舆西掖

（见《尚友录》）

德舆：权德舆，唐人。西掖：中书省、权在中书省八年，风流蕴藉，为缙绅表率。

庾亮南楼

（见《世说新语·容止篇》）

庾亮：东晋人。镇守武昌时，部下殷浩等秋夜登南楼吟咏，兴致正浓，庾至，众人打算回避，庾徐徐说到："各位不必回避，我对此处兴致正浓。"便坐胡床，与众人谈咏通宵。

梁吟傀儡

（见《明皇杂录》）

梁：梁锽，唐诗人，曾作《傀儡吟》："刻木牵丝作老翁，鸡皮鹤发与真同。须臾弄罢寂无事，还似人生一梦中。"

庄梦髑髅

（见《庄子·至乐篇》）

一次庄子去楚，路见空髑髅（dú lóu，死人头骨），便问它："你是贪生失理而如此的呢？还是因亡国遭杀戮才如此的呢？……"枕髑髅而卧。夜半，梦见它说："你白天所问，都是活着的人的累赘，人死了就没有这些说道了。无君于上，无臣于下，无四时之事；以天地为春秋，无忧无虑，乐莫大于此。"

孟称清发

(见《唐才子传》)

孟：孟浩然，唐诗人，文不按古，匠心独运。一次作诗句："微云淡河汉，疏雨滴梧桐。"举座叹其清绝。是山水田园诗派主要代表，诗文淡泊清发，别具一格。

殷号风流

(见《世说新语·容鉴》)

殷号：东晋人。识度清远，好《老子》《易经》为风流谈论者所宗，时人比之为管仲、诸葛亮。

见讥子敬

子敬：王献之。王8岁时，见家中门生玩樗蒲(chū pú，一种游戏)，便说："南风不竞。"门生轻视他，说："这儿郎管中窥豹，时见一斑。"王生气道："远惭荀粲，近愧刘恢(意指比你们诸人要强得多)。"拂衣而去。

犯忌杨修

(见《世说新语·捷悟》)

杨修：三国魏人，好学有才。一次跟着曹操到曹娥碑下，碑背刻有："黄绢幼妇外孙齑(jī)臼"，曹不解，杨说："我知道。"曹忙说："先别说，让我想一想。"又走了三十里，曹才想通，让杨说，杨答："黄绢，是色丝，合起来是'绝'；幼妇，是少女，合成'妙'，外孙，女子也，是'好'字，齑臼，是受辛，'辞'字。此说'绝妙好辞'"。曹深忌他。后曹攻汉中，不胜，想回军，部下来请求口令，曹随口说："鸡肋"，众人不解。杨却开始打点行装，道："鸡肋，弃之可惜，食之无味，大王欲撤军了。"曹借此杀杨。

荀息垒卵

(见《说苑》)

荀息，春秋晋人。晋灵公筑九层之台，3年不成，人力国敝，有谏者死不赦。荀对灵公说："我能垒12个棋子，再在上面加9个鸡蛋。"灵公说："那太危险了！"荀道："您造九层之台，3年不成，男不能耕，女不能织，劳民伤财，岂不更危险？"灵公才令停建亭台。

王基载舟

(见《三国志·王基传》)

王基，三国魏人，谏曹丕书说："古人以水喻民，说'水所以载舟，亦所以覆舟'，……愿陛下留意舟水之喻。"

沙鸥可狎

(见《列子》)

一人每天早上到海上与鸥鸟戏玩，上百只沙鸥栖落他身旁。其父说："明天你捉几只鸥鸟来让我玩玩。"第二天，沙鸥便不肯再落下来，只在他身边飞来飞去。

蕉鹿难求

（见《列子·周穆王》）

一郑人伐薪时遇鹿，他打死这鹿，怕人发现，就用蕉叶把死鹿盖起来。等回来找鹿时，却忘了藏在什么地方，自以为做了一场梦，于是对人说起来，听的人却去找到了鹿。

黄联池上

（见《尚友录》）

宋代黄鉴 7 岁时还不会说话，祖父常指物开导他。一天两人到池水边，祖父说了句："水马池中走"，黄忽开口对了一句："游鱼波上浮"。

杨咏楼头

（见《尚友录》）

杨：杨亿，北宋人。杨数岁不能说话。一次，家人抱他登楼，不小心碰了他的头，他忽然吟诗道："危楼高百尺，手可摘星辰。不敢高声语，恐惊天上人。"

曹兵迅速

（见《三国志·诸葛亮传》）

曹操怕刘备先据江陵，遣精骑三千急迫之，一日一夜行三百里，诸葛亮以为犯兵家大忌，遂与孙权联合，击败曹军。

李使迟留

（见《后汉书·方术传·李郃》）

李：李郃，东汉人。窦宪娶妻，天下

都去祝贺。李知窦专权骄恣，必有危亡之祸，所以去祝贺的时候，一路上故意走得很慢，果然，李还没到，就听说窦已自杀的消息。

孔明流马

（见《三国志·诸葛亮传》）

建兴九年（231 年），诸葛亮出祁山，以木牛运粮，战，杀张郃；十三年，出斜谷，以流马运粮，据五丈原。

田单火牛

（见《史记·田单列传》）

田单：战国齐将。燕乐毅连下齐七十余城，围即墨。田单用反间计使乐毅被调走，再收城中牛千余头，角上缚刀，尾缚苇灌油，夜间在城墙上凿数十孔，以火点牛尾，牛猛冲燕军，缀精兵五千掩杀之，进而收复齐七十余城。

五侯奇膳

（见《尚友录》）

汉元帝时王氏五侯不和睦，门下宾客不相往来。善辩的楼护却能让五侯轮流供他美食奇膳，他合之为鲭，世称"五侯鲭"。

九婢珍馐

（见《清异录》）

唐段文昌精于馔事，家有老婢熟悉其口味，授女仆百人，只九人得其真传。

光安耕钓

（见《后汉书·严光传》）

光：严光，东汉人，少时与光武帝同学，后光武请其出仕，皆不就，归耕富春山，前临桐江，上有钓台，清丽奇绝，号锦峰秀岭。

方慕巢由

（见《汉书·薛方传》）

方：薛方，西汉人，朝廷征召不就，说："尧舜在上，下有巢由，小臣欲守箕山之节。"巢：巢父；由：许由。

适嵇命驾

（见《世说新语·简傲篇》）

晋吕安与嵇康友善，每当想念嵇时，就让人驾车不远千里去探望。一次正好嵇康外出，其兄嵇喜出迎。吕门都不入，在门上写"凤"字而去。嵇喜以为他称颂自己。等嵇康回来，对嵇喜说："他是讥笑你凡俗啊！"

访戴操舟

（见《晋书·王徽之传》）

晋王徽之卓荦不羁，一次夜雪过后，月色清命，忽然忆念朋友戴安道，便乘小舟往访。走了一宿，到了，却不进戴家，即刻返程。人间其故，答道："乘兴而来，兴尽而返，何必一定看见安道呢？"

篆推史籀

史籀（zhòu）：周太史，创篆（zhuàn）体汉字。

隶善钟繇

（见《三国志·魏书·钟繇传》）

钟繇（yáo）：三国魏人，善隶书，字若飞鸿戏海，舞鹤游天。

邵瓜五色

（见《史记·萧相国世家》）

邵：邵平，秦东陵侯。秦亡后种瓜长安城东，瓜有五色，味美，世谓东陵瓜，青门瓜。

李橘千头

（见《襄阳记》）

李：李衡，三国吴人，任丹阳太守时，每欲治家，妻子总不许。于是他秘密派人到龙阳洲作宅，种橘其上。临终时对儿子说："你妈妈不让我营家，故家贫如此。我种了千株橘树，可供你衣食。"吴末，橘树长成，每年得绢数千匹，家道殷足。

芳留玉带

明代李春芳少时就读崇明寺，后中进士第一，后留玉带于寺中，架楼贮之，名"玉带楼"。

[中华蒙学精华]

琳卜金瓯

（见《唐语林·凤慧》）

琳：崔琳，唐人。一次玄宗写下崔琳名字，再用金瓯盖上，刚好太子进来，玄宗问："下面扣着一个名字，将拜他为相，你能猜出是谁吗？"太子答："不是崔琳就是卢从愿。"玄宗说是。

孙阳识马

（见《战国策·楚策》）

孙阳：伯乐。过虞坂时，见一老马拉着沉重的盐车费力地上坡，实在要拉不动了。伯乐忙从车上下来，抱住马头痛哭不已，并脱下上衣盖在马身上。马低下头，喷着鼻子，又仰头长鸣，以示遇知己之意。

丙吉问牛

（见《汉书·丙吉传》）

丙吉：西汉人，宣帝相。曾见人群斗，死伤颇多，丙过而不问；又见人追牛，牛累得吐舌，丙便让人上前讯问。有人笑他，他说："民斗，是京兆尹所当干涉的；但天还不大热，牛就气喘吁吁，是时气失节，这是我职责范围内的事了。所以让人去讯问。"

盖忘苏隙

（见《后汉书·盖勋传》）

盖：盖勋，东汉人，与苏正和有矛盾。梁鹄欲杀苏正和，盖却极力反对，

说："谋事杀良，非安；乘人之危，非仁。"梁乃止。苏听说后上门道谢，盖却拒不接见，说："我为梁使君打算，不是为你。"

聂报严仇

（见《史记·刺客列传》）

聂：聂政，战国韩侠士。为严仲子刺杀侠累，然后自毁面容抉目而死，其姊往哭之，自杀于其尸旁。

张公百忍

（见《旧唐书·张公艺传》）

张公：张公艺，唐人，九世同居，高宗问其何以能之，他拿笔写了一百多个"忍"字呈献皇帝。

孙昉四休

（见《尚友录》）

孙昉（fǎng）：宋人，为太医，自号"四休居士"，粗茶淡饭饱即休；补破遮寒暖即休；三平二满过即休；不贪不妒老即休。

钱塘驿邸

（见《玉壶清话》）

述陶谷事。陶宋人，曾出使江南，寓钱塘驿，乐妓秦弱兰伪为驿吏女前往侍奉，陶很高兴，作《风光好》词赠之："好姻缘，恶姻缘，奈何天，只得邮亭一夜眠，别神仙。琵琶拨尽相思调，知音少，

再得鸾胶续断弦,是何年?"李煜款待陶时便命秦歌此词,陶沮丧北还。

燕子楼头

（见《全唐诗话》）

唐张建封镇守徐州时，有舞妓关盼盼居燕子楼，张死后，关誓不嫁人，作《燕子楼诗》三首。白居易有两首诗和之。关见白和诗后，极度悲伤，不食而死。

十二 侵

苏耽桔井

（见《神仙传》）

苏耽：汉朝人，一日将仙去，对母说："明年乡里会有瘟疫流行。院里有井水，檐边有桔树，可作日常食用。每天吃一片桔树叶，饮水一升，病就会好了。"说完驾云而去。第二年果然瘟疫流行，母用其法疗之，全给治好了。

董奉杏林

（见《神仙传》）

董奉：三国吴人，有道术，为人治病而不取钱，病重者便让种杏树五棵，轻者一棵，几年便有了一片杏林。杏子熟时，又作仓，让人用粮食来换杏子，粮食全赈济了穷人。

汉宣读令

（见《汉书·魏相传》）

汉宣帝时，大臣魏相奏请让明经而通晓阴阳律历的四人各主一季时令，让他们明言职守，调和阴阳。宣帝准奏。

夏禹惜阴

（见《晋书·陶侃传》）

相传禹曾说："人当惜寸阴。"

蒙恬造笔

（见《博物志》）

蒙恬，秦将，他所作笔，以柘木为管，鹿毛为柱，羊尾为皮。

太昊制琴

（见《琴操》）

太昊(hào)：伏羲。其所作琴长三尺六寸，像三百六十日；宽六寸，像六合。前宽后窄，像尊卑；上圆下方，法天地；五弦官；大弦君，宽合而温；小弦臣，清廉不乱。

敬微谢馈

（见《南史·宗少文传附宗测》）

敬微：宗测，南朝齐人。居庐山时，有人送厚礼给他，他坚辞不受，说："我少有狂疾，寻山采药，远来至此。量腹而进松籽，度形而衣薜萝，澹然已足，岂容当此横施？"

龙文鞭影

明善辞金

(见《尚友录》)

明善：元明善，元人。曾同另一人出使交趾，返回时国王赠以金，那个同伴接受了，元却坚辞不受。国王问："那人已接受了，你为什么不呢？"元答："他接受是为了安小国之心，我不接受是为了全大国之体。"

睢阳嚼齿

(见《张中丞传后序》)

睢阳：此指唐将张巡。安史之乱时张守睢阳，每战呼声震天，为义愤所激，把牙齿都嚼碎了。

金藏拔心

(见《旧唐书·安金藏传》)

金藏：安金藏，唐人。武则天时有人诬皇嗣欲反，武后命酷吏来俊臣审此案。安大呼："皇嗣不反，公若不信，我请剖心明之！"即引佩刀自剖其腹，五脏皆出。武后令送入宫治疗，经宿才苏醒。武后叹道："我有儿子却不能了解他，让你受此牵累！"遂命停狱，睿宗以此得免。

固言柳汁

(见《旧唐书·李固言传》)

固言：李固言，唐人。一次行古柳树下，忽听弹指声，问之，答道："我是柳神九烈君，已用柳汁染了你的衣服，你要了蓝袍，要用枣糕祭祀我。"不久，李果

然状元及第。

玄德桑阴

(见《三国志·蜀书·先主传》)

玄德：刘备。其家东南角有桑树高八丈，望上去如重重车盖，往来的人都说："此家必出贵人。"刘少时与宗中小儿戏于此树下，曾说："我必将乘这样的羽葆盖车。"

姜桂敦复

晏敦复：宋人，任左司谏时，两月间，论驳24事，举朝惮之，威震朝纲。秦桧主议和，晏驳之。秦派人对他说："你要转个心眼，升官是早晚间的事儿。"晏答道："姜桂之性老而愈辣，我岂为个人身计而误国事？"终不能屈。

松柏世林

(见《世说新语·方正篇》)

世林：宗世林，汉末人，鄙视曹操为人，不与之交往。等曹总揽朝政时，和气地问他："现在咱们可以交往了吧？"宗答道："松柏之志犹存。"

杜预传癖

(见《语林》)

杜预，西晋学问家，作《春秋左氏经传集解》30卷。他曾说："王武子有马癖，和长舆有钱癖。"皇帝问："那么你有何癖？"答："我有《左传》癖。"

刘峻书淫

(见《梁书·刘峻传》)

刘峻:南朝梁人,常燃麻炬读书,通宵达旦。有时读累了昏睡,头碰在火上把鬓发都烧了,醒后又读下去。每当听说有书没曾读过,必去借读,崔慰祖称他为"书淫"。

钟会窃剑

(见《世说新语·巧艺篇》)

钟会:三国魏人,钟繇之子。其舅荀勖有宝剑,值百万,由钟母收藏。钟模仿荀手迹写信给母亲,把剑取走了。荀常想报复一下,恰好钟会以千万盖新屋,还没搬进去住,荀便在新屋正堂画了钟繇遗像,栩栩如生。钟会来看到了,大为感动,也就不再搬来居住。

不疑盗金

(见《汉书·直不疑传》)

不疑:直不疑,西汉人。有同僚告假,误将另一人的金子带走了。失金者怀疑不疑,不疑遂买金还之。告假人回来后,承认自己带错了金子,丢金人感到非常惭愧,连连向不疑道歉。

桓伊弄笛

(见《世说新语·任诞篇》)

桓伊:晋人,善音乐,江左第一。王徽之泊舟青溪,听有呼桓名,便派人请求:"闻君善笛,试为我奏一曲。"桓便下车踞胡床,为作三调。吹毕,上车而去。两人不交一言。其地名"邀笛步"。

子昂碎琴

(见《唐诗纪事》)

子昂:陈子昂,唐诗人。初,仕途不遇。有卖胡琴者,价百万,陈以千缗买之,对诸豪贵说:"我擅长这种乐器,明天请大家到我住处来听我演奏。"众人如期而至,陈笑道:"我有文百轴,不为人知;这音乐一事是微贱的,哪值得留心。"把琴摔碎了,拿自己的文章赠送众人。一天之内,名振京师。唐代文学,从他而变雅正,因而他被称为海内儒宗。

琴张礼意

(见《庄子·大宗师》)

琴张:孔子弟子,与子桑户、孟之反善。子桑户死,子贡往吊,见琴张与孟之反正鼓琴而歌。子贡便问:"你们这样不失礼吗?"二人相视而笑:"你不知道我们的礼义。"子贡归问孔子,孔子说:"他们是方外之人,我们是方内之人,礼俗自然不同。"

苏轼文心

(见《春渚纪闻》)

苏轼曾说:"我生平无快意事,只有作文,意之所到,则笔力曲折,无不尽意,自认为世间乐事没有能超过这个的。"

公权隐谏

（见《旧唐书·柳公权传》）

公权：柳公权，唐大书法家。穆宗问用笔之法，他答道："用笔在心，心正则笔正。"穆宗一向耽于游乐，朝政荒弛，听之动容。

蕴古详箴

（见《旧唐书·张蕴古传》）

蕴古：张蕴古，唐人。曾上《大宝箴》以谏太宗，其中有句："以一人治天下，不以天下奉一人"，"壮九重于内，所居不过容膝"，"罗八珍于前，所养不过适口"。太宗嘉许之。

广平作赋

（见《皮子文薮》）

广平：宋璟，唐人。皮日休称其："为相，贞姿劲质，刚态毅状，疑其铁肠石心，不解吐婉媚词。然睹其文而有《梅花赋》，清便高艳，得南朝徐庾体，殊不类其为人。"

何逊行吟

何逊：南朝梁诗人。为扬州法曹时常吟咏于一梅树下，后居洛阳，思梅花不得，因请再任扬州。至日，梅花正开，何于东阁延请诸名士醉赏之，笑傲终日。

荆山泣玉

（见《韩非子》）

卞和于荆山得璞玉，献厉王，厉王以为诈，刖（yuè）其左足；又献武王，仍以为诈，刖右足；文王即位，卞和抱璞哭三日三夜，泪尽泣血，说："我不为刖足而伤心，是为把宝玉说成石头，把真诚说成欺诈的世道悲泣啊！"文王派玉匠琢璞，得璧，遂名为和氏璧。

梦穴唾金

（见《述异记》）

南康武都县西，沿江有石室，名"梦穴"。曾有船进入，船夫遇一人穿黄衣，担黄纸二笼，请求搭船：船夫便载他过崖：那人把口水吐在船上，径直下崖，到石室里去。再看船上，那人所唾口水全变成了黄金。

孟嘉落帽

（见《晋书·孟嘉传》）

孟嘉：晋人，一次参加桓温宴会，风来吹掉了孟的帽子而孟没有察觉。桓让孙盛作文嘲讽，孟即提笔作答，文辞超卓，四座惊服。

宋玉披襟

（见《风赋》）

宋玉随楚王游兰台，有风飒然而至，楚王披襟挡之，宋乃作《风赋》，称风

有雄雌，说君王与百姓的差别，以讽谏楚王。

沫经三败

（见《左传·庄公十年》）

沫：曹沫，春秋鲁将。与齐战，三败而输鲁大片土地，后随鲁王与齐王会于柯，曹怀利刃劫齐王于坛上，逼其归还鲁之失地，齐王许之，三败所失之地尽数还鲁。

获被七擒

（见《三国志》）

获：孟获，三国蜀人。孟率部族叛蜀，诸葛亮往讨，七擒七纵，孟终于心悦诚服，不再复反。

易牙调味

（见《左传·僖公十七年》）

易牙：春秋齐人，为讨齐桓公喜欢，竟杀子蒸之以献，供桓公品味。

钟子聆音

（见《列子·汤问》）

钟子：钟子期，春秋楚人。伯牙月夜在船上奏琴，钟领悟了，说："巍巍乎意在高山。"再弹一曲，钟说："荡荡乎志在流水。"伯牙谓得知音。钟死，伯牙断弦不再弹琴，因为知音已去，再无人能够欣赏。

令狐冰语

（见《晋书·索䌘传》）

令狐：令狐䌘(dān)，晋人。曾梦立冰上，与冰下人语。索䌘说："冰上为阳，冰下为阴，为阳语阴，是说媒。你为人说媒了吗？"恰田豹求令狐为子说媒，世因称媒人为"冰人"。

司马琴心

（见《汉书·司马相如传》）

司马：司马相如。卓王孙女文君新寡，好音乐，相如以琴心挑之。文君悦而好之，夜奔相如，二人驰归成都。

灭明毁璧

（见《水经注》）

灭明：澹台灭明，孔子弟子。曾携千金之璧渡河，河伯欲得之，兴风作浪，两蛟挟舟，他说："我可以义求，不可以胁迫。"左手持璧，右手持剑斩蛟，风浪遂止，他便投璧于河，三次投进，璧都跃出，他乃毁璧而去。

庞蕴投金

（见《辍耕录》）

庞蕴：唐居士。元和中北游襄阳，以铁船将家财金帛尽载之，沉于湘江，举家修行。

左思三赋

（见《晋书·左思传》）

左思，西晋文学家。作《三都赋》，人们争相传抄，以至洛阳为之纸贵。起初，陆机也打算写一篇《三都赋》，在给其弟陆云的信中说："这里有一个狂妄之徒，打算也写一篇三都赋，大概是想写出来盖酒瓮吧！"等左思赋写出，陆叹服辍笔。

程颐四箴

（见《宋史·程颐传》）

程颐曾作视、听、言、动四箴以自警，朱熹认为其发明亲切，学者应深思玩索而服膺勿失。

十三 覃

陶母截发

（见《世说新语·贤媛》）

陶：陶侃。陶少时，家贫，一次范逵来访，时值大雪，无以待客，陶母乃将床上铺的干草剁碎喂其马，又把自己的头发截去换酒肴招待客人。范叹道："非此母不能生此子。"举荐陶为孝廉。

姜后脱簪

（见《列女传》）

姜后：西周宣王之后。一次宣王晚起，姜后脱簪珥待罪于永巷，让人传话给宣王说："妾不才，使君王乐色而忘德，失礼而晚起，祸乱由我起，请王治妾罪。"王说："这是我自己的过错，不能怪你啊。"于是勤于政事，卒成中兴。

达摩面壁

（见《景德传灯录》）

达摩：南北朝时高僧。在嵩山少林寺面壁九年圆寂。相传有人于葱岭遇见他，问："师傅去哪儿？"他答道："返西天。"

弥勒同龛

（见《淳化阁帖》）

褚遂良谓法师与弥勒同佛阁。

龙逢极谏

（见《新序》）

龙逢(páng)：关龙逢，夏桀大夫。桀无道，关谏道："为人君，身行礼仪，爱民节财，故国安而身寿。今君用财若无尽，用人若恐不能死。不改，天祸必降而诛必至。"后被桀杀害。

王衍清谈

（见《晋书·王戎传附王衍》）

王衍：晋人，喜老庄，好清谈，人称"口中雌黄"。为政少理事，山涛以为其人必误天下苍生。后为石勒所害。

青威漠北

(见《汉书·卫青传》)

青:卫青,西汉大将军,七次出击匈奴,屡次战功,威震漠北。

彬下江南

(见《宋史·曹彬传》)

彬:曹彬,宋大将,攻李煜时让军队缓进。一天他忽称病,众将来问候,曹说:"我的病非药所能治,只须各位诚心自誓,攻下城池的时候不乱杀一人,我的病就好了。"诸将焚香立誓。两天后攻下城池,李煜率群臣来降,曹以宾礼待之。

遐福郭令

(见《神仙感遇传》)

郭令:郭子仪,唐将。一个七夕之夜,郭在银州见空中红光四射,一彩车绣帐中坐美女,垂足于床前,白天而下。郭乃拜祝。女笑道:"你日后必大富大贵,且长寿。"说完,冉冉而去。遐福:久远之福。

上寿童参

童参:宋瓯宁人,性淳朴,以躬耕为隐居。仁宗元年,他已103岁。仁宗派人赐救慰劳,授承务郎。次年,他就死了。

郗愔启箧

(见《世说新语》)

郗愔(yīn):晋人。箧(qiè):箱。愔

子超为桓温参军,桓有反心,超为之谋;后超将死,以一箱给门生,说:"父若哀悼,可呈此箱。"郗果哀伤不已。门生把箱呈上,打开看,全是与桓温的往来密件,遂愤怒地说:"这小子死得太晚了!"不再哭。

殷羡投函

(见《世说新语·任诞篇》)

殷羡:晋人。赴豫章太守任时,许多人附信求他办各种事。他到石头城时,把书信全投入水中,说:"沉者自沉,浮者自浮,我不能为人作传信人。"

禹偁敏赡

(见《邵氏闻见录》)

禹偁(chēng):王禹偁,宋文学家,7岁能文。父亲以磨面为业,一次他代父送面到州府,州官正与学生属对,上句是:"鹦鹉能言争拟凤。"座中无人应对,王从旁对道:"蜘蛛虽巧不如蚕。"州官叹道:"经纶之才啊!"

鲁直沉酣

(见《岩栖幽事》)

鲁直:黄庭坚,南宋诗人,沉酣经史,曾说:"士大夫三日不读书,则义礼不交于胸中,对镜觉面目可恶,向人语则语言无味。"

师徒布算

(见《旧唐书·一行传》)

唐高僧一行求访师资,行至天台国清寺,见一院落,有古松 10 棵,门前有流水。立于门屏之间,听院僧布算,说:"今日当有弟子远来,求我算法,已该到门了。"又下一算,说:"门前水当却西流,弟子也到了。"一行趋入,稽首作礼,门前水果然西流。

姑妇手谈

(见《集异记》)

手谈:下围棋。唐国手王积薪夜行,至一深溪人家借宿。夜深,听见这家小姑对嫂嫂说:"良宵无以为乐,下盘棋好吗?"屋里没有灯火,姑嫂二人一在东屋,一在西屋,下着盲棋,不一会儿,小姑说:"你已经输了,我胜九秤。"第二天,王问其家中老太太,老太太让媳妇授王一些基本走法,王从此棋艺愈精。

十四 盐

凤仪李揆

(见《旧唐书·李揆传》)

李揆:唐人,美凤仪,善奏对,皇帝称其门第、人物、文章三绝,为朝廷羽仪。

骨相吕岩

(见《尚友录》)

吕岩:吕洞宾,八仙之一。在襁褓时,马祖见道:"此儿骨相不凡,他时遇庐则居,见钟则叩。"后吕居庐山,遇钟离真人传法。

魏牟尺缡

(见《战国策》)

魏牟:魏公子。缡(xǐ):束发用的帛。一次见赵王,王正命人做王冠。王问治国之道,魏答:"大王如关心国事如关心这二尺缡,国家可治。"王不解,魏说:"大王制王冠,不用亲近之人而必求良工。治理国家不求良士,而任用亲近的人,国事难道还不如尺缡重要吗?"

裴度千缣

(见《尚友录》)

裴度,唐大臣。缣(jiān,细绢),皇甫湜(shí)为裴判官。裴修先福寺,求白居易作碑文,皇甫说:"舍近而求远,难道我们便不如白?"裴遂请他写,立就。酬以车马缯绿,皇甫怒道:"自从我写《顾况集序》,未尝再给人写过什么,现在碑文三千字,一字三缣,你为什么小看我?"裴笑道:"这是个不羁之才啊!"遂以千缣酬之。

孺子磨镜

（见《太平御览》）

孺子：徐稚，东汉人。往吊黄琼，但无路费，一路便靠磨镜收入做盘费，终于参加了葬礼。

麟士织帘

（见《南史·隐逸传·沈麟士》）

麟士：沈麟士，南北朝人，家贫而好学，织帘读书，口手不息，乡里号为"织帘先生"。

华歆逃难

（见《世说新语·德行》）

华歆：三国魏人。一次与王朗乘船避难，忽有一人想搭船，华不想让他上船，王说："船上还有空地方，为什么不让他上来？"那人便上了船。不久有贼人追来，要捉那人，王朗便想把他交出去，华说："我开始不想让他上船，怕的就是受牵累。既已让他上船，就不该在危难中抛下他不顾。"遂相携如初。

叔子避嫌

（见《诗经·巷伯》）

叔子：颜叔子，战国鲁人。他独居一室，一天暴风雨至，邻居寡妇房屋倒塌，就来他屋中避雨。为避嫌疑，颜让她手执蜡烛，一根燃尽再换一根，直到天明。

盗知李涉

（见《唐才子传》）

李涉：唐诗人。一日过浣口，遇盗。盗说："既是李博士，不用剽夺，久闻诗名，愿赠一首足矣。"李遂题绝句一首："暮雨潇潇江上村，绿林豪客夜知闻。他时不用藏名姓，世上如今半是君。"盗喜，说："这是实话。"一笑而去。

卤惧仲淹

（见《名臣传》）

仲淹：范仲淹。卤：虏。范镇西安时，夏人相戒道："不要打延安的主意，小范老子胸中有数万甲兵。"当时民谣说："军中有一韩(琦)，西贼闻之心胆寒；军中有一范，西贼闻之惊破胆。"

尾生岂信

（见《庄子·盗跖》）

尾生：战国鲁人，与女子相期于梁下。女子不来，水暴至，他为了全信，抱梁柱而死。庄子批评了这种做法。

仲子非廉

（见《战国策·齐策》）

仲子：陈仲，战国齐人。匡章认为他自己织屦，妻织麻，以换全食是廉士。孟子则认为，陈兄食邑俸禄万钟，陈避兄离母，后归省视母，见有人送鹅给兄，十分厌恶，过后，母杀鹅给他吃，兄自外来，告诉他，这就是他所厌恶的鹅，他就

吐了出来。孟子认为陈只算是蚯蚓的操行，算不得廉士。

由餐藜藿

（见《孔子家语》）

由：子路，孔子弟子。少贫贱，食藜藿之实，百里背米以供养双亲。

鬲贩鱼盐

（见《吕氏春秋·贵因》）

鬲（gé）：胶鬲，商人，隐而经商，贩卖鱼盐。武王伐纣，纣派胶鬲迎于鲔水，问武王："为什么兴兵？" 答："讨伐纣王。"再问："何日到达？"武王说："甲子日至殷郊，你可如实禀告纣王。"甲子日，天大雨，武王督军冒雨急行，军师劝止，王说："我已令胶鬲告诉纣王，甲子日必到，如不到，胶鬲失信于纣王，必有害。我们冒雨急行，是为了救胶鬲啊。"后果如期赶到，大获全胜。

五湖范蠡

（见《史记·越王勾践世家》）

范蠡：春秋越人，助勾践灭吴后，携西施泛舟五湖，浮海人齐，止于陶，致资巨万。

三径陶潜

陶渊明在《归去来辞》中有句："三径就荒，松菊犹存。"

徐邈通介

（见《三国志·徐邈传》）

徐邈：三国魏人。有人问卢钦："徐公当武帝时，人以为通；自凉州还京师，人以为介，这是为什么？"卢答："从前毛孝先、崔执硅执政，贵清素之士，人皆变换车服以求功名，而徐公不改其常，故人以为通；后天下奢靡之风日盛，士人争仿效，徐公雅尚自若，不与俗同，故人以为介。"

崔郾宽严

（见《旧唐书·崔郾传》）

崔郾：唐人，初治虢州，以宽著闻，经月不笞一人。等到了鄂州，则用严法，从不宽赦。人问其故，他说："陕地贫瘠而民劳苦，抚之则民易服；鄂土肥沃而民剽悍，杂以异国风俗，非威莫能制。"

易操守剑

（见《后汉书·独行传·王烈》）

东汉王烈，以孝义闻名。乡里有盗牛者，被抓获时说："甘愿受刑，但求不要让王烈知道。"王便释放盗牛者，并以一匹布相赠，后有老人遗剑于路，恰被过路人发现，就守在那儿直等到失主来把剑拣回。原来，这过路人就是原先那个盗牛者。

归罪遗缣

（见《后汉书·陈寔传》）

东汉陈寔(shí)夜读时，有盗止梁上，陈便叫弟子来，对他们说："不善之人未必本来就恶，习与性成，遂至于此，梁上君子就是一例。"盗者大惊，投地叩头请罪。陈道："你是为贫困所致啊！"遂给了他两匹绢，让他走了。

十五 咸

深情子野

（见《世说新语·任诞篇》）

子野：桓伊，晋人，善音乐，每闻清歌常叫奈何。谢安听其如此，称道："子野可谓一往有深情。"

神识阮咸

（见《世说新语·术解篇》）

阮咸：竹林七贤之一。荀勖精律吕，正雅乐，但阮每每说他的音不调，荀很不服。后有种地人得周时玉尺，荀以之校对自己所制乐器，发现自己的都短了一黍长短，才对阮的见识心服。

公孙白绰

（见《左传·襄公二十九年》）

公孙：公孙侨，即子产，春秋郑相。季札见子产，如旧相识，赠以缟带，子产回赠以白绰衣，各以所重之物为赠。

司马青衫

（见《琵琶行》）

司马：白居易，时贬江州司马。一日送客，邂逅长安歌伎裴兴奴，为其琴声所感动，写下《琵琶行》，其中有句道："座中泣下谁最多？江州司马青衫湿。"

狄梁被谮

（见《大唐新语》）

狄：狄仁杰，封梁国公。武后曾对他说："你在汝南，有人说你的坏话，你想知道是谁吗？"狄答："陛下以为过，我当改之；以为无过，是我的荣幸。我不想知道那人是谁。"

杨亿蒙谗

（见《青箱杂记》）

杨亿为执政者所忌，言事者攻之不已，他作文抒发苦闷，说道："已落沟壑犹下石而未休，方困蒺藜尚弯弓而不已。"

布重一诺

（见《史记·季布栾布列传》）

布：季布，西汉侠士，行侠仗义，乐于助人。有谚语说："得黄金百斤，不如得季布一诺。"

金慎三缄

（见《说苑》）

孔子入太庙，见金人三缄其口，背

有铭:"古之慎言人也,无多言,多言多败;无多事,多事多患;安乐必戒,无所行悔。"

彦升非少

（见《南史·任昉传》）

彦升:任昉,南朝梁人,8岁能文,褚渊对任父说:"你有如此聪颖之子,可喜可贺,有一百个也不多,有一个也不少了。"

仲举不凡

（见《后汉书·陈蕃传》）

仲举:陈蕃,东汉人。小时,其父友薛勤来访,对陈父说:"你有一个不凡的儿子,今天我是为他而来,不是为你。"当时陈家庭宇荒芜,薛对陈蕃说:"孺子何不洒扫干净,以待宾客呢?"陈应声答道:"大丈夫当扫除天下,安事一室?"

古人万亿,不尽兹函

兹:此。函:书帙(zhì)。此指本书。